Markus M. Müller · Roland Sturm

Wirtschaftspolitik kompakt

Markus M. Müller · Roland Sturm

Wirtschaftspolitik kompakt

VS VERLAG

Bibliografische Information der Deutschen Nationalbibliothek
Die Deutsche Nationalbibliothek verzeichnet diese Publikation in der
Deutschen Nationalbibliografie; detaillierte bibliografische Daten sind im Internet über
<http://dnb.d-nb.de> abrufbar.

1. Auflage 2010

Alle Rechte vorbehalten
© VS Verlag für Sozialwissenschaften | Springer Fachmedien Wiesbaden GmbH 2010

Lektorat: Frank Schindler

VS Verlag für Sozialwissenschaften ist eine Marke von Springer Fachmedien.
Springer Fachmedien ist Teil der Fachverlagsgruppe Springer Science+Business Media.
www.vs-verlag.de

Umschlaggestaltung: KünkelLopka Medienentwicklung, Heidelberg
Gedruckt auf säurefreiem und chlorfrei gebleichtem Papier

ISBN 978-3-531-14497-9

Vorwort

Wirtschaftspolitik ist wieder ins Zentrum der öffentlichen Aufmerksamkeit gerückt. Die Wirtschafts- und die Finanzkrise, von der wir erwarten dürfen, dass sie strukturelle Veränderungen in unseren nationalen Ökonomien sowie den globalen Wirtschaftsbeziehung mit sich bringt, hat zu einer Neubewertung dieses Politikfeldes geführt. Wer in den sozial-, wirtschafts- und rechtswissenschaftlichen Disziplinen den Anschluss zur Realität nicht verpassen will, der muss sich nun zwangsläufig (wieder) mit dem Thema beschäftigen.

Mit diesem Lehrbuch legen wir eine Einführung für Studierende und Graduierte dieser Fachrichtungen vor. Es bemüht sich um Allgemeinverständlichkeit. Wir wünschen uns ein möglichst breites Publikum.

An dieser Stelle danken wir zunächst Johannes Fritz, studentischer Mitarbeiter am Lehrstuhl von Prof. Roland Sturm an der Universität Erlangen-Nürnberg. Er hat außergewöhnlich zuverlässig, beharrlich und kreativ die Erstellung des Bandes unterstützt.

Alle Verantwortung für den Text und seine Defizite trifft gleichwohl uns. Wir haben in verschiedenen früheren Arbeiten bereits Gedanken, Argumente und empirische Zusammenstellungen veröffentlicht, auf die wir in diesem Buch in unterschiedlicher Weise zurückgreifen. Allfällige Aktualisierungen und Überarbeitungen haben wir, wo notwendig, vorgenommen. Insbesondere basiert das Kapitel 3 (Geschichte der Wirtschaftspolitik) in Teilen auf Roland Sturms „Politische Wirtschaftslehre" (Opladen 1995) und auf Markus M. Müllers „Wirtschaftsordnung" in dem Sammelband „Demokratien des 21. Jahrhunderts im Vergleich", herausgegeben von Eckhard Jesse und Roland Sturm (Opladen 2003). Die Teilkapitel 4.1 (Geldpolitik) und 4.2 (Kartellaufsicht: das Bundeskartellamt und die Europäische Kommission. Wozu dient Wettbewerbspolitik?) gründen auf den entsprechenden Teilen von Roland Sturm auf dem Lehrbuch „Das neue deutsche Regierungssystem" von Roland Sturm und Heinrich Pehle (2. Auflage, Wiesbaden 2005). Schließlich basieren die Teilkapitel 5.1 (Länderwirtschaftspolitik) und 5.2 (Wirtschaftspolitik in Europa, Europäisierung der Wirtschaftspolitik?) auf Markus M. Müllers entsprechenden Beiträgen in den Sammelbänden „Die Politik der Bundesländer", herausgegeben von Achim Hildebrandt und Frie-

der Wolf (Wiesbaden 2008) und „Die EU-Staaten im Vergleich", herausgegeben von Oscar W. Gabriel und Sabine Kropp (Wiesbaden 2008).

Inhalt

1 Einleitung

Wie die meisten Politikfelder, so ist auch die Wirtschaftspolitik nicht per se auf einen fest umrissenen Bereich begrenzt. Je nach Geschmack und ästhetischem Empfinden ist „alles" Wirtschaftspolitik, nämlich dann etwa, wenn wir darunter alle politischen Handlungen von Regierungen verstehen, die in irgendeiner Form Auswirkungen auf die Wirtschaft bzw. wirtschaftliche Entwicklung eines Landes haben. Dann werden nicht nur ordnungspolitische Entscheidungen, wie etwa Vorgaben zu Art und Umfang von Eigentumsrechten, von Wettbewerb und Staatswirtschaft erfasst, sondern auch die Geld- und Währungspolitik, die Steuer- und Abgabenpolitik, Förder- und Subventionsprogramme für kleine und mittelständische Unternehmen (KMU), Raum-, Regional- und Verkehrspolitik, Bildungs-, Forschungs- und Technologiepolitik, ja selbst Umwelt- oder Außenpolitik haben letztlich immer Rückwirkungen auf die wirtschaftliche Performanz einer Volkswirtschaft. Wollen wir also in konziser und prägnanter Form beschreiben und verstehen, mit was wir es bei der Wirtschaftspolitik zu tun haben, müssen wir uns ihr anders nähern.

Nun ist die Wirtschaftspolitik zunächst einmal die Domäne von Wirtschaftswissenschaftlern. Genau genommen, ist sie eine originäre und wichtige Teildisziplin der Volkswirtschaftslehre. Sie umfasst dabei im Kern die Analyse von Staatseingriffen in volkswirtschaftliche Abläufe, seien sie mikroökonomischer (als auf einzelnen Märkten stattfindender) oder makroökonomischer (als auf volkswirtschaftliche Indikatoren abzielender) Art. An einigen volkswirtschaftlichen Grundeinsichten werden wir nicht vorbei kommen, wenn wir die Wirtschaftspolitik als sozialwissenschaftliches Phänomen verstehen wollen. Man kann nicht in den Kategorien der Sozialwissenschaften, also etwa „Macht", „Interessen" oder „Einfluss", das Zustandekommen von wirtschaftspolitischen Entscheidungen – welcher Akteure auch immer – beschreiben und erklären, wenn man nicht zuvor verstanden hat, ob und wie diese Entscheidungen Ressourcen (einer Volkswirtschaft) neu verteilen, wie sie wirtschaftliche Prozesse verändern und auf den ersten Blick verborgene Domino-Effekte (langfristig) auslösen.

Die Wirtschaftswissenschaften haben in den vergangenen Jahrzehnten eine hochgradig formalisierte Sprache entwickelt, um wirtschaftliche Prozesse zu analysieren. Mit Hilfe der „Ökonometrie" quantifizieren sie in (die

Realität vereinfachenden) Modellen einzelne Prozesse und Ergebnisse. Die Modelle basieren nach wie vor, und wie sollte es in den Wirtschaftswissenschaften auch anders sein, auf den Annahmen des so genannten „homo oeconomicus". Der Kern dieser Grundannahmen ist, dass den Menschen grundsätzlich ein zweckrationales Entscheiden unterstellt wird. Sie verfolgen Ziele (Präferenzen) und versuchen im Rahmen optimaler Zielerreichungsgrade bzw. Zweck-Mittel-Abwägungen ihr Handeln zu optimieren. Diese Annahme wird nicht nur positiv den Erklärungen empirisch erkennbarer Entwicklungen (im Rahmen der so genannten „Cliometrie") zu Grunde gelegt; sie ist auch das Fundament aller normativer Überlegungen, wenn es also um Handlungsanweisungen für den Staat geht.

Ein sozialwissenschaftlicher Blick auf Wirtschaft und Wirtschaftspolitik ist freilich axiomatisch weniger festgelegt. Sozialwissenschaftler sehen das Handlungsspektrum von Menschen erheblich weiter gefächert. Menschen optimieren nicht nur ihre (wirtschaftliche) Wohlfahrt, sie streben auch nach der Erfüllung nicht-materieller Güter und Werte, wie Gerechtigkeit oder Gleichheit, Solidarität und anderes mehr. Nicht nur das Hehre und Gute kommt hinzu, auch Macht und Herrschaft können Ziele menschlichen Strebens sein, und zwar völlig unberührt davon, ob sie mit einer Verbesserung der jeweiligen ökonomischen Situation verbunden sind. In diesem Sinne können Menschen also auch durchaus „irrational" handeln, und das nicht aus Versehen oder mangelnder Einsicht in die „Gesetze des Marktes", sondern weil sie auch „homo sociologicus" oder „homo politicus" sein können. Mancher mag das als Kontingenz interpretieren und ein derartiges Herangehen an die Analyse wirtschaftlicher bzw. wirtschaftspolitischer Prozesse als wissenschaftlich unbefriedigend ablehnen. In der Tat, wir können den Leserinnen und Lesern dieses Buches leider keine allgemein gültigen, zeitlosen Wahrheiten über Wirtschaft und Wirtschaftspolitik versprechen. Wohl aber informierte Einsichten in Zusammenhänge, einen breiten Überblick über wichtige Fakten und theoretischen Überlegungen, sowie, wie wir hoffen, einen „roten Faden", der weiterhilft, die Tagespolitik besser zu verstehen.

Dieses Buch konzentriert sich auf die Wirtschaftspolitik in der Bundesrepublik Deutschland. Wo für das Verständnis notwendig, kontrastieren wir Entwicklungen der Bundesrepublik mit denen der früheren DDR. Da wir kein Geschichtsbuch verfassen wollen, wird sich diese vergleichende Sicht auf ergänzende Angaben beschränken, deren Ziel es ist, das Geschehen der Bundesrepublik zu begreifen und nicht, die Wirtschaftsgeschichte der DDR mit abzuhandeln. Hierfür verweisen wir auf die geeignete und fundierte Literatur zur Wirtschaft und Wirtschaftspolitik der DDR (Buck/Hardach 1991, Damus 1973, Küchler 1997).

Wir sind überzeugt, dass man Politikfelder, wie das der Wirtschaftspolitik, in einer vergleichenden Perspektive besser verstehen kann, als im Alleingang. Es fehlen sonst die Maßstäbe, um Besonderheiten einer Entwicklung zu begreifen, die alles andere als selbstverständlich sind. Im Rückblick wirken viele Weichenstellungen unausweichlich; doch zeigt gerade der Blick über die Grenzen, dass es (fast) immer Alternativen gibt. Auch das, was bewusst oder unbewusst *nicht* gewählt oder entschieden wurde, ist ein Teil der Wirtschaftspolitik Deutschlands.

Bevor wir aber einsteigen in die Darstellung und Kritik konzeptioneller Perspektiven der Wirtschaftspolitik, lohnt es sich, über das Verhältnis von Politik und Wirtschaft aus sozialwissenschaftlicher Sicht nachzudenken.

Folgt man dem Ansatz von Charles Lindblom (1982), dann unterliegen Demokratie und Wirtschaft nicht nur zwei diametral völlig auseinander laufenden Handlungsparadigmen, sondern sie stehen auch in einem einseitigen, zugunsten der Wirtschaft (Unternehmen) verzerrten Abhängigkeitsverhältnis. Während es die Aufgabe der *politischen* Akteure (im demokratischen Staat) ist, das Gemeinwohl zu erhöhen, sehen *wirtschaftliche* Akteure, d.h. in diesem Falle die Unternehmen, ihre Aufgabe in der Renditemaximierung. Wirtschaftliche Akteure verfügen in einer freien Marktwirtschaft, in der sie Arbeitsplätze schaffen und abbauen sowie Firmen- und Produktionssitze weltweit verlagern können, nicht nur faktisch über eine ungeheure, ökonomische Macht, so Lindblom, sondern auch über *den* Schlüssel zur Optimierung des Gemeinwohls. Auch wenn sie ohne bösen Willen gegenüber der jeweiligen Regierung handeln, haben ihre Investitions- und Geschäftsentscheidungen massiven Einfluss auf das Wohlergehen einer Gesellschaft. Lindblom nennt etwa das Beispiel von Steuererhöhungen oder die Verschärfung von Umweltgesetzen. Von beiden Maßnahmen nehmen wir einmal an, dass sie geeignet sind, das „Gemeinwohl" in irgendeiner Form zu erhöhen, weil sie z.B. neue Mittel für Forschung oder für soziale Zwecke generieren oder für eine gesündere Umwelt sorgen. Will eine Regierung Steuern erhöhen oder schärfere Umweltbestimmungen für die Wirtschaft erlassen, dann reagieren Unternehmen, ökonomisch rational, durch Kosteneinsparungen an anderer Stelle (also z.B. Entlassungen) oder durch Abwanderung in weniger regulierte Länder. Der Markt verfügt demnach über einen „Bestrafungsmechanismus" für solche Politiken, die gegenüber Unternehmen unfreundlich sind. Die Politik ist in diesem Sinne „Gefangener" des Marktes, d.h. die Marktlogik sorgt faktisch dafür, dass die Politik nicht das gesamte, ihr zur Verfügung stehende Instrumentarium ausschöpfen kann.

Müssen wir uns Wirtschaftspolitik sozialwissenschaftlich besehen also als ein Politikfeld vorstellen, das innerhalb enger Grenzen, die die kurzfristige Logik des Marktes vorgibt, funktioniert? Wenn das so sein sollte, müssten wir empirisch wohl feststellen können, dass demokratisch gewählte Regierungen (in marktwirtschaftlich verfassten Wirtschaftsordnungen) einen „run-to-the-bottom" im Sinne wirtschaftsentlastender Politik betreiben. Das heißt: immer weniger Steuern für Unternehmen, immer geringere Umwelt- und Sozialauflagen, immer weniger Konkurrenz durch öffentliche Unternehmen und ähnliches. Wir werden im folgenden Abschnitt auf diese Frage zurückkommen, wenn wir uns mit der Frage der Unterschiede marktwirtschaftlicher Ordnungen in modernen Demokratien unter dem Schlagwort der *capitalist diversity* beschäftigen. Soviel kann man aber schon an dieser Stelle vorwegnehmen: eine globale Gesetzmäßigkeit im Sinne der „run-to-the-bottom"-Hypothese gibt es nicht. Die Politik ist und bleibt ein nach ihren eigenen Gesetzmäßigkeiten funktionierender Raum der Gesellschaft. Und ihre Rahmenbedingungen geben weder die Wirtschaft als Ganzes, geschweige denn die Unternehmen als Gruppe vor.

Bevor wir uns Konzepten, Zielen und Ansätzen der Wirtschaftspolitik zuwenden, müssen wir den zu betrachtenden Gegenstandsbereich von den Perspektiven anderer Disziplinen aus betrachten. Von der wirtschaftswissenschaftlichen Perspektive war schon die Rede. Seit Paul Anthony Samuelson (1915-) ist die Betrachtung des wirtschaftlichen Geschehens, und entsprechend auch die Analyse staatlicher Eingriffe in diese Prozesse, in der Volkswirtschaftslehre zweigeteilt. In der *Makroökonomie* werden volkswirtschaftliche Prozesse insgesamt betrachtet, also die Wertschöpfung, Arbeitslosigkeit, Inflation oder der Außenhandel. Zu „volkswirtschaftlichen Indikatoren" aggregiert, sagen sie uns etwas über die gesamtwirtschaftliche Performanz. Der Staat greift entsprechend „globalsteuernd" ein, indem er versucht, auf diese Indikatoren mittels verschiedener Instrumente (monetaristischer Geldpolitik, antizyklischer Haushaltspolitik u.a.m.) einzuwirken. Wir werden diese Instrumente im 2. Kapitel näher beleuchten. Demgegenüber wird in der *Mikroökonomie* nicht das Gesamtbild betrachtet, sondern das Geschehen auf den (einzelnen) Märkten. Diese Perspektive ist, genau besehen, die ältere in den Wirtschaftswissenschaften, denn hier geht es um Fragen des Ausgleichs von Angebot und Nachfrage, der Preisfindung sowie den Auswirkungen staatlich „verzerrender" Aktivitäten auf diese Größen. Das sind insbesondere Besteuerung und Regulierung, z.B. von Arbeitsbeziehungen, Umweltschutzauflagen oder Preisobergrenzen. Wir erhalten deshalb aus diesen Betrachtungen weniger weit reichende Erklärungen wirtschaftlichen Geschehens, die nichtsdestoweniger wichtig für unser Alltagsleben und auch für die Politik sind: nämlich beispielsweise, warum es zu wenig Mietwohnungen gibt oder warum Strom in Deutschland teurer ist als anderswo. Auch mit Fragen der Besteuerung und vor allem der Regulierung werden wir uns noch beschäftigen.

Die andere Abgrenzung des sozialwissenschaftlichen Zugriffs auf die Wirtschaftspolitik muss zur Seite der Wirtschaftsgeschichte erfolgen. Auch hier gibt es im Wesentlichen zwei grundsätzlich verschiedene Herangehensweisen. Die eine ist diejenige, die auch wir im Kapitel 3 ein Stück weit anwenden, nämlich das Beschreiben und Kontextualisieren von historisch als besonders bedeutsam erachteten Ereignissen. Methodisch wird von manchen Sozialwissenschaftlern gerne der Vorwurf erhoben, ein solches Vorgehen sei „ekklektizistisch", denn die „Fallauswahl" folge persönlichen Präferenzen und keinen objektivierbaren Kriterien. Wir wollen an dieser Stelle keine Methodendiskussion führen, aber soviel sei dem Leser und der Leserin hierzu gesagt: geschichtliches Wissen ist, da hatte Schwanitz in seinem Bestseller „Bildung" nicht unrecht, eben Bildungswissen. Und das heißt kaum etwas anderes, als dass der Umfang dessen, was davon erfasst sein sollte, in der Tat keinen objektiven Kriterien folgt, sondern, wenn man so will, den Anforderungen der „herrschenden Diskurse". Die Auswahl der historischen Vorgänge ist nicht subjektiv, sonst sähen wohl alle Bücher zur Wirtschaftsgeschichte völlig verschieden aus. Es gibt durchaus, unabhängig von den jeweiligen besonderen Foki der Autoren, einen Grundbestand an als besonders zentral eingeschätzten Ereignissen, und die sind als „Bildungswissen" einer zusammenfassenden Darstellung des Themas wie dieser unbedingt beizugeben. Das macht sie zwar nicht „objektiv", aber ein Stück weit doch „intersubjektiv".

Der andere wirtschaftsgeschichtliche Zugriff ist die „Cliometrie". Dabei handelt es sich um einen quantifizierenden Zugriff, das heißt, es werden historische Datenreihen (z.B. Arbeitslosigkeit in europäischen Ländern zwischen 1850 und 1950) genommen, um wirtschaftstheoretische Positionen (z.B. Philipps-Kurven-Zusammenhang) zu überprüfen. Dieser Ansatz ist insofern nichts anderes als die wirtschaftsgeschichtliche Variante der quantifizierenden empirisch-analytischen Ansätze der Sozialwissenschaften, die methodisch stärker determiniert sind. Wo es uns sinnvoll erschien, verweisen wir auf einzelne Ergebnisse solcher Untersuchungen.

Wirtschaftspolitik ist immer auch mit politischem Handeln verbunden. Dies ist banal. Die Frage aber, wer handelt, ist es nicht. Umstritten ist nicht nur, inwieweit der Staat in wirtschaftspolitische Prozesse eingreifen soll. Offen bleibt auch die Form des staatlichen Eingriffs. Hierfür können besondere Behörden geschaffen werden oder staatliche Institutionen mit unterschiedlichem Maße von politischer Unabhängigkeit. Letztere wird als nützlich angesehen, wenn vermieden werden soll, dass wirtschaftspolitische Grundregeln, wie beispielsweise fairer Wettbewerb und Währungsstabilität, einem kurzfristigen parteipolitischen Kalkül geopfert werden. Die Politik organisiert mit unabhängigen Institutionen in der Wirtschaftspolitik, so lange sie diese nicht durch eine entsprechende Personalpolitik quasi durch die Hintertür wieder erobern kann, eine „Schutzvorrichtung" gegen sich selbst.

Die Bundesrepublik Deutschland hat sich zwei ihrer besonderen wirtschaftlichen Institutionen, die Zentralbank auf Bundesebene und ein Amt zum Schutz des Wettbewerbs in der Wirtschaft, spät gegeben und inzwischen hat sie diese de facto durch die Konzentration wirtschaftlicher Entscheidungsbefugnisse auf der Ebene der Europäischen Union bereits wieder verloren. Die Deutsche Bundesbank wurde am 1. September 1957 als Nachfolgerin der Bank deutscher Länder gegründet, die am 1. März 1948 mit der Währungsreform und der Einführung der Deutschen Mark von den deutschen Ländern eingerichtet worden war. Das Bundeskartellamt nahm 1958 seine Arbeit auf. Mit der zunehmenden Bedeutung des Europäischen Binnenmarktes für die deutsche Wirtschaft fallen immer mehr für diese wichtige Entscheidungen in der Wettbewerbspolitik bei der Europäischen Kommission in Brüssel bzw. beim Europäischen Gerichtshof in Luxemburg. Mit der Einführung des Euro 1999 hat die europäische Zentralbank in Frankfurt am Main von der Deutschen Bundesbank die Verantwortung für die Stabilität der nationalen Währung übernommen, die nun nicht DM, sondern Euro heißt. In Bonn, der „Bundesstadt", ist heute nicht nur das Kartellamt angesiedelt, das sich um die Kontrolle der Wettbewerbsordnung kümmert, also ex post den Wettbewerb schützt, sondern auch die Bundesnetzagentur, die dafür sorgt, Wettbewerbsbedingungen in entstehenden Märkten (also ex ante) zu sichern. Diese sind meist durch die überragende Markstellung früherer marktbeherrschender Unternehmen gekennzeichnet. Auch hier gibt es Bemühungen, diese Art der Marktaufsicht, z.B. in der Strom-, Gas- oder Telekom-Industrie auf die europäische Ebene zu verlagern.

Damit wird bereits deutlich, dass Wirtschaftspolitik heute nicht mehr alleine im nationalen Rahmen stattfindet. Die deutsche Wirtschaftspolitik muss sich im europäischen Rahmen abstimmen, und durch die Logik des einheitlichen Binnenmarktes von nun 27 EU-Staaten entstand ein Wirtschaftraum, für den auf europäischer Ebene einheitliche Regelwerke gelten. Diese wirken auf die Handlungsspielräume nationaler Wirtschaftspolitik zurück. Diese „europäisiert" sich immer mehr, auch wenn es durchaus noch wichtige Spielräume beispielsweise in der Haushalts- oder der Steuerpolitik gibt. Als dritte Ebene der Wirtschaftspolitik sollte man auch die Wirtschaftspolitik der deutschen Länder nicht vergessen, die schon in der Nachkriegszeit erste Weichen stellte und auch heute noch Verantwortung in wichtigen Politikbereichen trägt. Sie ist und bleibt für die mittelständische Wirtschaft und die Versorgung mit Wirtschaftsgütern vor Ort von großer Bedeutung.

Die Finanzkrise 2008/09 hat alle wirtschaftspolitischen Parameter neu justiert. Über das Verhältnis Staat und Wirtschaft, insbesondere Staat und Finanzsektor, wird neu nachgedacht. Was als Globalisierung oder als Frage des nachhaltigen Wirtschaftens eher abstrakt erschien ist nun ganz nahe. Die Krise sprengt nicht nur finanziell alle Dimensionen, sie wird auch präsentiert als eine Krise ohne konkrete Verursacher und damit auch als eine Krise mit entgrenzter Verantwortung. Selbst die Banken stilisieren sich als Opfer. Der Begriff „notleidende Bank" wurde zum Unwort des Jahres 2008 gekürt. Damit schließt sich in gewisser Weise der Kreis des Nachdenkens über Wirtschaftspolitik. Es begann einmal mit Adam Smiths auf moralphilosophischem Hintergrund verfassten Werk „Der Wohlstand der Nationen" von 1776 und endet heute mit dem Einklagen einer moralphilosophischen Rückholung wirtschaftlichen Handelns in unser Gemeinwesen.

📖 Wichtige Literatur

Lindblom, Charles E.: Politics and Markets. New York 1977.
Lindblom, Charles E.: The Market as Prison. In: Journal of Politics 44. Jg., Heft 2, 1982, S. 324-336.
Smith Adam: Der Wohlstand der Nationen (1776). München ²1982.

2 Konzepte, Ziele und Ansätze in der Wirtschaftspolitik

2.1 Wirtschaftsordnung

Seit dem Fall des eisernen Vorhangs in Europa Ende der 1980er Jahre ist von einem Siegeszug der Marktwirtschaft die Rede. Eine große Mehrheit der Staaten dieser Welt zählt sich zum „kapitalistischen" Lager. Doch was ist eigentlich eine Marktwirtschaft? Und was wird an ihr anders, wenn wir sie mit Attributen versehen und etwa als „soziale" oder „ökologisch-soziale" Marktwirtschaft bezeichnen?

Marktwirtschaft bedeutet zunächst einmal, dass Ressourcenentscheidungen innerhalb der Wirtschaft im Wesentlichen durch den bzw. auf dem Markt getroffen werden. Ressourcenentscheidungen sind zum Beispiel, wie viele Menschen in der Automobilbranche oder im Bankensektor arbeiten, welche Produkte und Dienstleistungen angeboten werden, wie viel die Menschen für diese Güter zahlen müssen und wie viel sie als Arbeitnehmerin, als Arbeiter oder auch als Unternehmerin verdienen. Kurzum, die Verfügung über die (volks)wirtschaftlichen Ressourcen, nämlich Arbeit, Kapital, Boden (und Wissen), geschieht auf und durch den Markt, also dezentral durch die Marktakteure: Anbieter von Arbeit (ArbeitnehmerInnen), Nachfrager von Arbeit (ArbeitgeberInnen) oder KonsumentInnen. Das ist keineswegs selbstverständlich. In einer fiktiven Gegenwelt, könnten wir uns das alles auch völlig anders vorstellen. Es könnten, so eine Möglichkeit, alle diese Entscheidungen über Produktion, Absatz, Beschäftigung, Löhne, Konsumentscheidungen usw. auch von einem einzigen Menschen getroffen werden, einem allmächtigen (vielleicht sogar gutwilligen) Diktator. Er (oder sie?) würde uns alle Entscheidungen abnehmen, auch welche Socken wir kaufen oder welchen Beruf wir erlernen. Natürlich möchte wohl niemand in so einer Welt leben. Wir haben uns daran gewöhnt, über die genannten und noch viele andere Aspekte unseres tagtäglichen Lebens selbst zu entscheiden.

Nun muss dieser zentrale Entscheider aber nicht unbedingt eine natürliche Person sein. Man kann eine „Zentralverwaltungswirtschaft" auch ohne Diktator konzeptionalisieren, nämlich mit Hilfe des Staates. Der Staat, also eine Regierung, kann über Produktion, Beschäftigung, Preise und Löhne entscheiden. Diese Utopie ist, wie bekannt, keineswegs so abwegig wie das obige Beispiel des gutwilligen Diktators. Wir kennen sie aus der Geschichte vor allem als „sozialistische Planwirtschaft".

In der Bundesrepublik Deutschland haben wir es mit einer Marktwirtschaft zu tun (auf das Adjektiv „soziale" kommen wir noch). Ressourcenentscheidungen sollten also dezentral auf dem Markt und durch den Marktmechanismus des Ausgleiches von Angebot und Nachfrage getroffen werden. Jeder aufmerksame Beobachter erkennt sofort, dass die Dinge freilich nicht so einfach liegen. Auch in Deutschland gibt es den Staat als wichtigen Akteur in der Wirtschaft. Manches von dem, was er in der Wirtschaft bewirkt, ist mit dem Modell der Marktwirtschaft völlig kompatibel, anderes ist problematisch.

Eine „reine" Marktwirtschaft – das wäre wohl eine Gesellschaft ohne Staat, in der alle Entscheidungen über Angebot und Nachfrage auf völlig freiwilliger Basis getroffen werden – gibt es nirgendwo auf der Welt. Auch die „härtesten" Marktwirtschaftler unter den Ökonomen können einer derartigen Radikallösung, also Markt ganz ohne Staat, nichts abgewinnen. Eine Ausnahme sind die „libertären" Wirtschaftswissenschaftler, die sich als in der Tradition von Ludwig von Mises (1881-1973) und Murray Rothbart (1926-1995) stehend sehen, und eher eine Randexistenz führen.[1] Die übrigen sind der Auffassung, dass es originäre Staatsaufgaben in der Marktwirtschaft gibt. Das heißt, bestimmte Ordnungs- und Kontrollaufgaben muss der Staat, als zentraler Entscheider, mit autoritativer (verbindlicher und ggfs. mit Sanktionen durchsetzbarer) Entscheidungsgewalt, erfüllen.

Das minimale Aufgabenprofil des (liberalen) Staates entspricht dem Leitbild des „Nachtwächterstaates". Das heißt, der Staat sorgt für innere und äußere Sicherheit. Das schließt die Existenz eines (funktionierenden) Rechtssystems mit ein. Je nach Grad liberaler Prägung kommen weitere „Kernaufgaben" des Staates hinzu: eine einheitliche Währung oder die Wettbewerbsaufsicht stehen als nächstes auf der Liste wichtiger, staatlich zu gewährleistender Funktionen, um das wirtschaftliche Geschehen am Laufen zu halten. Wo allerdings die Ordnungsfunktion des Staates endet, ist nicht objektiv und ohne ein gewisses Maß an normativen Wertungen zu entscheiden. Dass der Markt sich nicht selber schaffen kann, das ist noch Konsens (abgesehen von den erwähnten „Libertären"). Ob aber eine einheitliche Währung Teil der Marktordnung ist, oder ob nicht auch verschiedene Währungen ge-

---

[1] Als bekanntester Vertreter ist Hans-Herrmann Hoppe zu nennen, siehe Hoppe (2003).

geneinander konkurrieren können, ist je nach wirtschaftswissenschaftlicher Schule unterschiedlich zu beantworten. Dasselbe gilt für die Wettbewerbspolitik: die einen prophezeien, dass Marktwirtschaften eine Tendenz haben, ihren Funktionsmechanismus – den Wettbewerb – über längere Zeit besehen selbst lahm zu legen, andere bestreiten das. Unstrittig ist, dass in einer Marktwirtschaft Unternehmen einen Anreiz verspüren, den Marktmechanismus, der sie wie ein Stachel zu ständiger Verbesserung ihrer Leistungserstellung zwingt, auszuschalten. Das lässt sich am besten über Wachstum, also auch Zukäufe von anderen Firmen oder Fusionen, erreichen. Ist erst eine bestimmte Größe erreicht, hat das Unternehmen gar erst eine Monopolstellung eingenommen, so kann es Preise, Produktionsmengen und Produktqualität nach eigenem Ermessen wählen. Das ist die pessimistische Marktsicht. Die optimistische hingegen macht letztlich den Staat und seine marktverzerrenden Eingriffe für Monopolbildung verantwortlich. Solange es keine Marktzutrittsschranken auf die einzelnen Märkte gibt, so lange also der Staat keine künstlichen Barrieren (über Ausbildungsverordnungen, Zulassungsbeschränkungen u.ä.) setzt, wird sich immer ein (neuer) Konkurrent finden, auch und gerade für den Fall, dass der im Markt befindliche Monopolist mit seiner Marktmacht Schindluder treibt.

Zu den eindeutig nicht notwendig vom Staat zu erfüllenden Aufgaben gehören unter anderem Staatsunternehmen auf Wettbewerbsmärkten. Ein staatlicher Automobilkonzern, eine staatliches Brauhaus oder auch staatliche Industriebeteiligungen, das sind Beispiele für an sich systemfremde Akteure auf diesen Märkten. Doch wie sieht es mit den Wirtschaftssektoren aus, die wir in Deutschland traditionell als so genannte „wettbewerbliche Ausnahmebereiche" bezeichnen? Oft fällt in diesem Zusammenhang auch der von Ernst Forsthoff (1902-1974) geprägte Begriff der „Daseinsvorsorge". Es handelt sich hier, so die Vorstellung, um so genannte „öffentliche Güter". Das sind Güter, die jedermann zugänglich sein sollten (weil sie so wichtig sind) oder die jedermann zugänglich sind (weil niemand von ihrem Gebrauch ausgeschlossen werden kann und sie nicht zwischen Art und Zahl der Nutzer unterscheiden). Je nachdem, ob man eher die erstgenannte, politische Definition verwendet, oder die zweitgenannte, ökonomische Definition, erhält man eine unterschiedlich große Auswahl an Bereichen. „Politisch" wird man Wasser und Energieversorgung, manchmal auch das Kreditwesen hinzuordnen, „ökonomisch" hingegen geht es eher um Dinge wie die Landesverteidigung oder den Rundfunk. Zum Standardprogramm der Daseinsvorsorge gehört in diesem Zusammenhang der Bereich der so genannten „leitungsgebundenen Versorgungsbereiche" als Beispiel für natürliche Monopole, über die wir später noch berichten werden. An dieser Stelle nur so viel: es gibt Güter (wie Gas, Wasser oder Strom), deren Nutzungskosten für den Endverbraucher überproportional von der zu ihrer Verfügungstellung notwendigen Infrastruktur bestimmt sind. Damit sind die Leitungsnetze gemeint, die als so genannte versunkene Kosten einen viel höheren Anteil an den Endverbraucherpreisen für diese Güter haben, als das bei sonstigen Marktgütern der Fall ist. Aufgrund dieses hohen Anteils, ausgelöst durch die versunkenen Kosten der Infrastrukturinvestition, hat es wirtschaftlich keinen Sinn, mehrere Leitungsnetze nebeneinander zu betreiben. Sie würden die jeweiligen Güter nur exorbitant im Preis verteuern und zudem hohe Umweltkosten verursachen. Mit der Monopolstellung der Infrastruktur ist allerdings auch der Wettbewerb ausgeschlossen, zumindest dann, wenn man das Eigentum am Leitungsbetrieb und der Produktion des Gutes an sich (also z.B. Stromerzeugung) nicht trennt.

Wir erkennen an dieser Stelle bereits, dass es für die Ausgestaltung der Staatsfunktion für und im Markt eine gewisse Bandbreite gibt. Soweit die abstrakte Sichtweise. Doch wie sieht die Sache in der Praxis aus? Wie unterschiedlich sind Marktwirtschaften tatsächlich?

Ob Deutschland, Großbritannien, Frankreich, Japan, Italien oder die USA: Marktwirtschaft ist in der Tat nicht gleich Marktwirtschaft. Sowohl die Sicherstellung der grundlegenden Marktfunktionen (zum Beispiel: Wettbewerbsaufsicht oder laissez-faire?) als auch staatliche Unternehmertätigkeit oder Eingriffe in die „wettbewerblichen Ausnahmebereiche" sind von Land zu Land unterschiedlich geregelt. Seit den 1970er Jahren hat die Vergleichende Politische Ökonomie darüber hinaus auch gezeigt, dass die etablierten Marktwirtschaften Europas und Amerikas in durchaus unterschiedlicher Weise auf ähnliche oder gleiche Probleme und Herausforderungen (z.B. Stagflation, Globalisierung oder öffentliche Finanzkrisen) reagiert haben. Und vor allem waren sie dabei unterschiedlich erfolgreich, etwa bei der Überwindung von Wachstumsschwäche und Inflation in der Folge der beiden Ölpreisschocks der 1970er Jahre. Auch auf die Finanzkrise 2008/09 wurde selbst in den EU-Ländern nicht nur mit unterschiedlichem Tempo, sondern auch unterschiedlichen Schwerpunktsetzungen reagiert. Offenbar gehorchen die Funktionsmechanismen und damit auch der politisch-ökonomisch-soziale Output eines „kapitalistischen" Wirtschaftssystems keineswegs einem geschichtlichen Entwicklungsgesetz. Es sind Variationen vorzufinden, die es zu beschreiben und deren Ursachen es zu erheben gilt.

Im Zuge der Analyse dieses Phänomens wurde versucht, unterschiedliche Formen des „Kapitalismus" in der Realität etablierter Industriegesellschaften zu identifizieren. Besondere Aufmerksamkeit erzeugte Michel Albert 1993 durch einen provokativen Beitrag mit dem Titel „Capitalism against Capitalism", in dem zwei prototypische Ideale einer marktwirtschaftlichen Ordnung beschrieben wurden (Albert 1993). Das angelsächsische Modell, zu dem die USA oder auch Großbritannien zählen, und das rheinische Modell, das insbesondere Deutschland und Frankreich aber auch Japan umfasst. Während Albert dem angelsächsischen Modell eine ausgeprägte Orientierung an „shareholder"-Interessen, also an der Kapitalseite, unterstellte, die zu kurzfristigen Planungszyklen in den Unternehmen sowie einer verminderten Loyalität zwischen Arbeitgebern und Arbeitnehmern führe, beschreibt das rheinische Modell das Gegenteil. Alle „stakeholder"-Interessen, also auch die von Arbeitnehmern und anderen relevanten Gruppen, werden etwa mittels entsprechend gesetzlich vorgeschriebener Unternehmensverfassungen und Mitbestimmungsregeln bei der unternehmerischen Entscheidungsfindung berücksichtigt, die wirtschaftlichen Planungszyklen sind langfristiger, und die Loyalität von Arbeitgebern zu ihren Beschäftigen (und umgekehrt) ist höher. Eine zentrale Rolle spielen in diesem Modell die Finanzierungswege, die – insbesondere in Deutschland – von den Banken dominiert werden. Sie sitzen oft in den Aufsichtsgremien der Unternehmen, bei denen sie auch über strategische Aktienanteile verfügen und haben als Hausbanken häufig langfristige Geschäftsbeziehungen mit den Firmen. Das ermöglicht vertrauensvolle Zusammenarbeit und eine eher langfristig ausgelegte Perspektive der Unternehmensleitung. Dem angelsächsischen Kapitalismus ist das „Hausbankenprinzip" eher fremd und Finanzierung ist im Wesentlichen eine Funktion der Eigenkapitalgewinnung an Börsen sowie durch gewinnorientierte so genannte „equity fonds". Hier fehlt die langfristige Orientierung, es geht, so Albert, vielmehr um kurzfristige Renditemaximierung. Dem Modell wird allerdings eine höhere Innovationskraft bzw. Fähigkeit attestiert, in Krisenzeiten (ohne oder bei geringem Wachstum) wieder auf Wachstumskurs zu kommen, während die Berücksichtigung der vielfältigen Belange und Interessen die Reformfähigkeit des rheinischen Modells behindere und neue Investoren abschrecke. Die Erfahrungen der Finanzkrise zeigen aber, dass die enge Verbindung von Finanzmärkten und Unternehmen in einem börsennotierten Wirtschaftsmodell risikoreich ist, zumal in angelsächsischen Ökonomien der Typus des nicht an der Börse notierten Familienunternehmens weitgehend verschwunden ist.

Die Debatte um unterschiedliche Kapitalismusformen ist nicht bei Alberts Einschätzung stehen geblieben. So hat in einem jüngeren Beitrag Vivien Schmidt die von Albert vertretene Zweiteilung der marktwirtschaftlichen Welt im Rahmen der „Varieties of Capitalism"- Literatur als zu statisch abgelehnt und eine Dreiteilung in *market capitalism, managed capitalism* und *state capitalism* vertreten (Schmidt 2002). Großbritannien wird dem Modell des „market capitalism" zugerechnet, während etwa Deutschland zum „managed capitalism" und Frankreich zum „state capitalism" gezählt werden. Die Charakteristika dieser drei Modellfälle sieht Schmidt wie folgt:

Tabelle 1: Idealtypische Charakteristika der Kapitalismusmodelle

	MARKET CAPITALISM	MANAGED CAPITALISM	STATE CAPITALISM
Beispielländer:	Großbritannien, USA	Deutschland, Niederlande, Schweden	Frankreich, Italien
Wirtschaft und Industrie:	Marktorientiert	Koordiniert	Staatlich organisiert
- Verhältnisse innerhalb der Wirtschaft	Individualistisch, wettbewerbsorientiert, vertraglich bestimmt	Gegenseitig verstärkend, netzwerkorientiert	Staatlich mediatisiert, wettbewerblich
- Verhältnis von Industrie und Finanzwelt	Auf Distanz	Enge Beziehungen	Staatlich mediatisiert
- Investitionsverhalten	Kurzfristige Orientierung	Langfristige Orientierung	Mittelfristige Orientierung
Verhältnis Staat und Wirtschaft:	Auf Abstand	Verhandlungsbasiert	Staatlich bestimmt
- Staatsprofil	„liberal"	„gewährleistend"	„interventionistisch"
Arbeit, Wirtschaft und Staat:	Konflikthaftes Verhältnis	Kooperatives Verhältnis	Konflikthaftes Verhältnis
- Lohnverhandlungen	Marktorientiert	Koordiniert	Staatlich kontrolliert
- Rolle des Staates im Tarifgefüge	Zuschauer	Gleichwertiger Partner oder Zuschauer	Dominanter Steuermann

Schmidt geht davon aus, dass diese Modelle nicht statisch sind, sondern sich in den vergangenen 30 Jahren weiter entwickelt haben. Während aber etwa Großbritannien oder Deutschland innerhalb ihrer jeweiligen „Modell-Logik" verblieben seien, habe der Typus des „state capitalism" eine substanzielle Wandlung hin zu einem „state-enhanced capitalism" vollzogen. Anders ausgedrückt: Während die Stärkung des Marktprinzips innerhalb der Binnenlogik der beiden anderen Modelle möglich ist, bedeutet sie im „state capitalism" eine Neubestimmung der Staatsrolle als Förderer der Wirtschaft. Mit der Debatte um die Vielfalt der Beziehungen zwischen Markt und Staat in unterschiedlichen Kapitalismusmodellen ist eng die Frage verbunden, ob angesichts der fortschreitenden Wirtschaftsintegration im Rahmen der Globalisierung eine Angleichung von Kapitalismusmodellen erfolgen muss. Worin bestehen die bisherigen Unterschiede dieser Kapitalismusmodelle konkret? Volkswirtschaftlich lassen sich erkennbare Unterschiede vor allem im Hinblick auf Indikatoren wie den Grad der Marktkapitalisierung von Unternehmen (d.h. der Anteil ihres auf Börsenmärkten gehandelten Eigenkapitals), den Umfang von Firmenübernahmen, die internationalen Finanzverflechtungen, die Eigentümerstruktur (z.b. eher mittelständisch geprägt oder Dominanz von börsennotierten Großunternehmen), die getätigten Investitionen in Produktionsbereiche, die Arbeitskosten, die Güte der Produktqualität oder das Ausbildungsniveau bestimmen. Nimmt man diese Indikatoren und vergleicht OECD-Länder, dann ergibt sich ein deutliches Cluster von Ländern um Großbritannien, nämlich die USA, Australien, Neuseeland, Kanada und Irland (also das Modell des *market capitalism*). Demgegenüber steht ein Cluster, dem neben Deutschland auch Österreich, Belgien, Dänemark, Finnland, Island, die Niederlande, Norwegen, Schweden sowie die Schweiz zugehörig sind (Modell *managed capitalism*) (Hall/Soskice 2001). Nimmt man also bestimmte so genannte *Performanz-Indikatoren*, die eine Reihe wirtschaftlicher Effekte bzw. Verhaltensweisen von Marktteilnehmern messen, so scheint sich empirisch das Sortieren von Ländern in verschiedene Kapitalismus-Modelle als tragfähig zu bestätigen.

Die Frage der Kategorisierung und analytischen Beschreibung von offenbar unterschiedlichen Formen von Wirtschaftsordnungen wird aber auch ganz anders als mit der Formulierung von Modellen beantwortet. So wurde die Auffassung vertreten, jedes Land bilde seinen ganz individuellen „Kapitalismus" aus (Crouch/Streek 1997). Im Vordergrund dieser Überlegungen steht die Beobachtung, dass in einzelnen Ländern gewachsene Institutionen und Entscheidungstraditionen trotz ähnlicher Herausforderungen auf den Weltmärkten das Verhältnis von Staat und Wirtschaft dauerhaft auf unterschiedliche Weise formen. Der Vorteil einer solchen Herangehensweise ist, dass Veränderungen in den jeweiligen Ländern problemlos und ohne große modellbezogene Interpretationsschwierigkeiten dem jeweiligen Erkenntnisstand hinzugeschlagen werden können.

Das Problem der Unterscheidung von Kapitalismus-Typen liegt vor allem in der Unterstellung einer gewissen Statik von Wirtschaftsordnungen bzw. der Beziehungen zwischen Staat und Wirtschaft. Wirtschaftshistorisch besehen, können wir sowohl für stark marktorientierte Typen, wie Großbritanniens „angelsächsischen Kapitalismus", als auch eher staats- bzw. koordi-

nationsorientierte Typen, wie Deutschlands „rheinischen Kapitalismus",
nachweisen, dass sich Phasen starker staatlicher Planung mit Phasen größerer
Marktfreiheit abgewechselt haben. Will man ganz konkret die „Konstanten"
einer „staatsfernen" Wirtschaftsordnung in Großbritannien nachweisen,
bleibt nicht mehr allzu viel übrig. Dazu kommt noch die mehr als fragwürdi-
ge kategoriale Vermengung mit anderen Ländern des englischen Sprach-
raums, die auch in der Nomenklatur des „angelsächsischen" Kapitalismus
ihren Niederschlag gefunden hat. Die Einbeziehung der USA in die Kategorie des angelsächsischen Kapitalismus etwa ist nicht ohne weiteres zu begründen. Das amerikanische Wirtschafts- und Sozialrecht differiert erheblich, ebenso unterscheiden sich die Zugriffsmöglichkeiten des Staates auf die
Wirtschaft – von den grundsätzlich unterschiedlichen Staatstypen (präsiden-
tielle Demokratie und Föderalismus versus parlamentarische Demokratie in
der Tradition des Einheitsstaates) ganz abgesehen. Aber nicht nur die verfas-
sungsmäßigen Rahmenbedingungen differieren. Auch die Praxis des Verhältnisses von Staat und Wirtschaft war und ist in beiden Ländern unterschiedlich. So kam den Gewerkschaften in Großbritannien bis in die 1980er
Jahre eine enorme und über ihre Verbindung zur Labour-Partei auch institutionell verfestigte, originär politische Bedeutung zu. Das war in den USA so
nie der Fall; hier gab es keine allgemein anerkannte politische Rolle der Gewerkschaften. Im Ländervergleich ähnlich abweichend ist der Umgang mit
dem Instrument der Verstaatlichung: während es in Großbritannien in zwei
Phasen nach dem Zweiten Weltkrieg mit weit reichenden Folgen für die
britische Wirtschaftsordnung zum Einsatz kam, blieb es in den USA bis zur
aktuellen Finanzkrise annähernd bedeutungslos. Kurzum: die Kategorie des
„angelsächsischen Kapitalismus" muss sowohl im Hinblick auf die Dynamik
realer Wirtschaftsordnungen als auch hinsichtlich der von ihr umfassten
Staaten des englischsprachigen Raumes hinterfragt werden. Ihr Hauptver-
dienst liegt wohl darin, dass sie der „variety of capitalism"-Debatte ein di-
daktisch nutzbares Gerüst, ein begriffliches Instrumentarium gegeben hat,
dessen Verwendbarkeit sich in einer ganzen Reihe von empirischen Aufar-
beitungen gezeigt hat.

Im Zusammenhang mit der Debatte um die Unterschiede zwischen
(marktwirtschaftlichen) Wirtschaftsordnungen findet seit einigen Jahren
verstärkt auch die Ausgestaltung von Unternehmensverfassungen in der politischen Wirtschaftslehre bzw. Politischen Ökonomie Interesse. Im Kern geht
es beim Thema *corporate governance* um die Ausgestaltung von Institutionen auf Unternehmensebene, welche die Arbeitsweise und Performanz der

Firmen, die Firmenethik, aber auch ihren, wenn man so will, „Gemeinwohl-
beitrag" bestimmen. Fragen des Verhältnisses von Aufsichtsgremien (insbesondere Aufsichtsräten und Gesellschafterversammlungen) zu Leitungsorga-
nen, der Einfluss von Kapitalgebern, Arbeitnehmern und ggfs. weiterer
Gruppen auf die Geschäftspolitik, institutionelle Sicherungen für ethisches
Verhalten von Führungskräften und Mitarbeitern und ähnliches stehen im
Zentrum dieses Diskurses, der nicht nur interdisziplinär von Juristen, Ökonomen, Philosophen und Sozialwissenschaftlern, sondern auch unter Beteiligung der Praxis geführt wird. Auch hier wird dem deutschen Modell der
Unternehmensverfassung ein angelsächsisches gegenüber gestellt. Anstatt
mit der doppelten Struktur von Aufsichtsrat und Vorstand arbeiten Unternehmen im angelsächsischen Raum mit einem gesamtverantwortlichen Lei-
tungsgremium (*board*), an dessen Spitze der Firmenchef (CEO, *chief execu-
tive officer*) steht. Als elementarer Bestandteil einer jeden Wirtschaftsordnung sind Unternehmen auch in dieser „Mikroperspektive" wesentlich zum
Verständnis des Gesamtsystems. Interaktionen zwischen Unternehmen bzw.
mit anderen Akteuren, sowohl gesellschaftlichen Gruppen (z.B. Gewerkschaften) als auch dem Staat, werden, so die Annahme, erheblich von den
das Verhalten des einzelnen Unternehmens selbst bestimmenden Faktoren
beeinflusst. So wird man etwa die Vorzüge einer so genannten Formalprivatisierung, also der Umwandlung eines Staatsbetriebs in eine formal privat-
rechtliche Form (z.B. GmbH oder AG), die aber vollständig von der öffentlichen Hand gehalten wird, nur dann erkennen und bewerten können, wenn
man die Konsequenzen für das Management eines Staatsbetriebs bedenkt.
Denn mit einer privatrechtlichen Konstruktion wird in Deutschland zum
Beispiel das Management auch gegenüber dem Aufsichtsrat rechtlich erheblich gestärkt; das bedeutet im Umkehrschluss natürlich eine Schwächung des
öffentlichen, und damit freilich auch des politischen, demokratisch legitimierten Einflusses. Die Idee, Unternehmen in öffentlicher Eigentümerschaft
zu führen bzw. zu belassen, dennoch aber – durch rechtliche Vorkehrungen,
wie z.B. der Formalprivatisierung – dafür zu sorgen, dass das Management
„frei" und unpolitisch agiert, ist keine deutsche Besonderheit. Auch im Vereinten Königreich wurde diese Konstruktion, freilich adaptiert für das engli-
sche Recht, seit Jahrzehnten gewählt und mit dem griffigen Wort des öffentlichen Führens „at arms' length" belegt.

　　　Quer zur Frage des Verhältnisses des Staates zu den Marktteilnehmern
im Sinne der Debatte um *capitalist variety*, zu der gewissermaßen als Unter-
punkt auch *corporate governance* gehört, steht die Betrachtung des Verhält-

nisses von Staat und Markt an sich. Dies ist eine ältere Diskussion, die letztlich mit den Überlegungen von Adam Smith im 18. Jahrhundert begann und
im Nachkriegsdeutschland von grundlegender Bedeutung wurde. Bis ins 19.
Jahrhundert, zum Teil auch bis in die 1920er Jahre, dominierte in den wirtschaftswissenschaftlichen Debatten das Leitbild des Laissez-faire. Gemeint
war damit das komplementäre Marktmodell zum Nachtwächterstaat, d.h. die
völlige Freiheit auf dem Markt, zumindest im Hinblick auf Preis- und Mengenentscheidungen sowie das Verhalten der Marktteilnehmer. Diesem Modell entspricht eine vor allem im anglo-amerikanischen Umfeld dominieren-
de Vorstellung, nämlich der Entstehung „spontaner Märkte". Der Markt ist
das Ergebnis eines hierarchielosen Prozesses der Selbstorganisation von
Produzenten (Anbietern) und Verbrauchern (Nachfragern). Der Arbeitsmarkt
versinnbildlicht dieses Verständnis: Arbeitgeber und Arbeitnehmer finden
sich, schließen individuelle Arbeitsverträge und sorgen so ganz ohne äußere
Steuerung für die Lösung eines wirtschaftlichen Funktionserfordernisses.
Der Arbeitsmarkt ist damit letztlich eine Institution, die schon im fiktiven
„Naturzustand", dem Ausgangspunkt gerade der englisch-liberalen Variante
der politischen Vertragstheorie, die den Staat als freiwilliges Abkommen der
Staatsbürger begründet, in prinzipiell identischer Form wie heute denkbar ist.
Es braucht keinen Staat für den Markt. Mehr noch: der Staat im Markt ist
systemwidrig, denn die Funktionslogik des Marktes verträgt sich mit keinen
Mechanismen, die auf Hierarchie, Befehl und Gehorsam, also letztlich auf
„Zwang" in unterschiedlicher Form beruhen. Der Laissez-faire-Ansatz überträgt dieses Denken in die moderne Welt, in der es Staaten nun einmal gibt,
mit normativer Intention. Markt und Staat sind verschiedene Sphären, ihre
Funktions- und Arbeitslogiken beißen sich. Will man effiziente Wirtschafts-
prozesse erhalten, so muss man den Staat aus dem Wirtschaftsleben aus-
schließen, und zwar in einem umfänglichen Sinne: als Unternehmer, als
Nachfrager (über das für seine Nachtwächterfunktionen unabdingbar Notwendige hinaus), als Interventionskraft zur „Lenkung" der Marktteilnehmer.
Idealerweise hat staatliches Handeln in diesem Denken keinerlei Einfluss auf
den Markt; wo die Sphären aber miteinander notgedrungen in Berührung
kommen, gilt die Maßgabe, dass staatliches Handeln so wenig wie möglich
die Kalküle der Marktteilnehmer „verfälschen" sollte. Das heißt zum Beispiel, dass die *Steuererhebung*, die ja auch in einen minimalen Nachtwächterstaat nicht (ganz) zu vermeiden ist, zum einem in engen Grenzen bleiben
muss und zum anderen dabei so ausgestaltet sein soll, dass sie Preis- und
Mengenentscheidungen der Anbieter und Nachfrager nicht verändert. „Steu-

ernde Steuern", wie etwa eine *Ökosteuer*, deren Zweck die Förderung alternativer Energien durch kostenbelastende „Bestrafung" fossiler Energien ist, sind im Denken des Laissez-faire ebenso abzulehnen wie steuerliche Sonderabschreibungen auf bestimmte Investitionen, von denen der Staat überzeugt ist, dass sie besonders zukunftsträchtig sind.

Dem Laissez-faire steht der *Ordoliberalismus* und damit die *Ordnungspolitik* in scharfem Kontrast gegenüber, wenngleich beide sich auf das liberale Erbe marktwirtschaftlichen Denkens (im Unterschied zu plan- bzw. zentralverwaltungswirtschaftlichen Modellen) berufen. Man versteht den deutschen Begriff der Ordnungspolitik, der einer normativen Doktrin gleicht, nur, wenn man das Denken der „Ordoliberalen", allen voran Walter Eucken, und vor allem ihr Verständnis der Wirtschaftsordnung durchdenkt. So heißt es bei Eucken:

> „Wir wissen, dass sowohl die Wirtschaftspolitik im Zeitalter des Laissez-faire als auch in den folgenden Epochen der Experimente die Bedeutung und die Schwierigkeit des Problems, dem Wirtschaftsprozess eine zureichende Lenkung zu geben – ein Problem, das mit der Industrialisierung in ein ganz neues Stadium eintrat – unterschätzte oder nicht sah. (...) (Diese) Kernfrage der modernen Wirtschaftspolitik sollte auch als Kernfrage behandelt werden. Es geschieht, indem die Herstellung eines funktionsfähigen Preissystems vollständiger Konkurrenz zum wesentlichen Kriterium jeder wirtschaftspolitischen Maßnahme gemacht wird. Die ist das wirtschaftsverfassungsrechtliche Grundprinzip (...). Das Grundprinzip verlangt nicht nur, dass gewisse wirtschaftspolitische Akte vermieden werden: so etwa staatliche Subventionen, Herstellung staatlicher Zwangsmonopole, allgemeiner Preisstop, Einfuhrverbote usw. Es genügt auch nicht etwa Kartelle zu verbieten. Das Prinzip ist nicht in erster Linie negativ. – Vielmehr ist eine positive Wirtschaftsverfassungspolitik notwendig, die darauf abzielt, die Marktform der vollständigen Konkurrenz zur Entwicklung zu bringen und so das Grundprinzip zu erfüllen. Auch hierin unterscheidet sich die Politik der Wettbewerbsordnung vollständig von der Politik des Laissez-faire, die nach ihrem Grundgedanken eine positive, wirtschaftliche Ordnungspolitik nicht kannte" (Eucken 1990: 254-255).

Eucken beschreibt hier eine Vorstellung, die in Deutschland völlig selbstverständlich klingt, hingegen etwa in angelsächsischen Ländern immer wieder auf großes Erstaunen trifft. „Marktwirtschaft" gibt es nicht aus dem Grund, dass Märkte „spontan" durch die Produktions- und Austauschprozesse der Anbieter und Nachfrager entstehen[2]. Vielmehr entscheidet der Staat über ein Regelwerk und erschafft auf diese Weise den Markt. Der Wettbewerb, und

---

[2] Vgl. auch Karl Polanyi (1957).

damit der Markt selbst, sind eine Veranstaltung des Staates. Die Marktwirtschaft ist daher auch nur insoweit eine „natürliche" Wirtschaftsordnung, als sie die Handlungsweisen der Menschen, also in einem gewissen Sinne die natürliche Logik des menschlichen Wirtschaftens, sehr weitgehend berücksichtigt und deren „Störung" (durch den Staat) auf solche Bereiche beschränkt, die die oben genannte reine Marktlogik entweder aus Selbsterhaltungsgründen nicht vertragen (das betrifft nach klassischer Lesart zum Beispiel die Wettbewerbspolitik) oder aber aus im weitesten Sinne humanitärsozialen Gründen eine Überlagerung nahe legen. Marktwirtschaft ist also nicht „natürlich", aber durchaus „naturgemäß".

Euckens Grundprinzipien einer Politik der Wettbewerbsordnung haben in ihrer Bedeutung als ordnungspolitischer Kanon nichts eingebüßt. Auch wenn sich viele dieser Elemente in einzelnen Varianten des amerikanischen, britischen oder französischen Wirtschaftsliberalismus wieder finden, ist Euckens „Ordoliberalismus" spezifisch für die Bundesrepublik. Er benennt zunächst die so genannten „konstituierenden Prinzipien", zu denen neben der Garantie eines wettbewerbskonformen Instituts des Privateigentums, der Vertragsfreiheit, einer Haftungsregelung auch die Gewährleistung „offener Märkte", die „Konstanz der Wirtschaftspolitik" sowie das „Primat der Währungspolitik" gehören. Gerade die drei letztgenannten Prinzipien enthalten für die Politik oftmals als eher schmerzlich empfundene Erkenntnisse, nämlich dass erstens eine Politik der Marktabschottung oder des Ausschlusses von Anbietern und/oder Nachfragern von einzelnen Märkten, egal durch welche Mittel, zu unterbleiben habe, dass zweitens die Wirtschaftspolitik (z.B. Steuer- und Außenhandelspolitik) langfristig und für die Marktakteure berechenbar auszugestalten sei, und dass drittens der Geld- und Währungspolitik ein Primat zukomme. Damit ist freilich nicht der mittlerweile auch praktisch als gescheitert anzusehende Versuch gemeint, mit Hilfe der Geldpolitik (z.B. Zinssenkungen) der Konjunktur auf die Sprünge zu helfen. Vielmehr hat die Sicherstellung eines nachhaltig funktionsfähigen Geld- und Kreditwesens für eine moderne Volkswirtschaft eine so herausragende, grundlegende Bedeutung, dass dieser systematischen Nachhaltigkeit unbedingter Vorrang vor anderen, gegebenenfalls kurzfristigen wirtschaftlichen oder politischen Kalkülen einzuräumen ist.

Neben den genannten konstituierenden Prinzipien nennt Eucken die so genannten „regulierenden Prinzipien", zu welchen zu allererst die Wettbewerbspolitik im engeren Sinne, also die Monopol- und Kartellaufsicht gehört. Daneben führt er eine investitionsfreundliche Einkommenspolitik auf (die den sozialen Bedürfnissen der Menschen eben nur insoweit entgegen kommt, als sie die wirtschaftliche Grundlage nicht selbst etwa durch rigorose Steuerprogression zerstört), die Internalisierung externer Kosten (bei Eucken „Wirtschaftsrechnung" genannt) sowie die Bekämpfung ruinöser Konkurrenz auf bestimmten Märkten (vor allem auf dem Arbeitsmarkt), die er als „Anomalie des Angebots" bezeichnet.

Schließlich gibt Eucken uns noch Folgendes mit auf den Weg. Erstens: die genannten Prinzipien haben die gesamte Wirtschafts- und Rechtsordnung zu durchdringen, um erfolgreich zu sein. Zweitens: die beste Konjunkturpolitik betreibt man, indem man die genannten Prinzipien konsequent befolgt; darüber hinaus sind Maßnahmen zur Bekämpfung von Konjunkturschwankungen eher abzulehnen. Und drittens: Wirtschaftsordnungspolitik ist die beste Sozialpolitik. „Soziale Gerechtigkeit sollte man also durch Schaffung einer funktionsfähigen Gesamtordnung und insbesondere dadurch herzustellen suchen, dass man die Einkommensbildung den strengen Regeln des Wettbewerbs, des Risikos und der Haftung unterwirft" (Eucken 1990: 317). Gleichwohl schließt Eucken bestimmte sozialpolitische Maßnahmen, zu denen er im Speziellen auch Betriebsverfassungs- und Arbeitsmarktpolitik zählt, als Intervention nicht aus (Eucken 1990: 291-324).

Eucken hat erkannt, dass Akteure in marktwirtschaftlichen Ordnungen dazu tendieren, den Wettbewerb als zentrales Ordnungsprinzip, als Motor der Marktwirtschaft, auszuschalten. Wettbewerb ist für die Gesamtheit aller Teilnehmer vorteilhaft; für den Einzelnen ist Wettbewerb aber unangenehm. Vor allem für denjenigen, der als eingesessener Anbieter Marktanteile an einen Neuling abgeben muss. Anbieter werden daher immer versuchen, durch inneres (z.B. Umsatzsteigerung) oder äußeres (z.B. Unternehmenszukäufe) Wachstum die eigene Marktstellung, und damit ihre relative Macht im Vergleich zu ihren Wettbewerbern, zu verbessern. Zu dieser „Wettbewerbsvermeidungsstrategie" gesellt sich, wie bereits in unserem ersten Kapitel bemerkt, ein zweites Problem, das nicht im Akteursverhalten, sondern vielmehr in der Natur bestimmter Produkte bzw. Dienstleistungen begründet ist. Die Effizienz bei ihrer Bereitstellung steigt mit der Betriebsgröße; bei einigen ist die größte Effizienz nur zu erreichen, wenn es einen einzigen Anbieter gibt. Hier haben wir es mit einem so genannten „natürlichen Monopol" zu tun. Es lässt sich zeigen, dass diese „economies of scale" vor allem dort anzutreffen sind, wo ein hoher Fixkostenblock als „versunkene Kosten" (etwa in Form einer hohen Investition in ein Leitungsnetz) einen bzw. den entscheidenden Kostenfaktor darstellen. Eucken argumentiert, dass, wo eine

Wettbewerbssituation aufgrund etwa eines „natürlichen Monopols" unmöglich bzw. wirtschaftlich widersinnig ist, eine Monopolaufsicht durch den Staat greifen muss, die für den monopolistischen Anbieter einen „als-ob"-Wettbewerb schafft. Diese Monopolaufsicht simuliert Wettbewerb mit dem Setzen von Rahmenbedingungen für den Monopolisten, d.h. sie hat Anreize zu schaffen, die ein Ausnutzen seiner Marktposition unterbinden.

Der ordnungspolitische Ansatz ist als eine spezifisch deutsche Variante des Umgangs mit der Nachkriegssituation und der Suche nach einem nicht nur wirtschaftspolitischen, sondern auch gesellschaftspolitischen Neuanfang zu sehen. In der vielleicht radikalsten Form hat Wilhelm Röpke der Vorstellung Ausdruck verliehen, dass die Wirtschaftsordnung nicht nur kompatibel mit der gesellschaftlichen Gesamtordnung zu sein habe, sondern sich vielmehr auch aus einem gesamtgesellschaftlichen Norm- und Wertegefüge ergibt (Röpke 1997).

Ordnungspolitik ist Gesellschaftspolitik; sie zielt auf ein breiteres Aufgabenspektrum als wirtschaftlichen Erfolg und gesamtwirtschaftliche Wohlfahrt. Dies wird besonders deutlich bei dem eigentlichen Vordenker des Konzeptes der Sozialen Marktwirtschaft, Alfred Müller-Armack, welcher dem ersten Wirtschaftsminister der Bundesrepublik Deutschland, Ludwig Erhard, als Staatssekretär im Bundeswirtschaftsministerium diente. Dieses Konzept hat wie nur wenige andere in der politischen Debatte der vergangenen sechs Jahrzehnte in Deutschland Karriere gemacht. Es wurde nicht nur inhaltlich immer wieder neu verstanden, sondern auch umgestaltet und erweitert. In den 1980er Jahren etwa kam die „Ökologisch-soziale Marktwirtschaft" als Erweiterung auf. In dieser Form erreichte das Konzept mit seiner Aufnahme in den Text des Vertrages über die Schaffung einer Währungs-, Wirtschafts- und Sozialunion zwischen der Bundesrepublik und der damaligen DDR[3] vom Mai 1990 sogar einen quasi-gesetzlichen Rang. Dabei wurde der Begriff bereits in den 1950er Jahren im so genannten Investitionshilfeurteil des Bundesverfassungsgerichts Gegenstand verfassungsgerichtlicher Überlegungen zu der Frage, inwieweit das Grundgesetz eine Wirtschaftsordnung für die Bundesrepublik vorgebe. Das Bundesverfassungsgericht interpretierte das Grundgesetz hinsichtlich dieser Frage als offen, erkannte die

---

[3] BGBl. II, 537.

Soziale Marktwirtschaft jedoch als eine denkbare und geeignete Wirtschafts-ordnungsform für die neue Bundesrepublik an.[4] Müller-Armack betont zunächst die schon erwähnte Einbettung der Wirtschaftsordnung in die Gesellschaftsordnung (Müller-Armack 1966: 237). „Die Konzeption der Sozialen Marktwirtschaft umfasst einen weiteren gesellschaftspolitischen und einen engeren wirtschaftspolitischen Bereich von Maßnahmen, die sinnvoll aufeinander abgestimmt sein müssen. Die Zielsetzung der Sozialen Marktwirtschaft reicht über eine Modifikation oder klarere Herausbildung des wettbewerblichen Prinzips wesentlich hinaus. (...) Es handelt sich nicht nur um die Gestaltung einer ökonomischen Ordnung, vielmehr bedarf es der Eingliederung dieser Ordnung in einen ganzheitlichen *Lebensstil.*"

Müller-Armack hat mit der Addition des Attributs „sozial" zur Markt-wirtschaft, welche von Ludwig Erhard übernommen wurde und bereits 1948 Eingang in ein Parteiprogramm der CDU fand, ein gegenüber Eucken als „umfassender, offener, dynamischer" beschriebenes Konzept geschaffen (Starbatty 1982: 16). Müller-Armacks Erweiterung des marktwirtschaftlichen Prinzips sorgte dafür, dass die soziale Marktwirtschaft Teil des gesellschaft-lichen Grundkonsenses im Nachkriegsdeutschland wurde. Jeder kann den Begriff der sozialen Marktwirtschaft offenbar so interpretieren, dass seine persönliche Vorstellung von dem richtigen Mischungsverhältnis von „Markt-orientierung" und „Sozialorientierung" getroffen ist.

Wer dem Staat in der Wirtschaft eine Hauptrolle zuweist, der muss auch darüber entscheiden, *wie* und in welcher Form diese Rolle auszufüllen ist. Damit steht zunächst einmal die Festlegung der Träger der Wirtschaftspolitik im Raum. Man kann ja nun nicht von einer „Politisierung" der Wirtschaft als dominantem Leitbild des „Ordoliberalismus" sprechen, sicher auch nicht bei den Verfechtern der „Sozialen Marktwirtschaft". Der Staatseingriff soll und muss sein, um den Markt als solchen funktionstüchtig zu halten – und um hie und da für ein notwendiges Maß an sozialem Ausgleich zu sorgen. Doch damit ist nicht möglichst großen *politischen* Spielräumen das Wort geredet. Vielmehr gingen zwei in Deutschland bereits vorhandene Strömungen bzw. wichtige Charakteristika des Staatsverhaltens eine dauerhafte und wirksame Allianz mit den Leitvorstellungen Euckens bzw. Müller-Armacks ein: der deutsche *Legalismus,* der zu einer rechtlichen Formalisierung von Entschei-

---

[4] Vgl. hierzu beispielsweise Nipperdey 1960. Für eine Ablösung der Sozialem Marktwirtschaft durch eine sozialistische Ordnung auf der Basis des Grundgesetzes setzte sich beispielsweise Wolfgang Abendroth ein (Abendroth [7]1978).

dungsgebieten tendiert, eng gespeist von der traditionellen Dominanz der Juristen in der deutschen (öffentlichen) Verwaltung. Und der deutsche *Neo-Korporatismus*, der insbesondere die Durchführung an sich staatlicher Aufgaben besonders gerne gesellschaftlichen Kräften überträgt (wie z.b. Selbsthilfeeinrichtungen der Wirtschaft, also den Kammern, den Tarifpartnern, beliehenen Vereinen usw.). Der Staat entlastet sich wirksam von der andernfalls in Eigenregie durchzuführenden Aufgabenerledigung; er wirkt eher im Hintergrund mit (manchmal drohend mit dem „Schatten der Hierarchie") und setzt auf Delegation, auf selbstregulierende Einheiten in der Gesellschaft. Der erwartete Vorteil dieses Ansatzes liegt in der vermuteten höheren Akzeptanz der so zustande kommenden Regeln, Vorschriften und Verteilungsentscheidungen und in dem Schutz gesellschaftlicher Eigenverantwortung im Sinne des Subsidiaritätsprinzips.

Die Verbindung von Legalismus und Neokorporatismus in ordoliberalen Vorstellungen von Wirtschaftspolitik konnte deswegen so gut gelingen, weil Planbarkeit und Verlässlichkeit dem Ordoliberalismus mehr entsprechen als politische Entscheidungsspielräume (der Regierung). Wettbewerbs und Geldpolitik sollten, um zwei wichtige Eckpfeiler zu nennen, nicht in die Hände gewählter Politiker gelegt, sondern in Fachinstitutionen verankert werden. Sie sollten nur auf die Erfordernisse des jeweiligen Marktes bzw. der jeweiligen wirtschaftlichen Situation achten. So entstanden die Deutsche Bundesbank und das deutsche Bundeskartellamt als, wenngleich je unterschiedlich stark ausgeprägt, (relativ) unabhängige Träger der Wirtschaftspolitik. Natürlich bleibt auch die Regierung selbst als Träger wirtschaftpolitisch relevanter Entscheidungen im Spiel. Bei der Bundesbank beeinflusst die Regierung etwa die Besetzung der wesentlichen Ämter und beim Bundeskartellamt verfügt sie insbesondere über eine Art Vetorecht für Einzelfälle, genannt „Ministererlaubnis". Doch sind diese Einflussmöglichkeiten in Deutschland, aufgrund unserer spezifischen legalistischen Tradition, gesetzlich im Wesentlichen kodifiziert – im Unterschied etwa zur Tradition der Wettbewerbspolitik in Großbritannien bis zum Ende der 1990er Jahre.[5] In anderen Bereichen, und hier ist wieder auf die deutsche Variante des Neo-Korporatismus zu verweisen, knüpfte der Staat mit der Übertragung wichtiger Aufgaben, etwa der beruflichen Bildung, an Selbsthilfeeinrichtungen der Wirtschaft (nämlich die Industrie- und Handelskammern sowie die Handwerkskammern) an alte Traditionen des 19. Jahrhunderts an, die selbst ihre

---

[5] Für einen konzisen Überblick über die britische Wettbewerbspolitik siehe Wilks 1999.

Wurzeln im Stände- und Feudalsystem des Mittelalters haben. Die Kammern, wozu neben den erwähnten auch die berufständisch geprägten Kammern einzelner Berufe, von den Ärzten, Apothekern und Steuerberatern bis zu Wirtschaftsprüfern, Architekten, Ingenieuren und Landwirten, gehören, sind wichtige Akteure für die Wirtschaftspolitik geworden (Ärzte- und Apothekerkammern auch darüber hinaus in der Sozialpolitik). Sie sind einerseits Selbsthilfeeinrichtungen und sollen Belange des jeweiligen Sektors selbst regeln; das ist auch eine Hauptbegründung für deren entscheidende Rolle in Ausbildungsbelangen (z.b. für kaufmännische Berufe, für die Handwerksausbildung etc.). Andererseits werden diese Selbsthilfeeinrichtungen in der Form öffentlich-rechtlicher Körperschaften geführt. Sie unterliegen der Rechtsaufsicht (zum Teil sogar der Fachaufsicht) von Landes- bzw. Bundesbehörden. Ihre Aufgaben sind gesetzlich normiert (und nicht, wie bei privaten Vereinen, in einfachen Satzungen festgelegt); und eine davon ist die Beratung der Politik. Will die Regierung eine politische Initiative ergreifen und zum Beispiel Maßnahmen zur Vergrößerung der Zahl der Ausbildungsplätze, zur Förderung von Existenzgründern oder zur Stärkung der technologischen Innovationskraft der Wirtschaft ergreifen, so bedient sie sich sehr häufig der Kammern. Sie delegiert die Umsetzung dieser Aufgaben, mitsamt der Finanzmittel, an diese Einrichtungen. So entsteht eine Gemengelange von Verantwortung und Zuständigkeit.

Ein eigens zu erwähnender Sonderfall ist die deutsche Tarifautonomie. Sie bedeutet im Kern, dass Arbeitgeber und Arbeitnehmer, jeweils vertreten durch ihre Organisationen, ohne staatliche Beteiligung Lohn- und Arbeitsbedingungen aushandeln. Dadurch, dass Tarifpartner mit ihren Tarifverträgen ganz wesentliche Parameter für die wirtschaftliche Entwicklung des Landes setzen, sind sie als Träger der Wirtschaftspolitik von kaum zu überschätzender Bedeutung. Die Tarifautonomie ist grundgesetzlich verbürgt. Sie zu achten hat sich bisher noch jede Regierung (und Opposition) feierlich auf die Fahnen geschrieben. Tatsächlich ist die Tarifautonomie so stark, dass bestimmte sonstige arbeitsmarktpolitische Optionen erst gar nicht das Licht der „Regierungs"-Welt erblicken, falls sie einer der Tarifpartner kategorisch ausschließt. Ein „hire-and-fire"-System, also von Arbeitsverträgen ohne wesentlichen Kündigungsschutz, wie es in angelsächsischen Ländern unabhängig von linken oder konservativen Regierungen gang und gäbe ist, ist aufgrund seiner Ablehnung durch die Gewerkschaften in Deutschland bisher undenkbar. Und das, obwohl dieser Aspekt des Arbeitsmarktes keineswegs der Regelungskompetenz des Staates entzogen ist.

Unterhalb der Grundsatzentscheidung darüber, ob der Staat eine Rolle in der Wirtschaft spielen soll oder nicht, gibt es innerhalb der Gruppe derjenigen, die – trotz Marktwirtschaft – den Staat auch in der Wirtschaftspolitik in der Verantwortung sehen, eine Reihe von unterschiedlichen „Schulen". Sie reichen von den Keynesianern über die Monetaristen zu angebotsorientierten Monetaristen und Fiskalisten. Keynesianismus, Monetarismus und angebotsorientierte Wirtschaftspolitik (supply-side economics) sind Konzepte, die in der wirtschaftspolitischen Praxis der Bundesrepublik Bedeutung erlangt haben. Der Keynesianismus etwa begegnet uns in der Form der „Globalsteuerung" der 1960er und 1970er Jahre und wurde in etwas oberflächlicher Form wiederbelebt in der Finanzkrise 2008/09 als Synonym für staatliches Engagement in der Wirtschaft. Der Monetarismus wurde als geldpolitische Antwort auf das Phänomen der Stagflation (also dem gleichzeitigen Auftreten von Stagnation und Inflation) nach dem ersten Ölpreisschock in den 1970er Jahren betrachtet, und die angebotsorientierte Wirtschaftspolitik galt als Reaktion auf den, aus ihrer Sicht einseitig nachfrageorientierten, Keynesianismus vor allem in den 1980er Jahren. Mittlerweile wurde in theoretischer Hinsicht die grundsätzliche Dichotomie von nachfrageorientierter und angebotsorientierter Wirtschaftspolitik in Frage gestellt. In einer Einführung in die Wirtschaftspolitik, die sich nicht zuletzt an Sozialwissenschaftler an Schulen und Universitäten wendet, erscheint es daher sinnvoll, diese in der praktischen Politik wirksam gewordenen Ansätze nicht entlang ökonomischer Theoriedebatten, sondern im jeweils konkreten historischen Zusammenhang zu behandeln.

Zu den ordnungspolitischen, makroökonomischen und geldpolitischen Ansätzen der Wirtschaftspolitik sind, angeregt durch die „Public Finance Initiative" der britischen Regierung in den 1990er Jahren, auch neuere Instrumente getreten, die vor allem für die Infrastrukturfinanzierung von Bedeutung sind. An erster Stelle ist hier die „Public-Private-Partnership" (PPP)[6] zu nennen. Der Grundgedanke dieses seit einigen Jahren auch in Deutschland an Gewicht gewinnenden Ansatzes ist es, den Bau und Betrieb von Infrastrukturprojekten, also Autobahnen, öffentlichen Gebäuden oder öffentlichen Anlagen, in die Hände privater Investoren zu geben. Die öffentliche Hand bindet sich dabei für einen längeren Zeitraum und nutzt die so erstellten Anlagen. Angesichts knapper öffentlicher Kassen liegt der Vorteil zum einen darin, dass Infrastrukturprojekte aufgrund privater Vorfinanzierung schneller

---

[6] Deutsch häufig auch ÖPP (öffentlich-private Partnerschaften)

durchgeführt werden können, zum anderen können 10-20 % der Kosten im Vergleich zur vollständigen öffentlichen Trägerschaft eingespart werden (Mehrländer 2005). Die wirtschaftspolitische Bedeutung von PPP liegt insbesondere in einem Paradigmenwechsel: öffentliche Aufgaben werden in Partnerschaft mit Privaten durchgeführt. Der Staat hört auf zu „rudern" und beginnt (nur noch) zu „steuern", um ein Schlagwort eines Klassikers von Osborne und Gaebler (1992) zu bemühen.

Dieser Grundgedanke, die Leistungserstellung von der Gewährleistung öffentlicher Aufgaben zu trennen, liegt auch dem noch näher zu beleuchtenden Phänomen der Regulierung (in der Daseinsvorsorge) zu Grunde. Der Staat definiert öffentliche Ziele und nutzt das Instrumentarium des „regulatorischen Staates" (Müller/Sturm 1998), um private Leistungsanbieter, etwa im Energiebereich, in der Telekommunikation oder im Schienenverkehr, nicht nur effiziente Leistungen am Markt erbringen zu lassen, sondern dabei auch gegebenenfalls weitere öffentliche Gemeinwohlbelange (wie z.b. Allgemeinversorgung) zu berücksichtigen.

2.2 Verfassungsrechtliche Rahmenbedingungen der Wirtschaftspolitik

Wirtschaftspolitik ist in Deutschland eingebettet in einen institutionellen Kontext, den vor allem drei Aspekte prägen:

- Die gemeinsame Verantwortung von Bund und Ländern für unterschiedliche Aspekte der Wirtschaftspolitik, mitunter auch in gemeinsamer Zuständigkeit für einzelne Felder.
- Die Begrenzung staatlich-politischer Handlungsspielräume durch starke, zum Teil verfassungsrechtlich verbürgte, Institute des Privateigentums, der Koalitionsfreiheit, der Tarifautonomie und einer Tradition signifikanter Selbstverwaltung und Selbstregulierung durch die Wirtschaft.
- Die Europäisierung des Politikfeldes Wirtschaftspolitik in zentralen Bereichen, insbesondere der Wettbewerbs- und der Währungspolitik, letztere mit fiskalpolitischen Konsequenzen als Folge des Stabilitäts- und Wachstumspaktes von 1996 und nachfolgender Regelungen. Darüber hinaus werden von der Kompetenzübertragung an die EU sowohl wichtige Aspekte der Regulierung in der Wirtschaft (z.B. im Energie- und Telekommunikationssektor) als auch wirtschaftsförderpolitische Belange (z.B. Subventionen) berührt. Hinzu kommen europäische Initia-

tiven zur Koordinierung der Wirtschaftspolitik, „Offene Methode der Koordinierung" genannt, bei der sich die Mitgliedstaaten auf gemeinsame Ziele und Grundlinien des Vorgehens einigen, die zu an nationalen Bedürfnissen ausgerichteten Programmen führen, z.b. in der Beschäftigungspolitik.

Im deutschen Verflechtungsföderalismus ist das Ansinnen, die jeweiligen Aufgaben- oder Tätigkeitsbereiche von Bund und Länder mit dem Ziel abzugrenzen, welche Ebene die bedeutendere in der Wirtschaftspolitik sei, nachgerade paradox. Denn wer lediglich die Gesetzgebungszuständigkeiten betrachtet, übersieht einerseits die wesentliche Rolle der Landesregierungen in der Zweiten Kammer, dem Bundesrat, andererseits auch die enorme Bedeutung der „Verwaltung" dieser (Bundes-)Gesetze, die regelmäßig nicht vom Bund selbst oder alleine, sondern unter maßgeblicher Beteiligung der Landesebene geschieht. Das gilt für „große", zentrale Rechtsmaterien wie das Wettbewerbsrecht oder das Energierecht (mit Bundeskartellamt und Bundesnetzagentur sowie Landeskartellbehörden und Landesregulierungsbehörden respektive) ebenso wie für die Berufliche Bildung, das Handwerksrecht und die Kammeraufsicht bis hin zum Schornsteinfegerwesen. Zieht man noch in Betracht, dass auch die verwaltungsmäßige Abwicklung auf Landesebene keineswegs auf einen homogenen Verwaltungskörper beschränkt gesehen werden kann, sondern sich vielmehr in einer Vielfalt von z.B. Landesober- und Mittelbehörden, kommunalen Behörden oder auch mit weitgehender Autonomie ausgestatteter öffentlich-rechtlicher Einrichtungen, wie der Kammern, vollzieht, dann kann man erahnen, dass einfache Aussagen zur Bedeutung der Bundes- bzw. Landes-*Wirtschaftspolitik* nicht möglich sind. Ausweislich dieser Problematik wollen wir aber dennoch versuchen, zumindest ein paar Anhaltspunkte für die jeweilige Rolle von Bund und Ländern in der deutschen Wirtschaftspolitik zu geben (siehe ausführlich auch Kapitel 5.1).

Die gesetzgeberischen Zuständigkeiten für die verschiedenen Materien der Wirtschaftspolitik sind auf Bund und Länder verteilt, das Schwergewicht liegt beim Bund. Um es gleich vorweg zu nehmen: aufgrund der umfänglichen europarechtlichen Vorgaben, die sich aus den rechtsetzenden Aktivitäten von EU-Kommission, Ministerrat und Parlament ergeben, wäre es irreführend zu unterstellen, es bestünden zumindest auf Bundesebene noch vollständige Souveränitätsräume. Im Gegenteil, die Binnenmarktintegration hat die zentralen Rechtsmaterien der Wirtschaft, vom Wettbewerbsrecht bis zur Währungs- und Geldpolitik, erfasst und macht sich mit Projekten wie z.B.

der Dienstleistungsrichtlinie daran, nun auch in angestammte Bastionen nationaler Regulierung, wie das Handwerk, vorzudringen. Wenn im Einzelfall, wie gerade im Dienstleistungsbereich zuletzt geschehen, nicht alle Vorstöße der EU-Kommission zum Erfolg führen, dann sollte das nicht den Blick für die enorme europarechtliche Dynamik und deren Signifikanz für nahezu alle Wirtschaftsbereiche in Deutschland verstellen.

Das die Wirtschaft bestimmende Recht ist in überragendem Maße, wie schon festgestellt, Bundesrecht. Auch europäische Vorgaben müssen zunächst als Bundesrecht übernommen werden. Die wesentlichen Gesetzesmaterien im Bereich der Wirtschaftspolitik sind auf Bundesebene das Geld- und Kreditwesen, das Wettbewerbsrecht, das Recht wichtiger Wirtschaftssektoren, wie insbesondere der Energieversorgung, des Telekommunikations- und Postwesens, des Schienen- und Straßenverkehrs sowie der beruflichen Bildung (Ausbildung) und natürlich das Arbeitsrecht. Neben den genannten gehören auch die fundamental noch viel bedeutsameren, weil für alle Bereiche der Wirtschaft strukturierend wirkenden, wenngleich politisch weniger umstrittenen Materien des Zivilrechts, des Handels-, Bilanzierungs- und Gesellschaftsrechts oder z.B. des Außenwirtschaftsrechts dazu. Politisch erheblich strittiger sind andere für die Wirtschaft substanziell bestimmende Gesetze, etwa im Bereich des Steuer- und Abgabenrechts. Auch für die Wirtschaft im Grunde „belastende" Rechtsmaterien, etwa des Umweltrechts, nicht zuletzt das Immissionsschutzrecht oder die Emissionszertifikate (Müller 2003a), gehören dazu.

Nach der Föderalismusreform 2006 (Sturm 2006a) sind einzelne Bereiche des Rechts der Wirtschaft nunmehr in die Hoheit der Länder gegeben. Dazu gehören etwa die Wohnraumförderung, das Gaststättenrecht oder das Messewesen und die Schaustellung. Auch die Festsetzung der Ladenöffnungszeiten („Ladenschluss") ist hier zu nennen. Trotz der Übertragung von einzelnen Bereichen des Rechts der Wirtschaft bleiben die Länder als Zuständigkeitsträger in der Wirtschaftspolitik von nachgeordneter Bedeutung. Ihre Hauptaufgaben liegen traditionell in mittelstandsbezogenen Fördertatbeständen, etwa der Existenzgründungs- und Übernahmeförderung oder dem Nachteilsausgleich für Kleine und Mittelständische Unternehmen (KMU). Die Länder nehmen im Bereich der Beruflichen Bildung, aber auch als Landeskartell- und, seit der Novelle des Energiewirtschaftsgesetzes 2005, als Landesregulierungsbehörden hoheitliche Aufgaben wahr (Müller 2006a). Die Aufgabenwahrnehmung erfolgt allerdings nicht ohne den Bund, der die jeweiligen gesetzlichen Grundlagen geschaffen hat. Im Konzert mit dem Bund im Rahmen der so genannten Gemeinschaftsaufgaben und zunehmend mit der EU-Kommission engagieren sich die Länder schließlich auch z.b. für die Stärkung (wirtschaftlich) schwacher Regionen. Die ausgeprägte Politikverflechtung zwischen Bund, Ländern und der EU-Ebene lässt es zunehmend unmöglich erscheinen, dezidierte und autonome Handlungsfelder von Landesregierungen in der Wirtschaftspolitik zu identifizieren. Am ehesten haben Mitglieder von Landesregierungen, sofern sie aus Sicht der Bundesregierung der Opposition zuzurechnen sind, noch eine wirtschaftspolitisch signifikante Stimme über ihre Rolle als Landesvertreter im Bundesrat. Im Übrigen sehen wir, dass auf den traditionellen Feldern der „Mittelstandspolitik" ein hohes Maß an Konvergenz unter den Bundesländern hinsichtlich der programmatischen Ziele, Konzepte und eingesetzten Instrumente herrscht (siehe Kapitel 5.1).

Die Wirtschaftspolitik des Bundes spielt sich nicht ausschließlich im Wirtschaftsressort ab. Wichtige Parameter setzt der Finanzminister. Traditionelle Gegenspieler sind das Umweltressort sowie der Arbeitsminister. Der Zuschnitt der Ressorts variiert auf Bundesebene mitunter erheblich (Helms 2005), dies gilt auch für die die Wirtschaft betreffenden Bereiche. Wirtschafts- und Finanzressort waren, zur Hochzeit der makroökonomischen Steuerung Ende der 1960er und Anfang der 1970er Jahre, unter den „Superministern" Karl Schiller und Helmut Schmidt fusioniert; ebenso das Wirtschafts- und Arbeitsressort in der zweiten Amtszeit von Bundeskanzler Gerhard Schröder. Einzelne Abteilungen und Fachbereiche wechseln nach jeder Kabinettsbildung fast schon routinemäßig zwischen den Ressorts, davon waren in der Vergangenheit natürlich auch die genannten Ressorts betroffen.

Dem ersten Wirtschaftsminister der Bundesrepublik Deutschland, Ludwig Erhard, wird der Ausspruch zugeschrieben, Wirtschaftspolitik sei zu 50 % Psychologie. Insofern muss es nicht verwundern, dass die Wirtschaftsminister, auf Bundes- wie auf Landesebene, in der öffentlichen Meinung regelmäßig zu den wichtigsten Kabinettsmitgliedern, neben dem Regierungschef, gerechnet werden. Diese Bedeutungszuschreibung ist freilich nur bedingt durch Zuständigkeiten bzw. Machtressourcen zu rechtfertigen. Die besagte „Psychologie", in Form von Kommunikation, Inszenierung und symbolhaften Gesten, spielt eine wichtige Rolle. Nimmt man als Maßstäbe echter Machtressourcen etwa den Umfang disponibler Finanzmittel, die Personalstärke des Geschäftsbereichs, die ordnungsrechtlichen Durchgriffsmöglichkeiten gegenüber Dritten oder auch nur den faktischen Einfluss auf öffentliche Unternehmen (geschweige denn private), so rangiert die Bedeutung des Finanzministers oft vor jener des Wirtschaftsministers. Neben ihrer Rolle im Gesetzgebungsverfahren, als vorbereitende Instanz der Gesetzesentwürfe, als Verordnungsgeber usw. sind die Wirtschaftsminister natürlich vor allem auch Subventionsgeber. Sie verteilen „Fördermittel" in ganz verschiedenen Bereichen, von der wirtschaftsnahen Technologie über den Kohlebergbau bis hin zum Nachteilsausgleich für den Mittelstand. Schwerpunkte und Umfang variieren von Land zu Land und im Vergleich von Bund und Ländern.

Das Grundgesetz verteilt nicht nur Kompetenzen im Bereich der Wirtschaft zwischen Bund und Ländern, es trifft auch Entscheidungen über Rahmenbedingungen der Wirtschaftspolitik durch die Festlegung von Grundrechten und Grundsätzen der Staatsorientierung. So umreißt der Grundrechtskatalog insbesondere auch mit dem Recht der allgemeinen Handlungsfreiheit, der Berufsfreiheit und des Eigentumsschutzes im Kern ein Leitbild, das zumindest in hohem Maße kompatibel ist mit dem Konzept der Marktwirtschaft. Nimmt man das Sozialstaatsgebot aus Art. 20 sowie die Bestimmungen der Sozialisierungsklausel in Art. 15 hinzu, so lässt sich argumentieren, dass sich in der „Sozialen Marktwirtschaft" wesentliche Elemente unseres die Wirtschaftsordnung bestimmenden Verfassungsrechts widerspiegeln. Zwar ist umstritten (Nipperdey 1960), ob sich diese Maßgaben des Grundgesetzes im Leitbild der Sozialen Marktwirtschaft, wie es Ludwig Erhard und Alfred Müller-Armack entwickelt haben, erschöpfen; also mithin Alternativen hierzu verfassungsrechtlich ausgeschlossen sind. Da letztlich das Konzept der Sozialen Marktwirtschaft selber äußerst flexibel und je nach Gusto marktfreundlicher und marktdistanzierter (respektive liberaler oder sozialer) mit politisch-praktischen Inhalten ausgestaltet werden kann, ist dieser Streit fruchtlos. Es bleibt festzuhalten: in unserer Verfassung finden sich Normen, welche einerseits marktwirtschaftliche Charakteristika, andererseits eher sozial orientierte Maßgaben repräsentieren.

Eine wichtige Frage im Zusammenhang mit verfassungsrechtlichen Aspekten ist die mögliche Begrenzung von Handlungschancen für die Wirtschaftspolitik. Das heißt, inwieweit bindet das Grundgesetz die Hände der Wirtschaftspolitik – des Bundes oder der Länder? Zum einen folgt aus der Kompetenzverteilung zwischen Bund und Ländern eine Einschränkung der Zuständigkeiten, und damit der Handlungsoptionen, beider Ebenen. So können die Länder keine eigenen Wettbewerbs- oder Währungsgesetze erlassen; wo sie verwaltungsmäßig zuständig bzw. beteiligt sind, haben sie hier Bundesrecht zu befolgen. Zum anderen, und das ist hier besonders erwähnenswert, schränkt etwa die so genannte Koalitionsfreiheit des Art. 9 mit der von ihr umfassten *Tarifautonomie* das Handlungsspektrum von Bund und Ländern gleichermaßen auf dem Gebiet der Beziehungen von Arbeitnehmer und Arbeitgeber massiv ein. Mittels Tarifverträgen legen Gewerkschaften und Arbeitgeberverbände wichtige Parameter der abhängigen Arbeit in Deutschland fest. Dazu gehören nicht nur Lohnhöhe und -struktur, sondern auch Arbeitszeiten, „Karenztage" oder Sozialpläne im Falle von Stellenabbau. Das Arbeitsrecht in Deutschland beschränkt sich nicht auf die Tarifverträge der Branchen. Für einzelne Bereiche, wie etwa den Kündigungsschutz, gibt es Gesetze. Es gehört aber zu den Wesensmerkmalen des deutschen Arbeitsrechts, dass es in vielerlei Hinsicht „Richterrecht", also durch die Rechtsprechung der Arbeitsgerichte geschaffenes Recht ist. Die Politik tut sich eher schwer damit, diese Materie in eine schlüssige und umfassende Form zu bringen; denn es ist, aufgrund des dominanten Spannungsverhältnisses von „Kapital" und „Arbeit", mit zwei außerordentlich gut organisierten und mächtigen gesellschaftlichen Interessenblöcken, eindeutig politisch „vermintes Gelände". Die Bertelsmann Stiftung begann 2006 mit dem Projekt der Erarbeitung eines „Arbeitsgesetzbuches"; es ist womöglich nur einem externen Akteur möglich, der nicht im Verdacht steht, für die eine oder die andere Seite Partei zu ergreifen, auf diesem Gebiet einen tatsächlichen Schub auszulösen.

Gewerkschaften und Arbeitgeberverbände genießen nicht nur aufgrund der verfassungsrechtlichen Privilegierung ihrer Arbeit im Rahmen der Tarifautonomie einen herausgehobenen Status. Der deutschen Tradition des (Neo-) Korporatismus entsprechend sind beide in prominenter Weise von staatlichen Akteuren als Gesprächs- und Verhandlungspartner in allen Fragen der Arbeits(markt)- und Ausbildungspolitik besonders gefragt. Das ist nicht nur eine Reaktion auf das Verfassungsprivileg; es ist auch eine politisch rationale Umgangsweise mit zwei besonders wichtigen Repräsentanten gesellschaftlich relevanter Gruppen: nämlich von Arbeitnehmern und Unternehmern bzw. Managern von Unternehmen. Seit Olsons bahnbrechenden Überlegungen zum Phänomen der „collective action" (kollektives Handeln) wissen wir: je höher die Verpflichtungsfähigkeit einer Organisation nach innen, also z.B. je größer die Fähigkeit einer Verbandsführung, ihre Mitglieder zur Demonstration auf die Straße oder zum Streik zu motivieren, desto wichtiger ist der Einfluss dieser Organisation auf die Politik. Deutsche Gewerkschaften, die untereinander traditionell nicht in besonders stark ausgeprägter Konkurrenz stehen, sondern vielmehr unter dem Dach des Deutschen Gewerkschaftsbundes (DGB) nach dem Prinzip der Branchengewerkschaften eine weitgehend überschneidungslose „Marktaufteilung" ihrer Klientel vorgenommen haben, erfüllen diese Bedingung besser als andere. Dabei ist es nicht entscheidend, ob und wie oft gestreikt oder auf der Straße demonstriert wird. Vielmehr ist relevant, inwieweit die „Streikdrohung" glaubwürdig, das heißt gegebenenfalls auch einzulösen ist.

Ein, wenngleich zunächst einmal nur formales, Gegenstück zur Position der Gewerkschaften findet sich auf Unternehmerseite im Kammerwesen, insbesondere den Industrie- und Handelskammern. Es handelt sich dabei um so genannte „Selbsthilfeeinrichtungen" der Wirtschaft. Rechtlich besehen sind die Kammern öffentlich-rechtliche Körperschaften, ebenso wie Universitäten und Hochschulen oder bestimmte (staatliche) Versicherungen. Sie sind in formalem Sinne der staatlichen Sphäre organisatorisch zuzuordnen, wenngleich sie weder Teil des Staatsaufbaus (also insbesondere der Behördenhierarchie) sind noch von Staat und Regierung in ihrer Arbeit inhaltlich bestimmt werden können. Die Unternehmen einer Region sind Pflichtmitglieder der jeweils zuständigen Kammer; innerhalb der Kammerorganisation wählen sie die ehrenamtlich arbeitenden Organe, insbesondere die Präsidentin und das Präsidium. Dem Staat, also der Regierung bzw. den Ministerien obliegt lediglich eine Rechtsaufsicht über die Kammern, die für deren inhaltliche Arbeit ohne besondere Bedeutung ist. Kammern sind mit der Durchführung bestimmter Aufgaben betraut, die der Staat ihnen zugeordnet hat. Ein Schwerpunkt liegt im Bereich Ausbildung, also der Organisation der beruflichen Bildung, soweit diese nicht an den (staatlichen) Berufsschulen stattfindet, sowie die Durchführung der (praktischen) Abschlussprüfung. Diese und einige andere, „für den Staat" ersatzweise übernommenen Aufgaben rechtfertigen nach gängiger Lesart sowohl den besonderen rechtlichen Status der Kammern, als auch (damit zusammenhängend) die Zwangsmitgliedschaft der regionalen Unternehmen. Für den Staat bzw. die Politik erfüllen die Kammern darüber hinaus eine wichtige politische Artikulationsfunktion: sie vertreten die Position der Wirtschaft zu praktisch allen Fragen der Wirtschaftspolitik. Ihre Position ist das Gegengewicht zur Gewerkschaftsposition und sorgt auf diese Weise für eine gewisse Ausbalancierung.

Längst schon ist die deutsche Wirtschaftspolitik in Bund wie Ländern, nicht mehr nur durch unsere nationalen Spielregeln gebunden. Sie findet in einem Mehrebenensystem statt, das heute ohne die Effekte der „Europäisierung", also der Rückwirkung von europäischer Integration auf die Mitgliedstaaten der Europäischen Union, in keiner Weise mehr adäquat beschrieben bzw. erfasst werden kann. Die Währung ist europäisch, Wettbewerbspolitik,

Telekommunikations- und Energieregulierung oder die Kontrolle der Subventionen (Beihilfekontrolle) sind eingebunden in europäisches Recht und das Handeln europäischer Behörden. Technologieförderung und Regionalpolitik wirken bis auf die subnationale Ebene, also in Deutschland auf die Länder; dort engen sie (vormals) bestehende Spielräume der Landespolitik nicht nur durch Europarecht ein. Sie geben (in Zeiten begrenzter öffentlicher Haushaltsmittel) im Wege der Ko-Finanzierung Anreize, das noch vorhandene „eigene" (Landes-)Geld zu „verdoppeln". Allerdings zum Preis der Einhaltung europäischer, politisch-programmatischer Vorgaben zu den Inhalten (insbesondere den Zielen) der Maßnahmen. Die EU wäre missverstanden, sähe man in ihr lediglich eine besondere Form der intergouvernementalen Zusammenarbeit; sie wirkt maßgeblich in unser nationales Recht hinein und beeinflusst deutsche (Wirtschafts-)Politik nicht nur in einem politischen Sinne – also etwa in Richtung eines „europa-freundlichen Verhaltens" – sondern hat institutionelle, formale Verbindungen mit verschiedenen Ebenen nationaler Staatlichkeit entwickelt. Diese Form der Verflechtung geht über das Maß an „Beeinflussung" hinaus, das etwa wichtige internationale Organisationen, wie die WTO oder der IWF, ausüben.

2.3 Internationale Einbettung der Wirtschaftspolitik

Der Freihandel, also der relativ ungehinderte Austausch von Waren und Dienstleistungen über Staatsgrenzen hinweg, ist keine Selbstverständlichkeit, auch wenn er uns heute zur Gewohnheit geworden ist. Wir kaufen brasilianischen Kaffee, Turnschuhe aus Vietnam oder Unterhaltungselektronik aus Japan. Deutsche Autos fahren in Moskau und Industrieanlagen in Südafrika sind bei schweizerischen Versicherungen (rück-)versichert. Die Freiheit, als Konsument prinzipiell aus dem globalen Gesamtsortiment an Waren und Dienstleistungen auswählen zu können, hat freilich auch eine Kehrseite: Freihandel basiert grundsätzlich auf Gegenseitigkeit. Das heißt, wer Waren und Dienstleistungen exportieren will, muss auch Waren und Dienstleistungen ins eigene Land lassen. Wenn aber alle Waren und Dienstleistungen auf einem quasi-weltweiten Markt permanent zur Verfügung stehen, dann stehen sie gleichzeitig auch im Wettbewerb zueinander. Mit ihnen stehen die sie produzierenden Unternehmen, besser gesagt, ihre Produktionsanlagen, und damit die jeweiligen Mitarbeiter in Konkurrenz. Wer ein gegebenes Produkt einer bestimmten Qualität zum günstigeren Preis herstellt, wird sich, ceteris paribus, am Markt (langfristig) durchsetzen. Das ist aus marktwirtschaftlicher Sicht durchaus erwünscht; es bedeutet aus sozialpolitischer Sicht allerdings, dass vergleichsweise teure Standorte ständig Gefahr laufen, auf dem Weltmarkt abgehängt zu werden, wenn sie keine Produkte anbieten, die wegen ihrer besonders hochwertigen Qualität auch zu einem höheren Preis weltweiten Absatz finden (Spezialisierung).

Was wir heute als Globalisierung, häufig recht unspezifisch, in seinen positiven und öfters in seinen negativen Konsequenzen diskutieren, ist kein Phänomen der allerjüngsten Gegenwart. Vielmehr ist die Geschichte der internationalen wirtschaftlichen Beziehungen von Wellen größerer und geringerer Verflechtung durchzogen. Eine erste Phase der „Globalisierung", im Sinne relativ freien Austausches von Waren und Dienstleistungen zwischen den entwickelten Industrienationen (auch mit den damaligen Kolonien, freilich zu imperialistisch geprägten Bedingungen), begann mit der Industrialisierung in Europa im 19. Jahrhundert und endete etwa zur Weltwirtschaftskrise in der Folge des Börsenkrachs von 1929. Sie wurde abgelöst von einer Periode, in der mit vormals ungeahnter Intensität durch die Regierungen in volkswirtschaftliche Prozesse eingegriffen wurde. John Maynard Keynes, der vielleicht prägendste Ökonom des 20. Jahrhunderts, lieferte hierzu ein Instrumentarium, das von den USA aus seinen Siegeszug durch die (marktwirtschaftliche) Welt der Industriestaaten feierte, und im deutschen Kontext unter der Bezeichnung „Globalsteuerung" Eingang in die Wirtschaftspolitik fand. Zu diesen massiven Steuerungsversuchen passten „ungeregelte" wirtschaftliche Außenbeziehungen nicht. Die „neuen" totalitären Regime in Europa, ob faschistisch oder sozialistisch, waren für den ungehinderten Warenaustausch mit dem kapitalistischen bzw. demokratischen Ausland sowieso nicht zu haben. So sehr der Zweiten Weltkrieg eine Zäsur für die Geschichte der meisten europäischen Staaten und auch der USA darstellt; das Eingriffsparadigma des Staates über „seine" jeweilige Volkswirtschaft wirkte auch auf die Gestaltung der Außenbeziehungen nach.

Mit dem Währungsabkommen von Bretton Woods (1944) wurde das Wechselverhältnis der westlichen Währungen fixiert. Der Dollar wurde zum Anker für die Währungen des Westens, der Kapitalverkehr zwischen den Staaten blieb in hohem Maße reguliert – von den nationalen Notenbanken und den Bankaufsichtsbehörden. Dieses Regime brach Anfang der 1970er Jahre zusammen, das künstliche Stützen des durch die Finanzierung des Vietnamkriegs aufgeweichten Dollarkurses wurde den beteiligten Staaten zu aufwändig. An der Zweckhaftigkeit fester Wechselkurse waren schon länger

Zweifel geäußert worden. Praktisch von heute auf morgen war das Wechselkursverhältnis frei gegeben. Mit der Reglementierung fielen auch die Kapitalverkehrsrestriktionen. Nun konnte Kapital frei von Land zu Land transferiert werden; nie zuvor war Geld so „flüchtig" gewesen. Mit der neuen Freiheit für das Kapital begann die zweite Phase der Globalisierung, die mittlerweile weite Bereiche der wirtschaftlichen Produktion weltweit erfasst hat. Spätestens seit dem Fall des Eisernen Vorhangs Ende der 1980er, Anfang der 1990er Jahre, der wirtschaftlichen Öffnung Chinas, der bevölkerungsstärksten Volkswirtschaft der Welt, sowie einer zuvor nicht gekannten Entwicklungsdynamik in vielen, insbesondere asiatischen Staaten, die heute als „Schwellenländer" den Anschluss zu den etablierten Industriestaaten (vornehmlich des Westens) suchen, hat das Phänomen „Globalisierung" eine quantitativ und qualitativ neue Richtung genommen. Denn mit den neuen Kommunikationstechnologien ist die räumliche Entfernung zunehmend irrelevant als Hürde für wirtschaftliche Beziehungen geworden, allerdings auch als Schutz vor einer sich verschärfenden Konkurrenz. Ob der aus diesem Wettbewerb resultierende Anpassungsdruck zu einer Demontage des Wohlfahrtsstaats führt oder andere Anpassungsleistungen provoziert, bleibt an dieser Stelle offen. *Dass* er nicht ignoriert werden kann, ist gesicherte Erkenntnis.

Die Welthandelsorganisation (WTO, *World Trade Organzation*) ist, so die herrschende Auffassung, einerseits das ideologische Kind der amerikanischen Freihandelsdoktrin, wie sie sich nach dem Zweiten Weltkrieg, zumindest für die westlichen Bündnispartner, herausgebildet hat. Andererseits ist sie auch Ausdruck der amerikanischen Hegemonialstellung in der westlichen Hemisphäre, denn den (neuen) Partnern im Ausland wurde wenig Wahl hinsichtlich ihrer Teilnahme am Freihandelsregime gelassen. Das hat sich nach dem Schwund der amerikanischen Vorrangstellung seit den 1970er Jahren (Keohane 1987) geändert. Das Ringen um die umfassende Gültigkeit des Freihandelsgrundsatzes ist geprägt von nationalstaatlichen Kalkülen, deren Grundlage die jeweilige Wettbewerbsfähigkeit der betroffenen Industrien ist.

In gewisser Weise stehen dem Prinzip des Freihandels die sich in den letzten Jahrzehnten ebenfalls organisierenden regionalen Wirtschaftsbündnisse gegenüber. Die „Regionalblöcke" sind neben dem alten Kernstück der Europäischen Gemeinschaften, der EWG, und damit insbesondere dem EU-Binnenmarkt, die NAFTA (North American Free Trade Agreement) sowie ASEAN (Association of South-East Asian Nations) und mit Einschränkungen Mercosur (Südamerika). Wenngleich sie in Bedeutung, Integrationstiefe und Größe deutlich variieren, und gerade vor dem schon erwähnten Hintergrund der vielfältigen Binnenwirkungen der EU auf die mitgliedstaatliche Ebene im Wege der „Europäisierung" kaum in eine einzige organisatorische Kategorie einsortiert werden können, teilen sie doch das Ziel, den jeweiligen Raum wirtschaftlich stärker zu integrieren. Diese Integration bringt dabei regelmäßig zumindest eine Erleichterung des Waren- und Dienstleistungsverkehrs im Binnengebiet und damit, logischerweise, eine – wenn auch nicht einheitliche – Abschottung nach außen mit sich.

2.4 Wirtschaftspolitische Ziele

So sehr Ziele in der Politik als beliebig oder zumindest interpretationsbedürftig charakterisiert werden können, in der Wirtschaftspolitik haben wir es mit einem recht klaren, fast dogmatischen Bestand an Zielen zu tun. Ihre relative Bedeutung, also ihr Verhältnis zueinander, ist dabei ebenso umstritten wie die Behandlung der aus diesen Verhältnissen resultierenden Zielkonflikte. Wir wollen an dieser Stelle einen ersten Einblick geben.

Wirtschaftswachstum

Die klassische Erfolgsgröße zur Messung der Dynamik einer Volkswirtschaft ist das Wirtschaftswachstum. Gemeint ist damit die Veränderung der in einem Jahr geschaffenen wirtschaftlichen Werte, regelmäßig ausgedrückt als „Bruttosozialprodukt", zum vorherigen Jahr. Diese Veränderung in Prozent gibt das Wirtschaftswachstum an. Es ist damit eine dynamische Größe, ein Indikator, der einen quantifizierten Wandel der Volkswirtschaft charakterisiert.

Das Wirtschaftswachstum ist traditionell vielleicht der wichtigste Erfolgsmaßstab für die Leistung einer Volkswirtschaft, zumindest für Ökonomen. Allenfalls die Arbeitslosenquote rivalisiert um die Spitzenstellung unter den Indikatoren. Wirtschaftlich betrachtet ist die Prominenz insofern gerechtfertigt, als im Wirtschaftswachstum der unmittelbare ökonomische Erfolg von Produktivitätssteigerungen und, zumindest in unserer offenen Volkswirtschaft, auch von Wettbewerbsfähigkeit im internationalen Vergleich zum Ausdruck kommt.

Der Maßstab „Wirtschaftswachstum" ist als Performanzindikator auch in Frage gestellt worden. An erster Stelle steht die Kritik, dass mit der Quantifizierung des Wachstums (als Veränderung einer standardisierten Erfassungsgröße für Waren und Dienstleistungen) die „Qualität" des wirtschaftlichen Outputs nicht erkennbar wird. Das heißt, *wie* diese Vermehrung des volkswirtschaftlichen Outputs erreicht wurde und *worin* sie sich konkret niederschlägt, das bleibt verborgen. Es wird mithin sogar verschleiert. Ein geradezu klassisches Beispiel dafür, dass die mit dem Wirtschaftswachstum (nach genannter Definition) erfassten wirtschaftlichen Output-Steigerungen keineswegs auch gleichbedeutend sind mit „mehr Wohlstand", ist die Hinzurechnung von (Verkehrs-)Unfällen. Aus ihnen geht, aufgrund des Ersatzbedarfes an Automobilen, Verkehrsschildern oder ähnlichem, eine Steigerung des Bruttoinlandsproduktes hervor. Das Gleiche gilt im Prinzip auch für die Kosten, die für die medizinische Versorgung aufgewendet werden müssen. All das steigert die Wertschöpfung. Umgekehrt bleibt etwa die – nicht entlohnte – Arbeit von Frauen und Männern im Familienleben, im Haushalt, in der Kindererziehung oder in ehrenamtlichen Funktionen, ohne rechnerischen Beitrag zur Wertschöpfung. Und dennoch fällt es schwer, Unfälle als „wohlstandssteigernd", aber ehrenamtliches Engagement und Kindererziehung als wohlstandsirrelevant anzusehen.

Die Konsequenz aus dieser immer wieder zitierten Paradoxie ist freilich nicht, das Wirtschaftswachstum als Indikator für den volkswirtschaftlichen Wohlstand zu verwerfen. Natürlich spiegelt sich in dieser Größe – grosso modo – ungeachtet der eingeschränkten Aussagekraft durchaus der materielle Wohlstand einer Gesellschaft. Er zielt auf die wirtschaftliche Wertschöpfung, gerechnet in Preisen. Das hat mit dem letztlich subjektiven „Wohlbefinden" einer Gesellschaft – in einer mehr oder weniger erfolgreichen Volkswirtschaft – nicht unbedingt etwas zu tun. Versuche, zu einer auch qualitativen Erfassung des Wachstums zu gelangen, haben sich nicht wirklich durchsetzen können; sie sind Randerscheinungen für Spezialisten geblieben. Die öffentliche Debatte um richtige Wirtschaftspolitik stellt nach wie vor auf diese einfache Größe ab.

Ein mit dieser Kritik durchaus verwandter, zweiter Einwand zielt auf die Problematisierung der „Grenzen des Wachstums". In einer seit den 1970er Jahren vielzitierten Studie gleichen Namens zeigten die Mitglieder des „Club of Rome", einer Vereinigung bedeutender Wirtschaftswissenschaftler vorwiegend westlicher Herkunft, dass es mathematisch berechenbare Grenzen von Wachstumsprozessen aller Art gibt. Dies gelte, so die Studie, freilich auch grundsätzlich für wirtschaftliche Zusammenhänge. Exponentielle Steigerungen führen langfristig zu Entwicklungsverläufen, die, wenn man die Endlichkeit von Ressourcen unterstellt (wie sie auf der Erde physisch gegeben ist), nicht mehr realisiert werden können. Die Studie rechnet diese Entwicklungskurve nun für verschiedene wirtschaftliche Bereiche, insbesondere Energieträger, durch und zeigt so, dass unsere bisherige Art zu wirtschaften nicht dauerhaft sein kann. Die Studie des Club of Rome hat u.a. dazu beigetragen, dass in den darauf folgenden Jahren das umweltpolitische Bewusstsein gerade in den westlichen Demokratien geschärft wurde. Auch wenn deren Szenarien[7] bislang so nicht eingetreten sind, auch wenn deutlich wurde, dass einzelne Entwicklungen nicht einfach fortgeschrieben werden können, weil neue Energieträger, neue Verfahren oder auch ein Bedeutungszuwachs von (potenziell unbegrenzt verfügbaren) Dienstleistungen auf den Plan treten können, und die Volkswirtschaften so insgesamt gezeigt haben, dass sie zur Anpassung fähig sind, bleibt die Grundaussage weiterhin richtig. Die selbstgewählte Definition des wirtschaftlichen Erfolgs primär (bzw. fast ausschließlich) über „Wachstum" greift nicht nur inhaltlich zu kurz, sie droht uns auch, zumindest im Hinblick auf Rohstoffe, in die Irre zu führen.

Vollbeschäftigung

Der Konkurrent um die wichtigste volkswirtschaftliche Zielgröße, zumindest was die Popularität im öffentlichen Diskurs betrifft, ist die Vollbeschäftigung. Sie wird regelmäßig ex negativo über die Arbeitslosenquote gemessen, es wird also der Anteil arbeitsloser Menschen an der Gesamtzahl der erwerbsfähigen Personen einer Volkswirtschaft bestimmt. Sie wird von vielen, nicht zuletzt bei Wahlkämpfen, als die wichtigste Maßeinheit zur Messung vor allem der wirtschaftspolitischen Erfolgsbilanz einer Regierung angesehen, denn „Beschäftigung" ist nach wie vor der existenziellste Bezug der Menschen zur Wirtschaft. Das Ziel der Vollbeschäftigung klingt theoretisch anspruchsvoller als es praktisch ist. Man geht in der Praxis davon aus, dass eine Arbeitslosenquote von etwa 3 % einen Zustand der Vollbeschäftigung nicht ausschließt. Denn Arbeitslosigkeit ist nicht gleich Arbeitslosigkeit. Menschen wechseln Arbeitgeber und manchmal auch Berufe; sie setzen unter Umständen auch einmal für ein paar Monate aus, weil sie eine Weltreise machen oder das eigene Haus bauen (so genannte „Fluktuations"- oder „friktionelle Arbeitslosigkeit"). Je nach Art der Erfassung von „Arbeitslosen" und „Erwerbsfähigen" kommt so ein permanenter Bodensatz an Arbeitslosen statistisch zum Tragen. Mitunter wird auch argumentiert, es finde sich in

---

[7] Vgl. auch Gruhl 1978.

jeder Volkswirtschaft ein Grundbestand an nicht vermittelbaren, arbeitslosen Menschen. Keine noch so florierende Volkswirtschaft wird, so das Argument weiter, in der Lage sein, sie zu beschäftigen. Aus all diesen Quellen speist sich eine nicht unterschreitbare Arbeitslosenquote.

Man sollte nun nicht glauben, das Erreichen der Vollbeschäftigung sei eine Sache aus grauer Vergangenheit. Aus deutscher Perspektive, zumal zu Beginn des 21. Jahrhunderts, wirkt dies mitunter so. Nicht aber, wenn wir über unsere Grenzen sehen. Einige unserer europäischen Nachbarn, aber auch andere Länder in Übersee, konnten in den vergangenen Jahren in die Nähe der Vollbeschäftigung vorstoßen – zum Teil auch erreichen. Österreich, Irland, Großbritannien, die USA oder einige skandinavische Länder gehören dazu. Soviel sei an dieser Stelle zu den Gründen hierfür gesagt: die Rezepte waren jeweils durchaus sehr unterschiedlich. Aber die Bereitschaft zum Wandel, zum Bruch mit wirtschafts-, arbeits-, steuer-, oder sozialversicherungspolitischen Traditionen gehörte immer dazu.

Arbeitslosigkeit ist nicht gleich Arbeitslosigkeit, das gilt auch für die Quoten jenseits der Vollbeschäftigtengrenze von 3 %. Man unterscheidet für gewöhnlich strukturelle, konjunkturelle, saisonale und Fluktuationsarbeitslosigkeit. Die letztgenannte beschränkt sich auf das weiter oben beschriebene Phänomen der Arbeitslosigkeit als Ausdruck der Mobilität von Arbeitnehmern zwischen verschiedenen Arbeitsverhältnissen. Saisonale Arbeitslosigkeit resultiert demgegenüber aus der Nicht-Beschäftigung von Arbeitnehmern während einzelner, begrenzter und wiederkehrender Zeiträume. Das klassische Beispiel ist die Arbeitslosigkeit von Bauarbeitern, wie sie sich aus der Witterung im Jahreszyklus für die Wintermonate ergibt. Dasselbe gilt im Prinzip aber auch für vom Tourismus abhängige Unternehmen wie Hotels und Gaststätten sowie allgemein für Güter, die wetterabhängig nachgefragt werden wie Speiseeis oder Skiurlaube. Unter konjunktureller Arbeitslosigkeit wird die durch konjunkturelle Schwankungen begründete Arbeitslosigkeit verstanden. Sinken etwa Absatzzahlen von Luxusautomobilen oder Bohrmaschinen, so werden Mitarbeiter der betreffenden Hersteller, mitunter auch ihrer Zulieferer, entlassen. Geht das Geschäft wieder besser, stellen die Firmen wieder ein.

Alle genannten Formen der Arbeitslosigkeit sind als vergleichsweise „harmlos" zu bezeichnen, wenngleich mit zunehmender Wirkungsdauer und damit auch Problemhaftigkeit für Politik und Betroffene deren Folgen erheblich sein können. Im Prinzip verbinden sie aber die Gewissheit, dass es sich um zeitlich befristete Phänomene handelt. Der nächste Sommer bringt die

Bauarbeiter wieder in Lohn und Brot, und der nächste Konjunkturaufschwung sorgt wieder für Beschäftigung in der Industrie. Bis in die 1970er Jahre waren diese Formen der Arbeitslosigkeit so ziemlich alles, was man für möglich hielt. Doch dann zeigte sich eine neue Form: die strukturelle Arbeitslosigkeit. Gemeint ist damit die Art der Nicht-Beschäftigung von Erwerbsfähigen, die nicht von der volkswirtschaftlichen Performanz, also insbesondere dem Wirtschaftswachstum und damit der Wertschöpfungssteigerung, abhängt. Sie besteht „strukturell", das heißt, sie wird jenseits der durch die Nachfrage erzeugten Beschäftigungspotenziale vor allem dadurch erzeugt, dass in einer Volkswirtschaft ein dauerhafter Überhang an Erwerbsfähigen besteht, über das potenzielle Höchstmaß an Beschäftigung in einer auf Hochtouren laufenden Wirtschaft hinaus. Die Ursachen der strukturellen Arbeitslosigkeit liegen nicht primär in einer Schwäche der betreffenden Volkswirtschaft begründet; die Volkswirtschaft kann hochgradig wettbewerbsfähig und, was Unternehmensgewinne oder Inflationsbekämpfung betrifft, gut aufgestellt sein. Und dennoch ist das Angebot an Arbeitskräften dauerhaft höher als die Nachfrage danach. Denn Arbeitnehmer sind keine homogene Masse an „Produktivität"; sie sind ganz unterschiedlich qualifiziert, besitzen jeweils eigene Profile und Eignungen für bestimmte Aufgaben und sind regional unterschiedlich verfügbar. Erlebt also eine Volkswirtschaft beispielsweise einen bedeutsamen Strukturwandel in ihrer Industrie, etwa den Niedergang einer ganzen Branche, so bleiben Arbeitnehmer zurück, die nicht ohne weiteres in anderen Bereichen eingesetzt werden können. Je stärker der Strukturwandel, je geringer die Bereitschaft von Arbeitnehmern zur Weiterbildung, Mobilität und Umstellung auf neue Berufe, und je geringer die Bereitschaft auch von (neuen) Arbeitgebern, solchen Menschen eine Chance zu geben – zumal wenn sie schon älter sind – desto größer die Gefahr, dass die entsprechende Volkswirtschaft „strukturelle Arbeitslosigkeit" produziert. Da es sich, wie erwähnt, nicht um eine Schwäche der Wirtschaft an sich handelt, sondern eher um ein „mismatch" von Arbeitgeber-Anforderung und Arbeitnehmer-Profil, ist es keine Paradoxie, dass Volkswirtschaften gleichzeitig unter Massenarbeitslosigkeit und Arbeitskräftemangel leiden. So kommt es vor, dass Millionen zuhause sitzen und mit Transferzahlungen unterstützt werden müssen und dennoch zum Beispiel Fachkräfte im Ausland angeworben werden. Populistische, vereinfachende Ansichten helfen hier nicht weiter; das Phänomen basiert weder auf mangelndem Arbeitswillen der Betroffenen, noch auf einer scheinbaren Bevorzugung ausländischer Kräfte. Es ergibt sich aus nicht umfassend bewältigten Prozessen des Strukturwandels:

man hat die betroffenen Arbeitnehmer vergessen bzw. ihre Ausbildung vernachlässigt. Und mit jeder neuen Welle des Strukturwandels speist sich der Pool, die strukturelle Arbeitslosigkeit wird größer. Sie ist schwer zu bekämpfen, denn es gilt zwei Fronten im Auge zu behalten: die Bedürfnisse neuer Branchen – die ja nicht staatlich planbar sind – *und* die Motivation der Arbeitnehmer in schwindenden Industrien, sich rechtzeitig auf den Wechsel vorzubereiten. Manch einem mag diese Betrachtung zu euphemistisch sein; denn sie unterstellt die grundsätzliche Lösbarkeit des Problems. In der Tat, der oft gehörten These (z.b. Offe 1984), es ginge uns angesichts technologischen Fortschritts und globalen Wettbewerbs die „Arbeit aus", ist entgegenzutreten. Dass auch strukturelle Arbeitslosigkeit erfolgreich bekämpft werden kann, das zeigen unsere Nachbarländer in Europa, aber auch in Nordamerika und in anderen Erdteilen. Wie allerdings die Volkswirtschaften der Welt mit den Folgen der ausbleibenden Kreditversorgung der Unternehmen umgehen, zu deren Konsequenzen auch Firmenpleiten und Arbeitslosigkeit gehören, ist noch offen.

Geldwertstabilität

Geldwertstabilität ist die Sicherung der Kaufkraft der Währung, häufig beschränkt auf die Binnenperspektive. Meint man hingegen den Erhalt des Wertes der eigenen Währung im Vergleich zu anderen, spricht man von Währungsstabilität. Die „Binnenstabilität" bzw. den „Binnenwert" einer Währung kann man dynamisch über die Inflationsrate messen. Je höher die Inflationsrate, desto größer ist der Wertverlust gegenüber der Vorperiode. Die Inflationsrate drückt dabei den Verlust an Kaufkraft aus: man muss mehr Geld für die gleiche Menge an Waren und/oder Dienstleistungen ausgeben. Ist der Effekt aber umgedreht, also muss man weniger Geld für die gleiche Menge an Waren und Dienstleistungen im Vergleich zur Vorperiode ausgeben, spricht man von Deflation. Deflation gab es in Deutschland zuletzt in der Folge der Weltwirtschaftskrise; die Ursache war eine Geldpolitik, die aus großer Furcht vor Inflationstendenzen (und natürlich wegen ihrer Bindung an den Goldstandard) so restriktiv war, dass sie übers Ziel hinausschoss. Seither weiß man, dass Deflation genauso schädlich ist wie Inflation. Die richtige Zielgröße ist und bleibt daher die Geldwertstabilität.

Geldwertstabilität und Wirtschaftswachstum stehen in einem gewissen Spannungsverhältnis, das häufig als Zielkonflikt verstanden wird. In Zeiten einer stark wachsenden Wirtschaft steigen aufgrund der erhöhten Nachfrage in der Regel auch die Preise. Das ist nichts anderes als Inflation. Umgekehrt wird Inflationsbekämpfung in der Regel über eine restriktive Geldpolitik erledigt, also höhere Zinsen bzw. Geldbeschaffungskosten für die Kreditinstitute und damit für die Kreditnehmer. Wird nun geliehenes Geld, das ja zum Beispiel auch für Investitionen benötigt wird, teurer, so lohnen sich bestimmte Investitionen nicht mehr. Die gedämpfte Kreditnachfrage wirkt sich damit auf die Investitionstätigkeit aus; und diese wirkt unmittelbar im Sinne einer Schwächung des Wirtschaftswachstums. Den Zielkonflikt zwischen Geldwertstabilität und Wirtschaftswachstum kann man auf die Arbeitsmarktentwicklung ausdehnen: wo weniger Wirtschaftswachstum ist, entsteht weniger Beschäftigung. So kommt man zu einem klassischen Spannungsverhältnis in der Ökonomie, nämlich der – scheinbaren – Unvereinbarkeit von Vollbeschäftigung und Geldwertstabilität. Dass diese inverse Korrelation empirisch besteht, wies in den 1950er Jahren der neuseeländische Forscher Alban William Phillips mit Daten des 19. Jahrhunderts nach; dieser Tatsache verdankt sich der einschlägige Name dieser Unvereinbarkeit von Geldwertstabilität und Vollbeschäftigung: Es ist der so genannte „Phillips-Kurven-Zusammenhang".

Abbildung 1: Phillips-Kurven-Zusammenhang

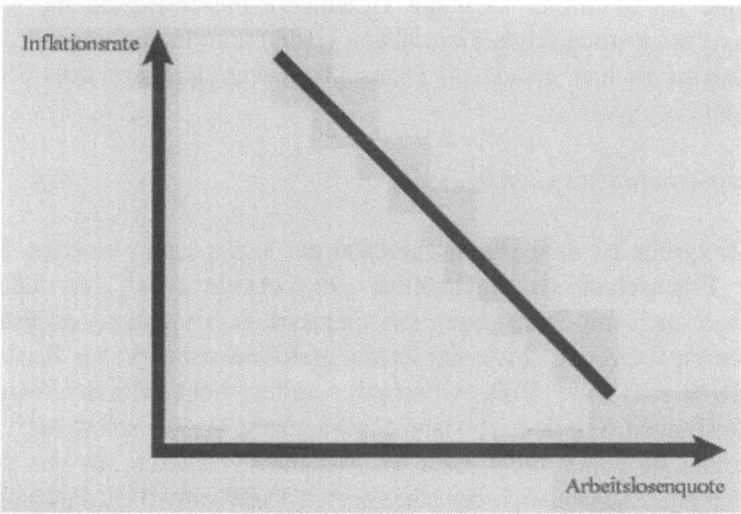

Es ist nicht verwunderlich, dass die politische Debatte zeitweise von diesem Konflikt zwischen Arbeitslosigkeit und Inflation geprägt war. Denn legte er nicht die Vermutung nahe, man müsse sich als Wirtschaftspolitiker entscheiden, ob man Inflation oder Arbeitslosigkeit bekämpfen wolle? Der Zusammenhang, wie ihn Phillips beschrieben hatte, wurde später kritisch hinterfragt und wird heute von der Mehrheit der Wirtschaftswissenschaftler, nicht zuletzt aufgrund mangelnder empirischer Evidenz, auch abgelehnt. Zu komplex sind die Ursachen von Arbeitslosigkeit, wie oben gesehen, als dass sie einfach, via Wirtschaftswachstum, auf eine restriktive Geldpolitik zur Bekämpfung von Inflation zurückgeführt werden könnten. Dennoch hält sich unter Wirtschaftspolitikern der Gedanke des Phillips-Kurven-Zusammenhangs erstaunlich gut und erlebt immer wieder in politischen Auseinandersetzungen eine – wenn auch meist kurze – Renaissance.

Inflation mit Hilfe der Geldpolitik zu bekämpfen, ist die klassische Aufgabe der Notenbanken. Wir haben dazu ein eigenständiges Kapitel (4.1), so dass folgender Hinweis genügen mag. Notenbanken sind eine zentrale Einrichtung einer jeden Volkswirtschaft, sie sind Ausdruck einer ordnungspolitischen Grundhaltung. Wer sie unabhängig macht und allein auf die Sicherung der Geldwertstabilität ausrichtet, bringt damit immer auch zum Ausdruck, dass er, im Sinne Euckens, bestimmte konstitutive Regeln einer Volkswirtschaft akzeptiert. Die Notenbanken sind damit ein geborener Gegenspieler zu den demokratisch legitimierten Regierungen, die sich in der Verantwortung für die Bekämpfung der Arbeitslosigkeit sehen. Wirtschaftsgeschichte ist so immer auch die Geschichte dieser Beziehung. Mit der Gründung der Europäischen Zentralbank (EZB) und des sie tragenden Währungssystems ist hier gerade für Deutschland eine durchaus neue Situation entstanden.

Außenwirtschaftliches Gleichgewicht

Diese Zielgröße ist dem Durchschnittsbürger sicher kaum bewusst. Und in unserer Eigenschaft als regelmäßige „Exportweltmeister" verstoßen wir Deutschen auch mit Stolz gegen sie. Gemeint ist, dass das Verhältnis von Importen zu Exporten, sowie der Zahlungsströme vom und ins Ausland, in etwa gleich sein solle. Volkswirtschaften sollen nicht mehr an Waren und Dienstleistungen aus dem Ausland verbrauchen, als sie selbst nach außen liefern; und sie sollen nicht mehr im Ausland investieren, als von dort ins Inland kommt. Ausweislich der allgemeinen Verwendbarkeit dieser Zielgrößen, wie wir sie bisher kennen gelernt haben, ist eine andere Formulierung, als das Streben nach einem außenwirtschaftlichen Gleichgewicht, auch logisch kaum anders vorstellbar. Denn wenn es exportstarke Nationen gibt, die einen Handelsüberschuss produzieren, muss es, global gesehen, ja auch importstarke Länder geben. Das Gleiche gilt für Direktinvestitionen, die der Definition des Internationalen Währungsfonds zufolge eine Beteiligung von mehr als zehn Prozent an einem ausländischen Unternehmen bezeichnen. Würde man etwa als Zielgröße formulieren, Volkswirtschaften sollten möglichst stark exportieren und gegenüber ausländischen Angeboten einen möglichst protektionistischen Kurs einschlagen, hätte man eine merkantilistische Position des staatsgeschützten Raumes. Die offene Weltwirtschaft funktioniert aber nur, wenn alle Länder gegenseitig (relativ freien) Zugang zu den Märkten der anderen haben und über lange Zeiträume hinweg gesehen sich bei keinem Land Defizite ansammeln.

Neben die genannten vier klassischen wirtschaftspolitischen Zielgrößen, wie sie auch im Stabilitäts- und Wachstumsgesetz von 1967 in der Bundesrepublik Deutschland kodifiziert sind, treten für gewöhnlich zwei weitere. Das eine ist das Ziel umweltgerechten, also nachhaltigen Wirtschaftens, das andere eine gerechte Einkommensverteilung. Der Gedanke der *Nachhaltigkeit* ist, entgegen manch landläufiger Meinung, keine originär politisch-umweltschützerische Position, sondern kommt aus der Forstwirtschaft. Gemeint war damit zunächst einmal die Einsicht, dass man nicht mehr Holz auf Dauer schlagen könne als nachwachse. Daraus kann man eine Nachhaltigkeits-Regel für das Wirtschaften insgesamt ableiten: Der Ressourcenverbrauch (Arbeit, Kapital, Boden, einschließlich Energie, sowie Wissen) muss auf der Basis der Substanzerhaltung organisiert werden. Dementsprechend sind erneuerbare Energien den fossilen Brennstoffen grundsätzlich vorzuziehen; Arbeits- und Produktionsprozesse müssen so gestaltet werden, dass sie zum Beispiel der demografischen Entwicklung einer Bevölkerung entsprechen. Konkret bedeutet dies auch, dass in einer alternden und schrumpfenden Gesellschaft Frühverrentungswege grundsätzlich kontraproduktiv sind und im Speziellen auch gegen das Nachhaltigkeitsgebot verstoßen. Auch die Sicherung des Wissens, also in wirtschaftlichen Zusammenhängen insbesondere der Innovationskraft einer Volkswirtschaft, ist ein Beitrag zur Nachhaltigkeit. Wer lediglich von Erfindungen und Entwicklungen der Vergangenheit lebt, wird langfristig im globalen Wettbewerb nicht bestehen können. Hier wird bereits sichtbar, dass der oben genannte Kern der Nachhaltigkeits-Idee (aus der Forstwirtschaft) bedeutende Weiterungen erfahren hat, die eher als Analogien denn als Ableitungen aus dem Ursprung verstanden werden müssen.

Das letzte wirtschaftspolitische Ziel ist eine *gerechte Einkommensvertei-lung*. Mit ihr wird die Grenze zur Sozialpolitik berührt, denn „Gerechtig-keit"[8] ist an sich ein Begriff, der in der Welt des marktwirtschaftlichen Den-kens zumindest nicht per se zur Grundausrüstung gehört. Wir haben weiter oben schon bei der Entwicklung des Ansatzes der „Sozialen Marktwirt-schaft" erfahren, dass es zu den wesentlichen Einsichten der Nachkriegsöko-nomie in Westdeutschland gehörte, als Lehre aus der faschistischen Plan-wirtschaft des Nationalsozialismus gerade *nicht* den ungezügelten Markt zu fordern. Vielmehr war den Protagonisten westdeutscher Ordnungspolitik nach 1945 klar, dass der Markt, als der Planwirtschaft im Grundsatz überle-gene Alternative, einerseits des ordnungspolitischen, v.a. wettbewerbspoliti-schen Staatseingriffes bedarf, andererseits ein gewisses Maß an staatlichem Eingriff in die Vermögensverteilung, v.a. auf Einkommensebene, zur Stabili-tätssicherung der Gesellschaft unumgänglich ist.

Das Ziel einer gerechten Einkommensverteilung bedeutet nun nicht Gleichverteilung des volkswirtschaftlichen Einkommens unter allen Gesell-schaftsmitgliedern. Das Einkommen muss immer zunächst dem Leistungsas-pekt gerecht werden: wer viel, im Sinne eines Beitrags zum Wohlstand einer Gesellschaft leistet, soll auch mehr verdienen als derjenige, der keinen oder einen geringeren Beitrag leistet. Dieser Grundsatz klingt plausibel, er ist aber mindestens in zweierlei Hinsicht problematisch. Erstens, was ist mit denjeni-gen, die gerne einen (größeren) Beitrag leisten wollen, aber es aus von ihnen nicht korrigierbaren Gründen nicht können? Und zweitens, wer bestimmt eigentlich, wer den größeren Beitrag leistet? Die Fragen, die sich im An-schluss an diese Einwände konkret stellen, scheinen auch immer wieder in der politischen Debatte um Managergehälter, Politikerdiäten und Sozialaus-gaben durch. Worin liegt etwa der Wohlstandsbeitrag eines gut verdienenden Formel 1-Fahrers? Worin der Beitrag eines vermögenden Privatiers, der von Zins- und Dividendeneinkommen gut leben kann? Ist der Beitrag einer Krankenschwester, eines mit Überstunden belasteten Assistenzarztes im städtischen Krankenhaus oder auch eines freiwilligen Helfers in einer Sozial-station für den gesellschaftlichen Wohlstand geringer? Und was rechtfertigt die relativ hohen Nettoeinkommen von Beamten des höheren Dienstes? Selbst wenn man, was problematisch genug wäre, den individuellen Wert-schöpfungsbeitrag (zum Bruttosozialprodukt) als Ansatzpunkt heranzieht: eine simple Korrelation wäre dann auch in einer von staatlicher Einkom-

---

[8] Vgl. zur Diskussion um soziale Gerechtigkeit einführend Liebig 2008.

mensumverteilung völlig unberührten – fiktiven – Marktwirtschaftsgesellschaft keineswegs gegeben.

Die Einkommensgerechtigkeit ist weder über Gleichverteilung noch über einen ausschließlichen Leistungsaspekt befriedigend lösbar. Gleichverteilung wird als leistungshemmend angesehen und eine reine Leistungsorientierung ist weder methodisch sicher operationalisierbar, noch wird sie das (erste) genannte Problem lösen, dass einige Menschen einer jeden Gesellschaft so völlig durch den Rost fallen würden. Daher findet – nach der Primärverteilung durch den (Arbeits-) Markt – eine Einkommensredistribution durch den Staat statt. Die Gleichverteilung bzw. Ungleichverteilung ist dabei durchaus als Maßstab zur „Gerechtigkeitsmessung" traditionell in Gebrauch; gemessen wird sie über die Frage: wie viel Prozent der Bevölkerung verdienen wie viel Prozent des Volkseinkommens? „Gleichverteilung" besteht bei einem linearen Kurvenverlauf (also einer Geraden) mit 45 Grad Steigungswinkel. Je parabelartiger der Kurvenverlauf unterhalb der Winkelhalbierenden, und damit: je größer die Fläche unterhalb der winkelhalbierenden Geraden (als Gleichverteilungsstandard), desto „ungleicher" die Einkommensverteilung. Die nachfolgende Grafik verdeutlicht den Zusammenhang.

Abbildung 2: Lorenz-Kurve

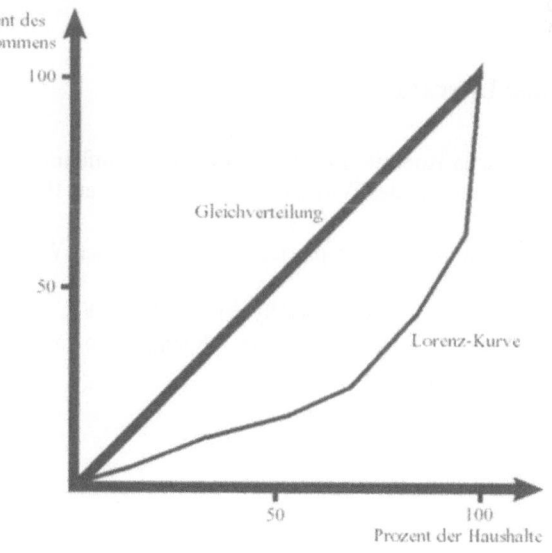

Die so ermittelte Einkommensverteilung, also der funktionale Zusammenhang von Volkseinkommen in Abhängigkeit von der Bevölkerung, wird als Lorenz-Kurve bezeichnet. Das Maß der Ungleichverteilung, also die Abweichung der Ist-Verteilung von einer (im Sinne der Gleichverteilung: idealen) Soll-Verteilung, ist der so genannte *Gini-Koeffizient*.

Während es vor allem in den 1970er Jahren des 20. Jahrhunderts unter Sozialwissenschaftlern und -politikern beliebt war, die Gerechtigkeitsfrage in den Mittelpunkt der Debatte um Einkommensbesteuerung und Tarifpolitik zu stellen, hat sich spätestens seit den 1990er Jahren und nach der Jahrtausendwende der diesbezügliche Diskurs massiv gewandelt. Einkommensbesteuerung ist heute vor allem eine Frage der Wettbewerbsfähigkeit von Standorten, und das gleiche gilt im Prinzip auch für das Ergebnis tarifpolitischer Auseinandersetzungen. Angesichts von andauernder Massenarbeitslosigkeit einerseits und der sich verschärfenden Staatsverschuldung andererseits haben sich die Maßstäbe in der politischen Debatte geändert. Die Einkommensgerechtigkeit als Topos ist verstärkt in den Bereich des politischen Populismus geraten. Hinzu kommt, dass das immer stärkere Auseinanderklaffen von Brutto- und Nettoeinkommen angesichts wachsender Sozialabgaben, sowie die Belastungen der Bürger mit Abgaben und Gebühren Einkommensvergleiche weiter erschweren.

Wichtige Literatur

Altmann, Jörn: Wirtschaftspolitik. Eine praxisorientierte Einführung. Stuttgart 2007.

Eucken, Walter: Grundsätze der Wirtschaftspolitik. Tübingen 1952. (zahlreiche Neuauflagen).

Hartwich, Hans-Hermann: Die Europäisierung des deutschen Wirtschaftssystems, Opladen 1998.

Mann, Alexander: Corporate Governance Systeme. Berlin 2003.

Wicke, Lutz/deMaiziére, Lothar/de Maizière, Thomas: Öko-soziale Marktwirtschaft für Ost und West, München o.J.

3 Geschichte der Wirtschaftspolitik

In diesem Kapitel geben wir einen konzisen Überblick über die Phasen der Wirtschaftspolitik in Deutschland. Wir beginnen im 19. Jahrhundert und beschreiben die Entwicklungen bis zur Gegenwart. Wir konzentrieren uns im Wesentlichen auf Ereignisse in Westdeutschland soweit der Zeitraum 1945 bis 1989 betroffen ist. Unsere Phaseneinteilung orientiert sich an etablierten Gliederungen (z.b. Grosser 1985) und an unseren eigenen Vorarbeiten (Sturm 1995a, Müller 2003b).

3.1 Das historische Erbe von Kaiserreich und Weimarer Republik

Wirtschaften in einem modernen Sinne wurde auch in Deutschland erst möglich, als die ordnungspolitischen Grundlagen der Marktwirtschaft geschaffen waren. Dabei handelt es sich um einen geschichtlichen Prozess, kein historisches Datum. Aber es lassen sich wesentliche Ereignisse und staatliche Entscheidungen rekonstruieren, die Meilensteine dieser Entwicklung waren.

Vergegenwärtigen wir uns für einen Moment die wirtschaftliche Realität des Mittelalters und die Rolle, die der Staat, oder sagen wir besser: die öffentliche Gewalt, dabei innehatte. Das Wirtschaftsleben war agrarisch dominiert. Feudale Strukturen, das Lehnswesen und die Leibeigenschaft prägten gerade das agrarische Leben auf dem Land. Die Sitze der örtlichen Herrschaft, die Burgen, waren Fokuspunkte auch in wirtschaftlicher Hinsicht; unter Aufsicht und im Auftrag des jeweiligen Herrschers wurden die einzelnen „Gewerke" erledigt. Von hier nimmt das staatlich „regulierte" Handwerk seinen Lauf. Wir haben es lange mit einer ausgesprochen kleinteiligen Gewerbestruktur in den Städten zu tun, die stark von Zünften geprägt war. „Wettbewerb" als Prinzip wurde dadurch geradezu konterkariert. Privateigentum war als Rechtsinstitut bekannt; dennoch konnte nicht jeder Eigentümer sein bzw. werden. Eigentum war lange an Privilegien, wie etwa das Stadtbürgerrecht, gebunden.

Diese Strukturmerkmale der Wirtschaftsordnung blieben über Jahrhunderte bestimmend. Sie verlieren ihre Bedeutung erst zum Beginn des 19. Jahrhunderts. Die sogenannte „Bauernbefreiung" in Deutschland ist mit den

„Stein-Hardenbergschen Reformen" (1807) verbunden. Die Bedeutung dieses Reformpakets ist für die Entwicklung moderner Staatlichkeit in Deutschland und einer modernen Wirtschaftsordnung sicher kaum zu überschätzen. Und dennoch: die Reformen brachten weder eine „Bauernbefreiung" im Wortsinne (die Betroffenen mussten sich aus der Abhängigkeit von ihren Grundherren erst herauskaufen), noch per se Marktwirtschaft. Aber mit ihnen verbindet sich ein moderner Eigentumsbegriff und die Beendigung feudaler Loyalitäts- und Privilegierungsverhältnisse als Rechtsinstitute (!). So wurden die Voraussetzungen für eine Wirtschaftsordnung geschaffen, die marktwirtschaftliche Austauschprozesse überhaupt erst zuließen.

Auch die Abschaffung der Zünfte und die Garantie der Gewerbefreiheit gehören in diesen Zusammenhang. Die Zünfte kontrollierten seit Jahrhunderten nicht nur die Ausbildung im und den Zugang zum Handwerk. Sie dienten auch als Instrument der „Selbstregulierung" in der Wirtschaft. Angelegenheiten des Standes wurden von ihnen, gewissermaßen in einem eigenen, abgesonderten Rechtsraum geregelt, und es wurde über Einzelfälle entschieden. Funktionen, wie sie heute typischerweise der Markt zu erbringen hat, allen voran die Preisbildung, blieben ihnen vorbehalten. Einen „Markt" für Handwerksleistungen gab es in einem modernen Sinne nicht. Indem Zünfte Ausbildungsinhalte und Zugangsvoraussetzungen für die jeweiligen Gewerke regelten, schlossen sie nicht nur bestimmte Gruppen, z.B. Juden und Einwohner ohne Stadtbürgerrecht, von bestimmten Berufen faktisch und rechtlich aus. Sie hatten auch quasi-polizeiliche Hoheitsrechte innerhalb ihrer Mitgliedschaft und setzten nach innen Werte und Normen durch. Zwischen der Abschaffung der Zünfte zu Beginn des 19. Jahrhunderts und der Einrichtung der Kammern der Wirtschaft, vor allem der Industrie- und Handelskammern (IHK) sowie Handwerkskammern (HWK), in Deutschland einige Jahrzehnte später, liegt ein verhältnismäßig kurzer Zeitraum der „kammerlosen" Wirtschaft. IHK und HWK sind im engeren Sinne keine funktionale Äquivalente der Zünfte; vor allem sind sie nicht entlang der jeweiligen Branchen bzw. Berufe gegliedert, sondern regional. Gleichwohl setzt sich mit ihnen die „berufsständische" Tradition außerhalb der „freien Berufe" (die ihre eigenen Kammerorganisationen haben) auch im gewerblichen bzw. handwerklichen Bereich fort. Die Kammern verstehen sich als Selbsthilfeorganisation der Wirtschaft, die deren Angelegenheiten weitgehend in Eigenregie erledigen soll und der Politik (dem Staat) als Ansprechpartner, die Interessen der Wirtschaft insgesamt bündelnd, gegenüber steht. Der mittelalterliche „Zunftzwang" findet in der „Pflichtmitgliedschaft" (mit entsprechenden

Pflichtbeiträgen) in den Kammern der Wirtschaft seine aktuelle Entsprechung. Nach wie vor werden die Kammern als eine Institution gesehen, die der „Selbstregulierung" der Angelegenheiten der Wirtschaft (einer Region) dient.

Es würde aber den Bogen überspannen, die Kammern als Neugeburt eines mittelalterlichen Anachronismus zu interpretieren. Gerade ihre zentrale Stellung im beruflichen Ausbildungswesen, das heißt ihre Mitgestaltung von Berufsbildern und ihren Ausbildungsinhalten, zum Teil einschließlich der Abschlussprüfungen, ist als eigenständiger Beitrag zur Qualitätssicherung zu würdigen. Gerade im 19. Jahrhundert war die Ausbildungsaufgabe der Kammern als besonders fortschrittlich zu bewerten, denn die industrielle Revolution, die Deutschland mit einiger Verspätung erfasste (Buchheim 1994), schien zunächst ohne berufliche Bildung auszukommen. Industrielle Produktion war in weiten Bereichen nicht auf fachkundige Arbeitskraft angewiesen – oder zumindest nicht notwendig darauf ausgelegt. Die ehemaligen Handwerker, die zu Fabrikarbeitern wurden, empfanden die neue Monotonie am Arbeitsplatz als entqualifizierend und die arbeitssparenden Maschinen als Bedrohung. Erst mit den gerade in Deutschland in der zweiten Hälfte des 19. Jahrhunderts massiv wachsenden Branchen der Elektrotechnik, der chemischen Industrie sowie des (Schienen-)Verkehrs wuchs auch der Bedarf an (neuen) Ausbildungen. Diese „wissenschaftlichen Industrien" waren, im Gegensatz etwa zur Textilherstellung aus den Anfängen der industriellen Revolution in Großbritannien, erheblich „wissensintensiver". Mit den Kammern der Wirtschaft stand nun eine neue Organisation zur Verfügung, die durch Vereinheitlichung Synergieeffekte für die jeweiligen Branchen erzielen konnte. Hinzu kam, dass sie durch ihre Zwitterstellung als öffentlichrechtlich verfasste Körperschaft auf der einen und von den Unternehmen bestimmte „Selbsthilfeeinrichtung der Wirtschaft" auf der anderen Seite auch in der Lage waren, wirtschaftsnah und gleichzeitig mit (staatlich verbürgter) Durchsetzungskraft ausgestattet auch verbindlich zu operieren.

Die „soziale Frage" stellte sich in dieser Frühphase der neuen Wirtschaftsordnung in aller Schärfe, ungeachtet der organisatorischen Fortschritte im Ausbildungswesen. Der aufkommende (wirtschaftliche) Liberalismus zeigte seine beiden Gesichter: Gewerbefreiheit für Unternehmer, Raum und Anreiz zu Innovation und Fortschritt, Aufbau von Vermögen und volkswirtschaftlichem Wohlstand einerseits, und Verelendung breiter Schichten, zunehmende soziale Ungleichheiten und ungleiche Chancenverteilung andererseits. Wirtschaftliche Interessen organisierten sich, auf der Unternehmerseite, etwa der Bund der Industriellen. Die Gewerkschafts- bzw. Arbeiterbewegung fand nicht zuletzt in den Schriften von Karl Marx und Friedrich Engels ihr ideologisches Fundament und einen gesellschaftlichen Gegenentwurf, der im 20. Jahrhundert die Welt verändern sollte (Hofmann 1971). Die „soziale Frage", also das Schicksal der verelendeten Massen und die Abhilfe gegen Armut und ihre Folgen, wurde ein auch für die Wirtschaftsordnung selbst bestimmendes Momentum. Während die „offensive" Antwort, also die sozialistische Revolution, ausblieb, kam in Deutschland als „defensive" Antwort in zaghafter Form der Sozialstaat auf (Schmidt et al. 2007). Reichskanzler Bismarck schuf – nicht zuletzt zur Integration der Arbeiterschaft in die neue Wirtschaftsordnung – die im Kern noch heute bestehenden Sozialversicherungssysteme, wenngleich deren damalige Wirkungsmächtigkeit zur Eindämmung der so genannten Lebensrisiken (Alter, Krankheit/Berufsunfähigkeit und Arbeitslosigkeit) von eher bescheidenem Ausmaß war.

Auch sonst war die Rolle des Staates als „Wohlfahrtsstaat" bescheiden, als ordnungspolitisch gestaltender Akteur unzureichend, dafür als Interventionsstaat erstaunlich unbekümmert. In das 19. Jahrhundert fallen die ersten großen Investitionen in Verkehrsinfrastruktur, Energieinfrastruktur oder auch Stadtentwicklung. Nicht alles war Aufgabe der öffentlichen Hand, im Gegenteil. Private Investoren entwickelten Stadtbebauungspläne für neue Stadtteile; sie errichteten Kraftwerke und legten Leitungen; oder verlegten Eisenbahnschienen. Doch der Staat (bzw. die Kommunen) drängten vor allem in der zweiten Hälfte des 19. Jahrhunderts in diese neuen Bereiche. Sie übernahmen Unternehmen, beteiligten sich als Eigentümer – oder partizipierten zumindest über einen „Wegezoll" an deren Gewinnen (Ortwein 1996). Der Staat wurde zum Auftraggeber, nicht nur für neue Schienenverbindungen, sondern auch für den Bau von Lokomotiven und Waggons. In gewisser Weise, so kann man argumentieren, ist die industrielle Revolution in Deutschland keine „liberale", rein marktwirtschaftlich verlaufende Entwicklung gewesen. Vielmehr hat der Staat lenkend eingegriffen. Die Planungskapazitäten waren in Deutschland, im Unterschied zu Großbritannien (Sturm 1996), ja durchaus vorhanden, namentlich in Form starker Regierungsverwaltungen. Und Deutschland gelang in vergleichsweise kurzer Frist der Anschluss an die wirtschaftliche Entwicklung seiner industrialisierten europäischen Nachbarn sowie der USA. Bis in die heutige Zeit gibt es eine Verwaltungsliteratur, die öffentliche Verwaltung nach deutschem, ergo „Weberianischem" Vorbild als Treiber der volkswirtschaftlichen Entwicklung sieht (Evans/Rauch 1999).

Ordnungspolitik war demgegenüber (noch) ein Fremdwort. Kartellaufsicht und Wettbewerbspolitik fanden vor dem Ersten Weltkrieg nicht statt. Der Staat schaute praktisch tatenlos zu, wie Unternehmen wettbewerbsbehindernde Absprachen trafen, als Angebots- oder Nachfragekartelle unliebsame Konkurrenz vernichteten und ausländischen Konkurrenten den Marktzugang versperrten, wo es opportun erschien. Kartelle, so das Diktum eines oft zitierten Gerichtsurteils von 1897, seien „Kinder der Not". Sie seien also die legitime Reaktion auf einen harten Wettbewerb, gegen den sich Unternehmen schützen. Für die langfristige Überlebensfähigkeit des Marktes, die am Schutz des Wettbewerbs – nicht der Unternehmen – hängt, bestand damals offensichtlich noch keine Sensibilität. Erst mit einer Kartellverordnung der 1920er Jahre, und damit zu Beginn der Weimarer Republik, deutete sich ein Umschwung in der Einschätzung wettbewerbsfeindlichen Verhaltens an. Doch bis zu einer den Namen verdienenden Ordnungspolitik sollte es noch Jahrzehnte dauern.

Freilich erfüllte der Staat dennoch wesentliche konstitutive Funktionen einer Volkswirtschaft. So wurde 1871 die Reichsbank errichtet, eine einheitliche und reichsweit gültige Währung löste die Geldvielfalt der deutschen Kleinstaaterei vor der Reichsgründung ab. Mit neuen grundlegenden Gesetzen des Privatrechts, allen voran des Bürgerlichen Gesetzbuches (BGB) und des Handelsgesetzbuches (HGB), wurden deutschlandweit einheitlich gültige Normen geschaffen, die die Rechtsbeziehungen auch der Wirtschaftssubjekte untereinander grundlegend regelten. Ihre Selbstverständlichkeit heute ist Beleg ihrer ungeheuren Bedeutung für das Entstehen eines einheitlichen Wirtschafts- bzw. Handelsraumes.

Weit weniger „unitarisch" gestaltete sich demgegenüber die Steuerpolitik. Das Reich war „Kostgänger der Länder", verfügte von Zolleinnahmen u.ä. abgesehen über keine eigenen Einnahmequellen, insbesondere Steuern. Dies änderte sich mit der so genannten Erzbergerschen Reform 1919, die das neue Staatsverständnis der Weimarer Republik und insbesondere das gewachsene Selbstverständnis des Reiches gegenüber seinen Gliedstaaten markierte.

Die Weimarer Republik war wirtschaftlich wie politisch von Instabilität geprägt. Mit hohen Reparationszahlungen seit dem Versailler Friedensvertrag belastet, mit einem Heer zu demobilisierender Soldaten, die Arbeit suchten, konfrontiert und mit einer ausgebeuteten Wirtschaft am Ende des Krieges gestraft, suchte die erste deutsche Demokratie ihren Weg. Die Hyperinflation 1923 machte einen Währungsschnitt erforderlich. Der wirtschaftliche Wiederaufstieg wurde mit der Weltwirtschaftskrise, beginnend mit dem

Schwarzen Freitag an der New Yorker Börse 1929, jäh beendet. Die verhee-
renden Erfahrungen mit der Inflation 1923 provozierten nun eine Deflations-
politik, die sich als ausgesprochen kontraproduktiv erweisen sollte. Nicht nur
die Weimarer Republik, die ganze Welt war auf der Suche nach Rezepten für
die ungekannte Krise. Während in Großbritannien John Maynard Keynes an
einer Therapie arbeitete, die in den 1930er Jahren von den USA aus ihren
Siegeszug antreten sollte und zum Ziel hatte, den Staat als „Versicherung"
gegen die in Krisenzeiten ausfallende Investitionsbereitschaft der Wirtschaft
in Position zu bringen, wuchs in Deutschland die Arbeitslosenzahl auf über
sechs Millionen Menschen.

3.2 Der Nationalsozialismus und seine Folgen

In dieser Zeit rächte sich die mangelnde politisch-kulturelle Tragfähigkeit
des demokratischen Gemeinwesens in der Bevölkerung. Eine Mehrheit war
nicht bereit, das von seinen Verfassungsvätern so wohlerwogene und austa-
rierte, wenngleich mit erheblichen Funktionsmissverständnissen über die
Mechanismen in einer repräsentativen Demokratie (vgl. Fraenkel 1968) ausgestaltete Gemeinwesen auch in der wirtschaftlich-sozialen Krise zu verteidigen. Sie folgte den Heilsbotschaften der Nationalsozialisten und Kommu-
nisten und schaute, zusammen mit der überwältigenden Mehrheit der politischen und wirtschaftlichen Eliten, letztlich im Wesentlichen tatenlos zu, wie
sich ein modernes und zivilisiertes, wirtschaftlich trotz aller Schwächen hoch
entwickeltes Industrieland in eine barbarische Diktatur verkehrte (Eschenburg 1984). Die Totalisierung des öffentlichen wie privaten Lebens im „Dritten Reich", erfasste auch die Wirtschaft. Jüdische Eigner von Unternehmen,
Immobilienvermögen und Geschäften wurden enteignet, und ihr Eigentum
wurde in der Regel an Private zu Spottpreisen verkauft. Gleichzeitig setzte
ein massives öffentliches Investitionsprogramm ein, in dem Keynes, wie sein
Vorwort zur ersten deutschsprachigen Ausgabe seiner „General Theory"
vermuten lässt, zunächst die Realisierung seines wirtschaftspolitischen Ansatzes zu erkennen meinte.
     Der deutsche Faschismus setzte früh auf die Kriegsbereitschaft der Wirt-
schaft. So entstand ein „korporatistisches System", in welchem Privateigentum auch an Produktivvermögen im Wesentlichen erhalten blieb, die mit ihm
verbundenen (ökonomischen) Verfügungsrechte aber von den politischen
Machthabern usurpiert, mindestens aber de facto manipuliert wurden. Frei-

heiten im „Mikrobereich" und später auch die menschenverachtende Teilhabe deutscher Industrieunternehmen an der Ausbeutung von Zwangsarbeitern gehörten zu den Anreizen für eine im Wesentlichen geräuschlose Kooperation der Wirtschaft mit dem neuen Regime. Im Gegenzug ersetzten immer weitreichendere Wirtschafts- und Produktionspläne materiell den eigentlichen Kerngehalt von Marktwirtschaft, nämlich die Dezentralisierung von Investitions- und Konsumentscheidungen. Die Rolle der Großindustrie in der Zeit der nationalsozialistischen Herrschaft ist umstritten, zumal der Antikapitalismus der nationalsozialistischen Propaganda im Alltag der Machtausübung rasch einem pragmatischen Nutzen wirtschaftlicher Kapazitäten gewichen war. Mit der Gleichschaltung und Selbstauflösung des Reichsverbandes der Deutschen Industrie 1933 (Neebe 1983: 155-176) und der Zerschlagung der unabhängigen Organisationen und Parteien der Arbeiterbewegung hatte der nationalsozialistische Staat die Wirtschaft des Deutschen Reiches zwar seiner selbständigen Interessenvertreter beraubt, die Funktionsweise des Wirtschaftssystems selbst aber bis Kriegsbeginn unangetastet gelassen. Die Steuerungsmechanismen blieben indirekter Natur. An die Stelle der anfänglichen Bemühungen der Wehrmacht, nach 1939 lenkend in den Wirtschaftsprozess einzugreifen, trat auch nach Kriegsbeginn rasch die Erkenntnis, dass sich wirtschaftliche Effizienz „mittels der durch das Profitinteresse bestimmten unternehmerischen Verantwortung und Sachkenntnis" (Volkmann 2003: 82) am besten erreichen ließ. „Natürlich legte das NS-Regime Wert darauf, die Wirtschaft instrumental für Aufrüstung und Krieg einzusetzen", so die Analyse Volkmanns (1983: 100). „Dies geschah aber", so dieser weiter, „weniger durch staatliche Reglementierungen und Kontrolle, als vielmehr – auf der Grundlage der Interessenidentität – durch Selbstverwaltung". Auch unabhängig von der persönlichen Nähe zwischen Hitler und führenden Industriellen bzw. verantwortlichen Politikern und Militärs wuchs der Großindustrie eine wichtige Rolle als wirtschaftliches Rückgrat des nationalsozialistischen Staates zu, die sie durch ihre Tendenz zur Kartellbildung und ihre Unterstützung wirtschaftlicher Autarkiebestrebungen noch verstärkte. Ob es sich um Akte freiwilliger Zusammenschlüsse oder aber de facto „Zwangskartellierung" und staatlich erwünschte Ausschaltung eines als „ruinös" empfundenen Wettbewerbs handelt, ist umstritten. Ohne Zweifel konnte das Regime auf eine vorhandene Tradition der „Konkurrenzskepsis" in Deutschland, dem klassischen „Land der Kartelle" bauen. Und gleichwohl folgte aus dem politischen Obersatz der Kriegsvorbereitung einerseits und einem totalitären Zugriff der Staatsgewalt auf praktisch alle Lebensbereiche andererseits,

dass zur Einfügung individuellen unternehmerischen Handelns in die Zielkoordinaten des Regimes keine Alternative ohne Risiko und gegebenenfalls
Staatsrepression bestand. Die Länder als politisch und staatsrechtlich eigenständige Einheiten ver-
schwanden und damit auch ihre wirtschaftspolitische Bedeutung. Die
Reichsbank als Notenbank verlor alle Autonomie. Die Geldpolitik wurde
zum Instrument der Kriegsvorbereitung, die durch die Ausweitung der Geldmenge ausgelöste Inflation wurde verschleiert. Erst nach Kriegsende wurde
klar, dass der von diesem Regime ausgelöste und verantwortete Zweite Weltkrieg nicht nur das Produktivvermögen massiv zerstört, sondern auch die
Währung ruiniert hatte.

Während der Endphase des Zweiten Weltkrieges entstanden schon die
ersten Konzeptionen zur Umwandlung der Kriegs- bzw. Zentralverwaltungswirtschaft Deutschlands in ein marktwirtschaftliches System. Ludwig
Erhard und Karl Röpke gehörten zu frühen Vordenkern, deren Pläne nach
dem völligen Zusammenbruch des Regimes und seiner Wirtschaftsweise auf
fruchtbaren Boden stoßen sollten. Theodor Eschenburg (2000: 74) berichtet
in seinen Memoiren von einer Begegnung mit Ludwig Erhard im September
1944, bei der Erhard aus seiner Aktentasche einen Text zog, den er Eschenburg zu lesen gab: „In den ersten Sätzen hieß es ungefähr: Nachdem nun
einwandfrei feststehe, dass Deutschland den Krieg verloren hat, sei es die
dringendste Aufgabe, die Reform seiner Währung vorzubereiten. Das hätte
genügt, nicht nur den Autor und seine Familie, sondern jeden, der im Besitz
des Papiers angetroffen wurde, an den Galgen zu bringen.[...] Die Selbstverständlichkeit, mit der sie (die Denkschrift, d.A.) von einem Deutschland
ohne Hitler ausging, und die Logik, mit der sie die Probleme einer Schulden-
last von Hunderten von Millionen erörterte, ließen mir den Atem stocken."

3.3 Die Einführung der DM und der Marktwirtschaft 1948

In den Ruinen des Zweiten Weltkrieges begann auch der wirtschaftliche
Wiederaufbau. Eine vollkommene Zwangsbewirtschaftung der raren Ressourcen war notwendig geworden und wurde auch von den westlichen Alliierten als alternativlos betrachtet. Ein Bezugsmarkensystem lieferte das Instrument, um den Mangel zu verwalten. Ein Anreiz zur effizienten Bewirtschaftung, gar zur Investition über das von den zuständigen Stellen zugewie-
sene Maß (und die damit verbundenen Ressourcen) hinaus war nicht gege-

ben. Stattdessen blühte ein Schwarzmarkt, auf dem Warentausch stattfand, mit Zigaretten oder Devisen als Währung. In den Zonen der französischen und sowjetischen Besatzungsmächte begann zudem eine Demontage von (verbliebenen) Industrieanlagen, die der Befriedigung von jeweiligen Reparationsforderungen dienen sollte.

Wenngleich aus heutiger Sicht der Weg in Westdeutschland manchem alternativlos erscheinen mag, so war er unter den zur Verfügung stehenden Alternativen keineswegs der Wahrscheinlichste. Insbesondere die vergleichsweise frühe und praktisch unangekündigte Aufhebung der staatlichen Preisbildung durch das so genannte „Leitsätzegesetz" waren tatsächlich geradezu ungeheuerliche Schritte und ihr maßgeblicher Protagonist, Ludwig Erhard, riskierte seine Position als Wirtschaftsdirektor der Bizone mit dieser Initiative. Doch betrachten wir die zur Verfügung stehenden Optionen, wie sie sich retrospektiv darstellen, im Einzelnen.

Option 1: Die Überwindung der kapitalistischen Vorkriegsordnung durch die Sozialisierung von Grund und Boden und die Verstaatlichung der Großbetriebe.

Diese Politik wurde nach 1945 von der Sowjetischen Militäradministration (SMAD) in der Sowjetisch Besetzten Zone (SBZ) vorangetrieben (zum Folgenden siehe Jaeger 1988: 246ff.). Die 213 wichtigsten Betriebe der Bereiche Chemie, Maschinenbau, Metallverarbeitung, Elektrotechnik, Feinmechanik und Optik und damit 25 Prozent der industriellen Kapazität der SBZ wurden in Staatseigentum der UdSSR überführt als „Sowjetische Aktiengesellschaften" (SAG). Ein SMAD-Befehl vom Oktober 1945 erklärte das frühere deutsche Staatseigentum und das Eigentum der NSDAP und anderer verbotener Organisationen für beschlagnahmt. Von der SMAD organisierte Volksentscheide erbrachten deutliche Mehrheiten für die Enteignung von Großbetrieben von „Kriegsverbrechern und Nationalsozialisten". Im Juli 1945 wurden alle privaten Banken und später auch die Versicherungsgesellschaften geschlossen. Im September 1945 fand eine erste Bodenreform statt, in deren Verlauf jeglicher Grundbesitz von über 100 Hektar enteignet wurde. Durch Ländergesetze wurden alle Bodenschätze, die Kohlen- und Erzbergwerke und die Eisen-, Stahl- und Energieversorgung verstaatlicht. Schon vor der Gründung der DDR im Oktober 1949 wurden damit wichtige Weichen für eine Abkehr von der marktwirtschaftlichen Ordnung in Ostdeutschland gestellt.

In den Westzonen gab es in der unmittelbaren Nachkriegszeit ebenfalls Bestrebungen, einen neuen Weg in der Wirtschaftsverfassung zu gehen. SPD und Gewerkschaften favorisierten einen „Dritten" demokratischen Weg zwischen Kommunismus und Kapitalismus, der die Verstaatlichung der Schlüsselindustrien und Banken mit innerbetrieblichen Strukturen der Mitsprache der abhängig Beschäftigten verband. Weitgehende Verstaatlichungspläne fanden sich im Ahlener Programm der CDU der Britischen Zone vom Februar 1947. Sozialisierungsbestimmungen waren Teil der hessischen (Art. 41) und des Durchführungsgesetzes (Art. 160) der bayerischen Verfassung, und noch im Oktober 1946 kündigte der britische Labour Außenminister Ernest Bevin an, die Ruhrindustrie solle in Volkseigentum überführt werden.

Die Westmächte zögerten jedoch, weitgehenden Eingriffen in die Wirtschaftsordnung zuzustimmen. Ob dieses Zögern ausreicht, die Marktwirtschaft als „erzwungenen Kapitalismus" (Schmidt/Fichter 1972) zu charakterisieren, darf allerdings bezweifelt werden. Selbst bei weitgehenden Sozialisierungen, wie im Nachkriegs-Österreich, wo 1946 unter anderem die Schwerindustrie, der Bergbau und die Banken verstaatlicht wurden und noch in den 1990er Jahren rund ein Fünftel aller Industriebeschäftigten und ein Achtel aller industriell-gewerblich Beschäftigten in der verstaatlichten Industrie arbeiteten, hat sich faktisch die Logik marktwirtschaftlichen Handelns durchgesetzt (Tichy 1992: 716 ff.). Für die Erfolglosigkeit antikapitalistischer Wirtschaftsreformen war neben dem sich rasch verstärkenden Ost-West-Konflikt innenpolitisch von großer Bedeutung, dass im Mai 1947 aus Abgeordneten der Länderparlamente ein bizonaler Wirtschaftsrat in den Besatzungszonen der Amerikaner und Briten gegründet wurde. Die Dienststellen des Vereinigten Wirtschaftsgebietes wurden in Frankfurt a.M. zusammengefasst. Die SPD, die alle acht Länderwirtschaftsminister stellte, erlitt eine Niederlage bei der Abstimmung über die Besetzung des Direktoriums für Wirtschaft und zog daraufhin auch ihre Kandidaten für andere Ämter zurück. Damit verloren ihre Vorstellungen von einem „Dritten Weg" Einfluss in der für die Entwicklung der Wirtschaftsordnung zentralen Behörde. Im März 1948 wurde der parteilose ehemalige bayerische Wirtschaftsminister Ludwig Erhard Direktor der Verwaltung für Wirtschaft des Vereinigten Wirtschaftsgebietes. Dies bedeutete eine Vorentscheidung zugunsten einer marktliberalen Wirtschaftsordnung.

Option 2: Die dauerhafte Verhinderung der „Kriegsfähigkeit" Deutschlands durch den Abbau industrieller Kapazitäten und die Reduktion der deutschen Wirtschaftstätigkeit auf das Niveau eines Agrarstaates.

Diese Ordnungsvorstellung lag dem nach dem ehemaligen US-amerikanischen Finanzminister benannten Morgenthau-Plan zugrunde. In abgeschwächter Form fand diese Zielvorstellung Eingang in den „Plan des Alliierten Kontrollrats für die Reparationen und die Kapazität der deutschen Nachkriegswirtschaft" vom März 1946, der eine Obergrenze der deutschen Industriekapazität von 50 Prozent des Niveaus von 1938 vorsah. Teil des nach kurzer Zeit wieder aufgegebenen Planes waren umfangreiche Demontagen und Reparationsleistungen.

Einige der katastrophalen Folgen einer Entindustrialisierungspolitik lassen sich an der Verschlechterung der Startbedingungen für die ostdeutsche Wirtschaft ablesen. In der SBZ bzw. DDR mussten Reparationsleistungen bis 1953 erbracht werden (Cornelsen 1989: 259). Durch Demontagen reduzierte sich hier das Anlagevermögen der Industrie um 26 Prozent des Vermögensbestandes (in den Westzonen: 12 Prozent). Entnahmen und Besatzungskosten erreichten in den Jahren 1946-48 ca. 25 Prozent des Sozialproduktes, 1953 machten diese noch immer knapp 10 Prozent aus. Erst 1953 wurden die Sowjetischen Aktiengesellschaften (SAGs), mit Ausnahme des für die sowjetische Atomindustrie wichtigen Uranerzeugers Wismut AG, an die DDR „zurückgegeben". In den Westzonen wurden die Demontagen bereits 1950 eingestellt, weil sich bei den Alliierten die Einsicht durchsetzte, dass sich der Wiederaufbau Europas ohne einen wirtschaftlichen Wiederaufbau Deutschlands nicht bewerkstelligen ließe. Die Strategie Frankreichs, in seiner Zone Deutschland für die entstandenen Kriegsschäden „mit der Kohle von der Saar, dem Holz aus dem Schwarzwald, den Agrarprodukten aus Württemberg und der Pfalz zahlen zu lassen" (Abelshauser 1983: 39) erwies sich, auch wenn 1947-57 das Saargebiet in das französische Wirtschaftsgebiet eingegliedert werden konnte, als kurzsichtig und war angesichts des eigenen französischen Bedürfnisses nach amerikanischer Aufbauhilfe unhaltbar. Abelshauser (1983: 62) hat das Dilemma der französischen Politik treffend zusammengefasst: „Mit amerikanischer Wirtschaftshilfe war die Zone politisch nicht mehr zu halten, ohne den Marshallplan aber erst recht nicht wirtschaftlich."

Der Marshallplan, der den Namen des damaligen amerikanischen Außenministers George Marshall trägt, bezeichnet ein 1947 vom amerikanischen Kongress erstmals bewilligtes Programm, das „European Recovery Program" (ERP), zur europäischen Wirtschaftshilfe (Hardach 1994). Über die politische Bedeutung des Marshallplans, der die deutsche Westintegration und langfristig Absatzmärkte für die amerikanische Industrie sichern sollte, besteht in der Literatur Einigkeit (Benz 1976: 78). Umstritten ist sein ökonomischer Effekt. Abelshauser (1983: 63) räumt den „Marshallplanlieferungen selbst keine entscheidende Bedeutung für den wirtschaftlichen Wiederaufstieg" ein. „Sie kamen zu spät, um als Initialzündung eines Aufschwungs wirken zu können, der längst mit eigenen Mitteln in Gang gesetzt worden war". Für dieses Urteil sprechen zwei Argumente. Zum einen die Tatsache, dass die Zerstörungen der Industrieanlagen in den Westzonen weit geringer waren (deutlich unter 20 Prozent) als es die Situation in den ausgebombten Städten nahe legte. Hervorzuheben ist auch, dass es der Wirtschaft nicht an hoch qualifiziertem Personal mangelte, so dass insgesamt ein beträchtliches deutsches Eigenpotenzial für wirtschaftliches Wachstum zur Verfügung stand. Zum anderen zeigt der Vergleich der deutschen Wirtschaftsentwicklung mit derjenigen Frankreichs und Großbritanniens, die noch größere amerikanische Hilfeleistungen erhielten, dass kein Automatismus von Wirtschaftshilfe und einer erfolgreichen Wirtschaftsentwicklung bestand.

Option 3: Die staatlich gelenkte Marktwirtschaft mit einer aktiven Rolle des Staates als Garant von Preisstabilität und Vollbeschäftigung.

Eine weitere Option bestand in dem Weg, den Frankreich mit der „planification" ging. Dort wurde der Versuch unternommen, mit Hilfe von Planvorgaben die Wirtschaft des Landes zu modernisieren. Die staatliche Verantwortung für Vollbeschäftigung, soziale Sicherheit, Einkommensumverteilung und Preisstabilität steht hier im Zentrum und ist besonders stark ausgeprägt. Der Staat strebt nicht eine allumfassende Verstaatlichung an, er sieht sich allerdings in der Pflicht, auch dort, wo er kein direktes Eigentum an Produktionsmitteln besitzt, durch Planvorgaben und eine ausgeprägte Konjunktursteuerung, durch Mitbestimmungs- und Vermögenspolitik, alle wesentlichen Parameter der Wirtschaftsentwicklung zu setzen. Auch Großbritannien durchlebte bis in die 1970er Jahre phasenweise diesen Ansatz, der häufig mit (neo-)korporatistischen Elementen einhergeht. Letztere sollten nach der ersten Rezession der Nachkriegszeit mit der „Konzertierten Aktion" auch in der Bundesrepublik zu Prominenz kommen.

Option 4: Das Vertrauen auf die selbstheilenden Kräfte des Marktes. Die Rolle des Staates in der Wirtschaft beschränkt sich dabei vor allem auf die Aufgabe der Sicherung der Wettbewerbsordnung und des Privateigentums, sowie der inneren und äußeren Sicherheit.

Die Durchsetzung dieser staatsfernen Variante der Marktwirtschaft in den Westzonen war nicht zuletzt dem persönlichen Engagement Ludwig Erhards zu verdanken. Grundlage des Neubeginns war eine stabile Währung, die mit der Währungsreform vom 20. Juni 1948 gesichert werden sollte. Sie entwertete private Sparguthaben im Verhältnis 1:10 und verteilte einen Basisbetrag von zunächst 30 DM und im August/September weiterer 20 DM an alle Deutsche. Seit 1948 lag mit der Gestaltung der Währungsreform fest, dass die neue Wirtschaftsordnung nicht am Privateigentum an Produktionsmitteln rühren solle. Die Währungsreform stabilisierte die Eigentumsstrukturen an Grund und Boden und Immobilien. Kein Thema war die Rückführung „arisierten" jüdischen Eigentums an Überlebende des Holocaust. In der Frage der Entflechtung und Dekartellisierung der deutschen Wirtschaft vertrat Erhard eine mittlere Linie. Ursprünglich war an eine Entflechtung aller Betriebe mit mehr als 3.000 Beschäftigten gedacht, dann an eine Eingriffsgröße von 10.000. Schließlich kam es nur in der Montanindustrie, der Chemie (I.G. Farben) und im Bankwesen zu deutlichen Eingriffen (Jaeger 1988: 229). Diese betrafen insbesondere Entflechtungen und Neuorganisationen.

Den entscheidenden Durchbruch für die Wettbewerbsordnung bedeutete die vor allem auf die persönliche Initiative Erhards zurückgehende Aufhebung des größten Teils der Preisbindungen und der Bewirtschaftungsvorschriften im Anschluss an die Währungsreform (Gesetz über Leitsätze für die Bewirtschaftung und Preispolitik nach der Geldreform vom 24.6.1948). Erhard hatte diesen Schritt in seiner Eigenschaft als Wirtschaftsdirektor gegen erhebliche Widerstände der Besatzungsmächte und trotz vieler Bedenken auf deutscher Seite gewagt. Zunächst schienen sich die Bedenken auch zu bestätigen. Die Schere zwischen Löhnen und Preisen öffnete sich weit. Die Sozialdemokraten hielten Erhard die Benachteiligung der Bevölkerungsschichten ohne Besitz an Sachwerten vor. Im November 1948 riefen die Gewerkschaften der britischen und amerikanischen Zone zu einem Generalstreik auf. Durch eine striktere Geldpolitik der Notenbank, das Nachlassen der Nachfrage, die aus Altguthaben entstanden war, sowie durch sinkende Rohstoffpreise und die Reduktion des Geldumlaufs durch Budgetüberschüsse des Staates ließ Ende 1948 der Inflationsschub nach. Ihm folgte allerdings kein wirtschaftlicher Aufschwung, sondern eine fünfzehnmonatige Phase der Deflation mit stark reduziertem wirtschaftlichen Wachstum und steigender Arbeitslosigkeit (1950 über 2 Millionen). Erst mit dem Korea-Krieg änderte sich zu Beginn der 1950er Jahre die Situation.

3.4 Das „Wirtschaftswunder" und die Ära Adenauer (1949 bis 1963)

Die formativen Jahre der deutschen Wirtschaftsordnung waren geprägt von Ludwig Erhard (Mierzejewski 2005; Hentschel 1996), der als erster deutscher Wirtschaftsminister sich während der gesamten Ära der Kanzlerschaft von Konrad Adenauer als „ordnungspolitisches Gewissen" verstand (Hartwich 2006). Diese beiden prägenden Persönlichkeiten der ersten Bundeskabinette standen, wie uns Zeitzeugen berichten, in einem ausgeprägten Spannungsverhältnis zueinander. Der eine eher volkstümlich, der andere eher staatsmännisch und unnahbar. Erhard ließ sich mit Zigarre abbilden und galt als beliebtester Politiker der Regierung, er versinnbildlichte in seiner Person das Wirtschaftswunder, den „Wohlstand für alle", so der Titel eines Buches aus seiner Feder. Er war ordnungspolitisch von seinen grundlegenden Ideen, die er bereits in der Endphase des Dritten Reiches entwickelte, völlig überzeugt und kämpfte gegen alle Kompromisse in der Wirtschaftspolitik. Als Wirtschaftsminister und Bundeskanzler agierte Erhard, Eschenburgs zweitem Band seiner Erinnerungen zufolge, mit wenig taktischer und strategischer Überlegung. Der „Wille zur Macht" und der entsprechend notwendige Ehrgeiz und Pragmatismus fehlten ihm weitgehend. Ganz anders demgegenüber Adenauer, ein nicht gerade volkstümlicher Kanzler, der aber strategisch begabt „Realpolitik" machte. Kompromisse und Pragmatismus zeichneten seinen Stil aus, dabei war er ausgesprochen machtbewusst. In diesem Spannungsverhältnis zweier unterschiedlicher, auf ihre Weise die Politik besonders prägender Persönlichkeiten vollzog sich der Aufbau der deutschen Wirtschaft mit einigen richtungsweisenden Grundentscheidungen für Wirtschaftspolitik und Wirtschaftordnung. Man kann diese Grundentscheidungen in fünf Punkten verdeutlichen:

1. Die Formationsphase der sozialen Marktwirtschaft war von restriktiver Haushalts- und Finanzpolitik seitens der öffentlichen Hand geprägt. Insbesondere die fiskalische Konjunkturpolitik, also der konjunktursteuernde Eingriff durch Steuer- und Ausgabenpolitik, war nicht vorgese-

hen. Es gab lediglich eine Konjunkturpolitik „der leichten Hand", basierend vornehmlich auf geldpolitischen (Zentralbank) und außenwirtschaftlichen Instrumenten. Der Schwerpunkt der Wirtschaftspolitik des Bundes lag auf der Ordnungspolitik.

2. Der Staat, das heißt Bund, Länder und Kommunen, hielt in nennenswertem Umfang Beteiligungen an Unternehmen. Öffentliche Unternehmen spielten in dieser Zeit eine gewichtige Rolle. Jedoch fallen in diese Periode auch schon erste Privatisierungsanstrengungen. Diese waren vor allem von einer Politik zur Förderung der Vermögensbildung motiviert.

3. Es wurden die großen sozialen Sicherungssysteme aus der Vorkriegszeit übernommen. Der nun beginnende Reform- bzw. Modernisierungsprozess, das heißt insbesondere die Rentendynamisierung (Koppelung der Renten an die Entwicklung der durchschnittlichen Bruttoeinkommen) von 1957, zeichnet maßgeblich verantwortlich für die heutige Finanzsituation öffentlicher Haushalte, vor allem der Sozialversicherung.

4. Die Geld- und Währungspolitik war konservativ und geprägt vom Ziel der Normalisierung und Wiedereingliederung Westdeutschlands in die internationale Staatenwelt. Jedoch gab es zwischen dem Hauptanliegen der Notenbank, nämlich Inflationsbekämpfung, und dem außenpolitischen Anliegen der Bundesregierung, nämlich Exportsteigerung und Devisenzufluss, angesichts eines unflexiblen internationalen Währungsgefüges einen erheblichen Zielkonflikt. Hier lassen sich erste Zeichen der sich etablierenden Unabhängigkeit der deutschen Notenbank, im Zweifel auch gegen die Bundesregierung, erkennen.

5. Der Bundeswirtschaftsminister stellte zumindest in den ersten, entscheidenden Jahren einen gewichtigen Gegenpol zu den Partikularinteressen von Wirtschaft und Gesellschaft dar. Ohne dieses Gegengewicht, gepaart mit dem Druck der Alliierten zu marktfreundlichen Regulierungen, wäre die Verankerung des wesentlichen Eckpfeilers deutscher Wettbewerbspolitik, nämlich die Verabschiedung des Gesetzes gegen Wettbewerbsbeschränkungen (GWB) im Jahr 1957, in dieser Form nicht denkbar gewesen. Gerade die Wettbewerbspolitik verdeutlicht das Verständnis des Staates in der Wirtschaft als eines „starken Staates", der ordnungspolitisch wachsam und gestalterisch tätig sein müsse.

Aus ordoliberaler Sicht – und das ist Bestandteil des Konsenses unter allen geistigen Vätern der (west-)deutschen Wirtschaftsordnung nach 1945 – sollte die öffentliche Hand gegenüber dem Markt als „starker Staat" auftreten und

nicht etwa im Sinne eines „Laissez-faire" auf reine „Nachtwächterfunktionen" der Garantie äußerer und innerer Sicherheit beschränkt sein. Seine Eingriffe sollen marktkonform sein, doch seine Wirtschaftspolitik darf sich keinesfalls in einem politischen Widerhall auf die Positionen und Forderungen
der Wirtschaft ergehen. Gerade für die Wirtschaftspolitik Erhards, der sich in
diesem Punkt keineswegs mit Adenauer auf einer Linie befand, ist dieses
Credo maßgeblich gewesen. Letztlich spiegeln sich die Leitziele der deutschen Ordnungspolitik auch im wirtschaftsrelevanten Wertekanon des
Grundgesetzes wieder, vor allem Art. 2 (freie Entfaltung der Persönlichkeit,
insbesondere hier Konsum-, Gewerbe-, Unternehmens-, Handels- und Wett-
bewerbsfreiheit), Art. 9 (Koalitionsfreiheit, insbesondere Bildung von Gewerkschaften und Wirtschaftsverbänden), Art. 12 (Berufsfreiheit und freie
Arbeitsplatzwahl), Art. 14 (Privateigentum und Erbrecht), Art. 15 (Möglichkeit der Vergesellschaftung privaten Eigentums gegen Entschädigung) und
Art. 20 (hier: Sozialstaatsprinzip). Auch wenn nach herrschender Auffassung
die „Soziale Marktwirtschaft" nicht die einzig mögliche reale Umsetzung
dieser Zielkoordinaten des Grundgesetzes darstellt (BVerfGE 4, 17), so zeigt
sich doch der Balance-Charakter der Sozialen Marktwirtschaft zwischen
„starkem Staat" und „privater Handlungsautonomie" hier besonders deutlich.

Zur Illustration sei auf zwei Beispiele hingewiesen: (1) den Umgang mit
den inflationären und außenwirtschaftlichen Folgen der „Korea-Krise" im
Jahr 1951 sowie (2) die Verabschiedung des GWB 1957.

(1) In der Folge der so genannten Korea-Krise kam es 1951 zu Preissteigerungen und Handelsbilanzdefiziten. Es war nicht das erste Mal, dass seit dem
Leitsätzegesetz und der allgemeinen Preisfreigabe aus Anlass der Währungsreform 1948 Preissteigerungen zu verzeichnen waren, und eine politische
Krise drohte. Schon einmal Ende 1948, im November, fand ein 24-stündiger
Generalstreik mit fast zehn Millionen streikenden Arbeitnehmern in der damaligen Bizone statt. Damals konnte noch binnen Jahresfrist mit kurzfristigen Maßnahmen, darunter das so genannte „Jedermann-Programm", mit dem
normierte Billiggüter für den Massenkonsum zur Verfügung gestellt wurden,
eine Stabilisierung der innenpolitischen Lage erreicht werden. 1951 fand sich
Erhard nun allerdings mit den Forderungen der Alliierten konfrontiert, direk-
te staatliche Bewirtschaftungs- und Lenkungsmaßnahmen, Preis- und Devi-
senkontrollen einzuführen. Für Erhard war es als Bundeswirtschaftsminister
eine erste Bewährungsprobe, bei der er sich mit geringen Zugeständnissen
letztlich erfolgreich durchsetzen konnte. Die „planwirtschaftliche Versu-

chung", die auch bei deutschen Politikern der noch sehr jungen Demokratie auf Wohlwollen stieß, wurde abgewehrt (Schlecht 1997: 102).

(2) Das Gesetz gegen Wettbewerbsbeschränkungen hätte eigentlich schon wesentlich früher verabschiedet werden können. Aber seit Vorlage des ersten Entwurfs 1949, der von den USA unterstützt wurde und nach dem materiellen Vorbild der amerikanischen Anti-Trust-Gesetzgebung konzipiert war (Murach-Brand 2004), hatte Erhard für diesen Meilenstein der deutschen Wirtschaftsgeschichte zu kämpfen. Letztlich setzte er sich immerhin mit dem grundsätzlichen Kartellverbot gegen den erbitterten Widerstand, insbesondere des Bundesverbandes der Deutschen Industrie (BDI), sowie eine namhafte Antipathie des Bundeskanzlers durch (Ortwein 1998; Schlecht 1997: 104-5). Mit dem GWB war das „Grundgesetz der Sozialen Marktwirtschaft" geschaffen, das, wenngleich 1957 noch nicht voll ausgebildet, dennoch ein ordnungspolitisches Signal setzte. In sieben Gesetzesnovellen, wovon insbesondere die Zweite Kartellgesetznovelle von 1973 noch zu beleuchten sein wird, wurde dieser Kern des deutschen Wettbewerbsrechts weiterentwickelt und zum Teil erheblich verschärft. Die Entwicklung der Wettbewerbsgesetzgebung ist äußerst landesspezifisch. Während in den USA bereits zum Ende des 19. Jahrhunderts mit dem Sherman Act eine Rechtsgrundlage geschaffen wurde, ist der britische Competition Act als erste wettbewerbsrechtliche Kodifizierung Großbritanniens erst über 100 Jahre später verabschiedet worden. Der Zeitpunkt der jeweiligen Kodifizierung lässt gewisse Rückschlüsse darauf zu, ob und wann industriepolitische (und nicht ordnungspolitische) Ziele die staatliche Wirtschaftspolitik dominierten. Wo ein Wettbewerbsgesetz nicht im Wege steht, lässt sich Industriepolitik leichter betreiben.

Die Formationsphase der sozialen Marktwirtschaft in Deutschland war die Phase der Ordnungspolitik. Das Denken in den Kategorien der Konjunkturpolitik, insbesondere die Zielgröße „Wirtschaftswachstum", waren ihr, so erstaunlich das aus heutiger Sicht sein mag, eher fremd. Dies wird beispielhaft deutlich im Gutachten des Wissenschaftlichen Beirats beim Bundeswirtschaftsministerium des Jahres 1956, in dem es heißt: „stetiges Wachstum der Volkswirtschaft werde am besten sichergestellt, wenn es der Wirtschaftspolitik gelingt, die Kaufkraft der Währungseinheit (...) tunlichst stabil, die Beschäftigung der Produktionskräfte möglichst hoch und die Zahlungsbilanz auf der Grundlage eines freien internationalen Leistungsaustausches ausgeglichen zu halten. Maßnahmen, die dieser dreifachen Zielsetzung dienen, sollen hier

unter dem Worte „Konjunkturpolitik" verstanden werden." (zitiert nach
Schlecht 1997: 34-5). Das Wirtschaftswachstum war zu dieser Zeit also keine
eigenständige, primäre Zielgröße der Wirtschaftspolitik, und „Konjunkturpolitik" ergab sich letztlich aus der Beeinflussung anderer Indikatoren.

Die außenwirtschaftliche Wiedereingliederung Westdeutschlands, insbesondere die Liberalisierung des Außenhandels sowie die freie Konvertierbarkeit der Deutschen Mark, waren wesentliche Ziele der Wirtschaftspolitik
Erhards (Erhard 1953: 390). Nachdem die freie Konvertierbarkeit der Währung bis Dezember 1958 erreicht war, führte die Hochkonjunktur 1959 zu
einem hohen Zufluss ausländischer Liquidität. Es drohte Inflation. Erhard
plädierte für die Aufwertung der DM, die dann allerdings erst 1961 nach
intensiver politischer Diskussion erfolgte. In dieser Zeit waren sowohl die
Außenwirtschaftspolitik als auch die Geldpolitik noch im Wirtschaftsministerium angesiedelt[9]. Zwar war die Notenbank, nach 1957 die Deutsche Bundesbank (1948-1957 Bank deutscher Länder), auch damals eine unabhängige
Einrichtung. Geldpolitik war aber in einer Zeit fixer Wechselkurse und wegen der bei einer stark exportorientierten Volkswirtschaft gegebenen Gefahr
der importierten Inflation nicht losgelöst von der Außenwirtschaftspolitik zu
betrachten. Erhard nahm 1959 mit seinem Plädoyer für die Aufwertung der
Währung die Position der Notenbank ein, obgleich eine Aufwertung gleichzeitig eine Verteuerung der heimischen Güter im Ausland und damit ein
Hemmnis für den Export bedeutete. Das Für und Wider einer Aufwertung
der DM sollte nochmals eine Dekade später in der Wahlkampfauseinander-
setzung 1969 zwischen dem Wirtschaftsminister Karl Schiller (SPD) und
dem Finanzminister Franz Josef Strauß (CSU) von Bedeutung werden, eine
Auseinandersetzung, in der wiederum die Bundesbank eine wichtige Rolle
spielte. Auch wenn sich die Art des Konfliktaustrags zwischen Bundesbank
und (Teilen der) Bundesregierung um die „richtige" Wirtschafts- bzw. Geld-
und Währungspolitik mit den veränderten Rahmenbedingungen, vor allem
nach dem Zusammenbruch des Währungsregimes von Bretton Woods im
Jahre 1973 (und damit dem Ende des Systems fixer Wechselkurse), wandeln
sollte, so blieb die Spannungslage als Konstante der deutschen Wirtschaftsordnung zumindest bis zur Europäischen Währungsunion (EWU) und dem
faktischen Übergang der geldpolitischen Kompetenzen auf die Europäische
Zentralbank erhalten (Sturm 1990). Ihre Grundlegung fällt in die Ära der
Formationsphase.

---

[9] Die Abteilung Geld und Kredit verlor das Bundeswirtschaftsministerium 1972 an das Finanzministerium.

Ordnungspolitisch wichtig war die Etablierung der Bundesbank als einer selbstbewussten und starken Einrichtung. In dieser Eigenschaft ähnelte sie bald der amerikanischen Zentralbank, Federal Reserve, wenngleich Struktur und Funktionsweisen der beiden Notenbanken unterschiedlich sind. Ganz anders hingegen verhielt es sich mit der französischen und der britischen Notenbank. Erst im Vorfeld der Europäischen Währungsunion bzw. als Folge des Maastrichter Vertrages von 1992, der von allen Teilnehmern an der Währungsunion unabhängige Notenbanken fordert, löste sich die französische Zentralbank vom Gängelband ihrer Regierung. Da Großbritannien nicht an der Währungsunion teilnimmt, gab es hier keine Notwendigkeit, die Regierungskontrolle der Zentralbank Anfang der 1990er Jahre zu beenden. Erst nach dem Regierungswechsel 1997 entschied sich die Labour-Regierung von Tony Blair für eine (Teil-)autonomie der Bank of England, insbesondere im Hinblick auf die Festlegung der Zinssätze. Für die Autonomie der Zentralbanken von der aktuellen Regierungspolitik spricht insbesondere, dass unabhängige Zentralbanken weit bessere Erfolge bei der Inflationsbekämpfung aufweisen als politisch kontrollierte.

Eine Reihe von Maßnahmen der 1950er und frühen 1960er Jahre illustrieren, dass sich die Wirtschaftspolitik des Bundes nicht im Setzen minimaler Grundregeln (z.B. Wettbewerbsrecht) erschöpfte, sondern dass „Wohlstand für alle" vor allem über eine Politik der Vermögensbildung erreicht werden sollte. Dazu zählen etwa das Investitionshilfe- und Kapitalmarktförderungsgesetz von 1952, welches Investitionen aktivieren und privates Sparen anregen sollte. Die private Vermögensbildung sowie der Erwerb von Wohneigentum wurden zur staatlichen Förderaufgabe. Dem erstgenannten Ziel dienten auch die Privatisierung der Preussag 1959 sowie die Teilprivatisierungen von VW und Veba 1961 und 1965. Sie waren mit der Vision einer „Volksaktie" verbunden.

Öffentliche Unternehmen hatten insgesamt gesehen einen guten Ruf. Ihre Rolle in der Wirtschaft wurde nicht in Frage gestellt, zumal sie in der Regel gemeinwirtschaftlichen Grundsätzen verpflichtet waren. Ihr wichtigstes Ziel war also nicht die Gewinnmaximierung, sondern die staatliche Aufgabenerfüllung (Brede/von Loesch 1986). Am Status der verfassungsrechtlich geschützten, so genannten „Sondervermögen" Deutsche Bundesbahn und Deutsche Bundespost wurde, von vereinzelten Stimmen abgesehen (Müller 2002), nicht gerüttelt. Die Privatisierungen im Bereich der Industriebeteiligungen (Lufthansa, VW etc.) dürfen nicht darüber hinwegtäuschen, dass die öffentliche Hand ein überaus wichtiger Anbieter von Gütern und Dienstleistungen blieb. Im deutschen Föderalismus fiel die große Bedeutung öffentlicher Unternehmen unter anderem deswegen weniger auf als etwa in Großbritannien (oder Frankreich), weil sich diese auf unterschiedlichen staatlichen Ebenen befanden und zum Teil immer noch befinden. Wohnbaugesellschaften, Wasser-, Strom- und Gasversorger, Kreditinstitute, Bergwerksbetriebe oder Brauereien, es gab und gibt eine große Bandbreite öffentlicher Beteiligungen auf kommunaler, Landes- und Bundesebene. Zum Teil war die öffentliche Trägerschaft der Geschichte geschuldet, zum Teil einem ordnungspolitischen Leitbild der Daseinsvorsorge als staatliche Aufgabe und zum Teil den Erfordernissen der unmittelbaren Nachkriegszeit, etwa im Hinblick auf den enormen Bedarf an Wohnungen. Es bedurfte nachfolgender Paradigmenwechsel in der Wirtschaftspolitik (vor allem seit den 1980er Jahren) sowie der schieren Notwendigkeit des Erlöses zusätzlicher Finanzmittel für marode Staatshaushalte, um deutliche Privatisierungsanstrengungen plausibel zu machen (von Loesch 1987).

Auch wenn damals die Haushaltspolitik im Wesentlichen konservativ angelegt war, so fallen doch in die Zeit der Regierung Adenauer grundlegende Entscheidungen über maßgebliche Randbedingungen für die wirtschaftliche Entwicklung des Landes, namentlich der sozialen Sicherung, die sich als folgenschwer erwiesen. Das Rentenreformgesetz 1957 führte die dynamische und lohnbezogene Rente ein. Damit ging ein Systemwechsel einher vom Anwartschaftsdeckungsverfahren, also dem Ansammeln von Kapital und Zinserträgen zur späteren Auszahlung als Rente, hin zum Umlageverfahren, bei dem die gegenwärtig arbeitende Zahlgeneration für die gegenwärtig Rente beziehende Empfängergeneration aufkommt. Aus ordnungspolitischer Sicht war dies ein klarer Verstoß gegen das Gebot der Marktkonformität. Das Gebot der Selbstvorsorge wurde hintangestellt.

Erhard war gegen diese Reform und legte Berechnungen vor, die die mangelnde Nachhaltigkeit dieses Rentenmodells belegen sollten. Für Adenauer zählte aber der kurzfristige (Wahl-)Erfolg. Dem Kanzler und der CDU/CSU sicherte die Rentenreform zum ersten und einzigen Mal in der Geschichte der Unionsparteien bei der Bundestagswahl 1957 die absolute Mehrheit. Von zeitgenössischen Beobachtern, wie Karl Moersch, wird mit der Rentenreform 1957 auch der Zeitpunkt verbunden, von dem an die FDP, eine Gegnerin der Adenauerschen Rentenreform, mit dem Stigma der „sozialpolitischen Kälte" belegt wurde. Angesichts der heutigen demografischen Entwicklung erwies sich diese 1957 als Wahlhilfe genutzte sozialpolitische Maßnahme als haushaltspolitische Zeitbombe. Die grundlegende Weichenstellung in der Rentenpolitik beseitigte zunächst weitgehend erfolgreich die Altersarmut. Zusammen mit nachfolgenden kostentreibenden Entscheidungen in der Sozialpolitik, vor allem in den 1970er Jahren, sowie durch die Hinzunahme der Rentner der ehemaligen DDR hat sie sich aber vor allem für die Entwicklung der Lohnnebenkosten als belastend erwiesen. Mit ständig steigenden Sozialversicherungsbeiträgen von Arbeitnehmern und Arbeitgebern wuchsen die Lohnnebenkosten und damit der Preis für Arbeit. Darüber hinaus bezuschusst der Bundeshaushalt seit Jahrzehnten das Rentensystem, mittlerweile mit jährlich über 80 Milliarden Euro. Das ist heute der größte Einzelposten des Bundeshaushaltes.

3.5 Konsolidierung und erste Krise in der Ära Erhard (1963 bis 1966)

Nach einigem unglücklichem Taktieren Adenauers, mit dem er sich zuerst als Bundespräsident empfehlen und dann doch wieder Bundeskanzler bleiben wollte, begann der politische Autoritätsverlust des ersten deutschen Bundeskanzlers. Nach der Wahl 1961 machte es die FDP, entgegen ihrem Wahlversprechen, nur noch zur Bedingung für eine Regierungsbeteiligung, dass Adenauer nach spätestens zwei weiteren Jahren im Amt ersetzt werde und bestand nicht mehr auf Adenauers Rückzug aus der Regierung. Die entsprechende Absprache wurde vertraglich zwischen den Koalitionären von CDU/CSU und FDP fixiert. Diese schriftliche Vereinbarung markiert damit die Geburtsstunde der „Koalitionsverträge" in Deutschland (Kropp/Sturm 2000). So wurde Erhard 1963 doch noch Bundeskanzler. Seine Kanzlerschaft wird häufig als wenig erfolgreich beschrieben.

Jedenfalls fällt in diese Zeit der Beginn eines industriellen Strukturwandels, der seither die Republik wirtschaftlich immer wieder mit Problemen und Herausforderungen konfrontiert. So kommt in den 1960er Jahren zunächst der Kohlebergbau in seine Dauerkrise (Abelshauser 1984), die nur gelegentlich von konjunkturellen Aufschwungphasen etwas gemildert wurde. Das Problem begann im Grunde schon in der zweiten Hälfte der 1950er Jahre, nur war es da noch nicht spürbar. Einerseits gab es spätestens seit 1958 eine Überproduktion, die zu stockendem Absatz führte und die Halden für alle Welt sichtbar wachsen ließ. Andererseits hatte die Bundesregierung bereits 1956 den Heizölzoll beseitigt und damit ein deutliches Signal an die deutschen Verbraucher gesandt, auch auf andere Energieträger als die heimische Kohle zu setzen (Abelshauser 2004: 202-3). Der Hintergrund dieser

Politik war sowohl ein wettbewerbs- als auch ein energiepolitischer, wie eine Erklärung von Ludwig Erhard im Deutschen Bundestag durchscheinen lässt (Erhard 1956: 9645-6). Dort bezeichnet er diese und andere, gleichgerichtete Maßnahmen als „eine grundsätzliche Lösung des Problems der künftigen Energiebedarfsdeckung durch eine Förderung wettbewerblicher Kräfte auf dem Energiemarkt." Die neue Politik blieb nicht ohne Folgen: innerhalb einer Dekade verdoppelte sich der Anteil des Öls am Brennstoffverbrauch der Industrie. Einerseits wurde die Energiebasis durch die Öffnung des deutschen Marktes für das Öl für die Zukunft verbessert – erst mit den Ölkrisen der 1970er Jahre wurde klar, dass auch dieser Energieträger mit kostenmäßigen Risiken behaftet ist, von den ökologischen, die er mit der Kohle gemein hat, ganz zu schweigen. Andererseits kommt in der für die 1950er Jahre eher untypischen „Förderung" von Importwaren (Heizöl) auch Erhards Überzeugung zum Ausdruck, dass dem kartellähnlich funktionierenden Ruhrbergbau ein Substitutionsgut an die Seite zu stellen ist, welches für mehr Wettbewerb auf dem Energiemarkt sorgt.

Dabei zeigte Erhard, damals noch Wirtschaftsminister, bereits in den späten 1950ern, dass er keineswegs nur einem harten, ordnungspolitischen Kurs der „reinen Lehre" folgen wolle. Sein späteres Leitbild der „formierten Gesellschaft" scheint beispielhaft in seinem Bemühen durch, den Bergbau nach Ankündigung der Preisfreigabe durch die Hohe Behörde für Montanunion zu einer langfristig angelegten Zusammenarbeit mit der Politik im Gegenzug für Preiszurückhaltung zu bewegen. Der Ruhrkohlebergbau schlug nach anfänglichen positiven Signalen das Angebot im Ergebnis doch aus, damals noch aus einer vermeintlichen Position der Stärke. Die nachfolgende Dauerkrise des Kohlebergbaus prägte jedoch, wie Abelshauser (2004: 205) zusammenfasst, die politische Grundstimmung der Kanzlerschaft Erhards bis 1966.

Nach einem mehr als eine Dekade anhaltenden unvergleichlichen Wirtschaftsaufschwung mit hohen Wachstumsraten, dem „Wirtschaftswunder", erlebte die Bundesrepublik Mitte der 1960er Jahre erstmals eine Verlangsamung des Wirtschaftswachstums. Dies deutete sich 1965 an und konfrontierte 1966 die Politik mit der ersten Rezession. Nach heutigen Maßstäben waren die Probleme minimal: 600.000 statt 100.000 Arbeitslose und ein leichtes Minus-"Wachstum" von unter einem Prozent. Doch für die Politik bedeutete diese Rezession das Ende einer bis dato fast makellosen wirtschaftlichen Erfolgsgeschichte.

3.6 Neue Wege der „aufgeklärten Marktwirtschaft" (1966 bis 1982)

Die christlich-liberale Koalition brach 1966 an der Auseinandersetzung über Steuererhöhungen zur Haushaltskonsolidierung als Reaktion auf die wirtschaftlichen Krisensymptome, die die Staatseinnahmen vermindert hatten, auseinander. Eine Große Koalition von CDU/CSU und SPD folgte bis 1969. Ihr Wirtschaftsminister, Karl Schiller, fügte der Marktwirtschaft das Adjektiv „aufgeklärte" bei und leitete so einen paradigmatischen Wandel der Wirtschaftspolitik ein (Lenel 1997: 91). Die Große Koalition brachte eine Reihe von tiefgreifenden und mit Verfassungsänderungen verbundenen Reformen auf den Weg, die auch für die Wirtschaftsordnung der Bundesrepublik weit reichende Folgen hatten. Das Instrument der so genannten Gemeinschaftsaufgabe (GA) wurde dem Aufgabenkatalog des Grundgesetzes hinzugefügt und verschaffte so dem Bund Einfluss- und Gestaltungsoptionen in den Feldern Hochschulbau und Hochschulklinikbau, regionale Wirtschaftsförderung, Agrarstrukturförderung und Küstenschutz, freilich dabei auch einen weiteren, neuen Finanzierungstatbestand mit langfristigen Folgen für die Entwicklung des Bundeshaushaltes. Diese Form der finanzpolitischen „Politikverflechtung" von Bund und Ländern hatte es auch schon vorher gegeben. Mit der GA wurde sie jedoch auf eine systematische und bundesweit greifende Grundlage gestellt. Seither findet beispielsweise die regionale Wirtschaftsförderung, also der finanzielle Ausgleich für wirtschaftsstrukturelle Benachteiligungen bestimmter Gebiete, im Rahmen einer Ko-Finanzierung von Bund und Ländern (heute auch der EU) statt. Entsprechende gemeinsame Arbeitsgruppen haben „Förderkulissen" entwickelt und schreiben sie fort; aus ihnen ergibt sich, welche Gebiete in den Genuss welcher Förderung kommen können (heute, wenn die EU zustimmt). Mit der GA wurde so nicht nur die Aufgabenverflechtung von Bund und Ländern erhöht, auch die Bedeutung ministerialer, so genannter „Fachbruderschaften", also von Fachbeamten gleicher Ressorts auf Bundes- und Länderebene, nahm aufgrund der Technokratisierung von Entscheidungen (über Fördergebiete etc.) zu. Der Politik verblieb im Wesentlichen der korrigierende Eingriff im Einzelfall sowie der Streit um die jeweils aufzubringenden bzw. zufließenden Finanzmassen.

Das Gebot des ausgeglichenen Haushalts wurde durch die Aufnahme eines wesentlichen neuen Ausnahmetatbestands in Artikel 115 des Grundgesetzes, nämlich die Abwehr einer Störung des gesamtwirtschaftlichen Gleichgewichts, faktisch bedeutungslos. Seit es diese Verfassungsnorm gibt, die es dem Bundeshaushaltsgesetzgeber erlaubt, eine über den Gesamtauf-

wendungen für Investitionen liegende Neuverschuldung in Zeiten konjunktureller Probleme einzugehen, hat die Zunahme der Staatsverschuldung deutlich an Tempo gewonnen. War es bis zur Reform von 1969 haushaltsrecht-
lich vorgesehen, dass die einzelnen Investitionsprojekte (des Bundes) einzeln
mit ihrer (Kredit-)Finanzierung aufzuführen waren, wurde danach nur noch
pauschaliert die Einnahme- bzw. Ausgabenseite betrachtet. Der Investitions-
begriff wurde eher weit gefasst, und so war die Tür zur Nutzung von Kredi-
ten in den öffentlichen Haushalten weit geöffnet. Damit fand eine keynesianische Denkkategorie, nämlich die staatliche Verantwortung für das wirtschaftliche Gleichgewicht, Eingang in die deutsche Haushaltspolitik, denn
auch die Länder kopierten in ihren Haushaltsordnungen im Wesentlichen die
neue Rechtslage des Bundes. Bis 1980 stieg die Schuldenquote (Anteil der
Schulden am BIP) auf über 30 Prozent und die jährlichen Budgetdefizite
erreichten zum Ende der sozial-liberalen Koalition einen vier Prozent-Anteil
am Bruttosozialprodukt. Das Aufblähen der Staatshaushalte ist ein gemein-
sames Wirtschaftsproblem westlicher Industriestaaten seit den 1970er Jahren
(Sturm/Müller 1999), da alle OECD-Länder auf den Ausbau des Wohlfahrtsstaates und nachfragesubstituierende Ausgabenprogramme in wirtschaftlichen Krisenzeiten gesetzt hatten.

Man kann das Zwischenspiel der ersten Großen Koalition gemeinsam
mit den ersten Jahren der ihr nachfolgenden sozial-liberalen Koalition nach
1969 im Hinblick auf die Wirtschaftspolitik der Bundesregierungen auch als
eine Phase des „Keynesianischen Experiments" der Globalsteuerung bezeichnen, die mit dem Rücktritt Karl Schillers vom Amt des „Superminis-
ters" für Wirtschaft und Finanzen 1972, endgültig aber mit dem Beginn der
Kanzlerschaft von Helmut Schmidt (SPD) 1974 endete. Ihr folgte eine prag-
matische Phase: Die umfassende Steuerungseuphorie war geschwunden, und
die Eingriffsversuche der Bundesregierung wurden bescheidener. Aus der
Vorstellung, man könne einen gesamtwirtschaftlichen Ausgleich erreichen,
wurde die Einsicht, dass man über eine Anpassungsförderung an die Markt-
entwicklung, einschließlich eines angemessenen Krisenmanagements, nicht
hinauskommen kann. Es lassen sich die wesentliche Züge dieser Phase in
fünf Thesen zusammenfassen:

1. Mit der Globalsteuerung holt die Bundesrepublik das nach, was in den
    USA und anderen Ländern Europas bereits in früheren Dekaden seit den
    1930er Jahren als Keynesianismus praktiziert wurde. Er ist geprägt von
    einer Schwerpunktverlagerung von der Ordnungspolitik zur fiskalischen

Konjunkturpolitik, also dem antizyklischen Eingreifen des Staates, der in Krisenzeiten durch Investitionsausgaben die private Nachfrage ersetzt und in Zeiten des Wirtschaftsbooms mit erhöhter Inflationsgefahr durch seine Steuer- und Abgabenpolitik die private Nachfrage bremst. Die Globalsteuerung wurde nach ihrem Scheitern angesichts der ersten Ölpreiskrise 1973 durch strukturpolitische und technologiepolitische Einzelprogramme ergänzt und überlagert.

2. Die finanzpolitische Globalsteuerung wurde aber nicht nur mit unterschiedlichem Erfolg als Konjunkturpolitik genutzt; sie diente schnell auch der sozial-liberalen Koalition als Vehikel für den Ausbau der Staatätigkeit, insbesondere die Ausweitung des Sozial- und Wohlfahrtsstaates, Ende der 1960er bis Mitte der 1970er Jahre.

3. Mit der „Konzertierten Aktion", die von Karl Schiller erdacht wurde, um Gewerkschaften und Unternehmen mit der öffentlichen Hand an einen Tisch zu bringen, an dem dann über die Koordinierung wirtschaftlichen Verhaltens Einigkeit erzielt werden sollte, hielt der Korporatismus Einzug in die deutsche Konjunkturpolitik. Dieser war unter anderem Ausdruck der Einsicht, dass das Paradoxon staatlicher Verantwortung für Beschäftigung und Wachstum einerseits und staatlicher Enthaltsamkeit in der Lohn- und Tarifpolitik andererseits durch eine sanfte Form staatlicher Koordinierung entschärft werden könne. Gleichzeitig sind die 1970er Jahre von einer Ausweitung des Kündigungsschutzes, der Einführung von Sozialplänen sowie einer für die Arbeitnehmerinnen und Arbeitnehmer erheblich verbesserten Mitbestimmung in den Unternehmen geprägt. Die Klage der Arbeitgeber vor dem Bundesverfassungsgericht gegen Letztere (Mitbestimmungsgesetz 1976) war selbst wiederum Auslöser für die einstweilige Beendigung der Konzertierten Aktion.

4. Mit dem Zusammenbruch des Währungsregimes von Bretton Woods im Jahre 1973 gewann die Bundesbank neues Gewicht. Die vormalig diskretionäre, also auf ökonomische Problemlagen bezogene Geldpolitik war angesichts des erstmaligen gleichzeitigen Auftretens von Inflation und wirtschaftlicher Stagnation, genannt Stagflation, nicht mehr zielführend. Im Zuge dieser neuartigen Problemlage, die eine scheinbare Wahlnotwendigkeit zwischen Vollbeschäftigung bzw. Wachstum einerseits und Preisniveaustabilität andererseits nahe legte (siehe auch die Beschreibung des Phillips-Kurven-Zusammenhangs in Kapitel 1), adaptierte die Bundesbank als neue Strategie die Rezepte des amerikanischen Ökonomen Milton Friedman, den Monetarismus, in pragmatischer Form

und entschied sich so deutlich für die Inflationsbekämpfung. Damit war der Grundstein für einen Dauerdissens mit den seitherigen Bundesregierungen bis zum Beginn der Europäischen Währungsunion (seither wird dieser Konflikt auf europäischer Ebene ausgetragen) gelegt. Er flammte immer wieder in Zeiten relativ geringen Wachstums und hoher Kapitalmarktkosten auf, weil Regierungen in der Regel nicht bereit sind, der Stabilität der Währung, die eine konsequente Politik der Inflationsbekämpfung (hohe Zinsen) garantiert, Vorrang vor einer (erhofften) kurzfristigen Belebung der nationalen Wirtschaft (niedrige Zinsen) zu geben.

5. Trotz des Primats der Konjunktursteuerung nach der Verabschiedung des Stabilitäts- und Wachstumsgesetzes (StabWG 1967) gelang mit der Zweiten Kartellrechtsnovelle 1973 die wesentliche Verbesserung des GWB durch die Aufnahme der so genannten Fusionskontrolle in den Aufgabenkatalog des Gesetzes und damit des Bundeskartellamtes.

Was bedeutete Globalsteuerung konkret? Welcher Logik folgte sie? Welche Instrumente standen ihr zur Verfügung? Im Jahr 1966 erlebte die Bundesrepublik, wie erwähnt, erstmals eine Wachstumsschwäche. In dieser Situation suchte die Politik nach Handlungsinstrumenten und fand sie im Arsenal der keynesianischen Lehre. Erstmals trat damit die „Konjunktur", also der Verlauf des Wirtschaftswachstums, in den Fokus der (Wirtschafts-)Politik. Neben die Ordnungspolitik trat die „Prozesspolitik": Die Konjunktur müsse beeinflusst und dem Staat entsprechende Handlungsmöglichkeiten gegeben werden. Mit dem Gesetz zur Förderung der Stabilität und des Wachstums der Wirtschaft (StabWG 1967), dem so genannten „Stabilitätsgesetz", trat am 14. Juni 1967 eine rechtliche Grundlage für die makroökonomische Steuerung des Staates in Kraft. Seither sind wirtschaftspolitische Ziele, nämlich angemessenes und stetiges Wirtschaftswachstum, hoher Beschäftigungsstand, Preisniveaustabilität und außenwirtschaftliches Gleichgewicht, gesetzlich in der Bundesrepublik Deutschland normiert. Dieses oft als „magisches Viereck" bezeichnete Zielgrößengefüge beschreibt Leitgrößen, die im Gesetzestext selbst nie quantifiziert wurden. Die einzelnen Ziele stehen dabei zum Teil in einem harmonischen Verhältnis, zum Teil aber auch im Konflikt. So ist hohes Wirtschaftswachstum für gewöhnlich mit mehr Arbeitsplätzen und damit höherer Beschäftigung, allerdings auch mit Inflationsgefahren verbunden. Auch wenn der schon erwähnte vermeintliche Gegensatz von Vollbeschäftigung und Preisniveaustabilität mittlerweile wohl als Mythos angesehen werden kann[10], so war er doch gerade für die politische Auseinandersetzung von Bundesregierung und Bundesbank ebenso prägend wie in den meisten anderen westlichen Industriestaaten in den 1970er Jahren.

Die gesetzliche Normierung eines wirtschaftspolitischen Zielkatalogs mag man nach der reinen Lehre des Ordoliberalismus vielleicht als wenig zielführend kritisieren. Man wird sie in dieser relativen Unverbindlichkeit bzw. Unmessbarkeit aber akzeptieren können. Ganz anders sieht die Sache im Hinblick auf Schillers Konzept der Globalsteuerung aus. Sein Credo lautete: so viel Wettbewerb wie möglich, so viel Planung wie nötig (Schiller 1966: 21, Lütjen 2007). Planung bedeutete für Schiller zunächst einmal Rahmenplanung zur Beeinflussung der makroökonomischen Kreislaufgrößen. Diese sollten durch abgestimmte Verhaltensweisen der wesentlichen Akteure in der Wirtschaftspolitik hergestellt werden. Deren gleichgerichtetem Handeln sollte unter anderem eine Reihe von Koordinierungsforen dienen, vom „Finanzplanungsrat", dessen Aufgabe die Abstimmung des investitionspolitischen und finanzpolitischen Gebaren, der Gebietskörperschaften war, über den „Konjunkturrat" (wirtschaftspolitische Koordination) bis hin zur „Konzertierten Aktion", welche im Kern Gewerkschaften und Arbeitgeberorganisationen an einen Tisch bringen sollte, um im Bereich der Preis-, v.a. aber der Lohnpolitik für eine weitgehend konfliktfreie und stetige Entwicklung zu sorgen. Zugleich sollte über die Einbindung der Tarifpartner in die wirtschaftspolitischen Entscheidungsprozesse (wobei die Zahl der Teilnehmer der Konzertierten Aktion über die Jahre hinweg stetig anstieg) für Unterstützung und Legitimation der Beratungsergebnisse gesorgt werden (Lenel 1997: 93).

Das Experiment „Konzertierte Aktion" (Hoppmann 1971) scheiterte 1976 mit dem Rückzug der Gewerkschaften. Auslöser für deren Verärgerung war die Verfassungsklage der Arbeitgeber gegen das neue „Mitbestimmungsgesetz", das den Arbeitnehmern bzw. ihren Vertretern in Unternehmen einer bestimmten Größenordnung eine weitgehend paritätische Mitbestim-

---

[10] Alban William Housego Phillips (1914-1975) gilt als „Erfinder" der Phillips-Kurve, mit der der Zusammenhang von Arbeitslosigkeit und Nominallohnerhöhungen dargestellt wird. Da ein bestimmtes Niveau der Arbeitslosigkeit ein bestimmtes Niveau des Lohnzuwachses impliziert (je niedriger die Arbeitslosigkeit, desto schneller verändern sich die Löhne), sind die Ziele niedrige Arbeitslosigkeit und niedrige Inflationsraten inkonsistent. In jüngster Vergangenheit wurde auch der notwendige Zusammenhang von Wirtschaftswachstum und Arbeitsplätzen bezweifelt. Stattdessen macht der Terminus des „jobless growth", des Wachstums ohne Beschäftigung, auf das Phänomen von guter wirtschaftlicher Performanz ohne Mehrbedarf an Arbeitskräften aufmerksam. Der Begriff wurde vor allem politisch genutzt und negiert unzulässigerweise das nach wie vor bestehende, zumindest grundsätzlich positiv korrelierte Verhältnis von Wirtschaftswachstum und Beschäftigung in einer Volkswirtschaft.

mung in den Aufsichtsgremien zubilligte. Dieser Schritt der Arbeitgeber, der sich im Übrigen später als nicht erfolgreich erweisen sollte, wurde von den Gewerkschaften als Aufkündigung der Kooperation in der Konzertierten Aktion gewertet. Das Mitbestimmungsgesetz selbst war ein Prestigeprojekt der Sozialdemokratie, das insbesondere vom damaligen Fraktionsvorsitzenden Herbert Wehner als Kernanliegen seiner Partei betrachtet wurde, und als solches war es auch Gegenstand massiver Forderungen der Gewerkschaften. Einerseits war das Mitbestimmungsgesetz Ausfluss der noch von der Regierung Willy Brandt propagierten Linie „Mehr Demokratie wagen". Es trug über eine Ausweitung der Partizipation (von Arbeitnehmern) das Postulat der Teilhabe in den Wirtschaftsbereich hinein. Andererseits handelte es sich dabei um eine, in den Augen der Gewerkschaften konsequente Fortsetzung und Ausweitung der Mitbestimmung von Arbeitnehmervertretern in den Aufsichtsgremien großer Unternehmen, wie sie bereits nach dem Zweiten Weltkrieg mit der „Montanmitbestimmung" begann (ausführlich Abelshauser 2004: 352-258).

War die Montanmitbestimmung in ihren Anfängen ein Kind der Entflechtung in der Eisen- und Stahlindustrie und nur möglich, weil das Unternehmerlager einerseits Demontagen verhindern und andererseits die Gefahr des Sozialismus bannen wollte, mithin also im Sinne einer Konsensdemokratie Vorteile in der erweiterten Partizipation von Arbeitnehmervertretern sah, so wurde ihre Ausweitung auf die restlichen Industriebereiche in der Bundesrepublik in den 1970er Jahren zum Gegenstand massiver Interessenkonflikte zwischen Unternehmer- und Arbeitnehmerseite. Die Mitbestimmung wird nach wie vor von den Gewerkschaften als eine zentrale Errungenschaft gesehen und auch die konservativ-liberale Nachfolgeregierung ab 1982 sah sich, im Unterschied etwa zur konservativen Regierung Margaret Thatchers in Großbritannien seit 1979, nicht in der Lage, einen im Hinblick auf die Rolle der Gewerkschaften in der Wirtschaft restriktiven Kurs einzuschlagen. Dies konnte aber nicht verhindern, dass die Mitbestimmung dadurch attackiert wird, dass Unternehmen künstlich in kleinere Einheiten aufgespalten werden, um die Größengrenze für mitbestimmte Unternehmen, die bei 2000 Beschäftigten liegt, zu unterlaufen. Auf der europäischen Ebene greifen deutsche Mitbestimmungsregeln bei grenzüberschreitenden Unternehmen nur, wenn das Unternehmen in Deutschland gegründet wurde bzw. dort seinen Sitz hat oder die Vertreter der Arbeitgeber- und Arbeitnehmerseite sich auf die deutsche Regelung einigen. Mit dem Einzug der Gewerkschaften in die Aufsichtsräte ändert sich die „corporate governance" fundamental: Insbesondere die Vorstände sehen sich einer anderen Situation ausgesetzt. Vor allem dann, wenn strukturelle Reformen in den Unternehmen umzusetzen sind, verhandeln sie einerseits mit den Betriebsräten und müssen – davor oder parallel – im Aufsichtsrat um die Unterstützung auch der Arbeitnehmerseite werben. Zwar wird in der Literatur immer wieder auf das doppelte Stimmrecht des Vorsitzenden (als Vertreter der Kapitalseite) hingewiesen. Doch de facto sind Unternehmen nicht dauerhaft gegen die Hälfte des Aufsichtsrates, der bzw. dessen Ausschüsse unter anderem auch über die Vergütung der Vorstände, ihre Vertragsverlängerung oder eben auch Entlassung zu beraten und zu entscheiden haben, zu führen.

Für einen föderal gegliederten Staat, das heißt alle seine Gebietskörperschaften, bedeutete Globalsteuerung den Einsatz fiskalpolitischer Instrumente auf allen Ebenen, also der wirtschaftspolitischen Nutzung von Ausgaben- und Einnahmenpolitik von Bund, Ländern und Kommunen, in antizyklischer Weise. Das Abstimmungsproblem zwischen den Gebietskörperschaften teilte die Bundesrepublik etwa mit den USA oder Kanada, nicht hingegen mit (damals eindeutig) zentralistischen Ländern wie Großbritannien oder Frankreich. Entsprechend der keynesianischen Logik sind in Zeiten des wirtschaftlichen Abschwungs verstärkt ausgabenwirksame Programme zu fahren und insbesondere staatliche Investitionen (z.B. in die Verkehrsinfrastruktur) zu tätigen, gegebenenfalls unter Inkaufnahme zeitlich befristeter Kreditaufnahme. Diese Staatsausgaben sind in der Phase des wirtschaftlichen Aufschwungs durch eine zurückhaltende Ausgabenpolitik zurückzufahren, Schulden sind abzutragen. Das Verfahren nennt sich „deficit spending" und kam im Rezessionsjahr 1967 so auch erfolgreich zur Anwendung. „Deficit spending" selbst war zwar noch nicht Teil der Logik von Keynes' Vorschlag. Das Konzept sah hingegen durchaus vor, dass Staaten im Zweifel selbst so etwas Abwegiges wie Pyramiden bauen sollten, um Nachfragemangel abzuhelfen. Hauptsache sie schaffen Nachfrage und damit Beschäftigung. In den Folgejahren erwies es sich in Deutschland ebenso wie in den übrigen Industrieländern politisch leichter zu kommunizieren, fehlende private Nachfrage müsse durch staatliche ausgeglichen werden (auch unter Inkaufnahme von höherer Neuverschuldung), als in Zeiten des Aufschwungs die wirtschaftspolitischen (und oft genug auch sozialpolitischen) Wohltaten wieder einzusammeln, um über den Konjunkturzyklus hinweg wieder einen ausgeglichenen Haushalt zu erreichen. Die erfolgreiche Umsetzung einer antizyklischen Globalsteuerung in den Jahren 1967/1968 konnte so jedenfalls in der Bundesrepublik nicht wiederholt werden.

Unter Wirksamkeitsgesichtspunkten ist der deutsche Verflechtungsföderalismus ambivalent zu bewerten. Einerseits ist die Existenz einer Vielzahl von Akteuren in der (staatlichen) Haushaltspolitik, mit einem Bundes-, (damals) elf Landes- und tausenden von Kommunalhaushalten ohne Frage nachteilig, wenn es darum geht, zielgerichtete Nachfragesteuerung durch das Auftreten der öffentlichen Hand auf dem Markt zu betreiben. Andererseits ist der deutsche Verflechtungsföderalismus aufgrund seiner Abstimmungsnotwendigkeiten zwischen den Ebenen, die eben nicht völlig unabhängig voneinander agieren, sondern durch unterschiedliche Formen der Politikverflechtung auch und gerade in finanziellen Belangen ihr Handeln koordinieren müssen, für ein abgestimmtes Verhalten der öffentlichen Hand eher geeignet als Systeme des Trennföderalismus, in denen die unteren politischen Ebenen weitgehende Autonomie genießen.

Neben der Koordination der wirtschaftspolitischen Akteure waren auch die Entwicklung eines gemeinsamen Verständnisses von der jeweiligen Lage sowie die Abstimmung der jeweils angemessenen Therapie immer wichtige Elemente der (deutschen) Globalsteuerung. Von zentraler Bedeutung für die Informationsbasis der Regierung sind die Jahresberichte des SVR (Sachverständigenrat zur Begutachtung der gesamtwirtschaftlichen Entwicklung). Der SVR wurde bereits 1963 eingerichtet. Im StabWG ist vorgesehen, dass die Bundesregierung einen Jahreswirtschaftsbericht vorlegt, der eine Stellungnahme zu dem Jahresgutachten des SVR enthält.[11] Dieses Arrangement unterscheidet den deutschen Fall nicht grundsätzlich etwa vom britischen oder französischen. Auch dort ging es, wenn schon nicht im Hinblick auf die zahlreichen öffentlichen, so doch wegen der Bedeutung des Handelns der privaten Akteure darum, das Akteursverhalten aller Marktteilnehmer durch Koordination und die Entwicklung gemeinsamer Verständnislagen zu steuern. In Großbritannien wurde dazu in den 1960er Jahren eine Adaption der französischen „planification" mit einer Vielzahl von Planungsräten geschaffen (Müller 2006c). Letztlich sind, unabhängig vom Grad der Zentralisierung bzw. Föderalisierung einzelner OECD-Länder, alle diese Planungsexperimente gescheitert.

Die Instrumente der Globalsteuerung wurden auch als Vehikel für ein anderes, originär politisches Vorhaben der sozial-liberalen Koalition nach 1969 genutzt: die Ausweitung der Staatstätigkeit durch den Ausbau des Sozialstaates. Abstrakt lässt sich dieser Befund an der in den 1970er Jahren

---

[11] Kritisch zum SVR siehe u.a. Hickel/Mattfeldt 1973.

stark ansteigenden Staatsausgabenquote (Anteil der Gesamtausgaben des öffentlichen Sektors am BSP) von 39,5 Prozent auf bis zu 49,5 Prozent, sowie an der Erhöhung des Personalbestandes im Öffentlichen Dienst um fast eine Million ablesen. Programmatisch fallen in diese Jahre eine Reihe von wohlfahrtsstaatlichen Verbesserungen im Bereich der Sozialleistungen, einschließlich einer weiteren, kostenträchtigen Rentenreform, der Ausbau des Öffentlichen Dienstes, des Bildungswesens sowie der Unternehmenssubventionen (Lambsdorff 1989: 177-8). Zu den wohlfahrtsstaatlichen Weichenstellungen gehörten der Fortfall des zweiprozentigen Krankenversicherungsbeitrages für Rentner, der Beschluss über ein Aktionsprogramm zur Förderung der Rehabilitation Behinderter (1970), das Gesetz zur verbesserten Förderung der Vermögensbildung der Arbeitnehmer (1970), das Zweite Wohngeldgesetz (1971), die Erhöhung des Wohngeldes und die Erweiterung des Empfängerkreises, die Reform des Betriebsverfassungsgesetzes (1972), die Erweiterung der Mitbestimmungs- und Mitwirkungsrechte des Betriebsrates, der Ausbau der Vertretung der Jugendlichen, die Anerkennung und Absicherung der Stellung der Gewerkschaften in der Betriebsverfassung, das Wohnungsbauänderungsgesetz (1972), die Anhebung der Einkommensgrenzen für die Wohnberechtigung in Sozialwohnungen und die Mietpreisbindungen, das Wohnraumkündigungsgesetz (1971), die Stärkung der Mieterrechte, das Krankenhausfinanzierungsgesetz (1972), die Verbesserung der Krankenhausversorgung sowie die besagte Rentenreform (1972) mit massiven Rentenerhöhungen und Öffnung der Rentenversicherung für Hausfrauen und Selbständige (Sturm 1995a: 98-9). Diese immer noch unvollständige Liste verdeutlicht, dass es um weit mehr als die Umsetzung eines wirtschaftspolitischen Konzeptes ging. Mit der deutschen Fassung eines „Keynesian welfare state" wollte die sozial-liberale Koalition Gesellschaftspolitik betreiben.

Glaubt man dem früheren Amtschef im Bundeswirtschaftsministerium Otto Schlecht, so war die sozialreformerische Umdeutung seines Globalsteuerungskonzepts ein wesentlicher Grund für Karl Schiller, 1972 von seinem Ministeramt zurückzutreten (Schlecht 1997: 108). Für Schiller repräsentierte die Globalsteuerung die „Synthese von Freiburger Imperativ und keynesianischer Botschaft", wie sein oft zitierter Leitsatz lautete. Schiller machte sich insoweit die ordoliberalen Vorstellungen Walter Euckens zu eigen und wollte sie lediglich – gewissermaßen in Reaktion auf die Erfahrung konjunktureller Instabilität – um ein makroökonomisches, staatliches Instrumentarium zur Beeinflussung gesamtwirtschaftlicher Ziele ergänzt wissen. Dies aber, ohne die mikroökonomischen Einzelentscheidungen der Marktteilnehmer, für deren Ordnung nur die Wettbewerbspolitik zuständig sein sollte, zu stören. In gewisser Weise ist die Globalsteuerung also auch Ausfluss der Einsicht in die Notwendigkeiten der Tagespolitik, nämlich dass in Zeiten wirtschaftlicher (konjunktureller) Schwäche die Politik zu handeln hat. Egal wie mächtig und wie stark der Ordoliberalismus in der Bundesrepublik verankert war, in Zeiten der Rezession können es sich in der Demokratie die politisch Verantwortlichen nicht erlauben, einfach auf die Marktkräfte zu hoffen, wenn sie an ihre Wiederwahl denken müssen.

Es verwundert angesichts der Schillerschen Grundüberzeugungen nicht, dass die entscheidende Erweiterung des GWB im Jahre 1973 durch die Fusionskontrolle in diese Zeit fällt. Die Zweite Kartellgesetznovelle wurde unter Karl Schiller im Bundeswirtschaftsministerium vorbereitet und bezeugt insoweit auch ein erhebliches Stück Kontinuität auf dem Feld der Wettbewerbspolitik von Erhard zu Schiller. Seit 1973 obliegt dem Bundeskartellamt die Genehmigung von Unternehmenszusammenschlüssen einer bestimmten Größenordnung. Eine Untersagung seitens des Amtes kann lediglich durch Ministerentscheid (so genannte Ministererlaubnis) aufgehoben werden. Über deren Für und Wider ist an verschiedenen Stellen debattiert worden. Man hat der Ministererlaubnis nachgesagt, sie mache die Unabhängigkeit der wettbewerbsrechtlichen Prüfung durch das Bundeskartellamt wieder zunichte. Das ist angesichts einer eher bescheidenen Praxis von weniger als zehn Fällen seit ihrem Bestehen so nicht haltbar. Als wesentlich gehaltvoller und für das Amt disziplinierender hat sich die gerichtliche Überprüfung seiner Entscheidungspraxis erwiesen – und dies gilt im Übrigen für das gesamte Aufgabenspektrum der Behörde.

Mitte der 1970er Jahre erlebte die Wirtschaftspolitik – als wirtschaftspolitisch motivierte Fiskalpolitik – den Übergang von der (konjunkturpolitischen) Globalsteuerung zur (struktur- und technologiepolitisch geprägten) Modernisierungspolitik. Noch in den Jahren 1974/1975 suchte der Staat mit Sonderprogrammen nach den Grundsätzen der Globalsteuerung Rezessionsbekämpfung zu betreiben. Zusammen mit den wachsenden Ausgaben für Verteidigung und Rüstung war der Bund finanzpolitisch schlechthin überfordert (Ellwein 1989: 54). Nun sollte der Rezession mit einer „aktiven Strukturpolitik" begegnet werden, um zunächst die Konjunkturpolitik zu ergänzen (Hauff/Scharpf 1975). Technologie wurde gewissermaßen als vierter Produktionsfaktor (neben Boden, Kapital und Arbeit) erkannt und mit Hilfe von Maßnahmen der Technologieförderung (zur Entwicklung neuer Produkte) zum entscheidenden Transmissionsriemen für eine Modernisierung der Wirtschaft. Denn 1973 hatte sich nicht nur die Finanzwelt durch den Zusammenbruch von Bretton Woods verändert. Die Ölpreiskrise von 1973/74 hatte der deutschen Politik vor Augen geführt, dass Teile der Wirtschaft und Teile des Arbeitskräftepotentials (es entstand eine „Sockelarbeitslosigkeit", die auch in Zeiten der Hochkonjunktur nicht verschwand) bei den durch verteuerte Rohstoffpreise verschärften internationalen Konkurrenzbedingungen nicht mehr wettbewerbsfähig waren. Das für im Wesentlichen selbständige, das heißt für sich allein beherrschbare, Volkswirtschaften geschaffene keynesianische Instrumentarium erwies sich zunehmend als anachronistisch. Eine neue Welle der Globalisierung, im Sinne einer verstärkten weltweiten Vernetzung der Volkswirtschaften und der Verflechtung wirtschaftlicher Beziehungen, begann.

In der zweiten Hälfte der 1970er Jahre wurden unter Kanzler Helmut Schmidt verschiedene Ausgabenprogramme durchgeführt, die sachlich wie rhetorisch zwischen Globalsteuerung und Strukturpolitik changieren. Das Spektrum umfasste sowohl Investitions- und Beschäftigungsprogramme, wie etwa das „Programm zur Förderung von Beschäftigung und Wachstum bei Stabilität", mit einem Gesamtvolumen im zweistelligen Milliarden-DM-Bereich, als auch die Technologiepolitik flankierende Maßnahmen, wie das Programm zur „Humanisierung der Arbeitswelt" (HdA) mit einem Zehn-Jahres-Zeitraum (1974-1983) und Ausgaben von ca. 800 Mio DM (Sturm 1995a: 102-05). Allein 1975 nahm die öffentliche Hand zur Rezessionsbekämpfung im Umfang von 66 Mrd DM Neukredite auf, um 1976 mit dem Haushaltsstrukturgesetz finanzpolitisch wieder gegenzusteuern. Ein bisschen erinnert das Hin und Her an die „Jekyll and Hide"-Jahre in Großbritannien etwas mehr als eine Dekade früher. Die britische Regierung verfolgte abwechselnd eine Politik der Konjunkturankurbelung und Konjunkturdämpfung (Müller 2006c; Scherf 1986).

1977 ging es mit dem „Zukunftsinvestitionsprogramm" (ZIP) in einem Volumen von zunächst 13,8 Mrd DM (bis 1981) weiter, und 1978 kam die Bundesregierung der an sie herangetragenen Forderung nach, „Konjunkturlokomotive" für die westlichen Industriestaaten zu spielen, indem sie nachfragesteigernde Maßnahmen in der Größenordnung von einem Prozent des Bruttosozialprodukts zusagte. Noch 1982 wurde eine keynesianisch inspirierte „Gemeinschaftsinitiative für Arbeitsplätze, Wachstum und Stabilität" von der sozial-liberalen Koalition in Angriff genommen (Sturm 1995a: 109-10). Die Bundesregierung hatte sich in ihrer Wirtschafts- und Finanzpolitik nicht nur von den ordnungspolitischen Prinzipien Euckens oder Müller-Armacks entfernt; auch der planerische Gehalt der Globalsteuerung ging, durch die Vermengung von konjunkturpolitischem, strukturpolitischem und ad hocsparpolitischem Aktionismus, zunehmend verloren. Noch im Wahlkampf 1969 spielte die Auseinandersetzung zwischen Befürwortern und Gegnern einer DM-Aufwertung eine wichtige Rolle. Schiller, ebenso wie zehn Jahre zuvor sein Amtsvorgänger Erhard, bestand aus wohlüberlegten, wirtschaftlichen Erwägungen (nämlich des Inflationsimports) auf einer Aufwertung, sein Kollege im Finanzministerium, Franz-Josef Strauß, war dagegen. Zwar setzte sich Schiller nach gewonnener Wahl und Bildung einer sozial-liberalen Koalition durch, und es folgte eine Aufwertung im Oktober 1969 um 9,3 Prozent. Doch für eine vollständige Vermeidung importierter Inflation war es schon zu spät. Es zeigte sich wieder einmal, dass das Verbleiben der Außenwert-Zuständigkeit der Währung bei der Politik – im Unterschied zur Binnenwert-Zuständigkeit bei der Bundesbank – die große Gefahr zeitlicher Verzögerung mit sich bringt. Das Problem war erst entschärft, als mit dem Zusammenbruch des Währungsregimes von Bretton Woods im Jahre 1973 eine politische Entscheidung über die jeweilige Währungsparität nicht mehr notwendig war. Seither regeln die internationalen Devisenmärkte das Währungsverhältnis, und die Inflationsbekämpfung wurde in der Bundesrepublik damit primär zu einer Angelegenheit der Binnenwertstabilität. Im Hinblick auf den Außenwert wurde mit dem 1979 eingerichteten Europäischen Währungssystem und der Vorgängerregelung eines Wechselkursverbundes mit festgelegten Schwankungsbreiten der europäischen Währungen um die „Ankerwährung" DM (die „Schlange im Tunnel") eine weitgehende Stabilisierung der westeuropäischen Währungen untereinander erreicht (Ellwein 1989: 56). Mit der Europäischen Währungsunion, die 1992 beschlossen und bis 2001 vollständig in die praktische Realität umgesetzt wurde, fand das Konfliktpotenzial zwischen Bundesbank und Bundesregierung einstweilig ein Ende, was aber nicht ausschloss, dass nun Konflikte zwischen EU-Mitgliedstaaten und der Europäischen Zentralbank, die im Kern den gleichen Interessenkonflikt widerspiegelten, auftraten.

Das Umbruchjahr 1973 nahm die Bundesbank zum Anlass, von ihrer bislang praktizierten fallbezogenen zu einer regelgebundenen, oft als „monetaristisch" bezeichneten Geldpolitik überzugehen. Seither bestimmte (bis zum Jahr der Euro-Einführung 1999), vereinfacht gesagt, das Wachstum der Wertschöpfung auch das Wachstum der Geldmenge. Damit blieb für konjunktur- oder gar beschäftigungspolitisch motivierte Impulse der Zentralbank kein Raum. Entsprechend der monetaristischen Botschaft gehörte es zum

Credo der Bundesbank, dass Wachstum und Beschäftigung nur dann gedeihen, wenn der Markt auf eine verlässliche, kalkulierbare Geldpolitik vertrauen kann. Die deutsche Politik tat sich mit dieser Haltung nicht immer leicht. Wie in fast allen Industriestaaten ist auch in Deutschland die Verlockung groß, über eine expansive Politik des „billigen Geldes" Wachstumsanreize zu setzen. Die Bundesbank hat sich allen diesbezüglichen Wünschen gerade in der Öffentlichkeit vehement widersetzt und wurde dafür mit hoher Akzeptanz in der Bevölkerung belohnt. Mit den Regeln der EWU wurde versucht, dieses „Erfolgsmodell" Bundesbank, das der Bundesrepublik Jahrzehnte der geldpolitischen Stabilität, der Vermeidung von Inflation und des Gewinns eines hohen Ansehens der westdeutschen Währung verschaffte, auf die europäische Ebene zu übertragen.

3.7 „Die Wende" der Ära Kohl (1982 bis 1990)

Im März 1977 wurde das „Programm für Zukunftsinvestitionen" beschlossen, welches zusätzliche Ausgaben der Gebietskörperschaften für einen Zeitraum von vier Jahren einerseits und Steuererleichterungen andererseits vorsah. Insofern markiert das ZIP bereits den Übergang zu einer „angebotsorientierten" Wirtschaftspolitik, wie sie die neue Bundesregierung, getragen von einer CDU/CSU-FDP-Mehrheit im Deutschen Bundestag, nach dem Auseinanderbrechen der Regierung Helmut Schmidt (SPD)/Hans-Dietrich Genscher (FDP), verfolgte. Einer der Auslöser des Endes der sozial-liberalen Koalition war das so genannte „Lambsdorff-Papier", entstanden 1982 im Bundesministerium für Wirtschaft unter Federführung des späteren Bundesbankpräsidenten Hans Tietmeyer, das die Kritikpunkte des liberalen Koalitionspartners vor allem an der Wirtschafts- und Finanzpolitik der SPD zusammentrug. Wiederum seien einige Thesen zu dieser Phase der Entwicklung der Wirtschaftsordnung in der Bundesrepublik den weiteren Ausführungen vorangestellt.

1. Mit der Wende von 1982 tritt eine gewisse Ernüchterung in der Wirtschafts- und Finanzpolitik ein. Sie war allerdings weniger durch einen substanziellen Paradigmenwechsel, wie er etwa von der britischen Premierministerin Margaret Thatcher 1979 vollzogen wurde, begründet und beschreibt insofern auch gerade nicht eine Hinwendung zum „Neoliberalismus". Vielmehr handelte es sich um finanzpolitische und „instrumentenpolitische" Überlegungen, die eine Neujustierung des Eingriffs-

umfanges und der Eingriffsarten (statt radikaler Stopps) bedeuteten. Es wurde ein Wechsel von der Nachfrageorientierung hin zur Angebotsorientierung der Wirtschaftspolitik vorgenommen, der aber keineswegs in erster Linie ideologisch gemeint war und die „soziale Marktwirtschaft" durch eine „freie Marktwirtschaft" ersetzen sollte. In finanzpolitischer Hinsicht löste die „Sparpolitik" vormalige Vorstellungen von antizyklischer Fiskalpolitik ab.

2. Diese Phase deutscher Wirtschaftspolitik ist von der sich beschleunigenden Globalisierung geprägt. Sie sollte Zug um Zug immer weitere Bereiche, beispielsweise Finanzwirtschaft und Telekommunikation, bis weit über das Jahr 1990 hinaus erfassen. Die Globalisierung führte ordnungspolitisch betrachtet zu Reformen auf zwei Ebenen: Einerseits beförderte sie Privatisierungsbemühungen, vor allem des Bundes (Beispiel Deutsche Bundespost), um den daraus entstehenden Unternehmen bessere Chancen auf dem Weltmarkt und eine größere Konkurrenzfähigkeit zuhause zu verschaffen. Andererseits erhielt nun die Verbesserung des „Standort Deutschland" besonderes Augenmerk, wobei auch die Politik der Deregulierung und Entbürokratisierung zunehmend eine Rolle spielte.

3. Neben einer zum Teil erfolgreichen Privatisierungs- und Deregulierungspolitik prägte die Begrenzung des sich bis dato ausweitenden Sozialstaats die Jahre nach 1982. Der im Wesentlichen demografisch bedingten Kostenexplosion in der Sozialversicherung wurde hingegen bis in die 1990er Jahre nur wenig entgegengesetzt. Im Gegenteil, die beruhigende Parole des Arbeitsinnenministers Norbert Blüm lautete: „Die Rente ist sicher."

Weder kommen Neuausrichtungen der Wirtschaftspolitik in der Regel ad hoc und ohne Vorwarnung zustande, noch löst ein neues Paradigma ein altes einfach ab. Ausnahmen, wie sie häufig im „Thatcherismus" (Sturm 2006) gesehen werden, bestätigen die Regel. Übergänge sind vielmehr fließend und so überlagern sich zum Teil auch an sich widersprüchliche, unterschiedliche Politiken. Es ist auffällig, dass in Deutschland Neuausrichtungen in der Wirtschaftspolitik bisher immer auch im Konsens aller Parteien erfolgten, auch wenn die ersten Anstöße jeweils parteipolitisch zugeordnet werden können.

Eine OECD-Arbeitsgruppe unter dem Vorsitz von Hans Tietmeyer, dem späteren Bundesbankpräsidenten (1993-1999), tagte von 1979 bis 1982. Sie veröffentlichte 1983 in Paris einen Bericht unter dem Titel „Positive Adjustment Policies" (Molitor 1993: 10-11; Schlecht 1990: 29-30). Die Vorschläge dieser Arbeitsgruppe dienten der neuen Bundesregierung ab 1982 unter anderem als Basis für die von ihr propagierte „Renaissance der Wirtschaftsordnungspolitik" (Ortwein 1998: 158-9). Gegenstand dieses Ansatzes war die Rückführung der Staatsaufgaben auf Kernbereiche wie die Sicherung der Geldwertstabilität, Öffnung der Märkte und Stärkung des Wettbewerbs sowie eine Privatisierungs- und Deregulierungspolitik, Förderung des Mittelstandes durch den Abbau von Investitionshemmnissen, die Konsolidierung der öffentlichen Haushalte samt Subventionsabbau sowie eine stufenweise Steuerreform zur Investitionsförderung im Sinne einer angebotsorientierten Wirtschaftspolitik. Die Liste dieser Stichworte bzw. ihr Abgleich mit wirtschaftspolitischen Rezepten der vergangenen Dekade aller Parteien von CDU/CSU bis Bündnis 90/Die Grünen offenbart, wie prägend diese „Renaissance" gewesen ist. Denn seither hat sich an der Formulierung der Grundsätze für eine als richtig angesehene Wirtschaftspolitik nur in Nuancen etwas geändert. Dass die Finanzkrise 2008/09 zu einer grundsätzlichen Umorientierung führt, ist wenig wahrscheinlich, wird aber von einigen Entscheidungsträgern gefordert.

Anspruch und Wirklichkeit klaffen im Rückblick betrachtet auseinander (sonst wären diese Grundsätze heute vielleicht auch nicht mehr so aktuell). Die „Sparpolitik", welche bereits an Maßnahmen und Diskurse in der Regierungszeit Helmut Schmidts anknüpfen konnte, war bis 1987 wirkungsvoll. Vor allem durch Einsparungen im Sozialbereich und einer positiven Weltkonjunktur konnte die jährliche Neuverschuldung bis zu diesem Jahr zurückgeführt werden. Ein ausgeglichener Haushalt oder gar ein Schuldenabbau war damit freilich nicht verbunden. Gleichwohl war Wirtschafts- und Finanzpolitik in dieser Zeit erkennbar von dem Bemühen getragen, die Einnahmenseite des Haushaltes als eine relevante Restriktion der Ausgabenseite anzuerkennen; auch wenn dies in letzter Konsequenz nicht zur Nullverschuldung führte. Nach der Bundestagswahl 1987 stieg die Nettoneuverschuldung sogar wieder an (Ellwein 1989: 132). Ortwein (1998: 159) charakterisiert die 1980er Jahre in finanzpolitischer bzw. konjunkturpolitischer Hinsicht wie folgt:

„Steuerpolitische Maßnahmen zur Freisetzung von Investitionskapital begünstigten vor allem Bezieher höherer Einkommen. Die Entlastung der Unternehmen durch Sonderabschreibungen und niedrigere Steuersätze zwischen 1982 und 1986 trug zur Verbesserung der Angebotsbedingungen bei; das damit einhergehende Wirtschaftswachstum konnte die ständig steigende Arbeitslosigkeit aber nicht kompensieren. Dasselbe gilt für weitere Steuerreformen seit 1988, die zur Konjunkturbelebung beitragen sollten. Für diese Entlastungen mussten aber zahlreiche Verbrauchssteuern erhöht werden, was wiederum zu einem Rückgang des Massenkonsums führte. Die Staatsquote, die im Jahr 1982 noch etwa 50 Prozent betragen hatte, wurde bis zum Jahr 1989 auf etwa 46 Prozent zurückgeführt."

Zur Beschäftigungsförderung nahm die Bundesregierung nach 1983 nicht wie zuvor in Form groß angelegter Ausgabenprogramme neues Geld in die Hand, sondern versuchte regulativ durch eine aus heutiger Sicht eher vorsichtige Liberalisierung Hemmnisse auf der Arbeitsplatzangebotsseite zu verringern. Dazu zählen Lockerungen im Jugendarbeitsschutzgesetz, bei befristeten Arbeitsverhältnissen und Teilzeit, sowie im Streikrecht (Sturm 1995a: 114-5, Apitzsch u.a. 1986).

Nicht nur der Wohlfahrtsstaat hatte seine Grenzen erreicht und bedurfte der Korrektur, auch die Steuerungseuphorie der 1970er Jahre (konjunkturpolitisch wie modernisierungspolitisch) hatte sich als Illusion erwiesen. Der Versuch, den Marktteilnehmern Ressourcen zu entziehen, um sie über den Staat wieder neu zu verteilen, war gescheitert. Zu dieser Einsicht passte eine angebotsorientierte Wirtschaftspolitik besser als eine nachfrageorientierte. Folgerichtig wurden die Unternehmen mit dem Steuerentlastungsgesetz 1984 bis 1986 um 19,754 Mrd. DM finanziell entlastet. 1985 einigte sich die Regierungskoalition auf eine dreistufige Steuerreform für die Jahre 1986, 1988 und 1990, welche eine Entlastung von über 50 Mrd. DM erbringen sollte. Dabei war die Steuerpolitik des Bundes weder an den neuen „Steuerphilosophien" etwa von Arthur Laffer oder George Gilder orientiert, die für die steuerpolitischen Konzeptionen des amerikanischen Präsidenten Ronald Reagan maßgeblich waren, noch basierten sie auf den althergebrachten ordnungspolitischen Vorstellungen der Gründungsväter der Sozialen Marktwirtschaft. Der Logik der „Laffer-Kurve" bzw. des „trickle-down"-Effekts der amerikanischen Finanzwissenschaftler lag die Überlegung zu Grunde, dass progressive Besteuerung von Einkommen (also höhere Steuersätze für zusätzliches Einkommen, und damit insgesamt steigende Steuerbelastung bei steigendem Einkommen) leistungsfeindlich sei. Wer immer größere Anteile seines zusätzlich erwirtschafteten Einkommens beim Finanzamt abliefern müsse, der habe keinen Anreiz zur zusätzlichen Anstrengung. Oder aber er wird versuchen, Zusatzeinkommen in der Schattenwirtschaft zu erzielen. So entwickelte Laffer den Gedanken, es gebe einen Punkt optimaler Besteuerung im Sinne maximaler Mittelerzielung für den Staat. Bei einem entsprechenden Steuersatz, den er damals deutlich unterhalb der geltenden Sätze in den USA vermutete, werde das maximale Steueraufkommen für den Staat erzielt. Geht der Steuersatz über diesen optimalen Steuersatz hinaus, treten die beschriebenen negativen Anreize auf, und die Wirtschaftsakteure verringern ihre Leistungsanstrengung bzw. verlagern sie in die (unbesteuerte) Schattenwirtschaft. Dementsprechend sinke, trotz höherer Steuersätze, das Steueraufkommen für den Staat. Die strategische Schlussfolgerung Laffers lautete, die Sätze der direkten Steuern müssen gesenkt werden. Damit werde nicht nur der Leistungsanreiz, sondern als Folge auch das Steueraufkommen erhöht. Die Steuersenkung finanziert sich also selbst. Die Idee einer „sich selbstfinanzierenden Steuerreform" erwies sich international in vielen Ländern als attraktiv, weil sie der Politik ein wahlpolitisch hilfreiches Instrument in die Hand gab und weil es die Gesellschaft (v.a. die Unternehmen) von Steuern entlastete. Gilders „trickle-down"-Effekt bezog sich stärker auf eine Gerechtigkeitsüberlegung. Er argumentierte, dass eine Absenkung der Spitzensteuersätze (etwa um die von Laffer prognostizierten Effekte zu erzielen) nicht nur unter dem Aspekt des Steueraufkommens, sondern auch aus Gründen der sozialen Gerechtigkeit legitimierbar sei. Denn die mit geringeren Spitzensteuersätzen verbundenen positiven Leistungsanreize für die wirtschaftlichen Leistungsträger einer Volkswirtschaft kämen letztlich auch den sozial Schwachen zu Gute. Wenn leistungsstarke Steuersubjekte mehr wirtschaftlichen Output erzielen und, anstatt ihre Aktivitäten in die Schattenwirtschaft zu verlegen, den Staat daran partizipieren lassen, gewinnen auch die von Transferzahlung Abhängigen. Es gelte also die „Reichen reicher zu machen", damit Investitionen möglich wären, um die Arbeitslosigkeit zu bekämpfen (Lekachman 1982).

Diese grundlegenden Überlegungen spielten für die Steuerpolitik der christlich-liberalen Regierung keine wesentliche Rolle. Denn zum erheblichen Teil war ihre Steuerreform kreditfinanziert (Ehrlicher 1994: 1-32). Auch wurde sie eingebunden in die internationale Vereinbarung zur Konjunkturbelebung (so genanntes Louvre-Abkommen 1987), und zwar durch ein teilweises Vorziehen der Steuerentlastung auf das Jahr 1988, sowie teilkompensiert durch die Verlagerung der Steuerbelastung hin zu den indirekten Steuern (z.B. Erhöhung der Verbrauchssteuern). Eine grundlegende Auseinandersetzung mit dem umfangreichen Bestand an öffentlichen Subventionen für die Wirtschaft blieb auch in dieser Phase aus (OECD 1989: 79; Färber 1993). Nimmt man noch die Tatsache hinzu, dass die Regierung Kohl nicht ganz von konjunkturpolitisch motivierten Programmen lassen wollte (so etwa 1987 mit einem zehnjährigen Zinssubventionsprogramm zur Investitionsförderung in Höhe von 2,6 Mrd. DM für Gemeinden und kleine und mittelständische Unternehmen), dann kann bestenfalls von einem „Instrumentenmix" in der Wirtschaftspolitik gesprochen werden (Sturm 1995a: 119). Jedenfalls betrieb die Regierung Kohl alles andere als eine Steuerpolitik aus dem ordo- oder gar neoliberalen Lehrbuch.

Ordnungspolitisch eindeutiger, wenngleich finanzpolitisch motiviert, waren ihre Privatisierungsbemühungen (Knauss 1993; Tofante 1994). Zwar erreichten die wirtschaftspolitischen Entscheidungsprozesse nie den ideologisch aufgeladenen Status, den die radikale Privatisierungspolitik in Großbritannien unter Margaret Thatcher hatte. Dazu war das Bundesvermögen auch zu gering. Aber einige spektakuläre Verkäufe, wie etwa im Falle von VEBA, Viag, VW, Salzgitter und mehrerer Banken (Molitor 1993: 22-3), sowie ein Gesamterlös im Zeitraum von 1984 bis 1989 in Höhe von 9,7 Mrd. DM belegen die Ernsthaftigkeit des Vorhabens eindrucksvoll. Vor der Wiedervereinigung hatte sich die Zahl der Unternehmen mit Bundesbeteiligung von 808 auf 132 verringert (OECD 1990: 43).

3.8 Die „regulierte" Marktwirtschaft (1990 bis 1998)

Der Zusammenbruch der DDR 1989 und die Wiedervereinigung Deutschlands 1990 markieren für die deutsche Wirtschaftsordnung einen erheblichen Einschnitt. Der Beitritt eines Gebietes mit über 16 Millionen Menschen, einer im Vergleich mit Westdeutschland qualitativ und quantitativ unzureichend entwickelten Infrastruktur, weitgehend weltmarktuntauglichen Großindustrien sowie einer von heute auf morgen praktisch obsoleten Exportorientierung nach Osten, ist bis heute ein äußerst ressourcenintensives Unternehmen. Angesichts gravierender Unterschiede in den Lebensverhältnissen in Ost und West setzte ein massiver Exodus ostdeutscher Bürgerinnen und Bürger in die alte Bundesrepublik ein, den auch die Währungsunion 1990 nicht stoppen konnte.

Mit der Vereinigung des Wirtschaftsgebietes im Rahmen der Wirtschafts- und Währungsunion 1990 war die Wirtschaft der neuen Länder von heute auf morgen vollständig dem Weltmarkt ausgesetzt. Nun war Strukturpolitik, Beschäftigungspolitik und Privatisierungspolitik in vorher unvorstellbaren Dimensionen gefragt. Eine komplette Industriestruktur galt es zu modernisieren, die bis dahin im Staatsbesitz befindlichen Unternehmen mussten in private Hände gelangen; und die mit beidem verbundenen Umbrüche bei den Beschäftigungsverhältnissen sollten mit flankierenden Maßnahmen etwas abgemildert werden.

Zum Einsatz kam folgerichtig ein bunter Mix vieler Maßnahmen, egal, ob diese konzeptionell zusammenpassten oder nicht: Investitionszulagen und Steuererleichterungen, Arbeitsbeschaffungsmaßnahmen und Erhaltungssubventionen, Privatisierung und öffentliche Investitionen. Die Bewältigung der Lasten aus der Wiedervereinigung war und ist ein Experiment, aber mit den Versatzstücken westdeutscher Wirtschaftspolitik der Nachkriegszeit. Diese Phase soll wiederum mit einigen Thesen charakterisiert werden:

1. Die finanzpolitischen Folgen der Wiedervereinigung sowie eine im Bereich der Liberalisierung der Leistungserbringung in der Daseinsvorsorge zunehmend aktive EU-Kommission sorgten für den ordnungspolitischen Umbau wesentlicher Versorgungsbereiche wie Telekommunikation und Energie. Damit kamen schon länger wirksame exogene Entwicklungstendenzen, nämlich technologische Neuentwicklungen und die wachsende Bedeutung der zunehmend globalisierten Märkte, für die deutsche Wirtschaftspolitik voll zum Tragen. Der Staat öffnete nun diese Bereiche für den Wettbewerb und zog sich Stück für Stück auch als Eigentümer, zumindest in wichtigen Teilbereichen, zurück. Aufgrund der besonderen Marktverhältnisse in diesen Branchen nahm er dort erstmals bzw. verstärkt „regulatorische" Funktionen wahr.

2. Wirtschaftspolitik findet zunehmend „entideologisiert", gemessen an der Logik von Gedankengebäuden der traditionellen Denkschulen, statt. Die Zugehörigkeit zu einer wirtschaftspolitischen Schule wird praktisch unsichtbar. Die Belastbarkeit von Wirtschaft und Bürgern einerseits und die Attraktivität des Standortes Deutschland angesichts immer mehr Lebensbereiche erfassender globalisierter Wirtschaftsbeziehungen andererseits wird zur entscheidenden Grenze für staatliche Aktivität.

3. Die Leistungsfähigkeit der Sozialversicherungssysteme ist zur zentralen Zukunftsfrage für die Wirtschaft Deutschlands geworden. Die demografische Entwicklung hat die deutsche Gesellschaft eingeholt. Der Umgang mit ihr ist für die Ordnung von Wirtschaft und Gesellschaft von entscheidender Bedeutung. Die inkrementalistischen Reparaturversuche der 1990er Jahre hatten bis zur Einführung der so genannten „Riester-Rente" 2002 noch keinen Systemwechsel gebracht.

Die Folgen der Vereinigung der beiden deutschen Staaten waren das prägendste Ereignis der neueren deutschen Wirtschafts- und Sozialpolitik. Wir werden uns diesem Kapitel der deutschen Wirtschaftsgeschichte daher gleich etwas ausführlicher zuwenden. Doch es gab auch Entwicklungen, die, zum Teil aufgrund der finanziellen Zwänge durch die Finanzierung der deutschen Einheit beschleunigt, auf neue paradigmatische Veränderungen der Sozialen Marktwirtschaft zurückgingen. So stand die technologische Aufrüstung in der Telekommunikation seit Ende der 1980er Jahre an, denn neue Technologien versprachen „Kommunikation" zu revolutionieren und als Kern wirtschaftlicher Innovation zu etablieren (Stichwort: Informationsgesellschaft, Tauss u.a. 1996). Die Telekommunikationssparte der damaligen Deutschen Bundespost musste gleichzeitig einen enormen Infrastrukturinvestitionsbedarf in Ostdeutschland schultern. Der Verkauf von Anteilen der Postdienstleistungen zur Finanzierung ihrer Aufgaben schien daher unvermeidbar (siehe auch Müller 2002). Auf die Entflechtung der Bundespost in ihre noch heute bestehenden, nunmehr unabhängigen Bestandteile Telekommunikation, Post und Bank folgte zunächst die Teilprivatisierung der „Deutschen Telekom" und später die Einrichtung eines „Regulierungsregimes". Wie später noch erläutert, imitierte in gewisser Weise die deutsche Wirtschafts- und Ordnungspolitik damit den aus Großbritannien stammenden Ansatz des „regulatory state". Statt der Durchsetzung staatlich bzw. politisch gesetzter Ziele mit Hilfe staatlichen Eigentums an Unternehmen, übergibt der Staat als „regulatory state" die unternehmerische Verantwortung in private Hände und unterstellt diese der „Regulierung" durch (weitgehend) unabhängige Regulierungsbehörden. Diese sollen primär ein wettbewerbskonformes Verhalten der sich in privater Hand befindenden Monopole sicherstellen, darüber hinaus aber auch weitergehende staatlich-öffentliche Zielsetzungen vorgeben, etwa im Hinblick auf eine flächendeckende Versorgung der Bevölkerung mit gewissen lebensnotwendigen Dienstleistungen. Mit dem Jahresbeginn 1998 nahm die neue „Regulierungsbehörde für Telekommunikation und Post" (RegTP) ihre Arbeit auf. Die Bundesrepublik erlebte einen Boom auf dem Telekommunikationsmarkt. Neue Produkte bzw. Dienstleistungen (z.B. mobile Telekommunikation, ISDN und Internet etc.) erlaubten die Erschließung neuer Märkte und lockten private Wettbewerber auf einen von der Deutschen Telekom dominierten Markt. Das Erfolgsbeispiel blieb erstaunlicherweise institutionell beschränkt. In der Postsparte galten weiterhin die ein Monopol schützenden Regeln im Briefsegment. Die ebenfalls Ende der 1990er Jahre erfolgte Liberalisierung der Energiemärkte mit der Novelle des Energiewirtschaftsgesetzes (EnWG) 1998 wählte keinen analogen institutionellen Regulierungsmechanismus, sondern verzichtete vollständig auf eine sektorale Regulierung und vertraute ausschließlich auf den allgemeinen Wettbewerbsschutz durch das Bundeskartellamt. Erst nach dem Jahrtausendwechsel sollte hier korrigierend eingegriffen werden. Die Formalprivatisierung der Deutschen Bundesbahn (100% der Anteile des neu strukturierten Unternehmens Deutsche Bahn AG blieben in der Hand des Bundes) zeitigte praktisch keinen nennenswerten Wettbewerb auf dem deutschen Schienennetz. Erst 2008 sollte ein auch materielles, wenngleich sehr eingeschränktes Privatisierungsmodell beschlossen, aber aus politischen Gründen nicht umgesetzt werden. Die Regulierung des Netzzuganges für Dritte war seit 2007 der 2005 in „Bundesnetzagentur" umbenannten RegTP übertragen worden. Insgesamt, so lässt sich für die 1990er resümieren, war diese Phase der Privatisierung weniger als beispielsweise in Großbritannien eine des „shareholder capitalism". Diese britische Form des Kapitalismus setzte vornehmlich auf die Ausbreitung des Streubesitzes von Aktien und damit auf die breite Beteiligung der Bevölkerung an einer neuen „Aktienkultur". Wo in Deutschland Ähnliches versucht wurde, wie im Falle der Kampagne für Telekom-Aktien, haben die unseriöse Informationspolitik der Telekom und die hohen Verluste vieler kleiner Anleger eher dazu beigetragen, die traditionelle Skepsis deutscher Sparer gegenüber den Aktienmärkten zu erhöhen als ganz Deutschland zu einem Land der „Volkskapitalisten" zu machen. Es war ohnehin lediglich der Bund, der auf Streubesitz setzte, während die Länder beim Verkauf ihrer Anteile (etwa Gebäudebrandversicherung oder EnBW in Baden-Württemberg, Bayernwerk in Bayern etc.) Paket- bzw. Komplettveräußerungen bevorzugten, die v.a. von institutionellen Anlegern, wie Banken oder Versicherungen, wahrgenommen wurden.

Parallel zur deutschen Vereinigung begann eine Phase beschleunigter europäischer Integration. 1992 wurde der Vertrag von Maastricht unterzeichnet. Damit war die Entscheidung für eine gemeinsame europäische Währung, den Euro, gefallen. Im EG-Vertrag (Artikel 121) wurden vier Konvergenzkriterien definiert, die – neben der Preisstabilität, der zweijährigen Teilnahme am EWS und dem Niveau der langfristigen Zinssätze – vor allem Kennzahlen der Staatsverschuldung bzw. Staatsdefizite ins Zentrum der Eignungsprüfung für die Aufnahme in den Kreis der Euro-Länder rücken. In einem ersten Schritt wurde 1998 eine Europäische Zentralbank (EZB) in Frankfurt a.M. eingerichtet und der Euro 1999 in elf Ländern eingeführt (heute: 16). Dazu später noch weitere Details.

Der 1. Januar 1993 war der Startschuss für die Vollendung des Europäischen Binnenmarktes, wie dies zuvor von den EG-Mitgliedstaaten mit der Unterzeichnung der Einheitlichen Europäischen Akte (1986) festgelegt worden war. Dem Grundsatz nach sind seither tarifäre und nicht-tarifäre Handelshemmnisse auf allen Märkten innerhalb der EU abgeschafft, die wirtschaftliche „Freizügigkeit" ist insofern hergestellt. Seither beeinflussen europarechtliche Vorgaben, positiver wie restriktiver Art, zunehmend das wirtschaftspolitisch Mögliche. Abgesehen davon drängten die neuen Demokratien Ost- und Mitteleuropas, die so genannten „Transformationsländer", zunehmend in die EU. Im Laufe der 1990er Jahre sowie nach der Jahrtausendwende erfährt die EU eine Erweiterung als Gemeinschaft der 12 auf 27 im Jahr 2007. Angesichts dieser raschen Ausweitung des Binnenmarktes musste die deutsche Wirtschaftspolitik noch stärker als bisher auf die neue innereuropäische wie globale Wettbewerbslage reagieren. Diese ist durch starke Lohngefälle, teilweise ausbleibende Währungsausgleichsmechanismen zur Abmilderung mangelnder Wettbewerbsfähigkeit von Volkswirtschaften aufgrund des Euro, unterschiedlich hohen Sozial- oder Umweltstandards sowie (immer noch) deutlich unterscheidbaren Grundsatzentscheidungen bezüglich der Rolle des Staates in der nationalen Wirtschaft gekennzeichnet.

Eine neue Qualität erreichte auch die nationale und internationale Umweltpolitik. In den 1990er Jahren begann der so genannte Kyoto-Prozess, ein internationales Regime zur Etablierung von Obergrenzen für den CO_2-Ausstoß in den Vertragsstaaten. Deutschland nahm hier von Anfang an eine Führungsrolle ein (Tilly 2007) und strebte eine möglichst breite Zustimmung weltweit an. Am Ende des Prozesses entzogen sich die USA dem Regime, ebenso scherten andere wichtige Emittenten, wie die VR China, de jure oder de facto aus. Die EU etablierte jedoch ein Zertifikate-Regelwerk, mit dem das Recht zur Emission von Schadstoffen handelbar wurde. So hielt in der Folge des so genannten Kyoto-Protokolls ein marktwirtschaftlicher Mechanismus Einzug in die Umweltpolitik. In der Energiepolitik wurde mit dem Erneuerbare-Energien-Gesetz (EEG) ein anderer regulatorischer Weg der Förderung regenerativer Energien in Deutschland seit Mitte der 1990er Jahre beschritten. Energieversorgern wurde auferlegt, regenerativ erzeugte Strommengen in ihre Netze einzuspeisen und entsprechend der jeweils höheren Gestehungskosten auch zu vergüten. Diese Kosten geben sie freilich an die Endkunden weiter. So subventionieren seither die Endkunden Windkraftanlagen, Solaranlagen oder die Biomasseverstromung über unterschiedlich hohe Aufschläge auf die eingekauften Strommengen. Man kann also im Hinblick auf verschiedene wirtschaftspolitische Felder von einem ordnungspolitischen Jahrzehnt sprechen, das vom Umbau der meisten Teilbereiche der Daseinsvorsorge, über den Einzug der Umwelt- in die Wirtschaftspolitik bis hin zur Eingliederung der DDR-Volkswirtschaft, eine breite Palette von ordnungspolitischen Entscheidungen erforderlich machte.

Mit der Wirtschafts- und Währungsunion 1990 und dem Beitritt der ostdeutschen Länder am 3. Oktober 1990 zum Grundgesetz wurde die Ordnung der westdeutschen Wirtschaft vollständig auf die neuen Bundesländer übertragen. Das galt zum einen für das Recht der Wirtschaft, einschließlich der Förder- bzw. Subventionsmechanismen. Zum anderen bedeutete es eine massive Überführung von Staatseigentum in Privateigentum. Zur Privatisierung der ehemaligen DDR-Staatsbetriebe wurde die Treuhandanstalt errichtet, deren Tätigkeit in finanzieller Hinsicht ein dreistelliges Milliarden-Defizit hinterließ. Im Laufe ihrer Tätigkeit in der ersten Hälfte der 1990er Jahre entwickelte sich die Treuhandanstalt von einer Privatisierungsagentur hin zu einer multi-funktionalen Staatsholding, die nicht nur Unternehmen verkaufte, sondern diese auch umstrukturieren und sanieren, sowie den ganzen Prozess sozial-, arbeitsmarkt- und umweltpolitisch abfedern sollte.

Exkurs: Strukturwandel in Ostdeutschland und seine Bewältigung

Die Startbedingungen für die neuen Länder waren auf den ersten Blick ungleich günstiger als für ihre östlichen Nachbarn nach dem Fall des Eisernen Vorhangs. Als wirtschaftlich erfolgreicher und potenter Partner konnte die alte Bundesrepublik mit massiven Transferzahlungen den Übergang von der staatlichen Plan- und Kommandowirtschaft zur Marktwirtschaft begleiten und dabei positive Entwicklungen (wie den Aufbau einer angemessenen Infrastruktur etc.) beschleunigen oder auch soziale Härten vergleichsweise gut abfedern. In Ostdeutschland selbst wurde allerdings Westdeutschland und nicht das Schicksal der ehemaligen „sozialistischen Bruderländer" zum Maßstab wirtschaftlichen Fortschritts (ausführlich Wittich 1994; Geißler 1993; Hanesch u.a. 1994).

Aus westdeutscher Perspektive schien es für einflussreiche Beobachter und Entscheidungsträger nur eine Frage der Zeit, bis sich im Zuge der aufholenden Entwicklung, etwa in Form eines neuen Wirtschaftswunders oder der wirtschaftlichen Aufholjagd nach dem Modell südostasiatischer Schwellenländer, die Angleichung der Wirtschaftskraft in beiden Teilen Deutschlands einstellen würde. Unausgesprochene Prämissen solcher Überlegungen waren dabei unter anderem das Vorhandensein einer ausreichenden ökonomischen Basis, einschließlich einer entsprechenden Qualifikations- und Infrastruktur in Ostdeutschland, die Folgenlosigkeit von vierzig Jahren Staatssozialismus für die politische und Arbeits- sowie Unternehmenskultur, eine günstige Entwicklung des Nachfragepotenzials der osteuropäischen Märkte (trotz Zusammenbruch des Rates für gegenseitige Wirtschaftshilfe RGW, der diese in der Zeit der sowjetischen Vorherrschaft von Moskau aus koordiniert hatte), der Primat freier Märkte (insbesondere vor sozialer Besitzstandswahrung) und die Klärung aller investitionsbehindernden Rechtsfragen, sowie eine funktionierende Verwaltung.

Es zeigte sich jedoch sehr bald, dass diese als selbstverständlich vorausgesetzten Bausteine eines zukünftigen ökonomischen Erfolges Ostdeutschlands selbst eigengewichtige Problemfelder definierten, die zu schweren Entwicklungshemmnissen wurden. Der Strukturwandel in Ostdeutschland wurde von den überwiegend westlichen Entscheidungsträgern als unilinearer Prozess mit gewissem Ausgang definiert, ohne dass umfassendere Konzepte für die Phase des wirtschaftlichen und sozialen Umbruchs entwickelt wurden. Je mehr die Übergangsperiode selbst hinsichtlich ihrer Dauer und ihrer Probleme zu einer Herausforderung auch des politischen Systems und der wirtschaftlichen Stabilität im Westen wurde, desto hektischer entstanden neue Finanzierungskonzepte. Diese erhöhten zwar den Zufluss finanzieller Mittel von West- nach Ostdeutschland, brachten aber zunächst nicht den Durchbruch für ein selbsttragendes Wirtschaftswachstum in Ostdeutschland. Eine der ostdeutschen Ausgangslage angepasste umfassende industrielle Modernisierungsstrategie wurde ebenso wenig diskutiert wie die gesellschaftlichen Dimensionen des wirtschaftlichen Wandels.

Die relative Erfolglosigkeit der sich faktisch ergebenden Mischung von politischer Intervention in das Wirtschaftsgeschehen und marktwirtschaftlicher Selbststeuerung provozierte Kritik unterschiedlicher wirtschaftspolitischer Richtungen:

a.   die Anhänger der freien Marktwirtschaft kritisierten das unzureichende Ausmaß des Bruches mit der wirtschaftlichen Vergangenheit Ostdeutschlands und plädierten für eine umfassendere Schocktherapie an Stelle der künstlichen Verlängerung nicht wettbewerbsgemäßer Arbeits- und Produktionsverhältnisse (Sinn 1993).

b. Die Anhänger einer Industriepolitik für Ostdeutschland mit den primären Zielen des Erhalts von Arbeitsplätzen und des sozialen Friedens setzten sich für eine größere Rolle des Staates in der Übergangsperiode bis hin zu massiven Subventionen zur Verhinderung der Entindustrialisierung ganzer Landstriche ein (Priewe/Hickel 1991; Hickel/Priewe 1994).

c. Die gesellschaftspolitisch argumentierenden Kritiker der rein wirtschaftlichen Sichtweise der Übergangsperiode wiesen darauf hin, dass Ostdeutschland durch eine Phase auch des politisch-kulturellen Umbruchs gehe. Der Wandel individueller Einstellungen, Meinungen und Systeme der Realitätsbewältigung sei auch ein entscheidender Faktor für den Erfolg jeglicher ökonomischer Strategien. Im Westen herrsche die Meinung vor, dass die deutsche Einheit ohne eine Neufundierung auch des westdeutschen gesellschaftlichen Konsenses zu erreichen wäre. Dies führe zum einen zu Problemen, politische Mehrheiten für dauerhafte Finanztransfers in den Osten zu finden, und zum anderen zu einer Reduktion der Probleme des Strukturwandels in Ostdeutschland auf wirtschaftliche Faktoren. Im Osten herrsche die Erwartungshaltung der Opfer zweier Diktaturen vor, die die Entschädigungsmentalität und die Ungeduld mit dem Zeitrahmen des Transformationsprozesses fördere. In Ost wie West mangele es deshalb am Verständnis der gesamtdeutschen Dimension der Voraussetzungen und Folgen des Transformationsprozesses in Ostdeutschland (vergleiche auch Habich/Zapf 1994).

Bezeichnend für das mangelnde Verständnis der notwendigen Verzahnung der politischen und der wirtschaftlichen Strategien zur Verwirklichung der deutschen Einheit ist die Tatsache, dass die wirtschaftliche Einheit zwischen Ost- und Westdeutschland der politischen vorausging (ausführlich Korte 1994). Das Tempo der Herstellung der wirtschaftlichen Einheit durch den Staatvertrag über die Schaffung einer Währungs-, Wirtschafts- und Sozialunion wurde von der Regierung Kohl mit der massiven ostdeutschen Zuwanderung begründet. 1989 kamen ca. 344.000 Ostdeutsche in den Westen, im Zeitraum 1963 bis 1987 waren es jährlich nur etwa 15.000. Die Zuwanderung aus Ostdeutschland nach Öffnung der Grenze relativiert sich allerdings, wenn man bedenkt, dass die Gesamtzahl der Zuwanderer 1989 einschließlich der Aussiedler und Asylbewerber 840.000 betrug. Trotz der Einführung der DM in Ostdeutschland im Juli 1990 wird geschätzt, dass von den 930.000 Zuwanderern 1990 ca. 340.000 Ostdeutsche waren. Zwar reduzierte sich die

monatliche Zuwanderungsrate nach Westdeutschland nach Einführung der
DM von 25.000 auf 7.500, sie kam aber nicht zum Stillstand (OECD 1991:
48). Die Abwanderung insbesondere qualifizierter und leistungsfähiger Kräfte aus Ostdeutschland ist vor dem Hintergrund eines immer stärker auch ins
öffentliche Bewusstsein tretenden demografischen Wandels nach annähernd
20 Jahren Überwindung der deutschen Teilung zum vielleicht wichtigsten
Hemmnis für nachhaltige wirtschaftliche Entwicklung in Ostdeutschland
geworden. Manche sehen in der „Entvölkerung" vor allem ländlicher Räume
bereits langfristig wirkende Ursachen und prognostizieren die Ausbildung
der Zukunftszentren wirtschaftlicher Stärke, mit Ausnahme einiger Ballungs-
räume um Berlin und Leipzig, fast vollständig im Westen (Ragnitz 2008).

Und dennoch: Weder die Tatsache der Abwanderung, die für Ostdeutschland den Verlust eines Teils der aktiveren und qualifizierteren Arbeitskräfte bedeutete, noch ihre Größenordnung alleine erklären den letztend-
lichen Vorzug der wirtschaftlichen vor der politischen Einheit und den Ver-
zicht auf eine Anpassungs- oder Übergangsperiode im Prozess der Etablierung einer gemeinsamen Wirtschaftsordnung. Politische Kriterien, wie die
parteipolitische Vorbereitung der bevorstehenden ersten gesamtdeutschen
Wahlen waren den politischen Entscheidern wichtiger als eine ökonomisch
nachhaltige Wirtschaftspolitik mit dem Ziel der Angleichung des Rückstan-
des der neuen Bundesländer.

Die Unterschiede der Ausgangspositionen der zu verschmelzenden
Wirtschaftsordnungen waren enorm. Die den ganzen Produktionsprozess und
gesellschaftliche Aufgaben, wie die Kulturförderung oder Teile der Sozialpolitik umfassende Strukturen ostdeutscher Kombinate oder die in landwirtschaftlichen Produktionsgenossenschaften mit einem hohen Grad interner
Spezialisierung organisierte ostdeutsche Landwirtschaft hatten nicht nur kein
Pendant im Westen, sondern sie waren auch schon aus strukturellen Gründen
nicht konkurrenzfähig. Begrenzt erfolgreich konnten sie alleine im ehemaligen gemeinsamen Wirtschaftsverbund der früheren sozialistischen Staaten,
dem sowjetisch-dominierten Rat für gegenseitige Wirtschaftshilfe (RGW)
sein, weil sie einerseits genügend wirtschaftliche Autarkie organisierten und
andererseits Teilüberschüsse produzierten, die nicht nach in der Konkurrenz
gebildeten Weltmarktpreisen, sondern auf der Basis des Handelns von Man-
gelwaren getauscht werden konnten, um Güter ins Land zu bringen, die nicht
durch Selbstversorgung entstehen konnten.

Massiv bedroht war dieses System dann, wenn der Import von Gütern
erforderlich wurde, die nur gegen Devisen auf dem Weltmarkt erhältlich

waren, oder wenn die Autarkiepolitik lebensbedrohende Umweltschäden erzeugte. Sieht man von dem Mittel politischer Unterdrückung gesellschaftlicher Bedürfnisse ab, blieb als Ausweg in Zeiten dringender Nachfrage nach Weltmarktgütern nur die Eigenproduktion für den Weltmarkt zu Dumpingpreisen, um entsprechende Deviseneinkünfte zu erlösen, wobei die ökonomischen Kosten dieser Produktion im eigenen Lande keine Rolle spielten. Es ist deshalb nicht erstaunlich, dass selbst in den Branchen der DDR-Wirtschaft, die für Importländer mit konvertierbaren Währungen produzierten, die Produktivität bestenfalls bei 30 Prozent des Westniveaus lag. Auch ohne die Einschränkung, dass die Qualität in der DDR verkaufter Produkte deutliche Mängel aufwies, macht schon die formale und dadurch beschönigende Zahlenwelt der Statistik Unterschiede bei west- und ostdeutschen Konsumstandards deutlich (OECD 1990: 52 ff): 1988 besaßen 52 Prozent der ostdeutschen Haushalte ein Auto (Westdeutschland: 97 Prozent), 52 Prozent ein Fernsehgerät (Westdeutschland: 94 Prozent) und 9 Prozent Telefon (Westdeutschland: 98 Prozent). Abgesehen von Unterschieden in der Qualität und in der Bausubstanz von Wohnungen unterschied sich auch die zur Verfügung stehende Wohnfläche (im Osten: 27 qm, im Westen 35,5 qm pro Person).

Selbst auf relativ optimistischen Annahmen beruhende Vorausschätzungen der Dauer der wirtschaftlichen Übergangsperioden in Ostdeutschland, wie beispielsweise die Berechnungen der OECD (1990: 34), gingen zum Zeitpunkt der Vereinigung von einem Anpassungszeitraum von mindestens 15 bis 30 Jahre aus. Erste Schritte zur Einleitung des Übergangsprozesses zeichneten sich zwar seit Mitte des Jahres 1993 ab. Erstmals bestand Hoffnung auf eine positive Entwicklung des verarbeitenden Gewerbes, einschließlich des Erschließens neuer Märkte für neue Produkte (Neubauer 1994: 25). Dennoch fehlte es nicht an warnenden Stimmen, die argumentierten, Deutschland als Ganzes müsse sich auf neue wirtschaftliche Rahmenbedingungen einstellen (Wehner 1994), zumal der anhaltende Finanztransfer von West- nach Ostdeutschland weder politisch noch ökonomisch folgenlos bleiben könne.

Damals war in skeptischen Szenarien unter anderem davon die Rede, Ostdeutschland werde in der Situation einer „Dependenzökonomie" (Hickel/ Priewe 1994: 12) bleiben, der es nicht gelingen werde, selbst zu einem dynamischen Motor wirtschaftlicher Entwicklung zu werden. Diese Einschätzung hat auch über 15 Jahre nach der Wiedervereinigung insoweit von der Realität nicht widerlegt werden können, als der Finanztransfer über den Länderfinanzausgleich, den Krankenkassenfinanzausgleich sowie spezielle, vom Bund getragene oder verantwortete Sonderförderungen in Ostdeutschland (von Steuersubventionen bis zu Infrastrukturleistungen), nach wie vor in erheblichem Ausmaße öffentliche Mittel von West nach Ost leitet. Von einzelnen Wachstumszentren, insbesondere in Sachsen, abgesehen, fehlt es bislang an Belegen für ein endogenes Wachstum in Ostdeutschland.

Abbildung 3: Öffentliche Transfers von West- nach Ostdeutschland 1991-1998

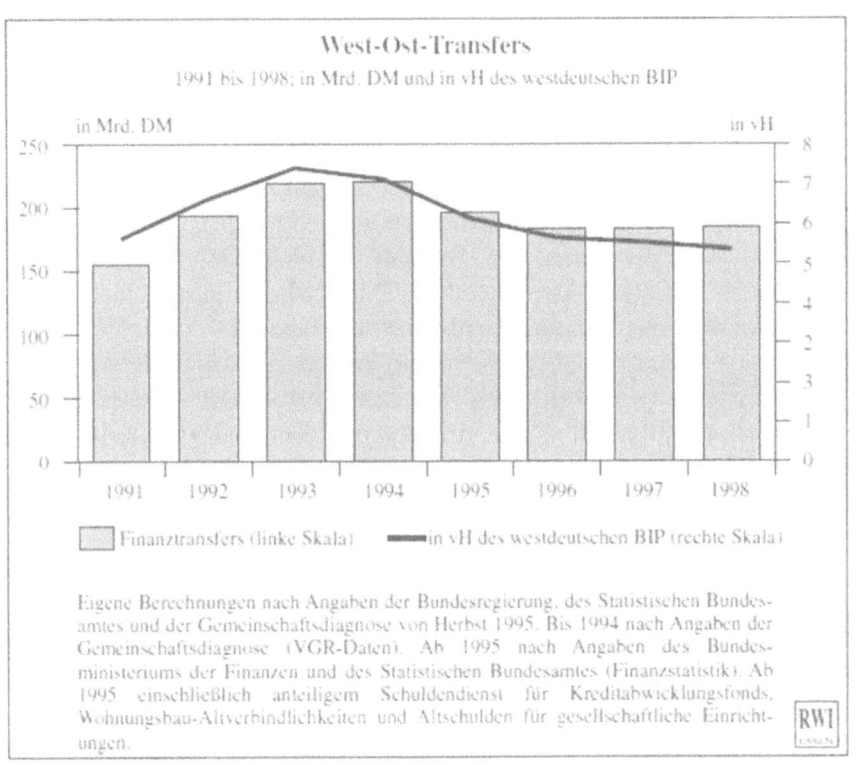

Quelle: Heilemann, Ullrich/Rappen, Hermann: Zehn Jahre Deutsche Einheit – Bestandsaufnahme und Perspektiven, in: RWI-Papiere Nr. 67, 2000. Online unter http://www.rwi-essen.de/pls/portal30/docs/FOLDER/PUBLIKATIONEN/RWI_PAPIERE/RWI_PAPIER67 /PAP067.PDF

Zu den massiven Veränderungen in den Rahmenbedingungen für die ostdeutsche Wirtschaft gehört die Währungsunion, die zum 1. Juli 1990 die DM als alleiniges gesetzliches Zahlungsmittel in der damals noch bestehenden DDR einführte. Löhne, Gehälter, Stipendien, Mieten, Pachten und Renten sowie sonstige wiederkehrende öffentliche und private Transferzahlungen (die so genannten „Stromgrößen") wurden im Verhältnis 1:1 umgestellt. Für Löhne und Gehälter dienten die Bruttobeträge vom 1. Mai 1990 als Umstellungsbasis. Finanzielle Forderungen und Verbindlichkeiten, die „Bestandsgrößen", wurden im Verhältnis 2:1 umgestellt. Teilweise ausgenommen von dieser Regelung war das Vermögen gebietsansässiger DDR-Bürger. Hier galt für Personen bis zu 14 Jahren eine 1:1 Umtauschregel bis zu einem Betrag von 2.000 Mark der DDR, für Personen von 15 bis 58 Jahren eine solche Regel bis zu einem Betrag von 4.000 Mark der DDR und für Personen ab 59 Jahren eine solche Regel bis zu einem Betrag von 6.000 Mark der DDR. Nach dem 31. Dezember 1989 entstandene Guthaben natürlicher oder juristischer Personen mit Wohnsitz oder Sitz außerhalb der DDR wurden im Verhältnis 3:1 umgestellt.

Schon vor der Währungsunion war die ostdeutsche Produktion im beginnenden Prozess der Übernahme marktwirtschaftlicher Strukturen um 10 Prozent geschrumpft (OECD 1991: 40 ff.). Nach Einführung der Währungsunion brach die Produktion um 40 Prozent ein. Gemessen am Produktionsgefälle zwischen der west- und der ostdeutschen Wirtschaft war das Lohnniveau in Ostdeutschland nach der 1:1-Umstellung deutlich überhöht. Um diese Löhne zahlen zu können, hätten die ostdeutschen Unternehmen entweder unrealistisch hohe, dem Wettbewerb nicht standhaltende Preise für ihre Produkte fordern oder sich um höhere Produktivität durch rasche Rationalisierungsmaßnahmen bemühen müssen. Nach OECD-Schätzungen vom Beginn des Jahres 1991 war nicht einmal jeder zehnte der zu privatisierenden Betriebe nach ökonomischen Kriterien überlebensfähig. Mit dem Einbruch der Produktion in Ostdeutschland reduzierten sich die dortigen Beschäftigungsmöglichkeiten drastisch. Während Mitte 1990 noch über 9 Millionen Menschen in Ostdeutschland Arbeit fanden, waren es 1991 nur noch ca. 6,75 Millionen (OECD 1992: 21). 1992/1993 stabilisierte sich die Arbeitslosigkeit in Ostdeutschland bei offiziell rund 15 Prozent (OECD 1994: 30). Nahezu zwei Drittel der ostdeutschen Nachfrage nach heimischen Gütern und Dienstleistungen wurde weiterhin durch öffentliche Konsum- und Investitionsausgaben erzeugt (ebd.: 27-8).

Eine Konsequenz des industriellen Abbaus bestand in einer Anpassung der Struktur der Erwerbsbevölkerung. Die Frauenerwerbsquote, zur Zeit der DDR die höchste der Welt (90 Prozent), sank auf das auch im internationalen Vergleich niedrige westdeutsche Niveau von 50 Prozent (Engelbrech 1994: 22). Der Exodus von Erwerbstätigen von Ost nach West hielt auch nach der Wiedervereinigung an und fand im laufenden Jahrzehnt eine Art „Verlängerung" ins Ausland beispielsweise durch Auswanderung oder in Form von „Gastarbeit" in den touristischen Zentren Österreichs und der Schweiz. Bis zum heutigen Tag beschleunigen diese Entwicklungen den ohnehin von statten gehenden demografischen Wandel im Osten und entvölkern, außerhalb der größeren Ballungsgebiete etwa um Leipzig und Dresden, Zug um Zug ganze Landstriche. Von den verbleibenden Erwerbstätigen schieden zusätzlich im Rahmen von Vorruhestandsregelungen Personen im Alter von über 57 Jahren (1991 zwischenzeitlich gar auf 55 Jahre abgesenkt) in erheblichem Umfange aus dem Arbeitsmarkt aus. Die ursprünglich von den Gewerkschaften angestrebte rasche Lohnangleichung von Ost und West wurde zeitlich gestreckt, um die Produktivitätsrückstände ostdeutscher Industrien nicht weiter zu verschärfen.

Aus dem raschen Wandel in der Arbeitswelt ergab sich ein wachsender Bedarf an sozialer Abfederung, der vor allem durch Maßnahmen der Einkommenssicherung (OECD 1992: 84 ff.) gestaltet wurde. Bis Ende 1991 galt die Kurzarbeitersonderregelung („Kurzarbeit Null"), die vorsah, dass für Arbeiter ohne Produktionsleistung ein Großteil des Lohnes vom Staat übernommen wurde. In Spitzenzeiten profitierten hiervon bis zu zwei Millionen Beschäftigte. Beschäftigungsfördernd wirkten auch Exportgarantien der Bundesregierung für Osteuropa und das Gebiet der ehemaligen Sowjetunion, die faktisch großteils von Beginn an nichts anderes als eine Umwegfinanzierung ostdeutscher Firmen waren. Arbeitsplatzerhaltend wirkte auch die Strategie der Treuhandanstalt, den Verkaufspreis für Firmen zu senken, wenn damit eine verbesserte Zusage für den Erhalt von Arbeitsplätzen erreicht werden konnte, bzw. ihr Bemühen um die Finanzierung einer „Übergangsperiode" für Betriebe, für die möglicherweise eine Zukunft auf dem Markt bestehen könnte. Arbeitslosigkeit verhinderten auch eine Reihe von Arbeitsbeschaffungsmaßnahmen (ABM) und Qualifizierungsprogramme. Letztere litten aber sehr stark an einem Mangel der Qualität und der Verwendbarkeit des angeeigneten Wissens, zumal die Angebote der privaten Anbieter von Weiterbildungsmaßnahmen kaum der Qualitätskontrolle der Bundesanstalt für Arbeit unterlagen. Eigens mit dem Ziel des Arbeitsplatzerhaltes wurden in Ostdeutschland zudem so genannte „Beschäftigungsgesellschaften" eingerichtet. Das Konzept der Beschäftigungsgesellschaften kam aus Westdeutschland. Ihre Zielsetzung ist die Weiterqualifizierung der Belegschaften aufgegebener Betriebe und, wenn möglich, die Entwicklung neuer marktfähiger Produkte. Beschäftigungsgesellschaften wurden, unabhängig von den Gewerkschaften,

Abbildung 4: Empfänger von sozialer Mindestsicherung

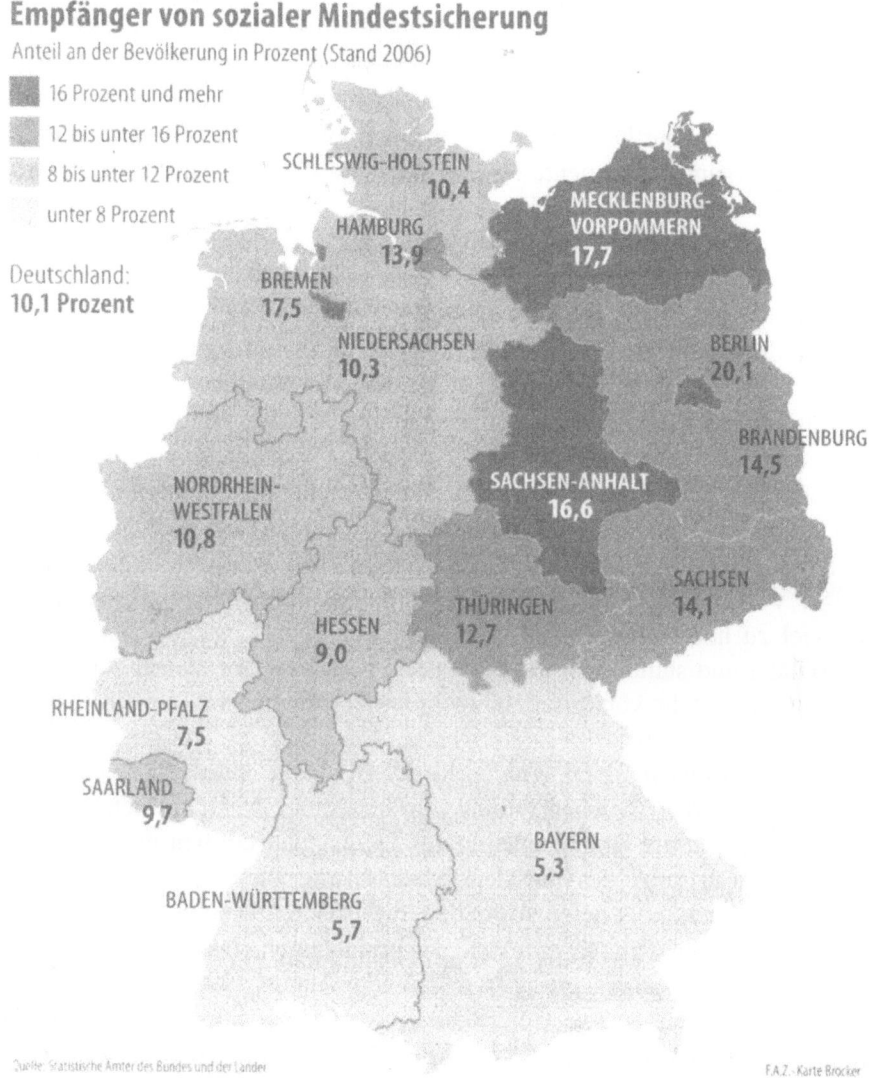

Empfänger von sozialer Mindestsicherung
Anteil an der Bevölkerung in Prozent (Stand 2006)

- 16 Prozent und mehr
- 12 bis unter 16 Prozent
- 8 bis unter 12 Prozent
- unter 8 Prozent

Deutschland:
10,1 Prozent

SCHLESWIG-HOLSTEIN
10,4

HAMBURG
13,9

MECKLENBURG-VORPOMMERN
17,7

BREMEN
17,5

NIEDERSACHSEN
10,3

BERLIN
20,1

BRANDENBURG
14,5

NORDRHEIN-WESTFALEN
10,8

SACHSEN-ANHALT
16,6

SACHSEN
14,1

HESSEN
9,0

THÜRINGEN
12,7

RHEINLAND-PFALZ
7,5

SAARLAND
9,7

BAYERN
5,3

BADEN-WÜRTTEMBERG
5,7

Quelle: Statistische Ämter des Bundes und der Länder

F.A.Z.-Karte Brocker

Quelle: Statistische Ämter des Bundes und der Länder, F.A.Z.-Karte Brocker, abgedruckt in Frankfurter Allgemeine Zeitung 05.09.08, S. 14.

vor allem der IG Metall, entwickelt, um die Entindustrialisierung ganzer Regionen zu verhindern (Bosch/Neumann 1991); neben den hohen Kosten,

die sie in der Praxis für die öffentliche Hand durch notwendige Zuschussleis-
tungen bedeuteten, wurde ihnen vor allem vorgeworfen, sie hemmten die
Eigeninitiative der Betroffenen und drängten freie Unternehmer ohne die
gleiche breit angelegte staatliche Förderung aus dem Markt. Mit den Mittel-
kürzungen ab 1993 durch die Bundesanstalt für Arbeit verschwand auch
dieser Ansatz aus der Diskussion um nachhaltig wirkende, beschäftigungssi-
chernde Übergangsinstrumente für den Weg von der Plan- in die Marktwirtschaft.

Den sicherlich interessantesten Versuch der wirtschafts-, finanz- und sozialpolitischen Bewältigung der Transformation stellt die so genannte „Treuhandanstalt" dar. Noch auf Beschluss der von dem SED-/PDS-Funktionär
Hans Modrow geführten DDR-Regierung (ausführlich: Kemmler 1994, Freese 1995) im Jahr 1990 gegründet, sollte die „Anstalt zur treuhänderischen
Verwaltung und Wahrung des Volkseigentums" die Vermögensbestände der
DDR in der sich anbahnenden politischen Umbruchsituation überwachen,
vor allem mit dem Ziel, Missbrauch und Bereicherung zu verhindern. Die
PDS, aber auch Teile der DDR-oppositionellen Bürgerbewegungen, sahen in
der Treuhand ein Instrument, den „Ausverkauf" der DDR zu verhindern. In
völliger Verkennung der Wirklichkeit wurde das Treuhandvermögen zu Beginn viel zu hoch veranschlagt, der Sanierungsbedarf ostdeutscher Firmen
unterschätzt und stattdessen mit Gewinnen gerechnet, die Fonds zur Unterstützung nicht mehr konkurrenzfähiger Betriebe finanzieren sollten (Christ/
Neubauer 1991: 161ff.).

Nach den ersten freien Wahlen in der DDR, die mit der Regierung de
Maizière auch die Weichenstellung für eine marktwirtschaftliche Politik
brachten, wurden die Obliegenheiten der Treuhandanstalt neu definiert. Das
neue Treuhandgesetz, das mit dem Staatsvertrag zur Wirtschaftsunion in
Kraft trat, benannte als deren Aufgaben, die früheren volkseigenen Betriebe
wettbewerblich zu strukturieren und zu privatisieren. Diese Aufgabenstel-
lung wurde im Einigungsvertrag (Art. 25) vom August 1990 bekräftigt. „Privatisieren vor Sanieren", so lautete die Zielvorgabe aus der Sicht der neuen
Treuhandleiter Detlev Karsten Rohwedder (1990 – 1991) sowie Birgit Breuel
(1991 – 1994), die nach dem RAF-Mordanschlag auf Rohwedder bis zur
Auflösung der Treuhand deren Leitung übernahm. Diese Strategie sollte
schnellstmöglich den Widerspruch zwischen der umfassenden strukturpoliti-
schen Intervention in die ostdeutsche Wirtschaft durch die Treuhandanstalt
und dem Vertrauen in die entscheidende Rolle der freien Marktwirtschaft bei
der erfolgreichen Umgestaltung der ostdeutschen Wirtschaft lösen. Die

Treuhandanstalt (vgl. auch Fischer/Hax/Simons 1993) operierte allerdings nicht im politikfreien Raum. Sie war als Behörde der Fach- und Rechtsaufsicht des Bundesfinanzministeriums unterstellt, ihre Privatisierungsentscheidungen unterlagen der Kontrolle des Bundeskartellamtes, und ihre Subventionsleistungen unterlagen der EG/EU-Beihilfekontrolle. Als Reaktion auf auftretende Probleme, wie den immensen Finanzbedarf der Treuhandanstalt und zahlreiche Millionen- und Milliardenskandale, reagierte der Deutsche Bundestag mit der Einrichtung eines Treuhand-Untersuchungsausschusses, der 1994 seinen Abschlussbericht vorlegte. Die Regierung stellte rund 80 Prozent der dem Ausschuss zur Verfügung gestellten Dokumente unter Geheimhaltungsvorbehalt. Der Öffentlichkeit fällt deshalb die Einordnung des Minderheitsvotums der Oppositionsparteien schwer, das im Zusammenhang mit der Tätigkeit der Treuhand Erlöseinbußen bei Finanzierungsmaßnahmen und den Mangel an Aufsicht und Kontrolle, der zu „außergewöhnlichen Bereicherungsaktionen" von Treuhand-Mitarbeitern geführt habe, kritisiert (Frankfurter Rundschau vom 6.9.1994, S. 11).

Die möglichen politischen und sozialen Konsequenzen einer radikalen Schocktherapie der Privatisierung führten 1991 zu einer faktischen Veränderung der Treuhandstrategie. Die als Alternative zur Entindustrialisierung ganzer Landstriche politisch gewollte Sanierung (z.B. die 1993 im Rahmen des „Solidarpakts" beschlossene Politik des „Erhalts industrieller Kerne") wurde ebenso ermöglicht wie die Unterstützung von Betrieben, die mittelfristig durch tragfähige Umstrukturierungskonzepte auf dem Markt gehalten werden konnten. Weder Anhänger der sofortigen marktwirtschaftlichen Umgestaltung noch die Verfechter einer wirtschaftsstrukturell Einfluss nehmenden Industriepolitik konnten mit dieser Zwitterrolle der Treuhandanstalt zufrieden sein. Für die Ersteren bedeutete die Subventionierung von Betrieben nur eine Verzögerung der notwendigen Strukturanpassung, Letztere (Priewe/Hickel 1991: 164ff.) beklagten den ad hoc-Charakter der Strukturpolitik, die weder gesamtwirtschaftlich noch regional mit den Erfordernissen und Maßnahmen der Wirtschaftspolitik der neuen Länder rückgekoppelt wurde.

Die Einflussmöglichkeiten und das Gewicht der Treuhandanstalt im Prozess des wirtschaftlichen Strukturwandels in Ostdeutschland werden klarer, wenn man sich vor Augen hält, dass die Treuhand zu Beginn ihrer Tätigkeit als Privatisierungsagentur die Verantwortung für ca. 8.500 Unternehmen, eine Vielzahl von Handelsbetrieben sowie Gaststätten, Hotels und Apotheken übernahm. Hinzu kamen umfangreiches Bergwerkseigentum, ein größerer Bestand an Wohnungen und ca. 2,4 Millionen Hektar land- und forstwirtschaftlicher Nutzfläche. Anfang 1991 waren grob geschätzt 3 Millionen Arbeitnehmer, d.h. knapp zwei Fünftel der gesamten ostdeutschen Erwerbstätigen, in Treuhandbetrieben beschäftigt. Der Treuhand fehlte aufgrund des Mangels an aussagekräftigen DM-Eröffnungsbilanzen lange Zeit der genaue Überblick über ihren Aufgabenbereich und die Möglichkeit, im konkreten Fall jeweils ihre Aufgabe befriedigend wahrzunehmen. Hinzu kam, dass die Selbstversorgungsstruktur der Kombinate Produktionsbereiche miteinander verbunden hatte, die für die Bedürfnisse des Marktes zunächst entflochten werden mussten. Dadurch wuchs, trotz beginnender Privatisierungstätigkeit der Treuhand, der Bestand der von ihr betreuten Unternehmen zunächst zahlenmäßig an. Im März 1994 wurde errechnet, dass sich nach Berücksichtigung der späteren Entflechtung von Betrieben im Anfangsbestand der Treuhand 13.500 Betriebe befanden (Deutsche Bundesbank 1994: 20-21). Die Beschäftigungsbilanz der Privatisierungspolitik weist deutliche Arbeitsplatzverluste aus. Schätzungen gehen davon aus, dass bis zum Ende der Treuhand (1994) mehr als 60 Prozent der ausscheidenden Mitarbeiter keine neue reguläre Beschäftigung gefunden hatten (Nolte/Sitte/Wagner 1994: 33).

Im ersten Halbjahr ihrer Tätigkeit musste sich die Treuhand auf die Aufrechterhaltung der Zahlungsfähigkeit ihrer Betriebe konzentrieren (im Weiteren Deutsche Bundesbank 1994: 21ff.). Weitere Kosten entstanden der Treuhand durch gesetzliche Leistungen, wie die Altschuldentilgung ihrer Betriebe und Zinserstattungen an den zum Zwecke der Währungsunion geschaffenen Kreditabwicklungsfonds. Für die Bedienung dieser Schulden wurde die Treuhand deshalb herangezogen, weil – wie sich herausstellte – die Bundesregierung fälschlicherweise bei der Wirtschaftsunion davon ausging, dass die Treuhand durch ihre Privatisierungseinnahmen einen beträchtlichen Überschuss erwirtschaften würde. 1991 wuchs der Kreditbedarf der Treuhand weiter, vor allem weil die Ausgaben für die Sanierung von Betrieben, oft auch als Voraussetzung für Privatisierungen, sprunghaft anstiegen. Hinzu kam die Übernahme der Altschulden der Privatisierungskandidaten durch die Treuhand (geschätzt insgesamt ca. 40 Milliarden Euro). Kassenwirksam wurden auch von der Treuhand übernommene Bürgschaften sowie Finanzhilfen zur Abdeckung des laufenden Betriebsverlustes und Investitionszuschüsse. Die Treuhand wurde zudem zur Finanzierung sozial- und arbeitsmarktpolitischer Maßnahmen sowie zur Finanzierung der Beseitigung ökologischer Altlasten herangezogen. Bis 1993 wurden alleine Sozialpläne bei Firmenschließungen mit annähernd 4 Milliarden Euro finanziert. Während sich die Ausgaben der Treuhand von 1990-93 so auf gut 60 Milliarden Euro beliefen, standen diesen Einnahmen durch Privatisierung von lediglich 15 Milliarden Euro gegenüber. Es wurde von der Bundesbank errechnet, dass die Treuhand Ende 1994 ihre Arbeit mit Ausgaben in Höhe von etwa 170 Milliarden Euro abschloss, denen 35 Milliarden Einnahmen gegenüberstanden. Der größte Teil des Defizits ging zum 1. Januar 1995 auf den neuen Erblasttilgungsfonds des Bundes über, in den auch die Verschuldung des Kreditabwicklungsfonds und der ab Mitte 1995 zu übernehmende Teil der Altschulden der ostdeutschen Wohnungswirtschaft einflossen.

3.9 Die „moderne Wirtschaftspolitik" der Regierung Schröder (1998 bis 2005)

Die deutsche Sozialdemokratie hatte sich auf die Regierungsübernahme im Jahr 1998 unter anderem damit vorbereitet, im politischen Kampf um die Mehrheit nun die „Neue Mitte" anzusprechen. Die Themen der Wahlkampagne waren unter dem Leitmotiv „Innovation und Gerechtigkeit" vor allem wirtschaftspolitisch geprägt: Arbeit, Wachstum und die Rolle des Staates (Gohr 2003: 37 ff.). In einer ersten Phase war das Profil der Sozialdemokraten gespalten zwischen „Traditionalisten", also dem linken Flügel mit dem Parteivorsitzenden Oskar Lafontaine an der Spitze, und den „Modernisierern", allen voran Gerhard Schröder (Egle 2003). Diese wirtschaftspolitische Unentschiedenheit, die der neue Bundeskanzler pragmatisch mit dem Begriff der „modernen" Wirtschaftspolitik überwinden wollte, kündigte sich schon in der ersten rot-grünen Koalitionsvereinbarung an, wo als wirtschaftspolitische Ausrichtung „eine sinnvolle Kombination von Angebots- und Nachfragepolitik" genannt wird. Ganz im Sinne der Traditionalisten wurden durch die neue Bundesregierung Reformen der Vorgängerregierung zurück genommen, etwa im Bereich des Kündigungsschutzes. Das Arbeitsministerium übernahm mit Walter Riester ein prominenter Gewerkschaftsfunktionär. Im Finanzministerium zog zunächst mit Oskar Lafontaine keynesianisches Denken und eine entsprechende Rhetorik (nach etwa drei Jahrzehnten: wieder) ein (Lafontaine/Müller 1998): Eine expansive Haushaltspolitik mit dem Ziel der Stärkung der Binnennachfrage wurde angestrebt (Eichenhorst/Zimmermann 2005). Allerdings war Lafontaine auch klar, dass keynesianische Wirtschaftssteuerung in Zeiten der Europäisierung und Globalisierung der Wirtschaft der Flankierung internationaler Institutionen bedurfte. So forderte er von der Europäischen Zentralbank eine Politik der niedrigen Zinsen und unterstütze die Forderung nach einer weltweiten Besteuerung von Spekulationsgewinnen, die nach dem amerikanischen Ökonomen James Tobin benannte Tobin-Steuer, auch wenn dies politisch wenig Rückhalt fand. Doch das Intermezzo der Keynesianer im Finanzministerium war nur kurz, denn schon 1999 trat Lafontaine zurück und später auch aus seiner Partei aus. Lafontaine wurde ersetzt durch Hans Eichel – ein Finanzminister, der seine Aufgabe in der Sanierung des Bundeshaushaltes sah. Sein Eintritt in die Regierung Schröder markiert den Beginn einer zweiten Phase der Wirtschaftspolitik der rot-grünen Regierung, die mit einem Wort von Kanzler Schröder auch als „Politik der ruhigen Hand" bezeichnet wurde. In dieser Zeit nahm aufgrund einer allgemein eher günstigen Wirtschaftsentwicklung der ökonomische Problemdruck scheinbar ab, gesellschaftspolitisch wirkende Reformpläne waren tabu. Ab etwa 2002, nachdem die konjunkturellen Probleme auf den Arbeitsmarkt zunehmend durchschlugen, begann die dritte Phase der rotgrünen Wirtschaftspolitik, die von der so genannten „Agenda-Politik", also den (Hartz-)Reformen der „Agenda 2010", geprägt war. Sie trägt die Handschrift der Modernisierer, die sich an längst überfällige Reformnotwendigkeiten des Sozialstaates und, wenngleich weniger deutlich, des Arbeitsmarktes wagten. Die Agenda-Politik spaltete zunehmend die SPD. Als nach einer Reihe von ernüchternden Landtagswahlergebnissen im Frühsommer 2005 die traditionelle Hochburg der Sozialdemokraten, das seit über vier Jahrzehnte sozialdemokratisch regierte Nordrhein-Westfalen an eine CDU-FDP-Koalition fiel, zog Schröder mit der Forderung nach vorzeitiger Neuwahl des Bundestages die Notbremse. Der (nach der Wahl 2002 nun zum zweiten Mal) erwartete Wahlsieg der bürgerlichen Parteien blieb wieder aus. Nur mit hauchdünnem Vorsprung wurde die Union zur stärksten Fraktion im Bundestag. Als Ergebnis eines langen Verhandlungsprozesses zwischen CDU/CSU und SPD entstand so zum zweiten Mal in der Geschichte der Bundesrepublik eine Große Koalition. Doch betrachten wir die genannten drei Phasen (siehe auch Eichenhorst/Zimmermann 2005: 11 ff.) der rot-grünen Wirtschaftspolitik bis 2005 etwas genauer:

a.   Die klassisch sozialdemokratische Phase

Folgt man der Analyse von Egle (2003), so lassen sich die programmatischen Inkonsistenzen und der Vertrauensverlust der Regierung Schröder in den ersten Monaten nach Amtsantritt auf den Flügelkampf von „Traditionalisten" und „Modernisierern" zurückführen. Während die erste Gruppe um Oskar Lafontaine vor allem auf Nachfragepolitik und die Korrektur von „neoliberalen" Einschnitten in der Sozial- und Arbeitsmarktpolitik setzte, befanden sich die „Modernisierer" um Gerhard Schröder vor allem im Bundeskanzleramt (Hombach ²1998). Sie verfolgten ein anderes Ziel, nämlich die Entwicklung eines sozialdemokratischen Profils, das sich nicht in der Rücknahme bisheriger wirtschafts- und sozialpolitischer Restriktionen der Vorgängerregierung erschöpfen sollte. Zu den zunächst vorgenommenen, klassisch sozialdemokratisch gedachten „sozialen Korrekturen" gehörten neben der schon erwähnten Stärkung des Kündigungsschutzes (durch Ausweitung der Kündigungsschutzregeln auf Kleinbetriebe ab fünf Beschäftigten) auch die Ausweitung der Sozialversicherungspflicht auf „geringfügig Beschäftigte" und auf so genannte „Scheinselbständige". Im Rahmen der Politik zur Stärkung der Binnennachfrage wurde eine Senkung der Lohnnebenkosten vorgesehen, die aus der neu eingeführten Ökosteuer gegenfinanziert werden sollte, sowie diverse Maßnahmen zur Senkung der Einkommensteuer (Zohlnhöfer 2004). Diese Ansätze sind freilich keineswegs reiner „Keynesianismus", sondern wirken z.T. auch angebotsorientiert, einerseits durch die Senkung der Lohnnebenkosten, die letztlich Arbeitskosten am Standort Deutschland schont, und andererseits durch die Verlagerung der Steuerlast von direkten auf indirekte Steuern. Letzteres war schon Teil von Steuerreformüberlegungen der Regierung Kohl kurz vor ihrer Abwahl, die letztlich von einem SPD-dominierten Bundesrat erfolgreich verhindert worden waren (Müller 1998).

Zu den Versuchen einer „modernen" Wirtschaftspolitik, wie sie der Bundeskanzler propagierte, gehörte unter anderem der Rückgriff auf ein seit den 1970er Jahren aus der Mode gekommenes Instrument des deutschen Korporatismus, nämlich der „Konzertierten Aktion" in Form eines „Bündnisses für Arbeit, Ausbildung und Wettbewerbsfähigkeit". Koordiniert wurde das Bündnis vom Kanzleramt und es sollte auf diese Weise zu einem Parademittel des Kanzlers in der Wirtschaftspolitik werden. Im Unterschied zur konzertierten Aktion ging es hier aber nicht um Konjunkturpolitik. Ziel des Bündnisses war das Erzielen von Konsens für wirtschaftspolitische Modernisierungspolitik, die sich unideologisch am „Machbaren" und an erfolgreichen Vorbildern aus dem Ausland orientieren sollte. Das Zielspektrum des Bündnisses war breit, ebenso das Spektrum der beteiligten Akteure. Zwar wurden in der Folgezeit auch Bündnisse für Ausbildung auf Länderebene gegründet, dennoch konnte sich die Wiederbelebung des Korporatismus in Deutschland nicht als schlagkräftiges Instrument etablieren. Die Erfolge des Bündnisses für Arbeit, Ausbildung und Wettbewerbsfähigkeit jedenfalls blieben bescheiden (Fickinger 2005; Heinze 2002; Arlt/Nehls 1999). In der Arbeitsmarktpolitik wurde mit einem Sofortprogramm zur Bekämpfung der Jugendarbeitslosigkeit (JUMP) zumindest symbolisch ein Neuanfang gemacht.

b. Politik der ruhigen Hand

Mit dem Rücktritt des Finanzministers Lafontaine verbindet sich der Beginn einer zweiten Phase der rot-grünen Wirtschafts- und Sozialpolitik. Markiert wird dieser Wechsel insbesondere durch drei Veränderungen. Erstens, mit Hans Eichel, dem gerade abgewählten Ministerpräsidenten von Hessen, folgte auf Lafontaine kein keynesianisch denkender „Visionär" einer antineoliberalen Finanzpolitik ins Amt des Finanzministers. Er sollte sich in den verbleibenden Jahren der rot-grünen Bundesregierung als teilweise erfolgreicher, teilweise nicht durchsetzungsfähiger Sparkommissar profilieren. Eichel verantwortete mehrere Sparpakete, eine größere Steuerreform zur Entlastung von Kapitalgesellschaften, und die mit den Grünen vereinbarten steigenden Ökosteuer-Aufschläge auf den Benzinpreis. Zweitens fällt in diese Phase mit dem „Schröder-Blair-Papier" vom Juni 1999 der (kurzlebige) Versuch einer konzeptionellen Neufundierung des Sozialstaates als „aktivierender Staat" (Behrens u.a. 2005; Damkowski/Rösener 2003). Im Zentrum des vom damaligen britischen Premierminister in London der Öffentlichkeit vorgestellten Papiers stand wesentlich die Versöhnung altbekannter „neoliberaler" Maßgaben wie Steuersenkungen, Stärkung der Eigenverantwortung des Individuums, Ablehnung staatlicher Interventionen, Abbau von Staatsausgaben, Flexibilisierung der Märkte und Schaffung neuer Spielräume für Unternehmen sowie die Modernisierung des Wohlfahrtsstaates mit dem Anspruch einer sozialdemokratischen (bzw. linken) Regierung, den Staat als Fluchtpunkt und Anker zur Bearbeitung der wesentlichen sozial- und wirtschaftspolitischen Herausforderungen zu belassen. Dabei muss nicht erwähnt werden, dass weder das Zeitalter staatlicher Interventionen vorbei war (erinnert sei nur an Schröders zweifachen und letztendlich erfolglosen persönlichen Einsatz für die Mitarbeiter des Bauunternehmens Holzmann in Frankfurt a.M.) noch dass mit einem neuen Euphemismus („aktivierender Staat") die Notwendigkeit schmerzhafter Eingriffe in sozialpolitische Besitzstände entfallen würde. Eine dritte Maßnahme war die Einführung der so genannten „Riester-Rente" ab 2002. Sie markiert einen, wenn auch sehr begrenzten,

Einschnitt in das Bismarcksche Rentenversicherungssystem, weil sich mit ihr der Einstieg in eine private Vorsorge für die Versicherten der gesetzlichen Rentenversicherung auf breiter Basis verbindet.

Abgesehen von diesen drei Veränderungen, ist diese zweite Phase der Wirtschaftspolitik der rot-grünen Regierung vor allem dadurch geprägt, dass zwischen 1999 und 2001 eine passable Wirtschafts- und Arbeitsmarktentwicklung den „gefühlten" Reformdruck senkte, entsprechend wagte sich die Regierung an keine der großen Reformherausforderungen, etwa im Bereich der Gesundheits- oder Arbeitsmarktpolitik heran. Ein paar Referenzprojekte in der Arbeitsmarktpolitik, wie etwa im Rahmen des Job-AQTIV-Gesetzes (Hartwich 2002), das Mainzer Modell zum Kombilohn, mit dem Anreize zum Wiedereinstieg in das Arbeitsleben für Arbeitslose durch staatliche Förderung im Niedrigverdienst-Bereich gegeben werden sollten, oder die „Green Card" für qualifizierte Zuwanderer zum befristeten Arbeitsaufenthalt in Deutschland, blieben von sehr begrenzter Wirkung und werden heute weitgehend als Fehlschläge interpretiert.

c.   Agenda-Politik und Abwahl 2005

Mit dem Anbruch einer Phase konjunktureller Schwäche Ende 2001 verschlechterten sich auch Arbeitslosenquote, Steuereinnahmen und Gewinnaussichten der Unternehmen. Die Rezession in Deutschland wirkte umso verheerender als die wichtigsten Mitbewerber Deutschlands in der Welt, allen voran die USA, aber auch Großbritannien und viele andere Staaten aus dem Kreis des *anglo-saxon capitalism*, nach wie vor robuste Wirtschaftsdaten aufwiesen, mithin Vollbeschäftigung, ausgeglichene Haushalte und beachtliche Wachstumsraten. Die Politik der „ruhigen Hand" kam deutlich unter Druck, Schröder sah sich dem Vorwurf einer uninspirierten und verbrauchten Regierungspolitik ausgesetzt. In dieser Situation gelang ihm mit der Agenda-Politik einerseits ein Befreiungsschlag, andererseits stellte dieses in Teilen bislang von keiner, auch keiner konservativen Bundesregierung gewagte Reformvorhaben auf dem Gebiet der Arbeitsmarktpolitik eine unerhörte Provokation der Unterstützer der rot-grünen Bundesregierung dar. Schröder betrieb die Agenda 2010 als im Wesentlichen persönliches politisches Projekt, das er seiner Partei und Koalition verordnete. Eine von ihm eingesetzte Expertenkommission unter Leitung des damaligen Arbeitsdirektors von VW, Peter Hartz, dessen Reputation später stark aufgrund seiner Verstrickung in den VW-Skandal litt, sollte umfassend Vorschläge für eine

Reform wesentlicher Parameter der Arbeitsmarktpolitik erarbeiten. Die so entstandenen, in wesentlichen Teilen stark veränderten und abgeschwächten, so genannten „Hartz-Gesetze" reformierten wichtige Aspekte des deutschen Arbeitsmarktes, seiner Regulierung insbesondere durch das Sozialgesetzbuch (SGB) sowie der Arbeitsmarktförderung des Bundes (Fertig u.a. 2004).

„Hartz IV", benannt nach dem vierten Hartz-Gesetz dieses Reformpaktes, etablierte sich in der Folge als allgemein gebräuchliches Kürzel für das neue „Arbeitslosengeld II", das die bisherige (lang kritisierte) Parallelität von Arbeitslosen- und Sozialhilfe ersetzte. Weitere Bestandteile der Hartz-Reformen waren der Umbau der Arbeitsämter zu „Jobcentern" mit ausgeweitetem Beratungs- und Betreuungsumfang, die Verschärfung der Zumutbarkeitskriterien für die Arbeitsaufnahme, die Einrichtung von Personalserviceagenturen nach dem Vorbild von Zeitarbeitsfirmen und die Einführung der so genannten „Ich-AG", die einen staatlich geförderten Einstieg in die Selbständigkeit begründete. Das Mainzer Modell wurde durch eine Regelung zu „Mini- und Midi"-Jobs ersetzt, so dass ein gleitender Übergang von der alimentierten Arbeitslosigkeit zur vollwertigen Beschäftigung mit gestaffelten staatlichen Zuschüssen ermöglicht werden sollte. Der Zugang zu dem Handwerksrecht unterstehenden Bereichen wurde durch eine Änderung der Handwerksordnung und die Aufhebung des „Meisterzwanges" für 53 von 93 Gewerken (bzw. Handwerksberufen) angestrebt. Die Beschäftigung bei kleinen und mittleren bzw. neu gegründeten Unternehmen wurde durch Darlehensprogramme (wie z.B. den JobFloater, siehe auch Blancke/Schmidt 2003) sowie arbeitsrechtliche Lockerungen gefördert oder erleichtert.

Finanzminister Eichel vermochte nicht, sich durch eine schonungslose Darstellung der Haushaltskrise in der Regierung Gehör zu verschaffen. Stattdessen machte er sich das kreative Budgetieren in allen seinen Varianten zu eigen, auch wenn dies zur Folge hatte, dass Haushaltseinnahmen, die fest eingeplant waren, wie anfangs die Maut-Erlöse aus der Nutzungsgebühr für LKWs auf deutschen Autobahnen, Rückflüsse aus der Amnestie für Steuersünder oder die Einahmen aus der Tabaksteuererhöhung, nie eintrafen. Ein besonders spektakulärer Fehlgriff war die Idee vom November 2004, zur Haushaltskonsolidierung den 3. Oktober als Feiertag zu streichen. Die Privatisierung von Bundesvermögen, vorwiegend in der Form der „Scheinprivatisierung", wurde zu einem zentralen Element der Haushaltsfinanzierung. Aktienpakete des Bundes wurden bei einem anderen Bundesunternehmen, der Kreditanstalt für Wiederaufbau „zwangsgeparkt" und kreierten so durch entsprechend Finanzflüsse der KfW an den Bund „Staatseinnahmen".

Tabelle 2: Verkäufe von Post- und Telekom-Anteilen des Bundes an
die KfW

	Verkaufter Aktienanteil	Einnahmen des Bundes
November 1998	11% Telekom	5,5 Milliarden Euro
Dezember 1998	50% Post	3,6 Milliarden Euro
November 2003	4,7% Telekom	1,8 Milliarden Euro
November 2003	30% Post	3,7 Milliarden Euro
Dezember 2004	3,3% Telekom	1,6 Milliarden Euro
Januar 2005	12% Post	1,7 Milliarden Euro
Juli 2005	7,3% Post (letzte Anteile) 7,3% Telekom	5 Milliarden Euro

Quelle: Der Spiegel, 10.1.2005. S. 93 und FAZ vom 18.7.2005, S. 13

Zum Teil stellte der Finanzminister auch „ungedeckte Schecks" für die Zukunft aus. So wurden in den Haushalt 2004 die gesamten Beiträge von Post und Telekom für die Pensionen ihrer Mitarbeiter bis zum Jahre 2090 eingestellt (5,5 Milliarden Euro). Ab 2007 fallen nun die Pensionszahlungen der früheren Postbeamten vollständig der Bundeskasse zur Last. Eine besondere „Premiere" bei der Kreditfinanzierung seines Haushalts feierte der Finanzminister 2005. Erstmals seit einer Anleihe über 300 Millionen Dollar im Zuge des Young-Plans von 1930 verschuldete sich eine deutsche Regierung in Dollar, trotz der niedrigen Zinsen eine Entwicklung von Symbolkraft. Statt des international üblichen Budgetierens mit Notreserven war jeder Eichel-Haushalt „auf Kante genäht" und deshalb extrem krisenanfällig. Zudem ist eine Politik, die am Ende der Legislaturperiode auch noch den letzten Staatsbesitz verkauft, alles andere als „nachhaltig", ein Haushaltsprinzip, das der Finanzminister immer wieder betonte. Alle Sozialsysteme waren am Ende der rot-grünen Koalition von einer tiefgehenden finanziellen Krise erfasst bzw. bereits oder in naher Zukunft (Pflegeversicherung) ohne massive Steuerzuschüsse pleite. Schon der Ist-Zustand war also ein Problem, ohne dass Zukunftsprobleme, wie die „alternde Gesellschaft" einbezogen wurden. Der Sozialbericht 2005 der Bundesregierung weist aus, dass die Sozialausgaben seit dem Regierungsantritt von Rot-Grün deutlich gestiegen sind. Sie machten 2003 32,2% des BIP aus; 1,4 Prozentpunkte mehr als 1998. Rechnerisch erhielt 2003 jeder Bürger Sozialleistungen in Höhe von 8441 Euro. Ca. die Hälfte des Bundeshaushaltes floss in die Sozialsysteme.

Ingesamt betrachtet, führte die Regierung Schröder den Policy-Mix der Regierung Kohl aus angebots- und nachfrageorientierten, aus steuerreformie-

renden und staatsausweitenden, aus unternehmens- und gewerkschafts-
freundlichen Bestandteilen fort (Sturm 2006). Die großen sozialpolitischen
Reformaufgaben in der Gesundheits-, Pflegeversicherungs- und Rentenpolitik blieben, trotz einiger auch systembezogener Eingriffe, insoweit unerle-
digt, als ein entscheidendes Zurückdrängen der Lohnnebenkosten insgesamt
nicht gelang, wie auch die Entwicklung der Subventionsleistungen des Staates belegt. Ordnungspolitisch fallen ebenfalls einige Reformen ins Gewicht,
etwa die nunmehr auch formelle Abschaffung der so genannten Ausnahmebereiche des Kartellrechts oder die Ausweitung der Aufgaben der Regulierungsbehörde für Post und Telekommunikation, heute „Bundesnetzagentur",
um die Bereiche Energie und Schienenverkehr (ausführlich Müller 2006a).

Tabelle 3: Steuerfinanzierung der Sozialsysteme 2004 (Euro)

Zuschuss an die Bundesagentur für Arbeit	Zahlungen an die Gesetzliche Rentenversicherung	Beteiligung des Bundes an den Aufwendungen der Gesetzlichen Krankenversicherung[a]	Pflegeversicherung
5,4 Milliarden	77,9 Milliarden (bis 2008 sollen diese auf 81,0 Milliarden wachsen)[b]	1 Milliarde (2005: 2,5 Milliarden, 2006: 4,2 Milliarden)	Defizit 2004: 1 Milliarde. Finanziert über Rücklagen, die 2007 aufgebraucht sein werden

a) seit 2004 Pauschale für versicherungsfremde Leistungen. Geplant war ursprünglich,
diesen Beitrag aus der Erhöhung der Tabaksteuer zu bestreiten. Da die entsprechenden
Einnahmen ausblieben, wurde er vollständig aus Haushaltsmitteln des Bundes aufge-
bracht.
b) Nach den Daten des Bundesfinanzministeriums. Seit 1998 fließen Mittel aus der
Mehrwertsteuererhöhung um einen Prozentpunkt auf 16% hier ein, sowie seit 1999 Mittel
aus der Ökosteuer. Ohne Bundeszuschuss hätte 2003 der Beitragssatz zur gesetzlichen
Rentenversicherung nicht 19,5%, sondern 29% betragen.
Quellen: Jahresgutachten 2004/2005 des Sachverständigenrates zur Begutachtung der
gesamtwirtschaftlichen Entwicklung, Bundestagsdrucksache 15/4300 vom 18.11.2004, S.
210f. und s. 261 und FAZ, 4.9.2004, S. 14.

Zu einer fundamentalen Entwicklungsänderung, etwa angesichts der steigenden Energiekosten, haben diese Reformen bislang allerdings nicht geführt.
So bleibt auf ordnungspolitischem wie arbeitsmarkt- und konjunkturpolitischem Gebiet die Bilanz der ersten rot-grünen Koalition auf Bundesebene
zwiespältig. Die Wirtschaftsminister der rot-grünen Bundesregierung, Müller

(bis 2002) und Clement (bis 2005), blieben blass und wenig profiliert. Beiden wurde eine gewisse Nähe zur Energiewirtschaft nachgesagt, Müller aufgrund seiner beruflichen Vergangenheit (und des späteren Wiedereinstiegs bei der RAG), Clement wegen seiner früheren Funktion als Wirtschaftsminister und Ministerpräsident in NRW, sowie der späteren Tätigkeit im Aufsichtsrat eines Energiekonzerns.

Tabelle 4: Subventionen: Nur minimaler Rückgang

Subventionen: Nur minimaler Rückgang
in Milliarden Euro

	2000	2001	2002	2003	2004	2005	2006	2007	Veränderung von 2000 bis 2007 in Prozent
Finanzhilfen									
Bund	10,1	9,5	8,1	7,4	6,7	6,1	5,7	5,8	-42,6
Länder	11,2	11,1	10,5	10,4	10,1	10,3	10,2	10,6	-5,4
Gemeinden	1,6	1,6	1,5	1,6	1,5	1,5	1,5	1,5	-6,3
Steuervergünstigungen									
Bund	13,1	13,3	14,3	16,4	17,0	17,4	17,3	16,7	27,5
Länder und Gemeinden	12,0	10,5	10,6	12,2	12,0	12,5	11,1	12,2	1,7
ERP-Finanzhilfen	5,7	4,3	3,2	2,4	2,1	3,2	5,1	4,0	-29,8
Insgesamt	53,7	50,3	48,2	50,4	49,4	51,0	50,9	50,8	-5,4

Ursprungsdaten: Bundesregierung

Quelle: Bundesregierung, veröffentlicht vom Institut der deutschen Wirtschaft Köln, online abrufbar unter http://www.iwkoeln.de/Portals/0/grafiken/iwd/2007/36/5ag.gif

3.10 Die zweite Große Koalition unter Merkel ab 2005

Mit einer vorgezogenen Bundestagswahl versuchte Kanzler Gerhard Schröder im Frühjahr 2005 nach der verlorenen Landtagswahl in Nordrhein-Westfalen vor allem die Zukunft einer rot-grünen Bundesregierung zu sichern. Überraschend erklärte er noch am Wahlabend, er strebe die vorzeitige Auflösung des Bundestages an. Zuvor hatte Schröder bereits den Parteivorsitz an den damaligen Fraktionsvorsitzenden im Bundestag Franz Müntefering abtreten müssen. Die Flucht nach vorne nach der Wahlniederlage in NRW war schon aus Gründen des Selbsterhalts vermutlich alternativlos. Im Ergebnis dieser Bundestagswahl zog nicht nur die nunmehr als „Linkspartei"

etablierte PDS, fusioniert mit der „WASG" (Wahlalternative Arbeit und
Soziale Gerechtigkeit) aus unzufriedenen ehemaligen Sozialdemokraten und
Gewerkschaftsfunktionären, wieder in Fraktionsstärke in den Bundestag ein.
Es bestätigte sich auf diese Weise auch der Wandel des deutschen Parteien-
systems zu einem Fünf-Parteien-System, das eine klassische Koalitionsbil-
dung von CDU/CSU mit der FDP einerseits und der SPD mit den Grünen
andererseits nicht mehr automatisch zuließ. Angesichts vorheriger Koaliti-
onsaussagen, vor allem der kleinen Parteien, blieb lediglich die Bildung einer
Großen Koalition als Ausweg übrig.

Die Sanierung der öffentlichen Haushalte war einer der beiden neuen
Akzente des Regierungsprogramms der Großen Koalition, der andere war die
Familienförderung („Elterngeld", niedrigere Beitragssätze für Eltern mit
Kindern, z.B. für die Pflegeversicherung). Das politisch eigentlich unumstrit-
tene Vorhaben, die Haushalte zu sanieren, wurde allerdings risikoreich organisiert. Im ersten Jahr fand die Sanierung nicht statt, ja die Staatsausgaben
überschritten deutlich die in Artikel 115 GG festgelegte Verschuldungsgren-
ze in Höhe der Ausgaben für Investitionen. Ein verfassungswidriger Haushalt konnte formal nur dadurch verhindert werden, dass sich der Finanzminister auf die Ausnahmeregel des Artikel 115 („Abwehr einer Störung des
gesamtwirtschaftlichen Gleichgewichts") berief. Auf der Ausgabenseite
wurde ein 25-Milliarden-Euro-Paket auf den Weg gebracht, das als eine Art
„Konjunkturprogramm" wirken sollte. Hinzu kam als „Drohkulisse" für
2007 eine massive Steigerung der Mehrwertsteuer, völlig im Widerspruch zu
den Wahlkampfaussagen der SPD, die jegliche Mehrwertsteuererhöhung
bekämpft hatte. Die Furcht der Bürger vor der höheren Mehrwertsteuer im
nächsten Jahr sollte dazu dienen, ihre Kauflust im Jahr 2006 anzuregen – ein
Kalkül das weitestgehend aufging.

Der Koalitionsvertrag ging von einem im Jahr 2006 beginnenden Aufschwung aus. Dieser sollte dann die Mehrwertsteuererhöhung von 16 auf 19
Prozent ebenso „verkraften" helfen wie die verstärkte Ausgabenpolitik und
im Koalitionsvertrag nicht genauer (finanzielle Lage der Sozialsysteme) oder
gar nicht benannte Risiken (Zinserhöhung der Europäischen Zentralbank).
Kurzfristige Wachstumserfolge weckten allerdings auch angesichts bevor-
stehender Wahltermine rasch die Begehrlichkeit weiterer gesellschaftlicher
Gruppen nach dem Ausbau des Sozialstaats. Damit wurde das Ziel der Haus-
haltssanierung in den Hintergrund gedrängt.

Abbildung 5: Was Deutschland für Soziales ausgibt

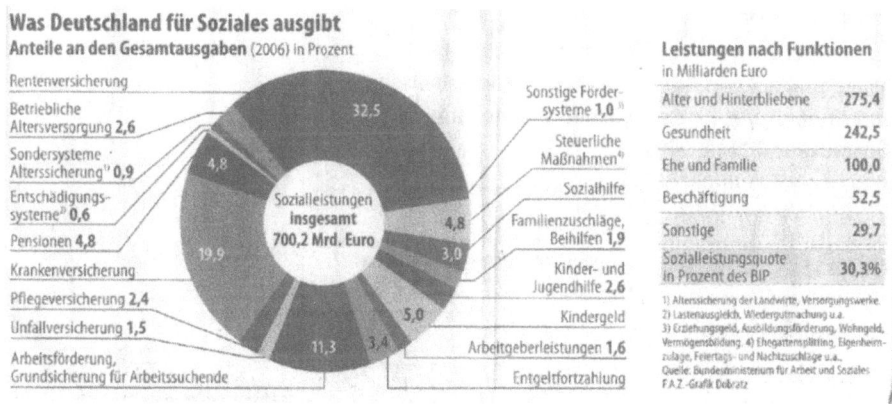

Quelle: Bundesministerium für Arbeit und Soziales, F.A.Z.-Grafik Dobratz, abgedruckt in Frankfurter Allgemeine Zeitung 27.02.2008, S. 13.

Die Struktur künftiger Haushalte belastete zusätzlich schon vor der Finanzkrise der Steuerverzicht zur Ankurbelung der Wirtschaft (Gesetz zur steuerlichen Förderung von Wachstum und Beschäftigung vom 26.4.2006 und Unternehmenssteuerreformgesetz 2008). Der offensichtliche finanzpolitische Widerspruch zwischen Sparen und Ausgeben des eben Eingesparten wurde vom Bundesfinanzminister mit der Metapher „überwunden", der Staat dürfe sich nicht „ins Koma sparen", er folge deshalb einer „Doppelstrategie", die geprägt sei durch konsequente Konsolidierung sowie gezielte Förderung zukunftsorientierter Bereiche."[12]

Steuerliche Maßnahmen der Großen Koalition (Stand November 2007)

Tabelle 5: Mehreinnahmen (insgesamt 51,282 Milliarden)

Maßnahme (in Klammer Datum der Gesetzgebung)	Steuererhöhungen im Entstehungsjahr in Mio. €
Abschaffung der Eigenheimzulage (30.12.2005)	2.135
Steuerliches Sofortprogramm, Abschaffen von Freibeträgen (30.12.2005)	1.210
Eindämmung missbräuchlicher Steuergestaltungen (28.4.2006)	815

---

[12] Bundestagsdrucksache 16/9975, S. 5.

Erhöhung der Mehrwertsteuer und der Versicherungs-steuer (29.6.2006)	13.886
Steueränderungsgesetz 2007 (Einschränkung bei Anzugsfähigkeit von Arbeitszimmern, Pendlerpauschale, Sparerfreibeträge, Kindergeld, Bergmannsprämien, Reichensteuer) (24.7.2006)	5.439
Kfz-Steuer für Wohnmobile und andere Großraum-fahrzeuge (21.12.2006)	137
Gesetz zur Schaffung deutscher Immobilien-AGs mit börsennotierten Anteilen (28.5.2007)	615
Unternehmenssteuerreform 2008 (6.7.2007)	26.435
Besteuerung von Kohle- und Biokraftstoffen (15.7.2007)	330
Verbrauchssteuern, u.a. Besteuerung von Zigarillos wie Zigaretten (9.12.2006)	280

Tabelle 6: Mindereinnahmen (insgesamt 42,968 Milliarden Euro)

Maßnahme (in Klammer Datum der Gesetzgebung)	Steuersenkungen im Entstehungsjahr in Mio. €
Gesetz zur steuerlichen Förderung von Wachstum und Beschäftigung, u.a. Kinderbetreuungskosten, Pflegeleistungen, Wohnungsmodernisierung und Abschreibungsmöglichkeiten (26.4.2006)	10.640
Entbürokratisierung (25.8.2006)	80
Kfz-Steuer (24.3.2007)	120
Gesetz zur Schaffung deutscher Immobilien-AGs mit börsennotierten Anteilen (28.5.2007)	75
Autobahnmaut	150
Unternehmenssteuerreform 2008, u.a. Senkung des Körperschaftsteuersatzes (6.7.2007)	31.645
Besteuerung von Energieerzeugnissen (15.7.2008)	258

Die Steuerpolitik insgesamt hatte eine deutliche Ausrichtung zugunsten der Empfänger von Sozialtransfers (u.a. durch Angleichung der Hartz IV-Zahlungen in Ostdeutschland an Westniveau, trotz Rentenformel keine Rentenkürzungen, Elterngeld) und zugunsten der Unternehmen. Neu belastet wurden vor allem Arbeiter und Angestellte (u.a. durch Mehrwertsteuererhöhung, Kürzungen bei Pendlerpauschale, Eigenheimzulage, Sparerfreibetrag, höhere Beiträge zur Renten- und Krankenversicherung, Abgaben für Minijobber). Das strategische Ziel des Ausgleichs des Bundeshaushaltes, der aufgrund der günstigen wirtschaftlichen Entwicklung schon während der Legislaturperiode möglich gewesen wäre, wurde auf die nächste Legislaturperiode verschoben. Der unmittelbare Druck der Europäischen Union, mehr für den Haushaltsausgleich zu tun, verschwand, weil nach einem letztmaligen Überschreiten der 3%-Defizitgrenze 2005 in den beiden Folgejahren die Nettokreditaufnahme der Bundesrepublik Deutschland zwei Jahre unter der 3%-Marke lag, so dass die Kommission das gegen die Bundesrepublik anhängige Verfahren einstellen konnte.

Die nach wie vor nicht gelösten Reformaufgaben mit wirtschaftspolitischem Bezug, insbesondere die Reform der Gesundheits- und Rentensysteme im Sinne einer nachhaltigen Finanzierung und Begrenzung ihrer lohnnebenkostenerhöhenden Wirkung, sind auch von der Großen Koalition nur mit Formelkompromissen und kurzfristigen Stabilisierungsmaßnahmen angegangen worden. In der Arbeitsmarktpolitik ist gar der Versuch der Teilumkehrung der Hartz-Reformen, etwa im Bereich der Bezugsdauer des Arbeitslosengeldes I, sichtbar geworden. Der andauernde Streit um die Einführung eines generellen bzw. die bereichsspezifische Ausweitung des bereits bestehenden sektoralen Mindestlohnes spaltete die Große Koalition und diente der wechselseitigen Wahlkampfprofilierung.

Die Regelungen zum Umgang mit Niedriglöhnen kamen zunächst nur schleppend voran. Der Regierung entging sogar, dass es aus den Zeiten Ludwig Erhards als Wirtschaftsminister schon ein Mindestlohngesetz gab. 2007 einigte sich die Koalition darauf, dass es einen generellen, für alle Branchen einheitlichen gesetzlichen Mindestlohn nicht geben wird. Ermöglicht wurden branchenspezifische Mindestlöhne in einem komplizierten Verfahren, entweder in Verbindung mit dem Entsendegesetz (wenn für mehr als die Hälfte der Beschäftigten tarifliche Regelungen gelten und ein flächendeckender Tarifvertrag existiert) oder in Verbindung mit dem Mindestarbeitsbedingungsgesetz von 1952. Hier entscheidet ein Fachleuteausschuss über die Notwendigkeit von Mindestlöhnen. Damit war das Thema allerdings als Zündstoff in der Koalition nicht erledigt. Die SPD erkannte die Möglichkeit (in Übereinstimmung mit der demoskopisch ermittelten Mehrheitsmeinung der Bevölkerung) das Thema bei immer neuen Branchen aufzuwerfen und es dadurch in der Diskussion zu halten und die Union bei anstehenden Landtagswahlen quasi „vor sich her zu treiben". Ganz ging dieses parteipolitische Kalkül jedoch nicht auf, weil weit weniger Branchen als erwartet Anträge auf

Einführung eines Mindestlohns stellten. Strittig war bei den Koalitionspartnern vor allem die 2007 letztendlich durchgesetzte Mindestlohnregelung im Bereich der Post, die zur Eliminierung von Wettbewerbern für die Deutsche Post führte und von SPD und der Gewerkschaft Verdi befürwortet wurde.

Abbildung 6: Der Weg zum Branchenmindestlohn

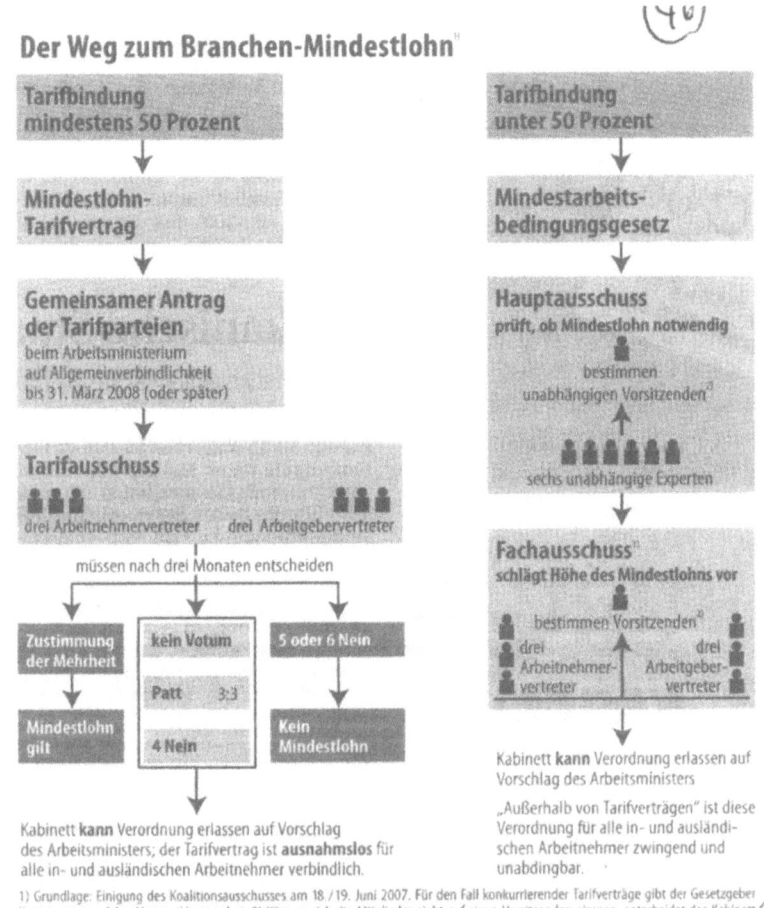

Quelle: F.A.Z./F.A.Z.-Grafik Brocker, abgedruckt in Frankfurter Allgemeine Zeitung 12.01.2008, S. 11.

Eine Fortsetzung der arbeitsmarktpolitischen Flexibilisierung und Deregulierung, wie sie die Hartz-Kommission ursprünglich in weit stärkerem Maße als später von der Regierung Schröder umgesetzt vorgeschlagen hatte, ist nicht absehbar. Dafür erlebten Vorschläge zur stärkeren Beteiligung der Arbeitnehmer am Produktivvermögen unter dem Schlagwort der „Mitarbeiterbeteiligung" seit 2007 eine Renaissance. Anfang 2008 einigte sich die Große Koalition im Wesentlichen auf das Modell der CDU, das eine steuerliche Begünstigung des Anteilserwerbs von Mitarbeitern an „ihren" jeweiligen Unternehmen vorsieht. Das SPD-Modell basierte demgegenüber auf einer Fondslösung, in der einerseits die individuellen Risiken einer Unternehmensbeteiligung verteilt wären, andererseits der eigentlich intendierte Identifikationseffekt von Mitarbeitern mit ihrem Arbeitgeber aber ebenfalls eingeebnet würde.

Während im Inneren wesentliche Reformen liegen blieben, änderte sich die Welt um uns herum deutlich. Mit dem Aufstieg Chinas in die erste Reihe der Weltwirtschaftsmächte und dem Wiedererstarken Russlands aufgrund seines Ressourcenreichtums stellt sich die Frage nach dem Verhältnis der „alten" Industrienationen Europas und Nordamerikas zu diesen neuen Konkurrenten um Weltmarktanteile und Wirtschaftsmacht. Aufgrund des enormen Kapitalstroms etwa nach China tritt dieses Land, zumal mittels Staatsfonds, weltweit als Investor auf. Die Besorgnis entsteht, dass auf diese Weise, mehr noch als durch die von Franz Müntefering als „Heuschrecken" diskreditierten privaten Finanzinvestoren westlicher Industriestaaten, Unternehmen in Europa und Amerika mit dem Ziel aufgekauft werden, ihr Know-How nach China zu transferieren und damit den Hochlohnländern ihren verbliebenen Vorsprung zu nehmen. Die Bundesregierung plante daher eine Novellierung des Außenwirtschaftsgesetzes, das dem freien Kapitalverkehr in bestimmten Feldern Schranken auferlegt, insbesondere durch einen Genehmigungsvorbehalt der Regierung. Allein die Tatsache, dass Einschränkungen dieser Art ernsthaft diskutiert wurden, gibt uns einen deutlichen Hinweis, dass wir es gegenüber den 1990er Jahren mit einem ordnungspolitischen Paradigmenwechsel zu tun haben.

Abbildung 7:   Mindeslohnvergleich international

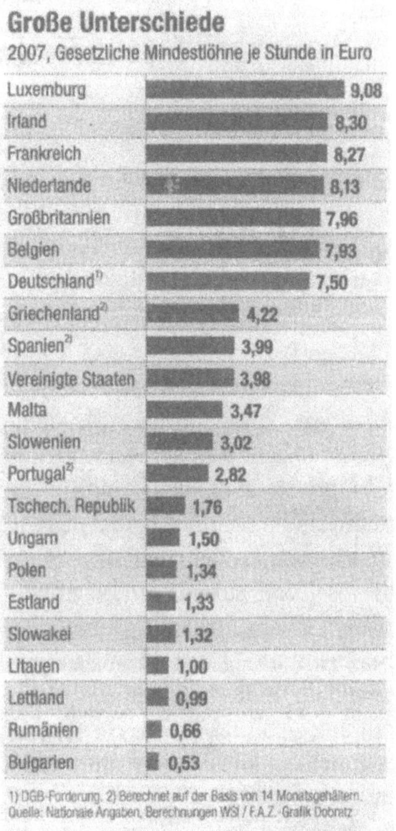

Große Unterschiede
2007, Gesetzliche Mindestlöhne je Stunde in Euro

Land	Euro
Luxemburg	9,08
Irland	8,30
Frankreich	8,27
Niederlande	8,13
Großbritannien	7,96
Belgien	7,93
Deutschland[1]	7,50
Griechenland[2]	4,22
Spanien[2]	3,99
Vereinigte Staaten	3,98
Malta	3,47
Slowenien	3,02
Portugal[2]	2,82
Tschech. Republik	1,76
Ungarn	1,50
Polen	1,34
Estland	1,33
Slowakei	1,32
Litauen	1,00
Lettland	0,99
Rumänien	0,66
Bulgarien	0,53

1) DGB-Forderung. 2) Berechnet auf der Basis von 14 Monatsgehältern.
Quelle: Nationale Angaben, Berechnungen WSI / F.A.Z.-Grafik Dobritz

Weniger im Osten

	Unterste Tarifentgelte*)
Floristik	4,36 (Sachsen-Anhalt)
	5,94 (West ohne ¹)
Landwirtschaft (Arbeiter)	4,52 (Thüringen)
	6,35 (Bayern)
Bekleidungsindustrie	4,59 (Ost)
(Arbeiter)	8,98 (Bayern)
Metall- und Elektroindustrie	9,58 (Berlin-Brandenburg)
(Arbeiter)	10,39 (Baden-Württemb.)
Arbeitnehmerüberlassung	7,02
Arzthelferinnen	6,86 (Ost)
	7,86 (West)
Einzelhandel (Angestellte)	6,49 (Niedersachsen)
	8,14 (Sachsen)
Gastronomie	5,18 (NRW)
	6,20 (Sachsen)
Privates Transport- und Ver-	4,32 (Sachsen)
kehrsgewerbe (Angestellte)	6,61 (Rheinland-Pfalz)
Privates Bankgewerbe	10,50
Elektrohandwerk	5,88 (Thüringen)
	8,47 (NRW)
Fleischerhandwerk	4,50 (Sachsen)
(Arbeiter)	6,31 (Nieders./Bremen)
Friseurhandwerk	3,06 (Sachsen)
	4,93 (NRW)
Gebäudereinigung	6,36 (Ost)
	7,87 (West)

*) pro Stunde in Euro, 1) ohne Schleswig-Holstein, Bremen, Berlin.
Stand: März 2006.   Quelle: WSI-Tarifarchiv

Quelle (obere Grafik): Nationale Angaben, Berechnungen WSI, F.A.Z.-Grafik Dobratz

Dafür gibt es weitere Anzeichen. Ordnungspolitisch waren ebenfalls die strittige Bahnprivatisierung (ausführlich Fuß 2006) sowie Überlegungen zur stärkeren staatlichen Einflussnahme auf die Energiemärkte mit Hilfe des Kartellrechts von Interesse. Auch hier ist ein deutlicher Stimmungsumschwung im Vergleich zu den 1990er Jahren zu verzeichnen: Nach den mehr als gemischten Erfahrungen mit der Privatisierung des Schienenverkehrs in anderen Staaten, namentlich in Großbritannien, war schon früh, entgegen den Wünschen des Bahnvorstandes, mindestens der Verbleib des Netzes in Bundeshand sicher. Bei der Bahnprivatisierung schlug der Koalitionspartner SPD ein Modell rechtloser Vorzugsaktien (Volksaktienmodell) vor. Als darüber keine Einigkeit erzielt wurde, machte sich die Koalition das von Finanzminister Steinbrück vorgeschlagene Holdingmodell zu Eigen. Es legte fest, dass 24,9% des Personen- und Güterverkehrs an die Börse gebracht werden soll. Letztendlich wurde die Bahnprivatisierung auf einen Zeitpunkt nach der Bundestagswahl 2009 verschoben. Ausschlaggebend war dafür die Bedrohung, die für das Ministeramt von Wolfgang Tiefensee davon ausging, dass er dafür verantwortlich gemacht wurde, dass dem Bahnvorstand für den Fall des Börsenganges üppige Bonuszahlungen zugesichert worden waren, auf die dieser trotz der Folgen der Finanzkrise für Beschäftigung und Staatshaushalt beharrte.

Den weitgehend privaten oder kommunalen Energieversorgern wird seit einigen Jahren eine Art von Bereicherungsmentalität angesichts steigender Energiekosten bei wachsenden Konzerngewinnen von der Öffentlichkeit und der Politik vorgeworfen. Mit der Umkehrung der Beweislast im Rahmen der kartellrechtlichen Preismissbrauchsaufsicht nach § 29a GWB wurde 2007 nach der Einführung der institutionalisierten Energieregulierung durch die Bundesnetzagentur 2005 ein weiterer Schritt in Richtung verstärkter staatlicher Kontrolle gegangen. Weitergehende Vorschläge zur zwangsweisen Entflechtung von Netz und Stromproduktion, wie sie sowohl der EU-Kommission als auch einzelnen Landeswirtschaftsministern (wie dem damaligen hessischen Wirtschaftsminister Riehl) vorschwebten, wurden bislang von der Bundesregierung und der Regierungskoalition abgelehnt.

Der Wettbewerb auf dem europäischen Markt ist von der Umsetzung der EU-Dienstleistungsrichtlinie betroffen, deren ursprüngliche Absicht, die deutschen Hürden in den Handwerksberufen zu schleifen, freilich kaum noch erkennbar ist. Das Binnenmarktprojekt der liberalisierten Märkte ist jedenfalls noch nicht abgeschlossen, ob dies nun professionelle Zugangsschranken bei den Schornsteinfegern (Fuß/Pointvogl 2008), die Errichtung eines europäischen Energiebinnenmarktes, u.a. durch Einrichtung einer europäischen Energieregulierungsbehörde, oder neue Transparenzvorschriften im Sinne des europäischen Verbraucherschutzes betrifft. Mit Einzelfallmaßnahmen und gesetzgeberischen Initiativen bleibt die EU-Kommission auch für die Regierung Angela Merkel ein wesentlicher Treiber der wirtschaftspolitischen und v.a. wirtschaftsrechtlichen Entwicklung.

Auch wenn es für ein Fazit zur Arbeit der Großen Koalition insgesamt noch zu früh ist, ein Mythos wurde hinreichend klar widerlegt. Nämlich dass Große Koalitionen aufgrund der ihnen zur Verfügung stehenden Mehrheitsverhältnisse auch zu großen Reformen führen, insbesondere solchen, die sonst im politischen Widerstreit der Kräfte regelmäßig blockiert werden. Vielmehr hat sich gezeigt, dass die Große Koalition Ende der 1960er Jahre deswegen zu einschneidenden Reformen, etwa im Bereich der Finanzpolitik, der Notstandsverfassung oder der Etablierung von Gemeinschaftsaufgaben, im Stande war, weil es sich letztlich im Wesentlichen um staats- und aufgabenausweitende Veränderungen handelte. Die Erwartungen mancher Optimisten im Jahr 2005, der Reformeifer funktioniere auch bei staatsbegrenzenden und die finanzielle Umverteilung einschränkenden Vorhaben, wurde enttäuscht. Eine deutliche Steuererhöhung zu Beginn der Regierungsarbeit, verbunden mit einem parallel einsetzenden Wirtschaftsaufschwung, spülte neue finanzielle Mittel in die öffentlichen Kassen. Das Ergebnis war jedoch keine Sanierung der Staatsfinanzen, sondern die Entwicklung neuer, insbesondere sozialpolitischer Anrechte, etwa im Bereich der Kleinkindbetreuung, der Rentenerhöhung, der BaföG- und der Wohngelderhöhung. Mit nachlassendem ökonomischen „Leidensdruck" kehrte auch unter Kanzlerin Merkel eine Politik der ruhigen Hand ein. Ein neues ökokonservatives Lebensgefühl, das z.B. dem Klimaschutz einen bislang nicht gekannten politischen Stellenwert zumisst, überlagerte die wirtschaftsorientierte Haltung der Union der vergangenen Jahrzehnte. Spätestens seit der Mitte der Legislaturperiode wird erkennbar, dass sich beide Partner der Koalition bei allen Initiativen und Beschlüssen vor allem von wahlstrategischen Überlegungen leiten lassen.

Mit der Finanzkrise 2008/09 wurde die Große Koalition mit einem weltwirtschaftlichen Umbruch konfrontiert, für den es – trotz Vergleichen mit der Weltwirtschaftskrise der 1930er Jahre – kein Vorbild gibt. Das Ausmaß, die Dauer und die Schäden der Krise sind heute noch nicht exakt zu bestimmen. Sie ist sicher keine Konjunkturkrise, wie die Bezeichnung der Hilfspakete der Bundesregierung für Wirtschaft und Banken nahelegt (Konjunkturprogramme I und II). Sicher ist bisher nur eines: Nach der Krise wird die Staatsverschuldung sprunghaft gewachsen und die Gefahr einer Inflation weltweit absehbar sein.

 **Wichtige Literatur**

Abelshauser, Werner: Deutsche Wirtschaftsgeschichte seit 1945. Bonn 2004.
Gohr, Antonia/Seeleib-Kaiser, Martin (Hrsg.): Sozial- und Wirtschaftspolitik unter Rot-Grün. Wiesbaden 2003.

Jaeger, Hans: Geschichte der Wirtschaftsordnung in Deutschland. Frankfurt a. M. 1988.
Müller, Markus M.: The new regulatory state in Germany. Birmingham 2002.

4 Besondere Institutionen der deutschen Wirtschaftsordnung

4.1 Geldpolitik

Seit dem 1. Januar 1999 ist die deutsche Währung, die Deutsche Mark (DM), Teil eines europäischen Währungsverbundes, dessen Zustandekommen Deutschland mit der Unterschrift zum Vertrag von Maastricht (1992) zuge-stimmt hat. Ab dem 1. Januar 2002 verschwand die DM auch als formales Zahlungsmittel und machte im Zahlungsverkehr dem Euro Platz. Die Wäh-rungsunion fixiert die Austauschverhältnisse zwischen den nationalen Wäh-rungen der Euro-Länder. Sie ergänzt systemlogisch die durch den europäi-schen Binnenmarkt erreichte weitgehende wirtschaftliche Integration der EU. Dies ist nicht unproblematisch, weil eine gemeinsame Währung die Annähe-rung der Wirtschafts-, Haushalts- und Steuerpolitik der EU-Länder impli-ziert. Ohne eine gemeinsame Währung führt beispielsweise eine Situation, in der ein Land dauerhaft mehr einführt als es ausführt, zu einer Abwertung der Währung dieses Landes. So führen Griechenland, Spanien und Italien heute mehr Waren ein als aus, sie müssen jedoch wegen ihrer Mitgliedschaft in der Eurozone keine Währungsabwertung befürchten. Eigentlich müsste in diesen Ländern nun jahrelang Lohnverzicht geübt werden, um deren Wettbewerbs-fähigkeit wiederherzustellen, aber wer soll eine solche Politik durchsetzen? Abhilfe könnte eine stärkere Koordination der Wirtschaftspolitik der Euro-Länder schaffen, die aber politisch bisher schwer fällt. Eine Hochzinspolitik der EZB fällt als Instrument zur Dämpfung der Nachfrage in nur wenigen EU-Ländern aus, weil sie für alle EU-Länder gilt, mithin auch für diejenigen, die niedrige Zinsen volkswirtschaftlich vertragen.

Deutschland hat seine Währungssouveränität zugunsten der europäi-schen Entscheidungsfindung in der Währungspolitik aufgegeben. Die Auf-gabe des historischen Symbols „DM", das in Deutschland nicht zuletzt für die erfolgreiche Bewältigung der Kriegsfolgen stand und auch für die Ost-deutschen vor der Einheit zu einem attraktiven Ausweis wirtschaftlichen Erfolges wurde, hat beachtliche wirtschaftliche und rechtliche Konsequen-zen. Unter anderem wurde darauf hingewiesen: „Durch die Weitergabe der auf Preisstabilität geeichten Institutionen der deutschen Geldpolitik an die

EU ist der Bundesrepublik Deutschland [...] ein strategischer Konkurrenzvorteil im weltwirtschaftlichen Wettbewerb abhanden gekommen." (Schmidt 1999: 392f.) Und der früherer Bundesbankpräsident Karl Otto Pöhl präzisierte: „Deutschland hatte vor dem Euro die niedrigsten Zinsen in Europa, außer der Schweiz. Das war ein enormer Wettbewerbsvorteil, den wir uns dank der Stabilitätspolitik der Bundesbank verdient hatten. Der ist mit dem Euro fortgefallen, die Finanzierungsbedingungen haben sich also für Deutschland relativ verschlechtert und dementsprechend für andere verbessert, die sich heute niedriger deutscher Zinsen erfreuen können." (Die Zeit vom 23.10. 2003: 25) Der Erfolg des währungspolitischen Europäisierungsprozesses wird aus deutscher Perspektive nicht nur an abstrakten ökonomischen Parametern gemessen, sondern ganz konkret an den durchweg positiven Erfahrungen der Deutschen mit der Stabilität und der Erfolgsgeschichte ihrer DM.

Voraussetzung für die Europäisierung der deutschen Währung waren Reformen des Grundgesetzes und des Bundesbankgesetzes. Das Grundgesetz bestimmte in seiner bis 1992 geltenden Version lapidar: „Der Bund errichtet eine Währungs- und Notenbank als Bundesbank" (Artikel 88). 1992 wurde diesem ersten Satz ein zweiter hinzugefügt: „Ihre Aufgaben und Befugnisse können im Rahmen der Europäischen Union der Europäischen Zentralbank übertragen werden, die unabhängig ist und dem vorrangigen Ziel der Sicherung der Preisstabilität verpflichtet." Damit machte der Verfassungsgesetzgeber, wie nach der Zustimmung des Parlamentes zum Maastrichter Vertrag von 1992 erforderlich, den Weg zur Europäischen Währungsunion frei. Bemerkenswert ist, dass für die europäische Ebene so in Deutschland verfassungsrechtlich festgeschrieben wurde, was zuvor in der Bundesrepublik auch bei bloß einfach gesetzlicher Regelung lange Jahre erfolgreich im gesellschaftlichen Konsens verankert war, nämlich die Unabhängigkeit der Bundesbank (Sturm 1995b). Aufgrund einer fehlenden gesamteuropäischen Tradition der unabhängigen Währungsentscheidung von Zentralbanken entstand ein Regelungsbedarf, der sich innerstaatlich als Verrechtlichung der bisherigen Praxis niederschlug. Auf europäischer Ebene wurde das Gebot der Unabhängigkeit der Europäischen Zentralbank (EZB) in Artikel 130 EG-Vertrag verankert.

Weitere innerstaatliche Folgen der rechtlichen Absicherung des Europäisierungsprozesses betrafen das Bundesbankgesetz (Deutsche Bundesbank 1998). Hervorzuheben sind hier: (1) Die explizite Übernahme der Zielsetzung der EZB, Preisstabilität zu wahren. Aus der Sicht der Bundesbank ergänzt dies die Verpflichtung zur Sicherung der Währungsstabilität, ersetzt diese aber nicht. (2) Die Änderung von §12 BBankG, der die Bundesbank unter Wahrung ihrer Aufgabe (also der Sicherung der Währungsstabilität) dazu verpflichtete, die allgemeine Wirtschaftspolitik der Bundesregierung zu unterstützen. Nun stehen in der entsprechenden Formulierung des Bundesbankgesetzes die Unabhängigkeit der Bundesbank von Weisungen der Bundesregierung und ihre Einbindung in das Europäische System der Zentralbanken (ESZB) im Vordergrund. Was die entscheidende Frage der Unabhängigkeit der Bundesbank betrifft, ist das allerdings substantiell keine Neuerung. (3) Die Änderung von §20 BBankG, der der Bundesbank erlaubte, dem Bund, den Ländern, den Sondervermögen des Bundes und anderen öffentlichen Verwaltungen kurzfristige Kredite zur Überbrückung von Liquiditätsproblemen (sogenannte „Kassenkredite") zu gewähren. Kassenkredite sind wegen der europäischen Festlegung eines Kreditverbots für Notenbanken (Artikel 101 EGV) nun nicht mehr möglich. Auch hier handelt es sich um einen eher technischen, keinesfalls aber prinzipiellen Eingriff in die Arbeitsweise der Bundesbank. (4) Die Abschaffung des von Bundesregierungen allerdings nie genutzten aufschiebenden Vetorechtes bei Beschlüssen des Zentralbankrates (§13 BBankG). (5) Die Verlängerung der Mindestamtsdauer der Mitglieder des Zentralbankrates von zwei auf fünf Jahre (§7,8 BBankG). Damit wurde die nationale Regelung an Artikel 14(2) des Status des Europäischen Systems der Zentralbanken (ESZB) angepasst.

Politisch war die Politik der Europäisierung der Währung gerade wegen des Maßstabes der stabilen DM für die neue Währung zunächst umstritten (Hankel u.a. 1998). Bis heute hat die neue Währung in Deutschland bei weitem noch nicht die Reputation der DM erreicht, wie die regelmäßigen Eurobarometerumfragen belegen. Die Beliebtheit des Euro in Deutschland bewegt sich auch unterhalb des EU-Durchschnitts. Der Euro gilt einer großen Zahl von Deutschen im Vergleich zur DM als weichere Währung, die Inflationstendenzen („Teuro") ausgelöst hat (Risse 2003: 495). Auch wenn Statistiker immer wieder betont haben, dass sich dies mit der tatsächlichen Preisentwicklung nicht belegen lasse, hält sich in der Bevölkerung die aus der Alltagserfahrung gewonnene Skepsis gegenüber dem Euro hartnäckig. Der Widerstand von einigen Wissenschaftlern gegen die Euro-Einführung, in erster Linie von Ökonomen (z.B. formuliert in einem in der FAZ veröffentlichten Memorandum von 155 Wirtschaftswissenschaftlern vom 9. Februar 1998), und auch eines Teils der Vertreter der Bundesbank (für Letztere vgl. Nölling 1993), war heftig und kulminierte in einer Klage beim Bundesverfassungsgericht und einem Gerichtsentscheid 1993. Das Maastricht-Urteil des Bundesverfassungsgerichts konnte zwar die rechtliche Seite der Wahrung deutscher Interessen im Europäisierungsprozess klären, nicht aber die ökonomischen und politisch-kulturellen Vorbehalte ausräumen. 1997/1998 wurden beim Bundesverfassungsgericht sechs weitere Verfassungsbeschwerden gegen die Euro-Einführung eingereicht, die das Gericht allesamt mit Verweis auf die Offenheit der Entwicklung der Kriterien für eine Währungsunion bzw. auf deren politischen Charakter abwies.

Um – wie von den Politikern aller Parteien angestrebt – beides zu erreichen, also den Status Quo der DM-Stabilität zu erhalten, gleichzeitig aber auch die DM durch vollständige „Europäisierung" zu ersetzen, bot sich als politische Strategie die Ausrichtung der Formbestimmung der Institutionen und Regeln der europäischen Währungspolitik an den bestehenden deutschen an. Diesen Weg ging die EU formal durch die Anpassung der Konstruktion der Europäischen Zentralbank an institutionelle Prinzipien der Bundesbank, was noch näher zu untersuchen sein wird. Symbolisch bekräftigt wurde die Nähe der EZB zum erfolgreichen Vorbild Deutsche Bundesbank durch die Einigung in der EU auf Frankfurt am Main, dem Sitz der Bundesbank, als Sitz der neuen europäischen Notenbank (Stadler 1996: 169).

Die Strategie der Anpassung europäischer Institutionen an die deutsche Norm wurde für den Prozess der Auswahl möglicher Mitgliedsländer der Währungsunion zumindest formal auf europäischer Ebene akzeptiert und konnte innerstaatlich zur Legitimation der Europäisierung der deutschen Währungspolitik eingesetzt werden. In Artikel 121 EG-Vertrag wurden vier Kriterien der Angleichung der Ökonomien der Mitgliedsländer (Konvergenzkriterien) vereinbart: (1) Erreichung eines hohen Grades an Preisstabilität, ersichtlich aus einer Inflationsrate, die der Inflationsrate jener – höchstens drei – Mitgliedstaaten nahe kommt, die auf dem Gebiet der Preisstabilität das beste Ergebnis erzielt haben. Damit ist eine maximale Überschreitung der durchschnittlichen Inflationsrate der drei Mitgliedsländer mit bestem Ergebnis um maximal 1,5 Prozent gemeint. (2) eine auf Dauer tragbare Finanzlage der öffentlichen Hand, ersichtlich aus einer öffentlichen Haushaltslage ohne übermäßiges Defizit. Ein solches wird vermieden, wenn die jährliche Neuverschuldung eines Staates nicht über drei Prozent des Bruttoinlandsprodukts (BIP) sowie seine Gesamtverschuldung nicht über 60 Prozent des BIP liegt. (3) Nur für die Vorbeitrittsphase zum Euro: Die Einhaltung der normalen Bandbreite des Wechselkursmechanismus des 1979 vereinbarten Europäischen Währungssystems (EWS, dem Vorläufer der Europäischen Währungsunion, EWU) seit mindestens zwei Jahren ohne Abwertung gegenüber der Währung eines anderen Mitgliedstaats und (4) die Dauerhaftigkeit der erreichten Konvergenz. Sie wird nicht nur an Inflations- und Defizitkriterien gemessen, sondern auch an den nominalen langfristigen Zinssätzen. Diese dürfen den Durchschnitt der langfristigen Zinssätze in den drei Ländern mit den niedrigsten Inflationsraten um nicht mehr als zwei Prozent übersteigen.

Diese Kriterien sollten strikt eingehalten werden, nicht nur um die Mitgliedschaft in der Europäischen Währungsunion zu ermöglichen, sondern auch, um nach der Einführung des Euro dessen Stabilität nicht zu gefährden. Für die Konkretisierung und die Kontrolle der Kriterien zeichnen die EU-Kommission und der EU-Ministerrat (Rat der Wirtschafts- und Finanzminister, Ecofin) verantwortlich. In Deutschland wurden die Konvergenzkriterien als funktionales Äquivalent für die mit der DM verbundene und nun im nationalen Rahmen aufgegebene „Stabilitätskultur" gesehen. Der Europäische Rat in Dublin verabschiedete 1996 einen Stabilitäts- und Wachstumspakt, der das Ziel verfolgte, die Konvergenz der wirtschaftlichen Entwicklung der Mitglieder der Währungsunion zur nationalen Daueraufgabe in den Euro-Ländern zu machen. Ohne solches Bemühen befände sich der Europäisierungsprozess in einem ständigen Dilemma, das der frühere Bundesbankpräsident Tietmeyer (1997: 25) treffend folgendermaßen charakterisierte: „Der Euro als entnationalisiertes Geld wird nämlich eingepflanzt in ein politisches Europa, das noch in hohem Maße von nationalen Strukturen geprägt ist. Als entgrenztes Geld stößt der Euro somit auf begrenzte nationale Wirtschafts-, Sozial- und Steuerpolitiken, die in einer Reihe von Ländern noch dabei sind, Antworten auf die entgrenzte Wirtschaft zu suchen. Und als weitgehend entpolitisiertes Geld stößt der Euro auf eine politische Realität, in der manche Menschen und Gruppen vom Sozialstaat noch immer enorme, im Grunde unrealistische Erwartungen haben."

Der Dubliner Ratsbeschluss machte deutlich, dass durchaus weitreichend substantielle Abweichungen zwischen dem Stabilitätsbewusstsein der politischen Ebenen in Deutschland und Europa für möglich gehalten wurden. Deutschland erhielt durch die Europäisierung seiner Währung nicht eine europäisierte deutsche Währungspolitik, sondern in großem Maße auch eine Währungspolitik neuer Qualität. Die deutsche Verhandlungsposition, die innerstaatlichen Positionen zur Währungsunion Rechnung trug, wurde durch das in Dublin erzielte Verhandlungsergebnis deutlich verwässert (vgl. Tabelle 4.1). Der Stabilitätspakt wurde „politisiert" und dadurch „flexibilisiert" und weniger verbindlich. Dies trug zwar dem Mangel an einer europäischen

„Stabilitätskultur" Rechnung, reduzierte aber damit für Deutschland die innerstaatliche Stabilitätsgarantie auf eher Symbolisches bzw. die Aussicht darauf, dass Stabilität durch die „Politisierung" der Währungspolitik, also durch entsprechende Verhandlungsprozesse unter den Mitgliedern der Währungsunion gewahrt werden soll. Im besten Falle löst der durch den Druck der internationalen Finanzmärkte mobilisierbare europäische Elitenkonsens in der Währungspolitik die in der deutschen politischen Kultur verankerte Meinungsführerschaft der Bundesbank ab.

Die Ernsthaftigkeit, mit der Deutschland dafür stritt, die Konvergenzkriterien einzuhalten, ließ nach, als zum einen deren DM-Stabilitätsersatzfunktion in Vergessenheit geriet und zum anderen ökonomische Probleme es für Deutschland selbst schwerer machten, insbesondere das Kriterium der jährlichen Neuverschuldungsgrenze von 3 Prozent einzuhalten. Über das eigene Überschreiten der Defizitgrenze von 60 Prozent des BIP ging die Bundesregierung stillschweigend hinweg. 2006 hatte die Gesamtverschuldung 68 Prozent des BIP erreicht. Die von 1998-2005 amtierende rot-grüne Bundesregierung gehörte zu den Kritikern des Dubliner Kompromisses, aber bemerkenswerterweise nicht mehr, weil er ihr, wie ihrer Vorgängerregierung, als zu verwässert erschien. Das Gegenteil war der Fall. Die Regierung Schröder plädierte für die weitere Relativierung der in Dublin vereinbarten Regeln und stellte die abstrakte Bindung der eigenen Verschuldungspolitik an gesamteuropäische Stabilitätsgrundsätze in Frage. Während die Europäische Zentralbank die „katholische Lehre der Bundesbank" (also die frühere Haltung der Bundesbank, Heusinger 2003: 28) verteidigte und nach wie vor auf der Einhaltung des Stabilitäts- und Wachstumspaktes beharrte, entbrannte zu Anfang des neuen Jahrtausends in Deutschland ein innenpolitischer Streit um dessen Verbindlichkeit. Hintergrund des Streites war die Situation der deutschen Staatsfinanzen und die Wachstumskrise der deutschen Volkswirtschaft. Die Nettoneuverschuldung erreichte 2002: 3,5% und 2003: 3,9% des BIP. Erst 2006 sank das Defizit wieder unter den Referenzwert von 3% des BIP. Während die Opposition auf der Einhaltung des europäisierten Regelwerkes beharrte, wobei die FDP sogar so weit gehen wollte, die Europäisierung der nationalen Politik in diesem Falle durch Aufnahme der Stabilitätskriterien in das Grundgesetz zu untermauern (Bundestagsdrucksache 15/3721), setzte sich die Regierung für den Kompromiss einer formalen Beachtung des Stabilitäts- und Wachstumspaktes bei gleichzeitiger Neuinterpretation ein.

Tabelle 7: Der Stabilitätspakt: deutscher Vorschlag (10.11.1995) und Dubliner Kompromiss (13.12. 1996)]

Kriterien	deutscher Vorschlag: „Stabilitätspakt"	Dubliner Vereinbarungen: „Stabilitäts- und Wachstumspakt"
Begrenzung der Neuverschuldung	3% „auch in wirtschaftlich ungünstigen Perioden", d.h. maximal 1% BIP, „in wirtschaftlichen Normallagen" (bei Ländern mit einer Gesamtverschuldung von über 50% weniger als 1%)	mittelfristig nahezu ausgeglichener Haushalt oder Überschuss
Ausnahmen	Bei Naturkatastrophen und schwerer Rezession (= Rückgang des BIP um mindestens 2% in 4 aufeinanderfolgenden Quartalen). Beschluss über Sachverhalt mit qualifizierter Mehrheit der Euroländer.	Bei einem „außergewöhnlichen Ereignis, das sich der Kontrolle des betreffenden Mitgliedstaates entzieht und erhebliche Auswirkungen auf die Finanzlage des Staates hat" oder im Fall einer „ernsten Rezession", d.h. bei realem BIP-Rückgang von mindestens 2% pro Jahr oder realem BIP-Rückgang von 0,75 bis 2% pro Jahr bei begründeten Einlassungen. Ein realer BIP-Rückgang von weniger als 0,75% pro Jahr rechtfertigt eine Ausnahme „in der Regel" nicht.
Höhe der Geldbuße bzw. der unverzinslichen Einlage bei Fehl-Verhalten	0,25% BIP je angefangenem Prozentpunkt der Überschreitung.	0,2% BIP plus ein Zehntel des das 3%-Kriterium übersteigenden Betrages, insgesamt maximal 0,5% BIP.
Automatisches Inkrafttreten der Sanktionen	JA. Bei Verletzung der Verschuldungsgrenze ohne Beschluss des Ministerrates	NEIN. Nur durch Beschluss des Ministerrates nach Art.104c EGV (heute 104). Kommission berichtet Rat. Rat entscheidet mit qualifizierter Mehrheit über Empfehlungen an Mitgliedsland. Bei Weigerung Fristen. Bei weiterer Weigerung: Veröffentlichung der Empfehlungen. Bei weiterer Weigerung: Vorgabe eines Zeitplans zum Defizitabbau. Bei weiterer Weigerung: Sanktionen.

Quelle: Überarbeitete Fassung der Angaben in: Steuer 2000: 12.

Auf die Einleitung eines Defizitverfahrens gegen Deutschland am 19. November 2002 wegen Nichteinhaltung des Stabilitäts- und Wachstumspaktes durch die EU-Kommission und die Feststellung eines übermäßigen Defizits

Deutschlands durch die EU-Finanzminister hatte die Bundesregierung zunächst mit verstärkten Bemühungen um haushaltspolitische Konsolidierung reagiert. Als sich deren Vergeblichkeit im Sommer 2003 abzeichnete, reagierte die Kommission im Herbst 2003 mit dem Vorschlag, das Defizitverfahren mit neuen Auflagen zu verschärfen. Was auf der supranationalen Ebene des europäisierten Entscheidens in der EU Zustimmung fand, wurde in intergouvernementalen Verhandlungen im Ministerrat wieder in Frage gestellt. Am 25. November 2003 setzten die EU-Finanzminister nach einer Kampfabstimmung im Ecofin-Rat die gegen Deutschland und Frankreich laufenden Defizitverfahren aus. Die Kommission sah darin ein vertragswidriges Vorgehen und klagte am 14. Januar 2004 mit Hinweis auf Verfahrensfragen vor dem Europäischen Gerichtshof, der am 13. Juli 2004 die Haltung der Kommission bestätigte.

Die Kommission nahm in dem Papier des Währungskommissars Joaquin Almunia vom September 2004 die Kompromisslinie der Bundesregierung auf, nämlich das Eintreten für den Stabilitäts- und Wachstumspakt bei gleichzeitiger Neuinterpretation seiner Regeln. Nach langwierigen Verhandlungen auf EU-Ebene und gegen den heftigen Widerstand von EZB und Bundesbank einigten sich die Finanzminister der EU im März 2005 auf eine Änderung des Paktes, vordergründig um diesen „einfacher und transparenter" zu machen. Die Neuregelungen betreffen vor allem zahlreiche neue Rechtfertigungen für eine Missachtung des 3 Prozent-Ziels bei der jährlichen Neuverschuldung. Diese sollen allerdings nur für Fälle gelten, in denen die 3 Prozent-Marke „leicht" überschritten werden, wobei allerdings offen bleibt, was „leicht" bedeuten soll – vermutet wurde weniger als 4 Prozent.

Damit hatte sich die Debatte weit von der ursprünglichen Intention des Stabilitäts- und Wachstumspaktes entfernt, die der frühere Chefvolkswirt der EZB, Otmar Issing (2005), bei einem Vortrag im Bayerischen Landtag so zusammengefasst hat: „Die eigentliche zentrale Botschaft des Stabilitäts- und Wachstumspakts ist nicht diese 3-Prozent-Grenze, sondern die Verpflichtung, dass ein Land in Zeiten guter Konjunkturlage einen ausgeglichenen Haushalt und wenn die Verschuldung hoch ist, einen Überschuss aufweisen sollte." Statt Haushaltsausgleich wurde die Haushaltsüberschreitung zum politischen Streitthema in Europa. Konnte vor der Reform von 2005 die Defizitgrenze nur bei außergewöhnlichen Ereignissen, wie Naturkatastrophen, überschritten werden und bei einem Schrumpfen der Wirtschaftsleistung um mindestens zwei Prozent, ist die Überschreitung nun schon bei jeglichem Schrumpfen der Wirtschaft, aber auch bei einer spürbar unter dem Trendwachstum liegenden Wachstumsrate der Wirtschaft erlaubt. Weitere relevante Faktoren bei der Überschreitung der Defizitgrenze können u. a. die mittelfristige wirtschaftliche Position eines Landes im Konjunkturzyklus, die Verwirklichung so genannter Lissabon-Reformen zur Steigerung der Wettbewerbsfähigkeit der Wirtschaft, Ausgaben für Forschung und Entwicklung, zurückliegende Anstrengungen zur Haushaltskonsolidierung, der Schuldenstand, die Höhe der öffentlichen Investitionen, die gesamte Qualität der öffentlichen Finanzen, Ausgaben für internationale Solidarität, für Verteidigung und für europäische Integrationsziele, sowie Kosten für Rentenreformen bei Systemwechseln im Rentensystem sein. Ergänzt wurde die Erweiterung der Ausnahmetatbestände und eine ebenfalls durchgesetzte Fristverlängerung für die Rückkehr zu einem haushaltspolitischen Stabilitätskurs im revidierten Stabilitäts- und Wachstumspakt durch die Bekräftigung der Verpflichtung zum Haushaltsausgleich in wirtschaftlich guten Zeiten (so genannter präventiver Arm des Abkommens). Allerdings drohen Ländern, die letztere Vertragsbestimmung ignorieren, keine Sanktionen der EU. Sanktionen gegen Vertragsverletzer wegen Überschreitung der Defizitgrenze sind zwar weiterhin möglich, aber wegen der Fülle der möglichen Rechtfertigungen vertragswidrigen Verhaltens äußerst unwahrscheinlich. Es ist paradox: Deutschland, das auf den Stabilitäts- und Wachstumspakt gedrungen hatte, um die Stabilität der neuen europäischen Währung zu sichern, hat letztendlich entscheidend dazu beigetragen, diese Absicherung zur Makulatur werden zu lassen. Über die Konsequenzen dieser Weichenstellung für die Stabilität des Euro entscheidet vor allem die Sichtweise der Finanzmärkte. Diese haben bisher nicht nur wegen der wirtschaftlichen Erholung in der EU noch keinen Vertrauensverlust in den Euro signalisiert. Hier half ganz entscheidend auch das Fehlen einer ökonomisch attraktiven Alternative, weil als Folge der amerikanischen Regierungspolitik der US-Dollar für internationale Anleger an Wert verlor.

Die Bundesbank versucht vergeblich, ihre durch die Europäisierung verloren gegangene stabilitätspolitische Wächterrolle nun im europäischen Raum wenigstens ein Stück weit zu erhalten: Dies tut sie vor allem durch Mobilisierung der Öffentlichkeit. Gegen Bundesregierung und Kommission verwahrte sie sich gegen eine Schwächung des Stabilitätspaktes durch dessen Neuinterpretation (FAZ, 8.9. 2004: 10). Die Reaktion der Bundesregierung, aber auch der anderen europäischen Regierungen war bezeichnend. Hätte zu DM-Zeiten die Stimme der Bundesbank die Finanzmärkte erschüttert, wurde sie nun darauf hingewiesen, sie solle besser öffentlich schweigen. Sie könne sich ja im EZB-Rat hinter verschlossenen Türen äußern. „Das heißt", so Finanzminister Hans Eichel, „dass im Zentralbankrat der EZB die Diskussion geführt, dort eine Meinung gebildet wird, die dann der Präsident der EZB auch einvernehmlich vertritt." (FAZ, 11.9. 2004: 11)

Als erster Schritt zur Haushaltsdisziplin in Deutschland (mit bisher mageren Konsequenzen) ist in diesem Zusammenhang die Zustimmung von Bund und Ländern zu einem neuen §51a des Haushaltsgrundsätzegesetzes zu sehen, der 2002 in Kraft trat. Hier heißt es nun: „Bund und Länder kommen ihrer Verantwortung zur Einhaltung der Bestimmungen in Artikel 104 des Vertrages zur Gründung der Europäischen Gemeinschaft und des europäischen Stabilitäts- und Wachstumspaktes nach und streben eine Rückführung der Nettoneuverschuldung mit dem Ziel ausgeglichener Haushalte an." Der Finanzplanungsrat soll entsprechende Empfehlungen zur Durchsetzung der Haushaltsdisziplin aussprechen. (Bundesgesetzblatt vom 10.12. 2001: 3961; Bundestagsdrucksache 14/8979: 6). Innerstaatlich sind die Kostenfolgen einer Strafzahlung der Bundesrepublik beim Überschreiten des Defizitkriteriums (jährliche maximale Nettoneuverschuldung von 3% des BIP) durch die Föderalismusreform des Jahres 2006 geklärt. Zuvor war der Bund als Mitglied der EU alleine für die Einhaltung der Maastricht-Kriterien verantwortlich. Artikel 109(5) des Grundgesetzes bestimmt: „Verpflichtungen der Bundesrepublik Deutschland aus Rechtsakten der Europäischen Gemeinschaft auf Grund des Artikels 104 des Vertrags zur Gründung der Europäischen Gemeinschaft zur Einhaltung der Haushaltsdisziplin sind von Bund und Ländern gemeinsam zu erfüllen. Sanktionsmaßnahmen der Europäischen Gemeinschaft tragen Bund und Länder im Verhältnis 65 zu 35. Die Ländergesamtheit trägt solidarisch 35 vom Hundert der auf die Länder entfallenden Lasten entsprechend ihrer Einwohnerzahl; 65 vom Hundert der auf die Länder entfallenden Lasten tragen die Länder entsprechend ihrem Verursachungsbeitrag."

Die Konstruktion der Europäischen Zentralbank (u.a. Tilch 2000, Gaitanides 2005) ähnelt auf den ersten Blick durchaus den gewohnten Strukturen der Bundesbank. Die Bemerkung, die Bundesbank habe ihre Machtposition auf europäischer Ebene in indirekter Form durch den Export ihrer geldpolitischen Grundsätze und Institutionen bewahrt, ist eine auch im Ausland häufig geäußerte Ansicht. Eine genauere Analyse der tatsächlich in Europa angekommenen Strukturen zeigt allerdings, wie wenig überzeugend und pauschal, ja irreführend (vgl. z.B. Seidel 1998), dieses Argument der Europäisierung der deutschen Währungspolitik durch Institutionenexport ist. Außerdem ist die in der Debatte häufig vernachlässigte Tatsache zu thematisieren, dass gleich wie man diese Entwicklung aus der europäischen Perspektive sieht, die Europäisierung der Währungspolitik selbstverständlich Rückwirkungen auf das Institutionengefüge der deutschen Geldpolitik hat.

Tabelle 8: Vergleich der Aufgaben und Strukturen der Deutschen Bundesbank (bis 31.12. 1998) und der Europäischen Zentralbank (EZB)

	Bundesbank	EZB
Direktorium	bis zu 8 Mitglieder Vorschlag der Bundesregierung/ Anhörung des Zentralbankrats/ Ernennung Bundespräsident Amtszeit: 8 Jahre, in Ausnahmefällen kürzer, mindestens 2 Jahre besondere fachliche Eignung	6 Mitglieder **Vorschlag und Ernennung durch Staats- und Regierungschefs der Mitgliedstaaten/** Empfehlung des Rates/Anhörung des Europäischen Parlamentes und des EZB-Rates Amtszeit: 8 Jahre besondere fachliche Eignung
Zentralbankrat	Direktorium und Präsidenten von 9 Landeszentralbanken Präsidenten von Länderregierungen vorgeschlagen/ Anhörung des Zentralbankrates/Vorschlag des Bundesrates/ Ernennung durch den Bundespräsidenten	Direktorium und Präsidenten der bislang 15 nationalen Zentralbanken **Maßgeblicher Einfluss der nationalen Regierungen auf die Ernennung der Präsidenten und Absprachen bei der Besetzung des Direktoriums**
Gewinnabführung	Bildung von Rücklagen Zufluss an Bundeshaushalt	Bildung von Rücklagen Ausschüttung der Gewinne nach nationalem Schlüssel (für Deutschland: 24,5%). Zufluss an Bundeshaushalt Gewinne der Bundesbank in europ. Pool (für die ersten drei Jahre nur die Gewinne aus monetären Einkünften). Bundesbank erhält Anteil von 24,5%. Zufluss an Bundeshaushalt

	Bundesbank	EZB
Zentrales Instrument	Steuerung der Geldmenge durch Vorgabe von Geldmengenzielen	Zwei-Säulen-Strategie (Steuerung der Geldmenge durch Vorgabe von Geldmengenzielen und Inflationsziel)
Sicherung der Währung	Verantwortung für Sicherung der Währung (BBankG §3)	Verantwortung für Preisstabilität (Art. 105 EG-Vertrag)
	Entscheidung über Wechselkurssystem durch Bundesregierung	**Entscheidung über Wechselkurssystem durch ECOFIN-Rat**
Geldemission	Monopol	Koordinationsfunktion. Nationale Verantwortung für Emissionen
	nationales Münzrecht	Genehmigung des Umfangs der Münzemissionen bei nationalem Münzrecht
Lender of last ressort	Bundesbank durch ihre Beteiligung an der Liquiditäts- und Konsortialbank, über die sie ggf. Kreditfazilitäten zur Verfügung stellt	Fehlt
Aufbau	einheitlich. Die Landeszentralbanken sind regionale Untergliederungen	**föderal. Die nationalen Zentralbanken bleiben als autonome Institutionen bestehen.**
Mitarbeiter	eigene, ca. 2700	auf Zeit von nationalen Zentralbanken, ca. 500

Fettgedruckt sind die Hebel politischer Intervention.

Die Europäisierung der Währungspolitik bedeutet auch deren teilweise Politisierung. Dies war im Vorfeld der Währungsunion immer heftig bestritten worden. Und es wurde darauf hingewiesen, wie systemwidrig nationale Interessenwahrnehmung in der EZB sei: „Wären die Gouverneure bei geldpolitischen Entscheidungen nationale Interessenverwalter, hätte es viel näher gelegen, die einzelne Stimme mit dem jeweiligen Anteil am Kapital zu gewichten" (Tietmeyer 1997: 24). Symbolisch wurde nationale Einflussnahme aber schon bei der Auswahl des ersten EZB-Präsidenten deutlich. Nicht die Fachkompetenz der Bewerber stand als Auswahlkriterium im Vordergrund, sondern nationale Interessenkonflikte und ein politisch vager Kompromiss. Der Kandidat Frankreichs, Jean-Claude Trichet, unterlag dem Kandidaten der Mehrheit der Euro-Länder, Wim Duisenberg (Niederlande). Es schien aber die Verabredung zu gelten, dass Letzterer aus Altersgründen vorzeitig zugunsten Trichets zurücktreten sollte. Es bleibt umstritten, ob hinter diesem Konflikt nicht nur französisches Prestigedenken steckte, sondern auch die Absicht einer stärkeren Anbindung der EZB an die Vorgaben des Rates der Europäischen Wirtschafts- und Finanzminister (Ecofin). Nach überstandenem Korruptionsuntersuchungen (The Economist, 1.11. 2003: 16), die seine Ernennung verzögerten und Duisenberg einige Monate zusätzlicher Amtszeit bescherten, übernahm Jean-Claude Trichet am 1. November 2003 das Amt des EZB-Präsidenten. Was immer sich Frankreich mit der Politisierung des Ernennungsverfahrens versprochen hatte, Präsident Trichet bewährte sich bisher als lupenreiner Verfechter der Aufgabe der EZB, die Geldwertstabilität zu sichern, ganz in der Tradition der Bundesbank. Es wird berichtet (Die Zeit, 29.5. 2008: 29), dass dies in Frankreich zum Teil auf Unverständnis stößt. Jean-Marie Colombani, der frühere Chefredakteur der Tageszeitung Le Monde, fragte Trichet, ob er sich sicher sei, nicht für den König von Preußen zu arbeiten. Generell gilt, die EZB sieht sich immer wieder mit den Ambitionen einiger Euroländer konfrontiert, die europäische Währungspolitik den tagungspolitischen Erfordernissen ihrer eigenen Wirtschaftspolitik nachzuordnen.

Politisiert wurden auch die Ernennungen für das Direktorium. 2004 verabredete die Bundesregierung mit Frankreich, Italien und Spanien, dass künftig ihre Mitglieder im Direktorium durch Nachfolger aus ihrer Gruppe besetzt werden. Dadurch haben diese vier Staaten quasi Dauerplätze im Direktorium, ganz gegen den Willen der EZB und anderer EU-Mitglieder (Der Spiegel, 8.3. 2004: 19). Aus deutscher Sicht neu ist auch die Forderung nach einer parlamentarischen Kontrolle der Notenbankpolitik. Im Europaparlament wurden Stimmen laut, die EZB transparenter zu machen, unter anderem dadurch, das Abstimmungsverhalten der Mitglieder im EZB-Rat bekannt zu geben, die Protokolle der EZB-Ratssitzungen zu veröffentlichen und eine Auskunftspflicht des EZB-Präsidenten gegenüber dem Währungs- und Wirtschaftsausschuss des Europäischen Parlaments einzuführen. Käme man diesen Forderungen nach, würden die Vertreter der nationalen Zentralbanken entsprechendem öffentlichem Druck in ihren Heimatländern ausgesetzt, und der politische Einfluss auf EZB-Entscheidungen würde insgesamt verstärkt werden. Bisher hat die EZB sich gegen solche Forderungen erfolgreich zur

Wehr gesetzt, die sie immer weiter von der Praxis der Bundesbank entfernen würden. Aber auch die bestehenden institutionellen Regeln politisieren Entscheidungsverfahren in einer Weise, die der Bundesbank fremd waren. Das Direktorium, das in der Bundesbank eindeutig den Kurs bestimmte, ist nicht nur zahlenmäßig in einer ausgeprägteren (und mit der Osterweiterung zunehmenden) Minderheitenposition gegenüber den Vertretern der Zentralbanken, es hat es auch mit einer anderen Qualität von Mitentscheidern zu tun. Die deutschen Landeszentralbankpräsidenten teilten die währungspolitischen Grundauffassungen des Direktoriums und hielten sich im Zweifel bei währungspolitischen Kontroversen zurück (Sturm 1990). Gleiches ist von den aus unterschiedlichen Stabilitätskulturen stammenden, zumindest teilweise auch nationalen Interessen verpflichteten Präsidenten der nationalen Zentralbanken nicht zu erwarten. Hier wird dann besonders wichtig, dass der EZB-Rat insgesamt, nach Vorbereitung des Direktoriums, die europäische Geldpolitik festlegt: „Solange das Umfeld gut ist, kann man mit der Heterogenität der nationalen Sichtweisen, die im Rat der EZB vertreten ist, leben. Aber es ist eine Schönwetterkonstruktion. Ein Rat mit möglicherweise 26 nationalen Vertretern kann nicht energisch handeln, sollte dies einmal erforderlich sein" (Gros 1998).

Ein zu großer EZB-Rat wäre zudem handlungsunfähig. Diese Einsicht führte relativ rasch zu einschneidenden Veränderungen, die deutlich machten, dass die Europäisierung der Geldpolitik so weit europäischer Konsens ist, dass nationale Vertretungsinteressen ohne größere politische Verwerfungen begrenzt werden können. Rechtzeitig vor der Osterweiterung der EU wurde die Struktur des EZB-Rates reformiert mit dem Ziel, dessen Arbeitsfähigkeit auch nach der Aufnahme weiterer Staaten in die Europäische Währungsunion zu sichern (Änderung der Abstimmungsregeln im EZB-Rat 2003). Allerdings wurde versäumt, die Regelung vor dem Beitritt der neuen EU-Länder am 1. Mai 2004 in allen Mitgliedstaaten zu ratifizieren, so dass dies wohl zusätzlich in den Beitrittsländern erfolgen muss, was erneute Verhandlungen in der Sache nicht ausschließt.

Ob mit der Reform die Regeln für die Entscheidungsfindung im EZB-Rat, wie es in der Begründung des Beschlusses heißt, transparent werden, mag dahin gestellt bleiben. Die neuen Regeln garantieren aber weiterhin die Vertretung aller Nationalbanken im EZB-Rat und deren Berücksichtigung je nach der ökonomischen Bedeutung des jeweiligen Landes im Zentralbanksystem. Nach dem Beschluss des Rates in der Zusammensetzung der Staats-

und Regierungschefs vom 21. März 2003 wurde eine Höchststimmzahl von 15 für die Vertreter der nationalen Zentralbanken im EZB-Rat festgelegt, um dessen Arbeitsfähigkeit und vor allem die Balance von Direktoriumsstimmen und Zentralbankstimmen zu erhalten. Artikel 10(2) der Satzung des Europäischen Systems der Zentralbanken und der Europäischen Zentralbank regelt dann weiter ein Rotationssystem für die Mitwirkung nationaler Zentralbanken bei Abstimmungen im EZB-Rat: „Ab dem Zeitpunkt, zu dem die Anzahl der Präsidenten der nationalen Zentralbanken 15 übersteigt, und bis zu dem Zeitpunkt, zu dem diese 22 beträgt, werden die Präsidenten der nationalen Zentralbanken aufgrund der Position des Mitgliedstaats ihrer jeweiligen nationalen Zentralbank, die sich aus der Größe des Anteils des Mitgliedstaats ihrer jeweiligen nationalen Zentralbank am aggregierten Bruttoinlandsprodukt zu Marktpreisen und an der gesamten aggregierten Bilanz der monetären Finanzinstitute der Mitgliedstaaten, die den Euro eingeführt haben, ergibt, in zwei Gruppen eingeteilt. Die Gewichtung der Anteile am aggregierten Bruttoinlandprodukt zu Marktpreisen und an der gesamten aggregierten Bilanz der monetären Finanzinstitute beträgt 5/6 bzw. 1/6. Die erste Gruppe besteht aus fünf Präsidenten der nationalen Zentralbanken und die zweite aus den übrigen Präsidenten der nationalen Zentralbanken. Die Präsidenten der nationalen Zentralbanken, die in die erste Gruppe eingeteilt werden, sind nicht weniger häufig stimmberechtigt als die Präsidenten der nationalen Zentralbanken der zweiten Gruppe. Vorbehaltlich des vorstehenden Satzes werden der ersten Gruppe vier Stimmrechte und der zweiten elf Stimmrechte zugeteilt.

Ab dem Zeitpunkt, zu dem die Anzahl der Präsidenten der nationalen Zentralbanken 22 beträgt, werden die Präsidenten der nationalen Zentralbanken nach Maßgabe der sich aufgrund der oben genannten Kriterien ergebenden Position in drei Gruppen eingeteilt. Die erste Gruppe, der vier Stimmrechte zugeteilt werden, besteht aus fünf Präsidenten der nationalen Zentralbanken. Die zweite Gruppe, der acht Stimmrechte zugeteilt werden, besteht aus der Hälfte aller Präsidenten der nationalen Zentralbanken, wobei jeder Bruchteil auf die nächste ganze Zahl aufgerundet wird. Die dritte Gruppe, der drei Stimmrechte zugeteilt werden, besteht aus den übrigen Präsidenten der nationalen Zentralbanken" (Bundestagsdrucksache 15/1654: 8).

Die politische Ebene der europäisierten Währungspolitik wurde dadurch gestärkt, dass die Finanzminister der Euro-Gruppe im September 2004 beschlossen, sich einen eigenen Vorsitzenden und damit Sprecher zu geben. Zum ersten Vorsitzenden der Euro-Gruppe wurde der luxemburgische Ministerpräsident und Finanzminister Jean-Claude Juncker gewählt. Diese Entscheidung griff aus praktischen Erwägungen dem geplanten (aber gescheiterten) Europäischen Verfassungsvertrag bzw. dem Lissabonner Vertrag voraus. In dem dem Lissabonner Vertrag beigefügten Protokoll Nr. 14 betreffend die Euro-Gruppe heißt es, dass ein verstärkter Dialog zwischen den Mitgliedstaaten, die den Euro eingeführt haben, nötig sei und dass sich zu diesem Zwecke die Minister dieser Mitgliedstaaten zu informellen Sitzungen zusammenfinden. Diese Minister sollen für die Dauer von zweieinhalb Jahren einen Präsidenten der Euro-Gruppe wählen. Der Vertrag von Lissabon macht die bisher wegen ihrer Unabhängigkeit außerhalb der EU-Institutionen gebliebene EZB darüber hinaus zu einem „Organ" der EU, was von der EZB allerdings als Einfallstor für die politische Einflussnahme auf deren Entscheidungen durch EU-Institutionen kritisiert wurde.

Ursprünglich stand als zentrales Instrument der EZB-Strategie die Vorgabe von Geldmengenzielen im Vordergrund (Issing u.a. 2001). Inzwischen hat die Inflationsentwicklung als Zielvorgabe an Bedeutung gewonnen. Ja es wurde in der öffentlichen Debatte sogar die so genannte „Taylor rule" ins Gespräch gebracht, die der Zentralbank nahe legt, bei geldpolitischen Entscheidungen auch das konjunkturelle Umfeld einzubeziehen. Im Hinblick auf politische Rücksichtnahme wurde die Frage gestellt, ob die derzeit gültige Zwei-Säulen-Strategie der EZB, die anders als die Bundesbank neben Geldmengenzielen auch versucht, Inflationsziele zu optimieren, die EZB nicht zu kurzfristigerem und deutlicher tagespolitisch motiviertem Eingreifen animiert (Welter 2004). Die Zwei-Säulen-Strategie ist auch im EZB-Rat nicht unumstritten. Auf einer Konferenz im Juli 2004 in Frankfurt bemerkte der damalige Chef-Volkswirt der EZB, Otmar Issing: „Ich hoffe, dass wir die Bedeutung der Geldmenge nicht erst dann erkennen, indem wir abermals praktisch lernen müssen, dass Geld und Inflation zusammenhängen." (FAZ, 10.7. 2004: 1)

Haushaltspolitisch macht sich die Europäisierung der deutschen Währungspolitik in einem sinkenden Beitrag zum Bundesbankgewinn deutlich, wodurch als Folge auch nationale finanzpolitische Handlungsspielräume begrenzt werden. 2001 entschied der EZB-Rat über einen Verteilungsschlüssel der Einnahmen aus der so genannten Seigniorage. Diese Einnahmen ergeben sich, weil Notenbanken einerseits Geldscheine zinslos ausgeben, andererseits aber für die entsprechenden Deckungsmittel auf der anderen Seite der Bilanz von den Geschäftsbanken Zinsen erhalten. Diese Geldquelle war für die Bundesbank besonders ertragreich, weil die DM einen Anteil von ca.

40% am gesamten Umlauf aller Euro-Währungen hielt. Der EZB-Rat beschloss hingegen, die erwähnten monetären Einkünfte nach dem Anteil der Kapitaleinlagen der nationalen Notenbanken an der EZB zu verteilen – mit einer Übergangsperiode bis 2007. 2007 sank der Bundesbankanteil auf 30%. Auch die unvollständige Europäisierung der Instrumente der EZB bietet Gefahren (zum Folgenden vgl. auch Heinsohn/Steiger 1999). Die EZB ist eine hinsichtlich ihrer Aktiva in Europa zu vernachlässigende Instanz. Bei ihr lagerten mit dem Start der Währungsunion (1999) nur ca. sechs Prozent aller Aktiva des Eurosystems. Diese bestehen nur aus Währungsreserven. Deshalb kann die EZB nur auf den Gold- und Devisenmärkten tätig werden. Die Hauptverantwortung für die Emission des Euro haben die nationalen Zentralbanken. Der EZB fehlt die umfassende Zuständigkeit für die Kontrolle der Sicherheiten, die nationale Zentralbanken bereit sind zu akzeptieren, wenn sie im Gegenzug Privatbanken mit Euros versorgen. Die dafür üblichen Geschäfte einer Zentralbank, in erster Linie zu nennen sind hier die Wertpapierpensionsgeschäfte, bleiben Aufgabe der nationalen Zentralbanken. Wertpapierpensionsgeschäfte dienen der Refinanzierung der Privatbanken, wobei die Zentralbanken eine Rückkaufvereinbarung für Wertpapiere eingehen, die den Zeitpunkt festlegt, wann die Geschäftsbanken die Wertpapiere zurückkaufen. Hier kann die EZB die Qualität der Sicherheiten (Kategorie-1-Sicherheiten) prüfen. Das Risiko der Wertpapierverschlechterung bleibt bei den Geschäftsbanken. Anders als dies die Bundesbank akzeptiert hätte, ist nicht ausgeschlossen, dass nationale Zentralbanken auch endgültige Einkäufe von Wertpapieren tätigen und damit das Wertpapierrisiko in das europäische Währungssystem verlagern.

Weitgehender noch ist eine andere nicht auszuschließende Verhaltensweise nationaler Zentralbanken. Nämlich ihre Bereitschaft (auch auf politischen Druck hin), sogenannte Kategorie-2-Sicherheiten zu akzeptieren. Hier prüfen nur die nationalen Zentralbanken das Risiko, auch wenn die durch sie erworbenen Euros grenzüberschreitend genutzt werden können. Heinsohn/Steiger (1999: 14) erläutern: Zu den Kategorie-2-Sicherheiten „gehören neben marktfähigen Schuldtiteln und frei gehandelten Aktien auch nicht marktfähige, also illiquide Titel. Ausstellen darf sie nicht nur der private, sondern auch der staatliche Sektor. Neben den – aufgrund ihrer hohen Volatilität – risikoreichen Aktien sind es vor allem nicht marktfähige Schuldtitel der öffentlichen Hand, die für die Stabilität des Euro als größte Gefahr wirken."

Die Europäisierung der Währungspolitik hatte für Deutschland auch innerstaatliche Konsequenzen. Die Landeszentralbanken wurden zunächst zur dritten Ebene von Währungspolitik und benötigten angesichts der europäischen Kompetenzkonzentration noch weniger Profil als bisher. Selbst die Bundesbank konnte ihren Mitarbeiterstab kaum noch rechtfertigen und versuchte sich durch Ausweitung ihrer Kompetenzen in der Bankenaufsicht neue Tätigkeitsfelder zu erschließen. Die durch die Europäisierung der Währungspolitik ausgelöste Debatte über die Zukunft der Landeszentralbanken (LZBs) hatte auch eine föderalismusspezifische Komponente bekommen. Zwar war die Bundesbank im Gegensatz zu ihrer Vorgängerorganisation „Bank deutscher Länder" (1948-1957) keine Einrichtung der Länder, auch wenn die Präsidenten der Landeszentralbanken im Zentralbankrat de facto von einzelnen Ländern benannt wurden. Die Frage nach der Rolle der Länder bei der Reform der Bundesbank schien auch deshalb geklärt, weil sie ausführlich bei der Verkleinerung der Zahl der Landeszentralbanken von 11 auf 9 nach der deutschen Einheit diskutiert und (zuungunsten der Länder) entschieden worden war. Eine von Bund und Ländern eingesetzte Expertenkommission, geleitet vom ehemaligen Bundesbankpräsidenten Karl Otto Pöhl, hatte in der zweiten Hälfte des Jahres 2000 vergeblich versucht, einen akzeptablen Kompromissvorschlag zur Zukunft der Bundesbank zu entwickeln.

In der Auseinandersetzung von Bundesregierung und Ländern setzte sich ein im Sinne der Bundesbank modifizierter Vorschlag der Bundesregierung durch. Bemerkenswerterweise fand die entscheidende Beschlussfassung im Bundesrat ohne die unionsgeführte Mehrheit der Länder statt, weil diese aus Protest gegen das verfassungswidrige Abstimmungsverfahren im Bundesrat zum Zuwanderungsgesetz vor diesem Tagesordnungspunkt aus dem Bundesrat ausgezogen waren. Bis zuletzt war die Beseitigung des Ländereinflusses auf die Bundesbankpolitik durch Abschaffung der Landeszentralbanken umstritten. Der Bundesregierung fehlte die nötige Mehrheit im Bundesrat. Das Bundesbankgesetz ist zwar nur ein Einspruchsgesetz, aber die Bundesregierung schien zwei Drittel der Bundesratsstimmen gegen sich zu haben. Eine entsprechende Mehrheit im Bundestag zur Abweisung des Einspruchs fehlte ihr. Diese Hürde konnte beiseite geräumt werden, als der Bundesfinanzminister Nordrhein-Westfalen zusagte, die damals noch geplante Transrapidstrecke von Düsseldorf nach Dortmund mit ca. 1,7 Milliarden Euro zu bezuschussen. Nach dieser Zusage gab die nordrhein-westfälische Landesregierung ihre Bedenken gegen die Unterhöhlung des Föderalismus durch eine Abschaffung der Landesbanken auf (Müller 2002: 10). Damit reichte die Zahl der Nein-Stimmen im Bundesrat nicht mehr für eine Zwei-Drittel-Mehrheit.

Tabelle 9: Vorschläge der Bundesbank, der Bundesregierung und der Länder zur Bundesbankreform, die die Konsequenzen aus der Europäisierung der Währungspolitik zogen und heutige Situation

	Bundesbank	Bundesregierung	Länder	Situation heute
Innere Organisation	Hauptverwaltungen	Hauptverwaltungen	Beibehaltung der 9 LZBs	9 Hauptverwaltungen
Ersetzen des Zentralbankrates durch Vorstand mit	8 Mitgliedern ein Teil der Mitglieder wird vom Bundesrat ernannt	6 Mitgliedern alle von der Bundesregierung ernannt	11 Mitgliedern fünf Direktorium sechs LZB-Präsidenten von neun (drei weitere beratend nach Rotationsverfahren)	8 Mitgliedern vier (einschließlich des Präsidenten und des Vizepräsidenten) werden von der Bundesregierung ernannt, vier Mitglieder vom Bundesrat
Bankenaufsicht	zentral	ausgelagert	dezentral	zentral und ausgelagert

Die reformierte Deutsche Bundesbank hat seit dem 1. Mai 2002 einen achtköpfigen Vorstand, der die Aufgaben übernahm, die vorher vom Zentralbankrat wahrgenommen wurden. Vier Mitglieder des Vorstands bestimmt die Bundesregierung, vier weitere bestimmen die Länder durch Votum des Bundesrates. Der Präsident und der Vizepräsident kommen aus der Gruppe der von der Bundesregierung vorgeschlagenen Mitglieder. Die Landeszentralbanken wurden zu Hauptverwaltungen der Bundesbank, auf deren Leitung die Länder keinen direkten Einfluss mehr haben. Die neun Hauptverwaltungen sind nach dem Namen der Sitzstadt (Berlin, Düsseldorf, Frankfurt, Hannover, Hamburg, Leipzig, Mainz, München, Stuttgart) und nicht mehr den Ländern ihres Zuständigkeitsbereichs benannt (Bundestagsdrucksache 14/6879). Das Filialnetz der Bundesbank wurde bis 2007 von ursprünglich 118 auf 47 Standorte reduziert und 30% der 16 000 Stellen bei der Bundesbank wurden abgebaut, ein weiterer Abbau ist geplant (Bundestagsdrucksache 16/608).

Die Europäisierung der Währungspolitik hatte auch Konsequenzen für die Neuordnung der Bankenaufsicht in Deutschland. Die 2002 gefundene Lösung etablierte in Bonn eine Bundesanstalt für Finanzdienstleistungen (Ba-

Fin) in der Verantwortung des Finanzministeriums in Berlin, die die Aufsichtskompetenzen der bisherigen drei Bundesoberbehörden, der Bundesämter für das Kreditwesen, für das Versicherungswesen und für den Wertpapierhandel, übernahm. Die Kompetenzen der Bundesbank bei der Bankenaufsicht sind in die der neuen Bonner Allfinanzaufsicht eingebunden, werden aber nicht beschränkt. Eher ist das Gegenteil der Fall. Wegen der strengeren Vorgaben für die Kreditvergabe der Geschäftsbanken nach den Regeln von Basel II müssen die Hauptverwaltungen der Bundesbank mehr vor Ort prüfen als bisher. Zwar wurde die Bundesbank nicht mit der gesamten Bankenaufsicht betraut, sie hat aber eigene Aufgaben behalten und damit einen weiteren Einflussverlust als Folge der Neubestimmung ihrer Rolle nach der Europäisierung der Währungspolitik vermieden. Zunächst gab es im Zusammenspiel von BaFin und Bundesbank erhebliche Probleme. Bei einer Umfrage unter mehr als 800 Kreditinstituten im Jahr 2006 gaben mehr als die Hälfte an, die Aufgabenteilung zwischen BaFin und Bundesbank sei nicht transparent, wobei die Erfahrungen mit der Bundesbank als besser eingestuft wurden (FAZ, 6.8. 2007, S. 11). Im Februar 2008 einigten sich Bundesbank und BaFin auf eine genauere Abgrenzung ihrer Aufgaben, um Doppelarbeit zu vermeiden. Die BaFin soll die alleinige Zuständigkeit für alle aufsichtsrechtlichen Maßnahmen wie die Erteilung von Banklizenzen oder die Abberufung von Geschäftsleitern behalten. Nach Abstimmung mit der Bundesbank soll sie auch über Auslegungsfragen der bankenaufsichtlichen Regeln entscheiden. Die Bundesbank ist für die laufende Überwachung der Kreditinstitute zuständig, einschließlich der großen Institute und der „Problembanken". Auch das routinemäßige Aufsichtsgespräch mit den Banken fällt in die Zuständigkeit der Bundesbank. Nur in besonderen Fällen nimmt die BaFin bankgeschäftliche Prüfungen in Eigenregie vor (FAZ, 6.2. 2008, S. 12).

Der deutschen Bankenaufsicht gelang es aber nicht, die drohende Finanzkrise der deutschen Banken 2008 als Folge der weltweiten Weitergabe „fauler Kredite" auf dem US-Immobilienmarkt rechtzeitig zu entdecken. Die BaFin schob die Verantwortung den Rating-Agenturen zu, die die besten Noten (Triple A) für diese Finanzprodukte vergeben hatten. Der BaFin Präsident Jochen Sanio sagte: „Wir hatten keine Chance, uns ein eigenes Urteil zu bilden." Den Banken warf er vor, Papiere gekauft zu haben, ohne das Risiko zu kennen. Diskussionswürdig fand er auch die Idee, dass Banken von einer bestimmten Größe an gerettet werden müssen (FAZ, 16.5. 2008, S. 11). Die Finanzkrise, die auch zur Schließung einer Bank, der Weserbank aus Bremerhaven, der faktischen Verstaatlichung und anschließenden „Re-

Privatisierung" zum Spottpreis der IKB, der Rettung der HRE, sowie im Herbst der Entwicklung eines Schutzprogramms für die deutsche Finanzwirtschaft führte, wirft eine Reihe von Fragen auch hinsichtlich der Effizienz der deutschen Bankenaufsicht auf. Auch wenn durch die Einigung von 2008 der Machtkampf zwischen BaFin und der Bundesbank um die Bankenaufsicht, der auch parteipolitisch die SPD in Konfrontation mit der CDU brachte, entschärft sein dürfte, bleibt der unbefriedigende Anschein, die Bankenaufsicht funktioniere nur in Routineangelegenheiten. Auf EU-Ebene gelingt es bisher nicht, eine Bankenaufsichtsbehörde zu installieren. (Die EZB würde dies gerne mit Hilfe des Netzes der nationalen Notenbanken organisieren.) Damit bleibt es auch Aufgabe der deutschen Finanzkontrolleure Weitsicht zu beweisen, die Mechanismen der Globalisierung zur Kenntnis zu nehmen und hinreichend Expertise zu entwickeln, um die sich rasch wandelnden weltweiten Finanzmärkte ausreichend zu verstehen.

4.2 Kartellaufsicht: Das Bundeskartellamt und die Europäische Kommission. Wozu dient Wettbewerbspolitik?

In einer Marktwirtschaft kommt dem wirtschaftlichen Wettbewerb ein zentraler Stellenwert zu. Von ihm wird erwartet, dass er die Leistungen der Wirtschaftsteilnehmer optimiert und Anreize bietet, Kunden über günstige Preise zu gewinnen. Der Wettbewerb erzwingt Produktivitätssteigerungen zur Kostensenkung und ein verbraucherfreundliches Verhalten der Anbieter von Produkten. Kurz gesagt: Der wirtschaftliche Wettbewerb ist der entscheidende Mechanismus zur Sicherung der Vorteile einer Marktwirtschaft.

Ideale Voraussetzung für wirtschaftlichen Wettbewerb ist die vollständige Konkurrenz, also das Vorhandensein von Märkten, auf denen ohne Einschränkung viele Anbieter konkurrieren. In der wirtschaftlichen Realität sind bestenfalls Annäherungen an dieses Ideal zu finden. Die Regel sind Märkte mit unterschiedlich großen und nicht selten auch nur wenigen Konkurrenten. Vollständige Konkurrenz stellt sich nicht automatisch auf jedem Produktmarkt her. Erfindungen beispielsweise, oder neue Produkte, die mit hohen Entwicklungskosten verbunden sind, können zunächst zum Markteintritt von nur wenigen Firmen führen. Mit dem Ablaufen von Patenten und der Massenproduktion neuer Angebote sinken allerdings die Markteintrittsschranken und der Kreis der konkurrierenden Firmen erweitert sich.

Aus der Sicht der eingesessenen Unternehmen ist Konkurrenz kein Vorteil. Der Alleinanbieter eines Produktes kann überhöhte Preise verlangen, muss kein Geld zur Modernisierung seiner Produktionsanlagen investieren und sich nicht um die Vermarktung von Produkten kümmern. Unternehmen neigen dazu, wirtschaftlichen Erfolg nicht nur im wirtschaftlichen Wettbewerb zu suchen, sondern auch durch dessen Beseitigung. Hierzu gibt es viele Wege, von der Absprache mit anderen Unternehmen über Preise oder Lieferbedingungen beispielsweise, bis hin zum Aufkaufen von Konkurrenten. Die Beseitigung der Konkurrenz durch Oligopole (wenige Anbieter) oder Monopole (ein Anbieter) ist eine in der Logik der Marktwirtschaft liegende Tendenz.

Um die gesamtgesellschaftlichen Vorteile der Marktwirtschaft zu erhalten, bedarf es deshalb der Intervention des Staates. Der Markt – heute ist dies neben dem nationalen Markt der europäische Binnenmarkt – muss durch eine Marktordnungspolitik geschützt werden. Ebenso wie politische Gemeinwesen sich eine Verfassung geben, um die Spielregeln des gesellschaftlichen Zusammenlebens festzulegen, bedarf es auch für den wirtschaftlichen Austausch einer Marktverfassungspolitik, um die Spielregeln der Marktwirtschaft zu garantieren. In abstrakter Form wird man für diese Feststellung in der Europäischen Union und ihren Mitgliedstaaten allgemeine Zustimmung finden. Komplizierter wird es bei der Festlegung von Details.

Dies gilt zum einen deshalb, weil es national unterschiedliche Traditionen des Umgangs mit der Marktordnungspolitik gibt, zum anderen, weil es, wenn es um konkrete Entscheidungen zur Kontrolle von Unternehmensentscheidungen geht, Streit um den Interventionszeitpunkt und die angemessene Interventionsform gibt. Denn sowohl auf europäischer als auch auf nationaler Ebene gibt es keine verbindliche Definition von Wettbewerb, die als Maßstab für staatliche Eingriffe dienen könnte. Bei der Wettbewerbspolitik geht es immer nur darum festzustellen, wann der Wettbewerb bedroht sein könnte, nicht aber darum, ihn zu gestalten. Letzteres bleibt Aufgabe der Märkte. Wettbewerbspolitik wird also definiert als Summe der Handlungen, Bestrebungen und Maßnahmen staatlicher Institutionen, die einen freien funktionsfähigen Wettbewerb in marktwirtschaftlichen Systemen ermöglichen, ordnen und sichern (Olten 1995: 159). Der Maßstab für die Feststellung von Einschränkungen des Wettbewerbs wird im politischen Entscheidungsprozess gefunden und schlägt sich in einer entsprechenden Gesetzgebung nieder. Im nationalen Rahmen sind dies die Gesetze gegen Wettbewerbsbeschränkungen (z.B. in Deutschland das GWB von 1957), im europäischen die Bestimmungen des EG-Vertrags, sowie von der Europäischen Kommission initiierte Richtlinien und Verordnungen.

Strittig ist bis heute, ob das Vorhandensein von Wettbewerb an Marktstrukturen, also der ausreichenden Zahl konkurrierender Anbieter, oder an den ökonomischen Wirkungen von Marktstrukturen für Produzenten und Verbraucher gemessen werden soll (Haucap 2007). Bei der wirtschaftspolitischen Beurteilung von Wettbewerb lassen sich drei Schulen wettbewerbspolitischen Denkens unterscheiden:

1. der auf die Freiburger Schule der sozialen Marktwirtschaft zurückgehende Ordoliberalismus, der auch heute noch die Entscheidungskultur des deutschen Bundeskartellamtes prägt. Er geht davon aus, dass per se der Wettbewerb bedroht ist, wenn bestimmte im GWB festgelegte Grenzziehungen, z.B. für den Zusammenschluss von Unternehmen, wie Konzentrationsmaße in einer Industrie oder das Errichten von Markteintrittsbarrieren, überschritten sind. Eine Feststellung der Überschreitung solcher gesetzlich normierter Grenzen ebnet den Weg zu rechtsstaatlichen Verfahren, also Verboten durch das Kartellamt, die durch die zuständigen Gerichte (OLG Düsseldorf, Bundesgerichtshof) überprüft werden können. Der Per-se-Regel wird entgegengehalten, dass weniger Wettbewerb sich nicht automatisch negativ auf Produzenten und Verbraucher auswirken muss. Mehr Flexibilität bei Entscheidungen der Kartellbehörden sei erforderlich, die auch Abweichungen im Einzelfall, wo dies aus ökonomischen Gründen gerechtfertigt scheint (Rule of Reason), ermöglicht.

2. der Ansatz der Harvard School, entwickelt von J.M. Clark 1940 in den USA. Das Konzept des funktionsfähigen Wettbewerbs („workable competition") wurde in Deutschland von einem ersten Mitglied der deutschen Monopolkommission, Erhard Kantzenbach (1966), popularisiert. Kantzenbach argumentierte, dass eine Situation, in der Märkte in der Hand weniger großer Anbieter („weite Oligopole") seien, durchaus dem Wettbewerb förderlich sei. Denn die Tatsache, dass es noch Wettbewerber gibt, halte den Wettbewerb im Prinzip aufrecht, ihre kleine Zahl verschärfe ihn sogar. Großen Wettbewerbern in Oligopolen stehen mehr Ressourcen zur Verfügung, so dass diese im Wettbewerb intensivere Anstrengungen im Bereich technischer Innovation und für die Modernisierung ihrer Produktion machten. Die Verschärfung des Wettbewerbs sei im weiten Oligopol auch deshalb wahrscheinlicher, weil im durch Oligopole vermachteten Markt die einzelne Innovation

für die einzelbetriebliche Wettbewerbsfähigkeit von weit größerer Bedeutung sei als im atomisierten Markt der breiten Konkurrenz.

3. der Ansatz der Chicago School, der sich vom Ordoliberalismus dadurch unterscheidet, dass er staatliches Eingreifen zur Herstellung oder Bewahrung von Wettbewerb skeptisch gegenübersteht und in erster Linie auf die Selbstheilungskräfte des Marktes setzt. Vom Ansatz der Harvard School trennt ihn die reduzierte Erwartung an die Ziele, die Wettbewerbspolitik erreichen soll. Für die Chicago School steht nur ein Ziel im Vordergrund, nämlich das Erreichen von zusätzlicher ökonomischer Effizienz. Effizienzgewinne werden definiert als quantifizierbare Vorteile für Konsumenten und Produzenten (Budzinski 2007). Ob diese von Monopolen oder in einer Wettbewerbssituation erbracht werden spielt für die Chicago School keine Rolle. Was zählt ist das wirtschaftliche Ergebnis von Wettbewerb, nicht die Struktur der Märkte. Die Chicago School verficht also einen Ansatz, der wegführt von Fragen der Marktverfassung und stärker hin führt zu ökonomischem Denken, weshalb dieser Ansatz auch „more economic approach" genannt wird. Der „more economic approach" ist inzwischen eine wichtige Meßlatte europäischer Wettbewerbspolitik geworden und hat die ordoliberale Tradition europäischer Wettbewerbspolitik in den Hintergrund gedrängt.

Wirtschaftsintegration war in der EU immer mehr als nur der Versuch zur optimalen Gestaltung des ökonomischen Raums. Von ihr wurden weitgehende Wohlstandsgewinne erwartet, ein europäischer Mehrwert in Form von Wachstum, Arbeitsplätzen und Einkommen, der die Bürger von den Vorteilen der Integration überzeugt und weitere Integrationsschritte rechtfertigt. Die Wirtschaftsintegration transportierte auch Ideen hinsichtlich der Rolle des Staates in der Wirtschaft und seiner sozialen und regionalpolitischen Rolle.

Von zentraler Bedeutung für die europäische Wirtschaftsintegration ist die Vision des Binnenmarktes, der sich auszeichnet durch die vier Freiheiten von Arbeit, Dienstleistungen, Waren und Kapital. Auf dem europäischen Binnenmarkt wird wirtschaftlicher Wettbewerb, wenn er durch eine Politik der Liberalisierung der Märkte und des Rückzugs des Staates zustande gekommen ist, als Garant des wirtschaftlichen Erfolges der Europäischen Union angesehen, insbesondere wenn es gelingt, durch wissenschaftliche Innovationen Europa eine Führungsrolle in neuen Technologien zu sichern. Bei einem Treffen der Staats- und Regierungschefs der EU in Lissabon im Jahre 2000 wurde diese Integrationsphilosophie nicht nur bekräftigt, sondern zum

Programm erhoben. Der „Lissabon-Prozess" setzte der EU das strategische Ziel, sich im Jahre 2010 zum wettbewerbstärksten Wirtschaftsraum der Welt zu entwickeln. Dieses strategische Ziel war zwar im zunächst geplanten Zeitraum nicht zu erreichen, es bleibt aber in modifizierter Form Leitbild der europäischen Wirtschaftsverfassung.

Die Wettbewerbspolitik der Europäischen Gemeinschaften ist so alt wie diese selbst. Sie ist als Instrument, um einen „Gemeinsamen Markt" im Bereich Kohle und Stahl zu schaffen (Art. 4 EGKS-Vertrag), bereits im Gründungsvertrag der Europäischen Gemeinschaft für Kohle und Stahl (EGKS), dem sogenannten Montanunion-Vertrag enthalten. Artikel 60 (Diskriminierungsverbot), 65 (Kartellverbot), und 66 (Fusionsverbot) desselben Vertrags definieren die Anforderungen an einen Gemeinsamen Markt detaillierter.

Die Grundlagen für die heutige Wettbewerbspolitik wurden mit der Gründung der Europäischen Wirtschaftsgemeinschaft (EWG) gelegt. Die EWG sollte einen Gemeinsamen Markt für alle Waren und Leistungen schaffen (Art. 2 EWG-Vertrag). Artikel 3 f EWG-Vertrag sieht die „Errichtung eines Systems" vor, „das den Wettbewerb innerhalb des Gemeinsamen Marktes vor Verfälschungen schützt" und billigt der Gemeinschaft die „Anwendung von Verfahren [zu], welche die Koordinierung der Wirtschaftspolitik der Mitgliedstaaten und die Behebung von Störungen im Gleichgewicht ihrer Zahlungsbilanzen ermöglichen" (Artikel 3 g EWG-Vertrag). Darüber hinaus wird in Artikel 3 h die Angleichung der innerstaatlichen Rechtsvorschriften angestrebt, „soweit dies für das ordnungsgemäße Funktionieren des Gemeinsamen Marktes erforderlich ist" (Mische 2002: 143).

Konkretisiert wurden diese Bestimmungen im zweiten („Grundlagen der Gemeinschaft") und dritten Teil („die Politik der Gemeinschaft") des EWG-Vertrages. Titel 1 der „Grundlagen der Gemeinschaft" regelt den freien Warenverkehr in Form der Abschaffung von Zöllen innerhalb der Gemeinschaft. Die Wettbewerbspolitik im eigentlichen Sinne wird innerhalb des dritten Teils („die Politik der Gemeinschaft") durch die Artikel 85-94 EWG-Vertrag festgelegt. Die vertragliche Basis der Wettbewerbspolitik hat sich seit der Verabschiedung des EWG-Vertrags nur geringfügig verändert, während auf der Durchführungsebene eine Reihe von Veränderungen über Verordnungen erfolgte. In erster Linie ist hier die Fusionskontrollverordnung zu nennen, die 1989 hinzu kam (Niemeyer 1991).

Die wichtigsten Akteure der Wettbewerbspolitik sind die Europäische Kommission, der EuGH (Gerichtshof erster Instanz) sowie der Rat der Europäischen Union, während das Europäische Parlament eher eine Nebenrolle spielt, da es auf Grund des in der Wettbewerbspolitik angewandten Verfahrens keine Entscheidungskompetenz besitzt und ebenso wie der Wirtschafts- und Sozialausschuss nur angehört wird. Die Gewichtung der Akteure unterscheidet sich je nach Teilbereich der Wettbewerbspolitik.

Die Kontrolle der Einhaltung der Wettbewerbsregeln obliegt der Kommission, die somit die Europäische Kartellbehörde ist. Im Unterschied zum zweistufigen Aufbau des Wettbewerbsschutzes in Deutschland gibt es auf europäischer Ebene nur eine Entscheidungsinstanz. In Deutschland wendet das Bundeskartellamt das Gesetz gegen Wettbewerbsbeschränkungen mit der Möglichkeit der richterlichen Überprüfung an. Mit der Ministererlaubnis (Ausnahmegenehmigung des Wirtschaftsministers) gibt es im Bereich der Fusionskontrolle aber zusätzlich eine gelegentlich genutzte zweite Entscheidungsstufe, auf welcher der Wettbewerbsschutz durch eine politische Entscheidung der Wahrung des öffentlichen Interesses nachgeordnet werden kann.

Die Europäische Kommission entscheidet auf der Grundlage der Vorarbeiten der Generaldirektion Wettbewerb (GD Wettbewerb, früher GD IV). In der Kommissionsentscheidung mischen sich nationale Interessenpolitik, zum Beispiel hinsichtlich der Zukunft von in bestimmten Ländern beheimateten Unternehmen, mit Überlegungen zu den wettbewerbspolitischen Folgen von Kommissionsentscheidungen sowohl in Bezug auf die Wettbewerbssituation auf dem europäischen Binnenmarkt als auch im Bezug auf die sich möglicherweise abzeichnende Notwendigkeit, den Wettbewerb auf dem europäischen Binnenmarkt bei der Kommissionsentscheidung zu vernachlässigen, um schlagkräftige europäische Unternehmensstrategien auf dem Weltmarkt nicht zu behindern. Die Suche nach europäischen industriellen „champions" kann ökonomische Bedenken, die das Verschwinden von Wettbewerb auf dem europäischen Binnenmarkt hervorruft, in den Hintergrund treten lassen.

Von Seiten des für Industriepolitik zuständigen Kommissars wurde diese Argumentation immer wieder vorgebracht. Ein häufig zitierter Extremfall ist die Attacke des deutschen EG-Kommissars in dieser Funktion, Martin Bangemann (1989-1999), gegen die Wettbewerbs-"Ayatollahs" – so seine Worte – in der Kommission, die aus wettbewerbspolitischem Fundamentalismus die industriepolitische Aufgabe der Wettbewerbspolitik zu gering schätzen. In einem Zeit-Interview (vom 14.2.1992: 35) verdeutlichte Bangemann, dass für ihn nicht der europäische Markt entscheidend ist, sondern der Welthandel: „Je mehr Wettbewerber es gibt, desto intensiver ist der Wettbewerb. Das ist Quatsch! Damit erreichen wir nicht die internationale Wettbewerbsfähigkeit, die wir wollen. Wir müssen überlegen, welche Anforderungen aus der globalen Vernetzung der Wirtschaft entstehen."

Bangemann sprach sich für eine politische Uminterpretation des Wettbewerbsbegriffs aus, die den Prinzipien des europäischen Wettbewerbsrechts diametral entgegenstünde und die Wettbewerbspolitik in den Dienst der Industriepolitik stellen würde: „Nach unserem Verständnis muss die Industriepolitik die europäische Industrie konkurrenzfähiger machen. Eine richtige Wettbewerbspolitik gehört ebenso dazu wie Freihandel." Bangemanns Position in der Wettbewerbspolitik war aber nur am Rande für das wettbewerbspolitische Entscheiden der Kommission relevant. Die „Ayatollahs" blieben weitgehend prinzipienfest. Dem für Industriepolitik zuständigen Kommissar wurde lediglich zugebilligt, in jeder Etappe der Prüfung von Unternehmenszusammenschlüssen durch die Generaldirektion Wettbewerb einbezogen zu werden (Sturm 1992: 245f.).

Die für die rechtliche Begründung der Tätigkeit der Europäischen Kartellbehörde notwendigen Richtlinien oder Verordnungen werden vom Rat auf Vorschlag der Kommission mit qualifizierter Mehrheit nach Anhörung des Europäischen Parlaments beschlossen. Die starke Stellung des Rates bei der Regelsetzung in der Wettbewerbspolitik kann zu Schwierigkeiten bei der Kompromissfindung zwischen den Mitgliedstaaten mit unterschiedlichem wettbewerbspolitischem Verständnis führen. In der Literatur besteht weitgehend Einigkeit darüber, dass die Persönlichkeit des Kommissars eine große Rolle bei der Ausgestaltung von Politikfeldern und für deren Bedeutung innerhalb der Arbeit der Kommission spielt (exemplarisch Peterson 1995: 74). Dies gilt auch für die für die Wettbewerbspolitik bislang zuständigen Kommissare, wobei die meisten als erfolgreich bezeichnet werden, weil sie für die Durchsetzung wettbewerbspolitischer Ziele innerhalb der Kommission gesorgt haben (Mische 2002: 325). Ausnahmen bilden zwei Kommissare, die als zu vorsichtig (Emanuel Sassen, 1966-70) beziehungsweise zu schwach (Raymond Vouel, 1977-80) eingestuft werden. Peter Sutherland (1985-89) und Sir Leon Brittan (1989-93) hingegen gelten als die Verantwortlichen für die Stärkung der Wettbewerbspolitik gegen Ende der 1980er Jahre (Cini/McGowan 1998; 43). Leon Brittan gelang es zum Beispiel, 1989 die unendlich erscheinende Geschichte der Einführung einer Fusionsverordnung zu einem Abschluss zu bringen.

Tabelle 10: Die Wettbewerbskommissare seit 1981

1981-Jan. 85	Frans Andersen (Dänemark)
1985-Jan. 89	Peter Sutherland (Irland)
1989-Jan. 93	Sir Leon Brittan (Großbritannien)
1993-Jan. 95	Karel van Miert (Belgien)
1995-März 99	Karel van Miert
1999-Nov. 04	Mario Monti (Italien)
2004-	Neelie Kroes (Niederlande)

Die Wettbewerbskommissare werden von einem „cabinet" nach dem französischen Vorbild der Organisation eines Ministeriums, einem persönlichen Büro, unterstützt, dem ein Kabinettschef vorsteht. Der eigentliche organisatorische Unterbau der Wettbewerbsaufsicht ist die von einem Generaldirektor geleitete GD Wettbewerb. Traditionell war dieser Brüsseler Beamte immer ein Deutscher, was auf die seit den Tagen Ludwig Erhards anerkannte Wertschätzung der deutschen Politik für wettbewerbspolitische Fragen und die Vorreiterrolle des Bundeskartellamtes in Wettbewerbsfragen hinweist. Bis 1990 war der Amtsinhaber Manfred Caspari, 1990 folgte ihm Claus Ehlermann und von 1995 bis 2002 war Alexander Schaub Generaldirektor. Im Zuge der Umorganisation der Kommission, bei der „Erbhöfe" solcher Art, vor allem wegen des Bestrebens, Korruption zu bekämpfen, kritischer gesehen wurden, wurde dieser Posten im September 2002 erstmals mit einem Briten, Philip Lowe, besetzt.

Eine entscheidende Rolle für die Fortentwicklung der Wettbewerbspolitik spielt der Europäische Gerichtshof (EuGH). In der Vergangenheit hat der EuGH die Kommission in ihren Entscheidungen häufig bestätigt und ihr somit den Rücken gestärkt. Das Selbstbewusstsein der innerhalb der Kommission zuständigen GD Wettbewerb baut nicht zuletzt auf den Urteilen des EuGH auf (Cini/McGowan 1998: 56). Dies bedeutet jedoch keinesfalls, dass der EuGH grundsätzlich im Sinne der Kommission entscheidet. Gerade die neuere Rechtsprechung belegt dies.

Die wichtigsten Aufgaben der europäischen (und deutschen) Wettbewerbspolitik sind: (1) die Kartellkontrolle (2) die Kontrolle des Missbrauchs einer marktbeherrschenden Stellung (3) die Fusionskontrolle und die (4) Kontrolle staatlicher Beihilfen.

Zu Monopolen oder Kartellen führende Absprachen und Vereinbarungen von Unternehmen sind in der EU wettbewerbsrechtlich untersagt. Um nicht angemeldete Absprachen zwischen Unternehmen aufzudecken, bedient sich die Kommission seit dem Jahr 1996 auch der sogenannten Kronzeugenregelung. Die Kronzeugenregelung beinhaltet eine Reduzierung der fälligen Geldbußen für ein ehemaliges Kartellmitglied, wenn dieses sich selbst und das betreffende Kartell anzeigt und mit der Kommission bei der Aufdeckung des Kartells kooperiert. Das Ausmaß der Reduzierung der Geldbuße richtet sich nach dem Zeitpunkt und dem Umfang der Kooperation mit der Kommission und variiert von einer Reduktion der Geldbuße um 10 Prozent bis zu einer völligen Aufhebung derselben. Voraussetzung für die Verminderung der Geldbuße ist in jedem Fall der sofortige Ausstieg des betreffenden Unternehmens aus dem Kartell. Ziel der Einführung dieser Regelung war es einerseits, geheime Absprachen aufzudecken, indem vor allem Verlierer dieses Systems oder potenzielle Aussteiger dazu ermuntert werden, für die Kommission ihr Wissen zur Verfügung zu stellen. Andererseits kann dieses Verfahren vor allem in den Bereichen der bereits ermittelten Absprachen zu Arbeitserleichterungen der Kommission führen (vgl. Soltész 1999).

Tabelle 11: Strafzahlungen für illegale Kartelle in Mio. Euro

	2003	2004	2005	2006	2007
Durch EU-Kommission veranlasst	404,781	390,209	683,029	1.846,385	3.334,002
Nach EuGH-Entscheidungen noch zu zahlen	400,791	368,753	683,029	1.846,385	3.334,002

Quelle: http://ec.europa.eu/competition

Die Kartellverordnung von 1962 wurde durch die Verordnung Nr. 1/2003, abgelöst, die seit 1. Mai 2004 Gültigkeit hat. Die Einführung von Wettbewerbsbehörden in allen EU-Mitgliedstaaten schuf die Voraussetzung, dass die Kartellkontrolle in der EU heute dezentraler organisiert werden kann. Kartelle müssen nun bei der Kommission nicht mehr angemeldet und dann von dieser erlaubt werden. Die Kartellkontrolle wurde von dem früher üblichen Anmelde- und Erlaubnissystem in ein Legalausnahmesystem überführt. Das heißt, Kartellverfahren sollen nicht mehr automatisch, sondern nur noch auf Beschwerden von Konkurrenzunternehmen eingeleitet werden bzw. dann, wenn die Kartellämter auf Ungereimtheiten aufmerksam werden. Damit entfällt die präventive Wirkung der Kartellverfahren sowie ein gutes Stück der Markttransparenz.

Auf nationale Kartellämter kamen neue Aufgaben zu. Da das Legalaus-
nahmensystem dezentral organisiert werden soll, sind sie aufgefordert – unter
der Letztkontrolle der Kommission, die jederzeit Verfahren an sich ziehen
kann –, europäisches Recht anzuwenden. Um zu vermeiden, dass die Neuregelung der Kartellverordnung in Europa zu Problemen der einheitlichen
Rechtsanwendung führt, wurde ein Netzwerk der nationalen Wettbewerbsbehörden (European Competition Network, ECN) geschaffen (Nicolaides 2002;
Oelke 2006). Die nationalen Kartellbehörden sprechen sich nicht nur hinsichtlich der Behandlung von Fällen ab, um Doppelarbeit und Kompetenzstreitig-
keiten bei grenzüberschreitenden Fusionsfällen zu vermeiden. Sie sollen auch
eine Art gesamteuropäischer Wettbewerbskultur entwickeln, die zu einer
gleichgerichteten Interpretation wettbewerbsrelevanter Tatbestände führt. Ob
dieses weitergehende Ziel – auch angesichts unterschiedlicher wettbewerbspolitischer Grundüberzeugungen – erreicht werden kann, bleibt fraglich, zumal die EU seit 2004 um 12 Staaten mit sehr geringer wettbewerbspolitischer
Erfahrung erweitert wurde. Die Kommission nimmt an, dass sich die gemeinsame europäische Wettbewerbskultur in der Entscheidungspraxis herausbil-
det. Ebenso gut könnte aber weniger optimistisch angenommen werden, dass
die gemeinsame europäische Wettbewerbskultur bereits eine unabdingbare
Voraussetzung für dezentrale Entscheidungen in der europäischen Wettbewerbspolitik ist. Erste Erfahrungen mit dem ECN zeigen, dass es seine Stärke
vor allem als Koordinierungsinstrument nationaler Kartellkontrolle hat und
dass die nationale Wettbewerbsgesetzgebung der Mitgliedstaaten der EU in
weiten Bereichen den europäischen Regelungen angepasst wurde. Inwieweit
die EU den wettbewerbspolitischen Leitlinien der Chicago-Schule folgen soll
(„more economic approach") bleibt umstritten.

Die wirtschaftspolitische Brisanz des neuen Kartellrechts ist offensichtlich, sowohl für den Bürger als Verbraucher, der bei einer weiteren Ver-
machtung der Märkte überhöhte Preise und schlechtere Geschäftsbedingungen erwarten kann, als auch für den Bürger als Unternehmer, für den im
Unklaren bleibt, wie die eventuellen wettbewerbspolitischen Hürden seiner
Wirtschaftstätigkeit aussehen bzw. ob er sich in jedem EU-Land mit den
gleichen wettbewerbspolitischen Anforderungen konfrontiert sieht. Wettbewerbspolitik ist zumindest in letzterem Sinne beispielsweise auch automatisch Mittelstandspolitik im EU-Binnenmarkt. Rechtliche Sicherheit und die
Gleichheit der Wettbewerbsbedingungen sind für Unternehmen mindestens
ebenso wichtig wie staatliche Transferzahlungen.

Ein zweiter Bereich kartellrechtlicher Kontrolle ist die Verhinderung des Ausnutzens einer marktbeherrschenden Stellung (Artikel 82 EG-Vertrag). Die marktbeherrschende Stellung eines Unternehmens wird im Kartellrecht üblicherweise nicht an sich schon negativ bewertet. Erst ihr Missbrauch veranlasst die Kartellwächter zum Eingreifen. Es gibt vier Varianten des Missbrauchs einer marktbeherrschenden Stellung:

a. das unmittelbare oder mittelbare Erzwingen von unangemessenen Einkaufs- oder Verkaufspreisen oder sonstigen Geschäftsbedingungen;
b. die Einschränkung der Erzeugung, des Absatzes oder der technischen Entwicklung zum Schaden der Verbraucher;
c. die Anwendung unterschiedlicher Bedingungen bei gleichwertigen Leistungen gegenüber Handelspartnern, wodurch diese im Wettbewerb benachteiligt werden;
d. und der Abschluss von an Verträge geknüpften Bedingungen, die darauf zielen, dass Vertragspartner zusätzliche Leistungen annehmen, die weder sachlich noch nach Handelsbrauch in Beziehung zum Vertragsgegenstand stehen.

In Bezug auf Artikel 82 EG-Vertrag geht die Kommission entweder eigeninitiativ oder auf Grund von Beschwerden vor. Widerrechtlich getroffene Absprachen oder das Ausnutzen einer marktbeherrschenden Stellung kann die Kommission unterbinden und durch das Verhängen von Bußgeldern sanktionieren. Die Höhe der Bußgelder hängt von Umfang und Wirkung der Absprache ab und variiert folglich stark. So wurde gegen das Organisationskomitee der Fußballweltmeisterschaft in Frankreich, das seine marktbeherrschende Stellung dazu ausgenutzt hatte, es Fußballfans ohne französische Anschrift deutlich zu erschweren, Karten für die Endrunde zu erhalten, nur ein „symbolisches Bußgeld" in Höhe von 1000 Euro verhängt. Als Grund für die geringe Höhe des Bußgeldes gab die Kommission an, dass die Organisation derjenigen vorausgegangener Weltmeisterschaften entsprochen habe und es bislang keine Entscheidungen der Kommission im Sportbereich gegeben habe. Hingegen wurde im gleichen Jahr ein Bußgeld von insgesamt 99 Millionen Euro für acht Produzenten nahtloser Rohre verhängt, die untereinander abgesprochen hatten, diese Rohre nur auf ihren heimischen Märkten anzubieten und damit für eine beträchtliche Wettbewerbsverzerrung und höhere Preise gesorgt hatten.

Die Fusionskontrolle wurde erst relativ spät auf EG-Ebene geregelt. Die Forderung der Kommission, explizit mit diesem Aufgabenbereich betraut zu werden, blieb jahrzehntelang unerfüllt, bis schließlich die Fusionskontrollverordnung (FKVO) im Jahr 1989 vom Rat verabschiedet wurde. Die Verabschiedung einer Fusionskontrollverordnung erwies sich auf Grund der stark divergierenden wettbewerbs- und industriepolitischen Vorstellungen der Mitgliedstaaten als ausgesprochen schwierig. Während Frankreich traditionell die Meinung vertritt, dass große Unternehmen mit einem hohen Marktanteil auf dem heimischen Markt wettbewerbsfähiger sind als kleinere Unternehmen und daher nichts gegen Großunternehmen auf dem europäischen Markt einzuwenden ist, setzten sich vor allem Großbritannien und die Bundesrepublik für eine Fusionskontrollverordnung auf europäischer Ebene ein, da sie die Ansicht vertraten, dass Wettbewerbsfähigkeit am besten durch eine Wettbewerbsituation auf dem heimischen Markt trainiert werde.

Bei der Fusionskontrolle geht es darum zu verhindern, dass durch die Fusion von zwei oder mehreren Unternehmen ein Unternehmen mit einer marktbeherrschenden Stellung entsteht, das den Wettbewerb auf bestimmten Märkten beeinträchtigen würde. Die Fusionskontrollverordnung definiert die Kriterien, nach welchen Zusammenschlüsse beurteilt werden. Dies sind in erster Linie die Aufrechterhaltung des Wettbewerbs, die Marktstellung und wirtschaftliche Stärke der beteiligten Unternehmen und die Bedingungen, die sich für Lieferanten und Kunden beziehungsweise für die Verbraucher ergeben. Seit der Neuregelung der europäischen Fusionskontrolle durch die am 1. Mai 2004 in Kraft getretene Verordnung wurde als Kriterium der Fusionskontrolle der bisher geltende Maßstab der Entstehung oder Verstärkung einer marktbeherrschenden Stellung ganz im Sinne des „more economic approach" durch das Kriterium der erheblichen Behinderung effektiven Wettbewerbs abgelöst.

Mittels der Fusionskontrollverordnung stehen der Kommission eine Reihe von Sanktionsmöglichkeiten zur Verfügung. Sie kann Zusammenschlüsse genehmigen, untersagen, teilweise untersagen sowie mit Auflagen oder Bedingungen genehmigen. Zur Ausübung ihrer Kontrollfunktion kann die Kommission alle erforderlichen Auskünfte bei Unternehmen, Regierungen und Behörden von Mitgliedstaaten einholen. Die Befragten sind hierbei auskunftspflichtig. Erhält die Kommission keine Auskunft, erlässt sie eine förmliche Entscheidung, die Sanktionsandrohungen enthalten kann. Gegen diese Entscheidung kann der Befragte eine Klage beim EuGH einreichen.

Die Kommission kann die zuständigen Behörden der Mitgliedstaaten ersuchen, Nachprüfungen zu unternehmen oder diese selbst durchführen. Bei der Sanktionierung hat die Kommission einen beträchtlichen Spielraum. Für die fahrlässige oder vorsätzliche Unterlassung von Anmeldungen, falsche Angaben, Fristverletzungen oder unvollständige Unterlagen kann sie Bußgelder zwischen 1.000 und 50.000 Euro auferlegen. Das Zuwiderhandeln gegen Entscheidungen der Kommission oder den Vollzug von abgelehnten Zusammenschlüssen kann die Kommission mit einem Bußgeld bis zur Höhe von 10 Prozent des Gesamtumsatzes der beteiligten Unternehmen ahnden. Darüber hinaus kann die Kommission Zwangsgelder von maximal 25.000 Euro pro Tag festlegen, um angeforderte Informationen oder die Möglichkeit der Nachprüfung in den Unternehmen zu erhalten. Werden Auflagen nicht erfüllt oder von der Kommission geforderte Maßnahmen nicht durchgeführt, kann die Kommission auch hier Zwangsgelder festsetzen. Diese können bis zu 100.000 Euro pro Verzugstag betragen.

Zusammenschlüsse, die nur den Markt eines einzelnen Mitgliedstaates betreffen, werden in der Regel durch die Wettbewerbsbehörden des betroffenen Mitgliedstaates kontrolliert. Die europäische Fusionskontrolle greift nicht ein, wenn die am Zusammenschluss beteiligten Unternehmen jeweils mehr als zwei Drittel ihres gemeinschaftsweiten Gesamtumsatzes in ein und demselben Mitgliedstaat erzielen.

Die Kommission ist für Fusionen zuständig, die erhebliches wirtschaftliches Gewicht für den Binnenmarkt insgesamt haben. Die Fusionskontrollverordnung nennt absolute Zahlen als Eingreifschwellen. Der weltweite Gesamtumsatz der am Zusammenschluss beteiligten Unternehmen muss mindestens 5 Milliarden Euro betragen. Zwei der an der geplanten Fusion beteiligten Unternehmen müssen einen gemeinschaftsweiten Gesamtumsatz von jeweils mehr als 250 Millionen Euro aufweisen. Diese Art der Abgrenzung der Kompetenzen der Kommission hat zwei wichtige Implikationen. Erstens: Bleibt eine Inflationsanpassung der Eingreifschwellen aus, so sinken diese de facto. Das heißt die Kommission wird alleine durch die Preisentwicklung für immer mehr Unternehmenszusammenschlüsse zuständig. Einerseits vergrößert die faktische Absenkung der Eingreifschwellen den Einfluss der Kommission auf Kosten der nationalen Wettbewerbsämter und andererseits wächst ihre Arbeitsbelastung. Zweitens ist eine Situation denkbar, in der bei der Untersagung von Zusammenschlüssen durch die Kommission nicht nur europäische, sondern beispielsweise auch amerikanische Unternehmen beteiligt sind. Hier kann es wegen unterschiedlicher Auslegungen des Kartellrechts oder unterschiedlicher Wirtschaftsinteressen, wie beispielsweise zwischen der EU und den USA im Fall Boeing - McDonnell Douglas geschehen, zu politischen Konflikten kommen, wenn die Kommission eine Fusion auf dem Binnenmarkt verbietet, die der Nicht-EU Staat befürwortet. Aus der Sicht des Nicht-EU Staates nutzt die Kommission das Wettbewerbsrecht, um die wirtschaftliche „Festung Europa" zu sichern, aus Sicht der EU beseitigt der geplante Zusammenschluss den Wettbewerb auf einem Teilbereich des Binnenmarktes (Damro 2001).

In der Fachliteratur wird dieser Tatbestand als „Auswirkungsprinzip" (effects doctrine) bezeichnet: „Hiernach wird für die Beurteilung von Wettbewerbsbeschränkungen mit Auslandsberührung allein darauf abgestellt, ob sie sich auf Märkten im Anwendungsbereich des Gesetzes auswirken. Das gilt unabhängig davon, ob ausländische Unternehmen beteiligt sind oder das beschränkende Verhalten ausschließlich vom Ausland ausgeht. Damit wird es möglich, dass das Gemeinschaftsrecht auch außerhalb seiner Grenzen Geltung beansprucht. Es wird extraterritorial angewandt." (Immenga 1993: 18f.).

Im Rahmen der Fusionskontrolle muss sich die Kommission an Fristen halten, die ebenfalls in der FKVO geregelt sind. Die Kommission muss innerhalb eines Monats ein Verfahren einleiten, wenn sie Bedenken gegen eine Fusion hat. Ein Verbot einer Fusion muss spätestens nach vier Monaten erfolgen. Die zeitliche Begrenzung des Verfahrens ist nicht nur eine technische Frage. Unternehmen brauchen rasch Rechtssicherheit, wenn sie Zusammenschlüsse planen. Erhebliche Summen und Risiken für die Aktionäre sind involviert. Die Kommission ist daher gezwungen, in ihrer Arbeit der Fusionskontrolle den Vorrang gegenüber den anderen hier diskutierten Varianten der Wettbewerbspolitik zu geben.

Tabelle 12: Gemeldete Fusionsfälle und Verbote der Kommission 2000-2008

	1990	1995	2000	2006	2007	1990- Mai 2008
Meldungen	11	110	330	356	402	3815
Verbote	0	2	2	0	1	20

Die Zahl der bei der Kommission angemeldeten Fusionen nahm seit 1990 stetig zu. Auslöser einer ersten Fusionswelle war das Binnenmarktprojekt, das ab 1. Januar 1993 zu einem verstärkten Wettbewerbsdruck führte. Hinzu kamen in der Folgezeit die Auswirkungen der EU-Erweiterungen und der Globalisierung der Märkte. In wachsendem Maße verbanden Unternehmen Wettbewerbsvorteile mit Unternehmensgröße und dem Aufkauf von Mitbewerbern (populärwissenschaftliche Darstellung bei König 1999). Waren es 1990 elf angemeldete Fusionen, stieg ihre Zahl auf Grund der weltweiten Fusionswelle der 1990er Jahre auf mehrere hundert Fälle im Jahr 2007. Damit wuchs die Arbeitsbelastung der Kommission deutlich. Bis zum Jahr 2001 traf die zuständige Abteilung der GD Wettbewerb, die sogenannte „Merger Task Force", 1671 Entscheidungen, wobei sie in 1426 Fällen eine einfache Freigabe erteilte und 80 Zusammenschlüsse unter Zusagen oder Auflagen in der ersten Phase bewilligte. 14 Zusammenschlüsse wurden in der zweiten Prüfungsphase untersagt, 30 wurden ganz oder teilweise an Mitgliedstaaten verwiesen (Mische 2002: 156).

In Fällen, in denen gegen die Entscheidung der Kommission Klage erging, wurde die Kommissionsentscheidung in der Regel vom EuGH bestätigt. In der jüngeren Vergangenheit zeigt sich jedoch eine Veränderung: Die Kommission sah sich zunehmender Kritik des EuGH ausgesetzt. Im Jahr 2002 musste die Kommission drei Niederlagen vor dem EuGH hinnehmen. Die Richter des EuGH prangerten in allen drei Fällen an, dass die Kommission sich bei ihrer Entscheidung zu einseitig auf den Wettbewerb in einem einzelnen Mitgliedstaat konzentriert und den Binnenmarkt vernachlässigt habe, wobei das Urteil der EuGH-Richter im Fall der Fusion der französischen Konzerne Legrand und Schneider besonders scharf ausfiel. Die Richter warfen der Kommission Schlamperei bei der Überprüfung des Marktes vor. Dies hatte erhebliche Konsequenzen für die bisher allgemein respektierte Rolle des Wettbewerbskommissars und führte zu einer Umorganisation der Generaldirektion Wettbewerb. Die Merger Task Force wurde deutlich verkleinert und die für Fusionskontrollen zuständigen Beamten auf die anderen Abteilungen verteilt. Die Fusionskontrolle ist nun analog zur Arbeitsweise des deutschen Kartellamts nicht mehr ein separater Aufgabenbereich, sondern integriert in die nach Industriezweigen organisierte Wettbewerbskontrolle. Offiziell wurde diese Reorganisation vor allem mit Effizienzargumenten im Hinblick auf die Osterweiterung begründet.

Die Haltung des deutschen Kartellamtes angesichts des drohenden Kompetenzverlustes durch die Europäisierung der Wettbewerbspolitik war zunächst eindeutig ablehnend. Die Bundesregierung konnte hier allerdings kein prinzipielles Problem erkennen. Dieses prinzipielle Problem ist das wettbewerbspolitische Dilemma Europas, dass nämlich zum einen der europäische Binnenmarkt eine europäische Wettbewerbsbehörde erfordert, dass er aber diese auch, solange sie identisch mit der Kommission ist, was die Zahl der zu behandelnden Fälle betrifft, schon bei den besonders drängenden

Entscheidungen zu Unternehmenszusammenschlüssen überfordert. Die nationalen Kartellämter weisen nicht zu Unrecht darauf hin, dass das in der EU anerkannte Subsidiaritätsprinzip ihnen einen Freiraum autonomen Entscheidens sichern sollte. Dies ist zum einen eine prinzipielle Frage, zum anderen kann die Beachtung des Subsidiaritätsprinzips selbst bei der bloßen dezentralen Anwendung europäischen Rechts zu Effizienzverbesserungen durch eine „ortsnahe" und „ortskundige" Wettbewerbsaufsicht führen.

Staatliche Beihilfen, das heißt Subventionen im finanzwissenschaftlichen Sinn, werden ebenfalls als Verzerrung des Wettbewerbs und Behinderung des Binnenmarktes eingestuft und sind daher, von Ausnahmen abgesehen, verboten. Die Finanzwissenschaft versteht unter Subventionen „gezielte begünstigende Eingriffe des Staates in die Marktwirtschaft". Darunter fallen „staatliche Transferleistungen, die direkt oder indirekt Unternehmen begünstigen, die unmittelbare Kosten für die öffentlichen Haushalte in der Form von Ausgaben oder Mindereinnahmen nach sich ziehen, für die der Staat als Subventionsgeber keine adäquate Gegenleistung erhält, die nach selektiven Kriterien vergeben werden und als politisches Instrument eingesetzt werden, um den Marktprozess gezielt zu beeinflussen" (Schmidt 2001: 138). Die Kontrolle der Einhaltung der Beihilferegelungen obliegt der Kommission.

Nach Artikel 87,1 EG-Vertrag sind staatliche Beihilfen oder aus staatlichen Mitteln finanzierte Beihilfen verboten, die den Wettbewerb durch die Begünstigung bestimmter Unternehmen oder Produktionszweige verfälschen oder zu verfälschen drohen. Allerdings werden hiervon Ausnahmen zugelassen. Diese sind unterteilt in generell bestehende Ausnahmen (Artikel 87,2) und mögliche Ausnahmen (Artikel 87,3). Als generell mit dem Gemeinsamen Markt vereinbar werden Beihilfen sozialer Art an Verbraucher gewertet, sofern keine Diskriminierung nach Herkunft der Waren erfolgt. Weiterhin sind Beihilfen zulässig, die zur Beseitigung von durch Katastrophen bedingte Schäden erfolgen. Im Jahr 2000 bewilligte die Kommission zum Beispiel Sonderbeihilfen zur Beseitigung der durch den Sturm „Lothar" entstandenen Schäden in den betroffenen Mitgliedstaaten. Die Ausnahmeregelungen zur Beseitigung von Schäden werden in der Literatur einheitlich als unproblematisch eingestuft. Die hierfür aufgewandten Beihilfen werden als Beitrag dazu angesehen, den durch Naturkatastrophen geschädigten Wettbewerb wieder herzustellen, das heißt nicht die Beihilfe wird als wettbewerbsverzerrend eingestuft, sondern der Schadensfall.

Neben den generellen Ausnahmen vom Beihilfeverbot nennt der EG-Vertrag eine Reihe von Bereichen, in denen die Kommission Ausnahmen genehmigen kann. Dazu gehören

a. die Förderung der wirtschaftlichen Entwicklung in rückständigen Gebieten mit hoher Arbeitslosigkeit
b. Vorhaben im gemeinsamen europäischem Interesse oder zur Behebung einer beträchtlichen Störung im Wirtschaftsleben eines Mitgliedstaats
c. die Förderung der Entwicklung bestimmter, nicht näher spezifizierter Wirtschaftszweige
d. Beihilfen im Bereich der Kulturförderung sowie
e. sonstige, vom Rat auf Vorschlag der Kommission mit qualifizierter Mehrheit zu beschließende Beihilfen.

Die staatlichen Beihilfen stellen insofern einen Sonderfall der Wettbewerbspolitik dar, als der Ministerrat in Brüssel, in dem die Vertreter der Mitgliedstaaten sitzen, neben der Kompetenz, Durchführungsverordnungen und Ausnahmeregelungen zu erlassen (Artikel 89 EG-Vertrag), die Möglichkeit hat, staatliche Beihilfen an Entscheidungen der Kommission und am Vertrag vorbei, als mit dem Gemeinsamen Markt vereinbar einzustufen, wenn „außergewöhnliche Umstände eine solche Entscheidung rechtfertigen" (Art. 89,2). Solche Entscheidungen sind nur auf Antrag eines Mitgliedstaats möglich. Die Entscheidung muss innerhalb von drei Monaten einstimmig gefällt werden, um Wirkung zu erlangen. Reagiert der Rat innerhalb von drei Monaten nicht oder kann keine Einstimmigkeit erzielen, entscheidet die Kommission.

Dieser Artikel eröffnet den Mitgliedstaaten theoretisch die Möglichkeit, die selbst aufgestellten Wettbewerbsregeln zu umgehen, indem verschiedenste Arten von Beihilfen als mit dem Gemeinsamen Markt vereinbar eingestuft werden können. Ein Szenario, bei dem nach dem Motto „eine Hand wäscht die andere" die Wettbewerbsregeln ausgehöhlt werden können, wäre durchaus denkbar. Der Kommission als „Hüterin der Verträge" bliebe in diesem Fall nur eine Klage vor dem EuGH. Allerdings sind Entscheidungen des Rates nach Artikel 89,2 eher selten (vgl. Zimmermann-Steinhart 2003: 46). In der Regel ziehen die Mitgliedstaaten eine Klage vor dem Europäischen Gerichtshof dem Antrag auf Sondergenehmigung im Ministerrat vor. Bezüglich der Verabschiedung von Durchführungsverordnungen für die Beihilferegelungen hat sich der Rat jahrelang in Zurückhaltung geübt, so dass das Feld der Kontrolle von staatlichen Beihilfen weitestgehend der Kommission überlassen blieb.

Die Beihilfekontrolle wurde mit dem entstehenden Binnenmarkt zunehmend bedeutender, da die Mitgliedsstaaten und die Regionen immer weniger zu protektionistischen Mitteln zur Abschottung der Märkte greifen durften, gleichzeitig sich aber der Wettbewerb zwischen den Mitgliedstaaten und den Regionen in Europa verschärfte. Der Rückgriff auf staatliche Beihilfen war in dieser Situation ein beliebtes Instrument, um den eigenen Standort vorteilhafter zu gestalten (Schmidt 2001: 143). Im Zeitraum zwischen 1990 und 2000 entschied die Kommission über mehr als 5000 Beihilfefälle, wobei die genaue Zahl nicht zu ermitteln ist, da die Kommission unterschiedliche Zahlen veröffentlicht. Die Aufschlüsselung der Beihilfeentscheidungen nach Mitgliedstaaten zeigt, dass die meisten Entscheidungen Deutschland, Spanien und Italien betrafen. In diesen Ländern ist auch die größte Anzahl an Beihilfen angefallen. Rund zwanzig Prozent der Beihilfeentscheidungen der Jahre 1999 bis 2001 betrafen Deutschland. In durchschnittlich 80 Prozent der Beihilfefälle erhebt die Kommission keine Einwände. Im Falle von nicht genehmigten Beihilfen kann die Kommission die Auszahlung von Beihilfen verbieten, beziehungsweise deren Rückzahlung einfordern. Gegen diese Entscheidungen können die betroffenen Mitgliedstaaten Rechtsmittel beim EuGH einlegen.

In Deutschland hat unter anderem die Subventionierung der VW-Werke Mosel und Chemnitz in Sachsen, die geltendes EG-Recht ignorierte, Aufsehen erregt. Die Auszahlung der sächsischen Fördermittel an VW im Sommer 1996 verstieß gegen die Artikel 92 und 93 EG-Vertrag (heute Art. 87 u. 88) und war deshalb rechtswidrig. Die europäische Subventionskontrolle gilt auch für die ostdeutschen Länder, auch wenn von Rechtsvertretern der sächsischen Landesregierung vorgebracht wurde, dass die Ausnahmeregelung des Art. 87 hätte Anwendung finden sollen, die „Beihilfen für die Wirtschaft bestimmter, durch die Teilung Deutschlands betroffener Gebiete... zum Ausgleich der durch die Teilung verursachten wirtschaftlichen Nachteile" erlaubt. Nicht nur hat die EU-Kommission die Förderung der ostdeutschen Wirtschaft von sich aus nie in diesen Zusammenhang gebracht (Götz 1995: 322) und sich damit für alle Zukunft einen weitgehenden Ermessensspielraum bei der Beurteilung von Subventionsleistungen der ostdeutschen Landesregierungen gesichert, es ist auch unumstritten, dass die erwähnte Sonderregelung des Art. 87 nicht darauf zielt, wirtschaftliche Nachteile Ostdeutschlands auszugleichen, die in der mangelhaften Wirtschaftsentwicklung der DDR begründet sind (Uerpmann 1998).

Während die Zahl der Beihilfefälle zugenommen hat, ist die Höhe der Beihilfen sowohl in absoluten Zahlen als auch in Relation zum Bruttoinlandsprodukt in elf Mitgliedstaaten gesunken. Das heißt, es werden zwar häufiger Beihilfen gewährt, aber die Beihilfen sind geringeren Umfangs, und sie haben eine andere Zielsetzung. Während bis 1998 vorwiegend Beihilfen mit sektoraler Wirkung gewährt wurden, haben die Beihilfen jetzt stärker horizontale Ziele. In der Bundesrepublik stieg zum Beispiel der Anteil der Beihilfen im Umweltbereich stark an.

Das Bundeskartellamt verstand sich immer als in hohem Maße unabhängige Behörde, die selbstbewusst eine wichtige wirtschaftspolitische Rolle wahrnahm. Solange die Bundesrepublik von Bonn aus regiert wurde, hatte es seinen Sitz regierungsfern in Berlin. Mit dem Umzug des Wirtschaftsministeriums, dem das Kartellamt zugeordnet ist, nach Berlin stellte das Kartellamt durch einen Umzug nach Bonn die alte symbolische Regierungsferne wieder her. Allerdings ist die eigentliche Machtkonkurrenz für das Bundeskartellamt heute nicht mehr der Wirtschaftsminister des Bundes, sondern die Europäische Kommission.

Das europäische Wettbewerbsrecht überlagert das deutsche – aus der Sicht des Binnenmarktprojektes eine Selbstverständlichkeit. Dem Kartellamt bleiben nur noch die Fälle unterhalb der Eingreifschwellen der Kommission, die das europäische Recht definiert. Problematisch ist hier, wie bereits erwähnt, dass mit absoluten Zahlen beispielsweise hinsichtlich des Umsatzes von Unternehmen operiert wird, was zur Folge hat, dass schon bei inflationsbedingter nominaler Erhöhung von Umsatzzahlen, immer mehr Fälle in die europäische Kompetenz geraten. Hinzu kommt, dass die wettbewerbsrechtlich interessanten Fälle mit rein deutschem Bezug angesichts der Internationalisierung der Märkte ständig abnehmen.

Die Reform der Fusions- und der Kartellkontrollverordnung hat die Hilfsfunktion des deutschen Kartellamtes für die Kommission noch deutlicher gemacht. Hier soll die Behörde ausschließlich europäisches Recht anwenden. Selbstverständlich wird das deutsche Kartellamt bei Kommissionsentscheidungen, die seine Jurisdiktion betreffen, in beratender Funktion herangezogen. Nicht immer geschieht dies in angemessener Form. Im Falle der Fusion Alcatel/AEG (1991) gab die Kommission dem Kartellamt gerade einmal 48 Stunden Zeit, um die Akten zur Kenntnis zu nehmen und eine Stellungnahme zu schreiben (Interview mit dem damaligen Präsidenten des

Bundeskartellamtes Dieter Wolf, Frankfurter Rundschau, 12.9.1993, S. 9). Aber auch im Regelfall sind nur drei Tage vorgesehen: „Unter derartigen Umständen können die Mitgliedstaaten keine qualifizierte Stellungnahme abgeben" (Kartellamt 2001: 73).

Der Einfluss der nationalen Kartellbehörden in den beratenden Ausschüssen ist gering. Da das Votum nationaler Kartellbehörden vor der Beschlussfassung der Kommission der Geheimhaltungspflicht unterliegt, können nationale Kartellämter keinen öffentlichen Druck erzeugen, mit dem sie die Kommissionsentscheidungen indirekt beeinflussen könnten. Das deutsche Kartellamt fordert daher seit langem, mehr Transparenz durch die Veröffentlichung der Stellungnahmen nationaler Wettbewerbsbehörden vor Entscheidungen der Kommission herbeizuführen.

Die Fusionskontrollverordnung sieht in ihrem Artikel 9 aber immerhin vor, dass ein EU-Mitgliedstaat, wenn überwiegend nationale Unternehmen betroffen sind, auch bei formaler Zuständigkeit der Kommission diese bitten kann, den betroffenen Fall an die nationalen Wettbewerbsbehörden zurückzuverweisen. Diese Regelung, die auf Betreiben der Bundesregierung 1989 den Weg in die Verordnung fand, wird auch als „German clause" bezeichnet. Die Kommission kann, muss aber nicht, den Wünschen eines Mitgliedstaates entsprechen. Bisher ging sie mit der Rückverweisungsmöglichkeit recht sparsam um. Im Wettbewerbsbericht für das Jahr 2001 werden beispielsweise nur vier Fälle genannt, was angesichts der 345 getroffenen Entscheidungen wenig ist (Europäische Kommission 2002: 110).

Für das deutsche Kartellamt ist der „German clause" nicht automatisch eine Möglichkeit, sein Terrain zu behaupten (Sturm 1996: 211ff.). Antragsteller bei Rückverweisungen ist die Bundesregierung, die entsprechenden Bitten des Kartellamtes nicht folgen muss. Wenn die Bundesregierung weiß, dass das Kartellamt eine Rückverweisung eines Fusionsfalles anstrebt, um diesen zu verhindern, sie aber gleichzeitig davon ausgehen kann, dass die Kommission diesen Fusionsfall erlauben möchte, kann sie durch ein Ignorieren der Wünsche des Kartellamts nach Rückverweisung die Fusion gegen den Willen des Kartellamtes durchsetzen, ohne auf das Instrument der Ministererlaubnis zurückgreifen zu müssen. Damit kann sie dank der EU neuerdings den politisch eleganten Weg der „Ministererlaubnis durch die Hintertür" wählen.

Ein spektakulärer Fall dieser Art war die Fusion Kali Salz AG, Kassel, und Mitteldeutsche Kali AG, Sondershausen – eindeutig eine überwiegend den deutschen Markt berührende Großfusion, für die aufgrund der Eingreifkriterien Brüssel zuständig wurde. In Ostdeutschland führte diese von der Treuhand-Anstalt mit der Zustimmung des Finanzministers geplante Abwicklung des ostdeutschen Kali-Bergbaus zu Protesten und Hungerstreiks der Kumpel unter Tage. Das Kartellamt kritisierte das Entstehen eines Monopolanbieters auf dem deutschen Markt. Das Finanzministerium wollte sich von den Kosten des ostdeutschen Kali-Bergbaus befreien. Nicht überraschend ignorierte es deshalb die dringenden auch in der Öffentlichkeit vorgebrachten Forderungen des Kartellamts nach Rückverweisung. Brüssel setzte durch, was weder die Betroffenen noch das deutsche Kartellamt für richtig hielten.

Die europäische Wettbewerbspolitik ist insgesamt gesehen eine Erfolgsgeschichte. Impulse zur Durchsetzung wirtschaftlichen Wettbewerbs kommen immer stärker aus Brüssel, und es wird mit der Erweiterung der EU um Staaten, die Marktwirtschaften erst einführten, nicht weniger wichtig, die wettbewerblichen „Verfassungsprinzipien" des Binnenmarktes zu verteidigen. Mit zunehmender Krisenhaftigkeit der Wirtschaftsentwicklung in vielen Mitgliedstaaten der EU wachsen nationale Neigungen, unter anderem zum Schutz von Arbeitsplätzen, Unternehmen in den nationalen Grenzen durch wettbewerbsverzerrende staatliche Eingriffe zu privilegieren.

Die Grenzlinien zum pragmatischen Interventionismus aus kurzfristigem politischem Interesse verschwimmen noch stärker, wenn es um Pleiten großer Firmen geht, wie exemplarisch die doppelte „Rettung" des Holzmann-Konzerns in den Jahren 1999 und 2001 durch die Regierung Schröder in Deutschland, zeigte. Hier war die industrie- bzw. parteipolitische Motivation der Regierungspolitik das überragende Motiv des Handelns. Politisch motivierte Eingriffe finden sich auch bei Interventionen zugunsten der Fusion von Großunternehmen. Breite Beachtung fand in Deutschland der Fall der Fusion E.on/Ruhrgas (Münter 2002). Das Bundeskartellamt und die Monopolkommission lehnten diese Fusion ab und fanden für ihre Position auch die Unterstützung des zuständigen Kartellsenats des OLG Düsseldorf. Dieser war von den Mitbewerbern der Fusionspartner angerufen worden als das Wirtschaftsministerium die Fusion im Wege der Ministererlaubnis genehmigt hatte. Der Streitfall wurde 2003 durch eine außergerichtliche Einigung der Unternehmen beigelegt.

Selbstverständlich wäre auch das deutsche Kartellamt in der Lage (weniger politischen Gegenwind als heute und entsprechende gesetzliche Grundlagen vorausgesetzt) für den deutschen Markt, Wettbewerb effizient zu sichern. Dies zeigen auch die Daten. Von 1829 im Jahre 2006 angemeldeten

Zusammenschlüssen in Deutschland waren bis zum Ende des Jahres nur noch 118 nicht abgeschlossen (Kartellamt 2007: 225). Der relevante Markt ist aber nicht mehr der nationale, für den das Kartellamt zuständig ist, sondern der europäische Binnenmarkt. Deshalb bedarf es einer effizienten europäischen Wettbewerbskontrolle. Ob die Kommission alleine die geeignete Instanz ist, oder ob sie als auch politische Instanz um ein auf Sachentscheidungen konzentriertes Europäisches Kartellamt ergänzt werden sollte, und ob die Kommission zu sehr in die Angelegenheiten nationaler Kartellämter hinein regiert und damit das Subsidiaritätsprinzip unzureichend beachtet, sind Fragen, die diskutiert werden können und sollten. Fest steht aber, dass die Europäisierung der Wettbewerbspolitik als logisches Korrelat bzw. als Voraussetzung der Europäisierung nationaler Märkte unabdingbar und irreversibel ist. Wenn es um Reformen geht, sollten diese das vorhandene wettbewerbspolitische Instrumentarium schärfen, wie dies beispielsweise auch in den USA, dem konkurrierenden Wirtschaftsraum geschah. Keinesfalls kann Wettbewerb in der Wirtschaft ohne ein Bemühen um seinen Erhalt vorausgesetzt werden.

4.3 Regulierung und Privatisierung: staatliche Daseinsvorsorge und privater Wettbewerb

Seit dem 19. Jahrhundert gibt es nicht nur den „Markt" in seinem modernen, ökonomischen Sinne, es gibt seither auch ein Instrumentarium zur Durchsetzung öffentlicher Interessen in dieser Sphäre des an sich privaten Wirtschaftens. Demgegenüber ist ein solcher Dualismus (Markt vs. Staat) zuvor schwer zu diagnostizieren, denn einerseits fehlte es bereits an der Vorstellung eines wettbewerbsorientierten, freien und grundsätzlich sich selbst überlassenen Marktes, andererseits war die „öffentliche Gewalt" nicht auf den abstrakten Staat begrenzt, daher noch viel stärker als heute aufgespalten und auf verschiedene Hoheitsträger (vom Souverän, über Standeseinrichtungen bis hin zur Kirche) verteilt. Ungeachtet aller historischen Unterschiede gilt diese Beobachtung im Grunde für Europa insgesamt und ist keine deutsche Besonderheit.

Mit der Industrialisierung ändert sich v.a. im 19. Jahrhundert innerhalb von Jahrzehnten das Verhältnis von Markt und Staat deutlich. Das wurde insbesondere von drei Entwicklungen verursacht. Zum einen entstand ausgehend von Großbritannien mit dem Wirtschaftsliberalismus eine neue ideologische Strömung, die einerseits das beschriebene, vormals eher diffuse Verhältnis von öffentlicher Gewalt und Wirtschaft in Frage stellte, andererseits damit auch eine Konsolidierung dieser öffentlichen Gewalt bewirkte. Mit der Etablierung von „freiem Wettbewerb" ist es bereits an sich unverträglich, hoheitliche bzw. staatliche Steuerung insbesondere der wesentlichen marktlichen Parameter, wie etwa des Preises, zu tolerieren oder gar einzufordern. Vielmehr muss das Primat des Marktes gesichert sein, und staatliche bzw. hoheitliche Eingriffe müssen beschränkt und abgegrenzt von marktlichen Belangen bleiben. Damit ist notwendigerweise eine deutlichere Trennung zwischen staatlichem oder hoheitlichem gegenüber privatem oder wirtschaftlichem Handeln verbunden, die jeweiligen Sphären sind zu scheiden. Die vormalige Vermischung beider Sphären wie sie im Zunftwesen oder auch im Merkantilismus absolutistischer Herrscher als funktional angesehen wurde, war nach der neuen Ideologie effizenzschädigend und daher zu beenden.

Zum anderen brachte die Industrielle Revolution eine neue Welt wirtschaftlichen Handelns hervor, insbesondere im Hinblick auf Produktionstechnologien, die Organisation der Arbeit und die Einbettung wirtschaftlicher Leistungserstellung in die soziale und ökologische Umwelt. Damit waren völlig neue Probleme und Herausforderungen verbunden, die es durch steuernde Eingriffe in das Wirtschaftsgeschehen zu beheben galt. Dazu gehörte unter anderem die Sicherheit der Beschäftigten in den Fabriken und die Qualitätssicherung von Produkten.

Schließlich brachte die Industrialisierung auch neue soziale Gruppen und damit neue Interessen hervor. Diese Interessen und Gruppen bedurften einerseits neuer Organisationsformen (wie etwa Gewerkschaften). Andererseits hatten sie ihren Ursprung in neuen Berufsbildern, die, wie die bis dato bestehenden auch, gewisser Regelungen (etwa hinsichtlich Ausbildung) bedurften. Diese drei Entwicklungen führten zu landesspezifischen Ausprägungen des Verhältnisses von Staat und Wirtschaft im 19. Jahrhundert, insbesondere auch des „regulatorischen Staates".

Vorreiter dieser Entwicklung waren Großbritannien und die USA. Daher lohnt es sich zunächst einen Blick auf den „viktorianischen regulatorischen Staat" (Moran 2004: 40) und auf die USA zu werfen. Deutschland folgte dieser Entwicklung, wenngleich auch als „verspätete" (Industrie-) Nation. In jener Epoche entstanden die Grundkategorien dieser staatlichen Eingriffsform in das Wirtschaftsgeschehen, die seither ungebrochen, wenn auch in unterschiedlichem Umfange, in Gebrauch sind. Andere, „modernere" Formen verdrängten (mindestens aus dem wirtschaftspolitischen Diskurs) die

Regulierung phasenweise, namentlich die Makrosteuerung des Keynesianismus, teilweise angereichert um neokorporatistische (kollektive) Planungselemente, und die Verstaatlichungseuphorie der Nachkriegszeit nach 1945. Seit den späten 1970er bzw. den 1980er Jahren und damit nach dem Zusammenbruch konstitutiver Elemente des keynesianischen Nachkriegskonsenses (insbesondere dem festen Wechselkurssystem von Bretton Woods), dem Beginn der Globalisierung sowie der Überwindung erster, massiver Wachstumsschwächen in westlichen Industrienationen erlebte der Wirtschaftsliberalismus als „marktorientierter" Ansatz eine Renaissance. Mit ihm kam die Vorstellung von der (Re-)Privatisierung ehemals staatlicher Wirtschaftsbereiche und als Korrelat die Etablierung von Eingriffsregimen zur Sicherung öffentlicher Belange – die Regulierung – zu Prominenz. Auch diesmal waren Großbritannien und die USA Vorreiter, die Bundesrepublik Deutschland folgte zunächst zögerlich, doch in den 1990er Jahren massiv nach.

Großbritannien und USA: viktorianischer und amerikanischer
regulatorischer Staat

Der viktorianische regulatorische Staat bzw. seine Herausbildung ist durch die Gleichzeitigkeit dreier Veränderungen charakterisiert: die Entstehung neuer regulatorischer Institutionen, die stärker als zuvor von der Zivilgesellschaft getrennt errichtet wurden; veränderte Nutzungsgewohnheiten des Rechts, insbesondere der Beginn des Ersetzens von Gewohnheitsrecht durch formal gesetztes Recht; und schließlich durch das Bestreben, das Verhältnis von Staat und Wirtschaft in einer Weise zu gestalten, die es nach außen hin „immunisiert", insbesondere gegen die im Aufstieg befindliche Demokratie (vgl. Moran 2004).

Natürlich gab es hoheitliche Eingriffe in wirtschaftliche Prozesse auch in Großbritannien schon lange vorher. So wird etwa die Tudor Periode mit einem ausgesprochenen Aktivismus an Regulierungstätigkeit verbunden. Und dennoch, diese erste Blütezeit wirtschaftlicher Regulierung im 16. Jahrhundert hinterließ keinen wirklich handlungsfähigen Staat, mit hinreichend großer Verwaltung oder finanziellen Ressourcen. Bis ins 19. Jahrhundert existierte nicht einmal eine veröffentlichte Sammlung geltender Gesetze, auch nicht für die Wirtschaft. Eingriffe in die Wirtschaft und Mechanismen der Beeinflussung des wirtschaftlichen Geschehens im öffentlichen Interesse entwuchsen vielmehr vor allem zivilgesellschaftlichen Arrangements, jenseits eines (damals unterentwickelten) Staatsapparates. Örtliche Eliten, nicht zuletzt der Landadel, aber auch die Selbstverwaltungseinrichtungen des Handwerks und der ständischen Berufe, steuerten unter Rückgriff auf Gewohnheitsrecht (*customary law*) und eingeübter Praxis, im Einzelfall auch aufgrund königlicher Proklamationen oder vereinzelter Gesetzgebung des Parlaments, die Wirtschaftsabläufe und prägten so die Wirtschaftsordnung. Von einem „Staat in der Wirtschaft" lässt sich freilich nach heutigen Maßstäben nicht sprechen.

Vor allem zwischen 1833 und 1850 entstanden die ersten „Regulierungsbehörden", also Institutionen mit der Aufgabe, die Wirtschaft (Industrie und Finanzwelt), einschließlich berufständischer Angelegenheiten, im Hinblick auf bestimmte öffentliche Interessen (wie Arbeitssicherheit, Produktqualität, Umweltbeeinflussung, Ausbildung oder Marktstabilität) zu kontrollieren. Zu ihnen gehörten unter anderem die *Factory Inspectors, Poor Law Commissioners, Railway Board, Mining Inspectorate, General Board of Health*, später auch der *General Council on Medical Education and Registration* (1858), oder das *Institute of Chartered Accountants* (1880). Bereits bestehende Institutionen, wie etwa die *Bank of England* (1694) nahmen im Laufe des 19. und beginnenden 20. Jahrhunderts neue, quasi-hoheitliche Funktionen an, obgleich etwa die Bank privatwirtschaftlich organisiert blieb und sich auch formal auf keine Übertragung hoheitlicher Privilegien durch den Staat stützen konnte. Es gehörte zu ihrem Selbstverständnis, den Auswüchsen eines ungezügelten und (staatlicherseits) unkontrollierten Wettbewerbs im Finanzsektor mit dem Ziel entgegen zu treten, Marktstabilität zu erhalten. Dafür nahm die *Bank of England* sogar die Bildung neuer Kartelle in Kauf.

Das Charakteristische dieser Periode des viktorianischen regulatorischen Staates war es, dass die Regulierung wirtschaftlicher Angelegenheiten im Wesentlichen kooperativ (statt staatlich-autoritativ), auf Vertrauen zwischen Regulierer und Regulierten beruhend, ablief, und im Übrigen häufig auf selbstregulierenden Arrangements der betroffenen Bereiche (also der jeweiligen Berufe, oder auch etwa der Londoner City im Finanzbereich) basierte. Während etwa berufständische Organisationen (Gilden, Kammern, Verbände etc.) mit weit reichenden Kompetenzen zur Regulierung der die jeweilige Profession betreffenden Angelegenheiten (Ausbildung, Zugang zu dem jeweiligen Markt, Disziplinarmaßnahmen bei Verstößen gegen ethische oder professionelle Standards etc.) keine britische Besonderheit sind, sondern vielmehr in den „alten" Berufen (verschiedene Handwerksberufe, Apotheker, Mediziner usw.) auch auf dem europäischen Kontinent gang und gäbe waren (vgl. Müller 2002: 43-49), ist die Ausweitung dieses auf Selbstregulierung fußenden Ansatzes auf „neue" Berufe (Ingenieure ab 1818, Architekten 1837 usw.) keineswegs als Selbstverständlichkeit anzusehen. Auch wenn insgesamt die wirtschaftsfreundliche Grundtendenz auffällt, so sind doch bereichsabhängige Unterschiede, vor allem im institutionellen Arrangement, zu identifizieren.

Tabelle 13: Britische Regulierung der Wirtschaft im 19. Jahrhundert

	Industrie	Berufe	Finanzwirtschaft
Wirtschaftsregulierende Institutionen	Staatliche Behörden	Selbstregulierende Körperschaften (vom Staat beliehen)	Private Akteure (ohne formale Beleihung)
Beispiele	*Factory Inspectors; Mining Inspectorate; Alkali Inspectorate*	*General Council on Medical Education and Registration (General Medical Council)*	*Bank of England; Stock Exchange; Corporation of Lloyd's*
Arbeitsweise bzw. Stil der Regulierung	Kooperativ (verhandelt, nicht erzwungen); *best practicable means* Doktrin (=keine fixen Standards)	Kollegial (maximale Freiräume) und solidarisch; symbolische Aufwertung durch formale Beteiligung der Krone	*Gentlemanly standards* (verhandelt, flexibel)
Evaluierung durch Regierung/Parlament (Veröffentlichungsdatum des Untersuchungsberichts)	Robens Committee (1972)	Merrison Committee (1975)	Macmillan Committee (1931); Radcliffe Committee (1959)

Quelle: Eigene Darstellung, Fakten im Wesentlichen aus Moran (2004)

Der Vergleich nach Wirtschaftssektoren bzw. Regulierungsbereichen zeigt, dass das institutionelle Arrangement (insbesondere die Verortung von Regulierungseinrichtungen zwischen Staat und Wirtschaft) keineswegs einer einheitlichen Blaupause folgt, auch wenn diese im Ergebnis hin zu einer industriefreundlichen (finanzfreundlichen bzw. professionsfreundlichen) Regulierung konvergierten.

Erstaunlich ist, dass mit der Einrichtung staatlicher Behörden für die Regulierung im Industriebereich in Großbritannien ein formal ähnlicher Schritt wie in den USA erfolgte. Dort entstanden in etwa zur gleichen Zeit die ersten *independent regulatory agencies*, etwa für die Eisenbahnregulierung, den die Bundestaatengrenzen überschreitenden Handel oder die Wettbewerbsaufsicht. Ihre Funktion war jedoch völlig verschieden. Diese unabhängigen Regulierungsbehörden nahmen im präsidentiellen Regierungssystem der USA eine andere Rolle ein als die britischen Regulierungsbehörden im Westminster-System. Während die britischen Regulierungsbehörden vollständig im Verantwortungsbereich von Regierung und Parlament verortet waren, entwickelten ihre amerikanischen Pendants ein zum Teil erhebliches Selbstbewusstsein und starke Eigenständigkeit. Ihre institutionelle Stellung fand sich zwischen den politisch bzw. legitimatorisch unabhängigen Organen Präsident und Kongress. Die Funktionsfähigkeit der staatlichen Regulierung sollte dadurch sichergestellt werden, dass diese Behörden gerade nicht im *gridlock* (Blockade) zwischen Präsident und Kongress lahm gelegt werden konnten.

Aber auch in ihrer Arbeitsweise waren beide Systeme grundverschieden. Die amerikanischen unabhängigen Regulierungsbehörden prägten zum Teil nachhaltig die jeweiligen Sektoren in der amerikanischen Wirtschaft. Der vergleichsweise hohe Grad an Verrechtlichung im amerikanischen Regierungssystem, einschließlich der massiv genutzten gerichtlichen Überprüfung aller öffentlicher Akte, auch von Regulierungsentscheidungen, sorgte in den USA für eine umfangreiche Judikatur und Rechtsfortbildung. Der *clubbish style* der britischen Regulierer, etwa der *Railway Commission,* sorgte hingegen, wie Moran (2004: 64) berichtet, dafür, dass das Potenzial dieser Behörden, mächtige Regulierungsbehörden zu werden wie in den USA, nicht genutzt wurde. Ihrer Ausbildung und Arbeitsweise nach waren die Mitarbeiter der Regulierungsbehörden in die Londoner Eliten- und Ministerialverwaltungskultur eingebettet. Ihr Handeln war, wie grundsätzlich alle öffentliche Verwaltung in Großbritannien, der gerichtlichen Überprüfung entzogen.

Dabei darf man das dominante Verhaltensergebnis dieses System des *club government* in Großbritannien nicht mit der so genannten *capture*-Problematik vor allem amerikanischer Regulierungsbehörden verwechseln. Letztere beschreibt das Phänomen des weit reichenden Einflusses der Regulierten in den Regulierungsbehörden, die sich mit der Zeit entwickelt, weil die Regulierer auf fachliche Informationen aus dem regulierten Sektor angewiesen sind und möglicherweise auf eine spätere Karriere in diesem hoffen. Demgegenüber war die auf Konsens und Kooperation bauende Regulierung britischer Behörden Ausdruck einer Verwaltungskultur, die kaum Spezialisten und Fachleute, wenig formale Regeln, sehr geringe oder keine Legalisierung bzw. Justizialisierung, dafür hohe Personalisierung und insgesamt eine gewisse Abneigung gegen detailorientierte, fachspezifische Fragen aufwies. Die „Nähe" von Regulierern und Regulierten war insofern nicht rationalistische Strategie, sondern Ausdruck einer Elitenkultur.

Die genannte Arbeitsweise der Regulierungsinstitutionen in Großbritannien war auch in rechtlicher Hinsicht bemerkenswert. Es entsprach dem Umgang unter *Gentlemen*, abweichendes Verhalten seitens der Regulierten (in Industrie, Finanzwelt oder den (freien) Berufen) nicht als kriminelles (rechtsverletzendes) Verhalten anzusehen (und zu ahnden), sondern vielmehr als „Irregularität". Das formale Recht (bzw. seine Durchsetzung) wurde lediglich als *last resort* (letzter Ausweg) gesehen.

Was den „output" des britischen Systems im 19. und 20. Jahrhundert betrifft, so muss man die damalige Selbsteinschätzung, der kooperative und eher informelle Stil der Regulierer sei effizienter (als formale, mit den Mitteln des Verwaltungsrechts auf hierarchischem Zwang beruhende Staatseingriffe), wohl mit einem großen Fragezeichen versehen. Jedenfalls zeigen eine Reihe von Studien vor allem aus den Bereichen Gesundheit und Umwelt, dass die Sensibilität dieses Ansatzes auch für handfeste Gefährdungslagen mitunter gering ausgeprägt war (Rhodes 1981: 76-78). Umso erstaunlicher ist es, dass dieser prägende „clubbish style" noch weit bis in die Nachkriegszeit, in einigen Fällen bis in die 1970er Jahre nachwirkte, obgleich nach dem Zweiten Weltkrieg aufgrund verschiedener Nationalisierungswellen ein damit scheinbar inkompatibles Paradigma im Verhältnis von Wirtschaft und Staat Einzug hielt.

Demgegenüber hat sich das Konzept der unabhängigen Regulierungsbehörde aus den USA weltweit durchgesetzt, auch in Regierungssystemen, die die Blockadegefahr der amerikanischen Verfassungsorgane gar nicht kennen. Selbst in Großbritannien nahmen die Behörden des „neuen regulatorischen Staates", die zur Regulierung der privatisierten Wirtschaftssektoren Zug um Zug eingerichtet wurden, ab den 1980er und 1990er Jahren eine Entwicklung hin zu stärkerer Formalisierung und Regierungsunabhängigkeit (vgl. Sturm u.a. 2001). Transparenz, Berechenbarkeit des Verwaltungshandelns und auf verschiedenen Wegen angestrebte „Entpolitisierung" (im Sinne von kurzfristigen politischen Interventionen) kennzeichnen diese Entwicklung. Selbst die hohe Personalisierung, die unter anderem in der Institution des „Director General" als Behördenleitung traditionell in Großbritannien und auch bei den seit den 1980er und 1990er Jahren eingerichteten neuen Behörden bis etwa zur Jahrtausendwende einen sichtbaren Ausdruck gefunden hatte, fiel Zug um Zug. An ihre Stelle setzte sich nach dem Übergang der Regierung von den Tories auf „New Labour" 1997 das Modell des „regulatory board", also eines kollektiven Leitungsorganes durch. Mit der Einbindung verschiedener Gruppen sowie von Fachleuten in die Leitungsverantwortung war einerseits der Versuch unternommen, die Legitimität von Regulierungsentscheidungen auf eine breitere Basis zu stellen und damit zu erhöhen. Andererseits geht sie auch mit einer weiteren Entkoppelung von fachlicher Steuerung durch die Regierung einher.

Der „neue regulatorische Staat" in Großbritannien ist die unmittelbare Folge der Privatisierungen wesentlicher Wirtschaftssektoren. War Großbritannien noch zum Ende der 1970er Jahre unter den westlichen Industriestaaten das Land mit dem höchsten Anteil der Staatswirtschaft an der nationalen Wertschöpfung, so wandelte es sich bis in die 1990er Jahre, vor allem nach den Privatisierungen in den Bereichen Telekommunikation, Strom-, Gas- und Wasserversorgung sowie im Verkehrswesen in jenen Industriestaat neben Neuseeland mit dem geringsten Staatsanteil. Wie in allen demokratischen Industriestaaten verringerte sich damit aber nicht der Bedarf an der Durchsetzung öffentlicher Interessen in der Wirtschaft, von der Sicherstellung der allgemeinen Versorgung mit bestimmten Dienstleistungen, über die Gewährleistung eines akzeptablen Preisniveaus, bis hin zu ökologischen und Sicherheitsstandards. Dieses Spektrum an öffentlichen Interessen ist gegenüber dem 19. Jahrhundert keineswegs kleiner geworden, im Gegenteil. Die Einrichtungen des neuen regulatorischen Staates stehen in gewisser Weise in der Tradition des 19. Jahrhunderts, aber sie wiederholen die Vergangenheit nicht. Insbesondere haben sich die Instrumente und Verhaltensweisen dieser Behörden verändert. Statt „club government" setzte etwa der neu eingerichtete Energieregulierer, das Office of Electricity Regulation (OFFER), von Anfang an auf ein dezidiertes ökonomisches Modell zur Preisregulierung (ausführlich Sturm u.a. 2002). Im Unterschied zum 19. Jahrhundert nutzte die Regierung Thatcher die Gelegenheit, die bis dato verstaatlichten Sektoren so zu gestalten, dass der aus ihrer Sicht vielversprechende Regulierungsansatz des Birminghamer Ökonomieprofessors Stephen Littlechild, der Netz und Stromproduktion trennte und die Preise mittels der so genannten „price cap regulation" regulierte, zum Einsatz kommen konnte. Dies wäre aufgrund von Unterschieden in der Industriestruktur, insbesondere bei Eigentums- und Verflechtungsverhältnissen, in gleicher Weise weder in den USA noch in Deutschland möglich gewesen. Das öffentliche Eigentum an den Anbietern in den genannten Wirtschaftssektoren verhalf der konservativen britischen Regierung insofern zu einer einmaligen Gelegenheit, die Privatisierung der Wirtschaft mit einem „passgenauen" Mechanismus der staatlichen Einflussnahme – im Wege der Regulierung – zu versehen. Das hohe Maß an Kohärenz, mit ähnlichen und teilweise identischen institutionellen Strukturen der sektorspezifischen Regulierungsbehörden, hat mitunter zu dem Fehlschluss geführt, es habe in Großbritannien einen „Masterplan" gegeben. Richtig ist vielmehr, dass wir von einer Gesichte der „unintended consequences" bzw. eines „Schneeball-Effekts" sprechen müssen (vgl. Hood 1996: 62). Dabei hat sich das Organisationsmodell des damaligen Office of Fair Trading (OFT) in seiner Organisationsstruktur der 1970er zunächst als Vorbild für die Regulierungsbehörde im Telekommunikationsbereich (Office of Telecommunication Regulation – OFTEL) und später für die übrigen Behörden der Regierungsjahre von Margaret Thatcher und John Major durchgesetzt (1979-1997).

Privatisierung und Regulierung in Deutschland

Wie bereits ausgeführt, hatte die Ordnungs- und Wettbewerbspolitik in Deutschland bis ins 20. Jahrhundert hinein einen schweren Stand. Die Notwendigkeit der Regulierung von Produktsicherheit, Arbeitsbedingungen etc. gab es auch in den deutschen Staaten vor und nach der Reichsgründung von 1871. Der föderalen Tradition in Deutschland entsprechend waren diese Aufgaben jedoch im Wesentlichen dezentral verortet. Mit der Einrichtung der Kammern der Wirtschaft (Industrie- und Handelskammern sowie Handwerkskammern) sowie den berufsständischen Kammern der freien Berufe (Rechtsanwalts-, Ärzte-, Apotheker-, Wirtschaftsprüfer-, Architekten-, Ingenieur- oder Steuerberaterkammern) im Laufe des 19. Jahrhunderts wurde eine, wenn auch nicht einzigartige, so doch für Deutschland besonders prägende Mischform der Regulierung, insbesondere in Angelegenheiten der Ausbildung und des Berufsstandes, etabliert. Diese Einrichtungen sind stark dezentral organisiert, verstehen sich als Selbsthilfeeinrichtungen der jeweiligen Berufe bzw. der örtlichen Wirtschaft (des örtlichen Handwerks) und genießen dennoch den besonderen Status öffentlich-rechtlicher Körperschaften, die bestimmte hoheitliche Tätigkeiten – für den Staat – wahrnehmen. Sie stehen gewissermaßen zwischen der (unmittelbaren) staatlichen Verwaltung und der staatsfreien Gesellschaft und bewegen sich formal innerhalb der Formen öffentlicher Gewalt, werden materiell aber bestimmt von den Belangen, Interessen und der Expertise der Betroffenen. Die charakteristische Ergänzung dieser besonderen Kompetenzausstattung ist die Pflichtmitgliedschaft, welche das besondere Gewaltenverhältnis der Kammer auch nach innen (also gegenüber der betroffenen Branche(n) und Berufe(n)) legitimieren soll. Aufgrund der kammerinternen demokratischen Selbstverwaltungsstrukturen, sind Mechanismen der Selbstkontrolle angelegt.

Aus der besonderen rechtlichen Position der Kammern folgen Kompetenzen in verschiedenen Bereichen: der Festlegung von (bestimmten) Ausbildungsinhalten, der Bestimmung von Regeln für Verhaltensweisen, zum Teil der Mitwirkung an der Festlegung einheitlicher Preise (Honorare) oder auch der Mitwirkung an der Bestimmung bestimmter Qualitätsstandards der jeweiligen Branche. An dieser Stelle wird schon zweierlei klar: Einerseits liegt die Wurzel der „Selbsthilfeeinrichtungen", insbesondere der berufsständischen, im Zunft- und Gildewesen Europas. Zwar sind insbesondere die Wirtschaftskammern regional (und damit territorial) organisiert, und nicht nach Berufen wie die alten Zünfte. Doch lebt auch dieser Gedanke etwa innerhalb der Handwerkskammern durch die „Innungen" (welche die verschiedenen Gewerke innerhalb der Handwerksorganisation widerspiegeln) weiter. Und andererseits ist das Primat der „Selbstregulierung" gerade im berufständischen Bereich keine deutsche Ausnahme, wie etwa der *General Medical Council* in Großbritannien zeigt. Im Hinblick auf die Bundesrepublik Deutschland ist allerdings interessant festzustellen, dass eine Tendenz zur Verweisung wichtiger Regulierungsaspekte des Faktors „Arbeit" in die Selbstgestaltung der beteiligten Akteure (Kammern, Gewerkschaften, Arbeitgeberverbände) auszumachen ist. Das oft bemängelte Fehlen eines deutschen „Arbeitsgesetzbuches", die weitgehende Bestimmung der Arbeitsbeziehungen durch Gewerkschaften und Arbeitgeber(verbände) im Rahmen der verfassungsrechtlich geschützten Tarifautonomie und die teils eigenverantwortliche Bestimmung von Ausbildung und Ausbildungsinhalten durch die Kammern (der Wirtschaft) bzw. teils korporatistische Festlegung von Berufsbildung durch Fachausschüsse auf Landesebene sind hierfür Indizien.

Bedarf an unmittelbarer staatlicher Regulierung war ebenso wie in den anderen entstehenden Industriestaaten gleichwohl spätestens seit Beginn der Industrialisierung gegeben. Eisenbahn-Zentralämter (in Berlin und München) wurden 1907 ebenso kurz nach der Jahrhundertwende eingerichtet wie eine Versicherungsaufsicht für die (privaten) Versicherungsgesellschaften 1902.

Nimmt man des Weiteren zur Kenntnis, dass etwa eine staatliche Bankaufsicht erst in den 1930er Jahren, also nach dem Börsenkrach 1929 und den damit zusammenhängenden Bankenzusammenbrüchen aufgrund des verloren gegangenen Vertrauens in die Stabilität des Finanzsystems, in Deutschland entstand, eine Wettbewerbsbehörde erst in den 1950er Jahren eingerichtet wurde usw., dann zeigt dies nur bedingt die „verspätete" Entwicklung der deutschen Industrienation. Denn auch andere europäische Industriestaaten, namentlich der industrielle Vorreiter Großbritannien, richteten entsprechende Regulierungsbehörden erst später ein, z.T. viel später (z.b. die Finanzaufsichtsbehörde FSA zur Jahrtausendwende, bis dahin war der Finanzmarkt staatlicherseits weitgehend unreguliert). Der deutsche Zentralstaat war bis zur Weimarer Republik mit ausgesprochen schwachen Kompetenzen in der gesamten Innenpolitik ausgestattet. Und so kann es nicht verwundern, dass bis 1919 die Ausbildung reichsweit agierender Behörden überschaubar war (auch die Eisenbahn-Zentralämter waren Einrichtungen der jeweiligen Königreiche Preußen und Bayern und gingen erst 1920 mit der Gründung der Reichsbahn in deren Verwaltungsapparat auf).

Die aus heutiger Sicht besonders prominenten Regulierungsfelder Energieversorgung und Telekommunikation wurden seit Beginn ihrer Entstehung sehr verschieden behandelt. Während die Energieversorgung, namentlich die Stromversorgung, zunächst von Privatunternehmen partiell sichergestellt, und danach Zug um Zug kommunalisiert bzw. auf gemischt öffentlichprivate Träger übertragen wurde (ausführlich Ortwein 1996), war der Aufbau der Telekommunikation (genauer: der Telegrafie und Telefonie) eine Monopolaufgabe der Reichspost. An dieser jeweiligen Grundstruktur hatte sich bis in die späten 1980er bzw. Anfang der 1990er Jahre nichts Grundlegendes geändert. Anstatt etwa die Energieversorgung in vollständige staatliche Trägerschaft und Kontrolle zu bringen, sanktionierten die Nationalsozialisten vielmehr mit einem „Energiewirtschaftsgesetz" (1934) das entstandene System gegenseitiger vertraglicher Bindungen und Abhängigkeiten von Kommunen, als Inhaber des so genannten Wegerechts (also des Rechts innerhalb ihrer Gemarkungsgrenzen Leitungen und Wege zu bauen), lokalen Energieversorgern (meistens im Eigentum der Kommune) sowie den überörtlichen bzw. überregionalen Energieproduzenten (meist in gemischt öffentlichprivatem Eigentum), die sich mittels so genannter Demarkationsverträge die jeweiligen „Versorgungsgebiete" als regionale Monopole ohne Wettbewerb zusicherten. Während die Stromtarife einer staatlichen Genehmigung bedurften (insofern also „reguliert" waren), erlebte der Telekommunikationssektor ebenso wenig wie die Telefonie des Staatsmonopolisten Reichspost, später der Bundespost, noch keine ernsthafte Anstrengung, so etwas wie einen Markt bzw. Wettbewerb als Mechanismus zur Garantie möglichst effizienter Dienste und damit günstiger Kosten durchzusetzen.

Zu diesem Zweck entstanden erst in den 1990er Jahren „neue" Regulierungsbehörden in Deutschland, namentlich die Regulierungsbehörde für Telekommunikation und Post (RegTP) 1998, die seit 2005 als „Bundesnetzagentur" (BNA) auch für die Regulierung der Schienennetze sowie der Strom- und Gasnetze zuständig ist. Dieser neue Ansatz, dessen Ähnlichkeit zu Großbritannien auf der Hand liegt, entstand in direktem Zusammenhang mit einer Privatisierungswelle, vor allem in der Telekommunikation sowie bei den Stromversorgern. Sie ist freilich auch Ausdruck eines Paradigmenwechsels, der sich in den 1980er Jahren in der Bundesrepublik ankündigte, und demzufolge privates Engagement auch in den Bereichen der „Daseinsvorsorge" als einem geradezu klassischen wettbewerblichen Ausnahmebereich (im Sinne des GWB) möglich sein sollte. Diese Bereiche, namentlich die Energieversorgung und Telekommunikation, belegte ursprünglich der Jurist Ernst Forsthoff in den 1930er Jahren mit dem eher politischen als wirtschaftswissenschaftlich fundierten Begriff der Daseinsvorsorge. Er ist nicht deckungsgleich mit den Kategorien der mangelnden Eignung bestimmter Produkte und Gruppen für Wettbewerb (also insbesondere: natürliches Monopol, öffentliche Güter, ruinöse Konkurrenz), sondern stellt zentral auf die herausgehobene Bedeutung bestimmter Produkte oder Dienstleistungen für die Mitglieder einer Gesellschaft, mithin ihre Unverzichtbarkeit für jeden Einzelnen ab. Aus dieser Unverzichtbarkeit wird von Forsthoff eine staatliche Verantwortung dafür abgeleitet, ihre Zur-Verfügung-Stellung gegenüber jedermann zu gewährleisten, mithin sie also selbst – und damit unabhängig von den mit der Bereitstellung verbundenen Grundkosten oder der Zahlungskräftigkeit der Bezieher – herzustellen oder zu verteilen.

Das Konzept der Daseinsvorsorge lädt geradezu zum Missbrauch ein, denn es ist ein sozialpolitisch interpretierbares „weasel word" im Sinne von Hayeks, mit dem letztlich jede Form der Dienstleistung oder Produktion, von Bankdienstleistungen bis zum Brotverkauf, erfasst werden kann. Das Kriterium für den regulatorischen Staatszugriff, insbesondere den des „neuen regulatorischen Staates", ist hingegen zunächst einmal nicht die Bedeutung eines Produktes oder einer Dienstleistung, sondern die Art und Weise ihrer Bereitstellung. Ist diese durch – unkontrollierte bzw. unregulierte – Private nicht oder nicht effizient gesichert (weil z.B. ein natürliches Monopol vorliegt und die Preise entsprechend frei vom privaten Anbieter gesetzt werden könnten), dann ergibt sich die Notwendigkeit des staatlichen Eingriffs. Das Spezifische des neuen (auch deutschen) regulatorischen Staates war und ist es nun, dass er nicht mit Verstaatlichung reagiert, sondern Instrumente einsetzt, deren Ziel die Herstellung von Wettbewerb oder aber wettbewerbsähnlichen Anreizen ist. Voraussetzung ist dabei einerseits die „Entstaatlichung" der Anbieter (mindestens ihre Abkopplung von politischen Preis- und Mengenentscheidungen etc.) und andererseits ihre „Liberalisierung" im Sinne der Beendigung von wettbewerbsfeindlichen Arrangements wie in der deutschen Strom- und Gaswirtschaft.

Werden aus staatlichen Monopolen (z.B. Deutsche Telekom, weitgehend auch Deutsche Bahn bzw. den regionalen Monopolisten der Energieversorgung) mittels Privatisierung private Monopole, so bedarf es einer entsprechenden Korrektur. Dabei ist zu beachten, dass Privatisierungen keine Erfindung der 1980er bzw. 1990er Jahre sind, auch wenn sie dort – im Rahmen des genannten Paradigmenwechsels – besondere Prominenz erhielten. Die Geschichte der Privatisierung in der Bundesrepublik Deutschland ist länger und auch komplexer.

Tabelle 14. Zeittafel der Privatisierungs- und Beteiligungspolitik 1983-1992

A. Bereich des Bundesfinanzministeriums	
1983	*Bestandsaufnahme* (Prüfung des wichtigen Bundesinteresses) Vorbereitung eines *Gesamtkonzeptes* der Privatisierungs- und Beteiligungspolitik des Bundes (vom Bundeskabinett im März 1985 beschlossen) Erste Priorität: Abbau von Konzernverlusten. Neue Konzepte bei einzelnen Konzernen.
I. Unmittelbare Bundesbeteiligungen	
1983	Optionsanleihe *VEBA AG*, kein Bezugsrecht der Aktionäre.
1984	Bundesbeteiligung an der *VEBA AG* von 43,75 vH auf 29,98 vH des Grundkapitals verringert.
1985/86	Rückführung des Bundesanteils an der VEBA AG auf 25,49 vH.
1986	Optionsanleihe *Volkswagen AG*, kein Bezugsrecht der Aktionäre. Teilprivatisierung der *VIAG AG*, Rückführung des Anteils des Bundes und der Kreditanstalt für Wiederaufbau auf 60%. Kapitalerhöhung *Volkswagen AG*. Der Bundesanteil fiel infolge Nicht-Beteiligung von 20 vH auf 16 vH. Teilprivatisierung der *Industrieverwaltungsgesellschaft AG*.

1987	Vollprivatisierung der *VEBA AG*. Optionsanleihe *VIAG AG*. Bund und Kreditanstalt für Wiederaufbau übten Bezugsrecht nicht aus. Aufgrund der Änderung des Berufsbildes für Wirtschaftsprüfungsgesellschaften durch Bilanz-Richtlinien-Gesetz Beteiligung der Mitarbeiter an der *Treuarbeit AG*. Bundesbeteiligung von 45 vH auf 30,5 vH verringert.
1988	Privatisierung der Bundesbeteiligung an der *Volkswagen AG*. Vollprivatisierung der *VIAG AG*.
1989	Weitere Rückführung des Bundesanteils an der *Treuarbeit AG* von 30,5 vH auf 25,5 vH. Teilprivatisierung der *DSL-Bank* (48 vH, über eine breitgestreute Placierung von Aktien der *DSL Holding AG*). Veräußerung der *Salzgitter AG* an die Preussag AG und Hypothekenbank AG.
1991	Vollständige Veräußerung der Bundesbeteiligung an der *Deutschen Pfandbrief- und Hypothekenbank AG* (65,06 vH des Kapitals). Veräußerung sämtlicher Anteile des Bundes (95%) an der *Prakla-Seismos AG*.
1992	Organisationsprivatisierung der *Bundesanstalt für Flugsicherung*. Veräußerung des Bundesanteils in Höhe von 50% an der *Aachener Bergmannssiedlungsgesellschaft*.

II. Mittelbarer Beteiligungsbereich

1983 bis 1990	Nach Expansion in den 70er Jahren unter dem Stichwort Diversifikation haben die Bundeskonzerne Zurückhaltung bei Neuerwerben geübt, ferner ihren Beteiligungsbereich kritisch überprüft und gestrafft. Allein die Industriekonzerne mit mehrheitlicher Bundesbeteiligung haben von 1983 bis 1989 in rd. 75 Fällen Beteiligungen im In- und Ausland veräußert, verringert oder aufgegeben.

B. Bereich des Bundesverkehrsministeriums einschließlich Bahnbeteiligungen

1987	Im Rahmen einer Kapitalerhöhung Rückführung des Anteils des Bundes-Bereichs am Grundkapital der *Deutschen Lufthansa AG* von 79,9 vH auf 69,21 vH.
1988	Teilprivatisierung der *Deutschen Verkehrs-Kredit-Bank AG* (24,9 vH des Anteils).
1989	Teilprivatisierung der *Schenker & Co. GmbH* (22,5 vH des Kapitals). Weitere Kapitalerhöhung der *Deutschen Lufthansa AG*. Durch Nichtbeteiligung sinkt der Anteil des Bundesbereichs auf 59,94 vH der Stimmrechte und 54,94 vH des Kapitals.
1991	Weitere Rückführung der Beteiligung der Deutschen Bundesbahn an *Schenker & Co.* um 57,5% auf 20%.

C. Bereich des Bundesministeriums für Wirtschaft	
1990	Veräußerung der zum ERP-Sondervermögen gehörenden *Deutschen Industrieanlagen GmbH* (DIAG).
1992	Veräußerung der zum ERP-Vermögen gehörenden *Berliner Industriekreditbank AG.*

Tabelle nach Molitor 1993, S. 22f.

Dass es in Deutschland (bis zur Wiedervereinigung) nicht das gleiche Ausmaß an Privatisierungen gab wie etwa in Großbritannien, liegt an zweierlei. Zum einen hatte der deutsche (Bundes-)Staat nicht in gleichem Ausmaß Staatseigentum an Wirtschaftsbetrieben wie der britische Gesamtstaat. Das liegt an den schon erwähnten beschränkten Möglichkeiten der weitgehenden Sozialisierung im deutschen Regierungs- und Verfassungssystem gegenüber dem britischen Westminster-System. Zum anderen greift man zu kurz, wenn man nur den Bund als Eigentümer – und Privatisierer – betrachtet. Vielmehr haben wir es mit (bis 1989: 11, dann 16) Ländern zu tun, die als eigenständige Akteure mit Staatsqualität ausgestattet sind und entsprechende Industriebeteiligungen oder Eigentum an Energieversorgern etc. hatten oder noch haben. Auch das kommunale Eigentum, etwa an den Stadtwerken als lokale Energieversorger der Bevölkerung, ist nicht in der Verfügungsgewalt des Bundesstaates.

Die Etablierung neuer Regulierungsbehörden und eines entsprechenden Regulierungsansatzes nach britischem Vorbild (im Sinne einer Wettbewerbs- bzw. Marktorientierung) kam aus verschiedenen Gründen in Deutschland bis in die 1990er Jahre nicht zum Einsatz. Zum einen löst nicht jede Privatisierung ein Wettbewerbsproblems aus. So blieben etwa Privatisierungen von Anteilen des VW-Konzerns (an dem das Land Niedersachsen bis heute eine umstrittene Sperrminorität hält) durch den Bund ohne Folgen für den Automobilmarkt – denn es gab und gibt hinreichend inländische und ausländische Anbieter. Privatisierungen von Industriebeteiligungen dieser Art sind insofern eher als Korrekturen historisch gewachsener Eigentums- bzw. Unternehmensstrukturen anzusehen, nicht als Ausdruck einer ordnungspolitischen Strategie zur Neuausrichtung eines gesamten Sektors. Zum anderen waren Privatisierungen in den Nachkriegsjahrzehnten auch in den sensiblen Bereichen, v.a. Energieversorgung (oder auch im Bank- und Versicherungswesen), nicht primär vom Motiv der Effizienzsteigerung bzw. Erhöhung der Wirtschaftlichkeit des jeweiligen Sektors geleitet. Häufig ging es um die Ermöglichung von Vermögensbildung breiter Schichten, etwa durch das Angebot von „Volksaktien". Seit den 1980er Jahren tritt das Erzielen von

Einnahmen für die Staatskasse als wichtiger Gesichtspunkt hinzu. Bis in die 1960er Jahre ließ man außerdem die entsprechenden regulatorischen Regime – im Energiebereich etwa die Marktabgrenzung zur Sicherung regionaler Monopole – unangetastet. Die Sicherstellung der allgemeinen Versorgung durch Netzanschluss für jedermann sowie die Bereitstellung einer sicheren Infrastruktur ohne nennenswerte Netzausfälle genoss Priorität vor möglichen Preisvorteilen durch ein wettbewerbliches bzw. quasi-wettbewerbliches Regime. Gerade im Bereich der Energieversorgung fehlte überhaupt ein konzeptionelles Instrument, mit dessen Hilfe „Wettbewerb" überhaupt vorstellbar wurde. Erst mit Helmut Gröners (1975) bahnbrechender Habilitationsschrift, mit der er die Trennung von Netz (als dem eigentlichen Kern des vermeintlich „natürlichen Monopols" Energie) und Stromproduktion (als einer im Wettbewerb problemlos zu erledigenden Marktleistung) vorschlug, war ein möglicher Weg der Schaffung von Wettbewerb in der Energiewirtschaft bereitet. Dass Gröners Modell in Deutschland bis heute nicht umgesetzt wurde (dafür aber den Kern der britischen Reform bildete) liegt sicher an den enormen Schwierigkeiten, in einem so dezentral und hochgradig verflochten organisierten, mit vielfältigen Interessen von öffentlichen und privaten Eigentümern durchsetzten System wie dem deutschen, eine fundamentale Strukturreform herbeizuführen. Ein verstaatlichter Sektor, zumal in einem Regierungssystem mit fast vollständiger Konzentration der Entscheidungsgewalt bei der Regierung in London, lässt eine solche Fundamentalreform der Aufspaltung in einen wettbewerblichen und einen nicht-wettbewerblichen Anteil eher zu als der deutsche Verflechtungsföderalismus.

In seiner Gesamtheit lässt sich der „neue regulatorische Staat" in Deutschland nicht leicht erfassen. Legt man einen anspruchsvollen Regulierungsbegriff zu Grunde (vgl. Müller/Sturm 1998), dann wäre eine Vielzahl von Sektoren und Bereichen zu beleuchten, denn „Regulierung" ist fraglos mehr als der übergangsweise Staatseingriff zur schrittweisen Herstellung bzw. Sicherung des Wettbewerbs in ehemals nicht-wettbewerblichen Sektoren. Nur beim neuen regulatorischen Staat im engeren Sinne (!) haben wir es ausschließlich mit diesem Phänomen zu tun. Wie wir gleich sehen werden, sind die jeweiligen regulatorischen Eingriffe und Mechanismen dennoch stark verschieden, abhängig von den jeweils betroffenen Dienstleistungen und Sektorstrukturen. Diese Bestimmung der Regulierung im engeren Sinne verstellt allerdings den Blick für wesentliche regulatorische Entwicklungen in weiteren Bereichen, die streng genommen nicht Gegenstand der genannten (Privatisierungs-)Entwicklung waren oder sind. Man denke nur an die Regulierung der Finanzmärkte, die, wenn auch aus anderen Gründen, in den 1990er Jahren und nach der Jahrtausendwende, neue und länderübergreifend durchaus ähnliche Impulse erhielt. Ebenso ist die Regulierung des (privaten) Rundfunks erwähnenswert, eine Neuerung in Deutschland seit den 1980er Jahren, als aufgrund technischer Entwicklungen nun Raum für einen Rundfunk außerhalb des öffentlich-rechtlichen Rundfunks gegeben war. Auch in diesem Bereich ging es nicht primär um den ökonomischen Wettbewerb bzw. seine effiziente Sicherstellung. Vielmehr standen und stehen hier inhaltliche, programmbezogene Regelungsziele im Zentrum.

Das Bild des neuen regulatorischen Staates in Deutschland ist vielfältig. Wir erkennen neben unterschiedlichen Zielsetzungen der Regulierung in den Sektoren insbesondere variierende institutionelle Arrangements, verschiedene Techniken und Kulturen sowie unterschiedlich starke Entwicklungstendenzen (vgl. Sturm/Wilks/Müller 2001). Mit der Bundesnetzagentur ist seit 2005 zumindest auf dem Gebiet der neuen Regulierung im engeren Sinne eine institutionelle Konsolidierung zu erkennen (Müller 2006a). Doch laufen auch innerhalb dieser Regulierungsbehörde die Verfahren nach durchaus verschiedenen Gesetzmäßigkeiten. Das liegt an drei Ursachen. Zum einen richten sich die Regulierungsverfahren auf unterschiedliche Gegenstände, mit spezifischen technischen Fragestellungen und sind in verschiedenen Gesetzen geregelt. Zum anderen haben wir es mit verschiedenen sektoralen Strukturen zu tun: einem asymmetrischen Machtverhältnis neuer Anbieter gegenüber einem für den absehbaren Zeitraum weiterhin dominanten, ehemaligen Monopolisten (z.B. Telekommunikation – mit der Deutschen Telekom AG, oder Schienenverkehr – mit der Deutschen Bahn AG), der über das etablierte Netz im Wesentlichen verfügt. Hier ist das Ziel des Regulierers, den (neuen) Wettbewerbern auf dem Markt eine Chance zum Erfolg gegenüber dem etablierten Ex-Monopolisten einzuräumen. Oder einer Vielzahl von Anbietern auf verschiedenen Stufen der Leistungserstellung, zum Teil eigentumsrechtlich miteinander verbunden, mit unterschiedlicher Marktmacht auf unterschiedlichen Feldern (Produktion, Verteilung) ausgestattet (z.B. Strom und Gas). Die sektorspezifischen Unterschiede, insbesondere das Potenzial der Wettbewerber, hängt freilich auch an der jeweiligen Bedeutung technologischer Entwicklungen, wie sie etwa für das ungeheure Marktwachstum im Bereich der Telekommunikation durch die Entstehung und Ausbreitung des Mobilfunks sowie der Internettechnologien zu beobachten ist, oder die Notwendigkeit von Investitionen und ihre Verrechnung in vorhandene Strukturen, wie sie gerade im Energiebereich von Relevanz ist. Schließlich, und damit drittens, trägt zur Vielfalt der Regulierungsverfahren innerhalb der Netzagentur ganz wesentlich die unterschiedliche Verortung der Zuständigkeiten im deutschen Föderalismus bei: Während die Regulierung der Telekommunikation, des Postwesens sowie des Schienenverkehrs Bundesangelegenheit ist, war die Strompreisaufsicht als funktionales Vorgängeräquivalent Ländersache. Dementsprechend sind die Länder an der Regulierung der Energiemärkte auch heute beteiligt, zum einen über eigene Landesregulierungsbehörden für bestimmte Marktsegmente, zum anderen über einen Beirat bei der Bundesnetzagentur (ausführlich Müller 2006a). Allein die Aufspaltung der Regulierungskompetenz auf zwei Ebenen mit unterschiedlichen Behörden erfordert die fachliche Abstimmung von anzuwendenden Regeln und Verfahrensweisen. Zusätzlich ist die Bundesnetzagentur in ein europäisches Netzwerk der Regulierungsbehörden eingebunden, das seinerseits für eine europaweite Abstimmung und insoweit auch Herausbildung einer europäischen Regulierungskultur sorgen soll.

Die Bundesnetzagentur ist, wenn auch nicht organisatorisch formalrechtlich, so doch aufgrund interner Entscheidungsverfahren, faktisch in wesentlichen Bereichen unabhängig. So hat sie 1998 das System der „Beschlusskammern" vom Bundeskartellamt übernommen, in denen gerichtsähnlich von einem Kollegium die Regulierungsentscheidungen getroffen werden. Entgegen der sonstigen Behördenpraxis, nach der in einer hierarchisch gegliederten Struktur Entscheidungen von der nächst höheren Ebene immer an sich gezogen und neu bewertet werden können, führt das Beschlusskammerverfahren zu einer Dezentralisierung der Verantwortung auf kollektive Entscheidungskörper. Auch der vorgesetzten Behörde, dem Bundeswirtschaftsministerium, sind Einflussmöglichkeiten auf konkrete Fälle damit formal und auch faktisch erschwert. Zwar genießt die Bundesnetzagentur nicht die gesetzliche Unabhängigkeit des Bundeskartellamtes und weniger noch die mittlerweile auch verfassungsrechtlich gesicherte und auch formal wie materiell weitergehende Unabhängigkeit der Notenbank. Doch führt die interne Organisation von Entscheidungsverfahren und der mit dem Beschlusskammersystem notwendig verbundene Aufbau von Expertise dazu, dass die politische Einflussnahme massiv begrenzt wird.

Interferenz rührt dem gegenüber aus zwei anderen Bereichen. Zum einen von dem institutionellen Rivalen Bundeskartellamt, das über seine Zuständigkeiten im Zusammenhang mit der Feststellung von Missbrauch einer marktbeherrschenden Stellung an verschiedenen Regulierungsentscheidungen, auch aufgrund Telekommunikations- und Energiewirtschaftsrechts mitwirkt. Zum anderen sind die Regulierungsmaterien der Bundesnetzagentur, insbesondere Telekommunikation, Strom und Gas, vollständig der gerichtlichen Kontrolle unterworfen. Diese ist von kaum zu überschätzender Bedeutung, bietet sie doch einerseits den Regulierten eine Einspruchsmöglichkeit (anders als die Zinspolitik der Notenbank) und prägt dadurch andererseits nachhaltig den Arbeitsstil der Regulierungsbehörde. Denn Regulierungsentscheidungen müssen „gerichtsfest", Ermessensspielräume richtig ausgeübt, Entscheidungsgrundlagen hinreichend dokumentiert, formale Anforderungen an Verwaltungshandeln fehlerfrei eingehalten sein. Jede minimale Veränderung etwa an der Praxis der Kostenberechnung (d.h., welche Kosten eingepreist und potenziellen anderen Netznutzern in Rechnung gestellt werden dürfen) hat enorme Auswirkungen in Millionen oder gar Milliarden Euro für die betreffenden Energieunternehmen. Nicht viel anders in der Telekommunikation. Angesichts der großen wirtschaftlichen Tragweite von Regulierungshandeln ist es verständlich, dass die Betroffenen ein starkes und unmittelbares Interesse daran haben, alle Möglichkeiten der Korrektur von Regulierungsentscheidungen zu ihren Gunsten zu nutzen.

Eine gewisse Tendenz zur Selbstbindung, zur Verrechtlichung von Verwaltungshandeln auch dort, wo es dem Gesetz nach nicht unbedingt sein müsste, ist allgemeiner Ausdruck deutscher Regulierungskultur – und nicht nur der neuen Regulierung im engeren Sinne. So hat etwa die Bankaufsicht, die mit Unterbrechung seit den 1930er Jahren in Deutschland besteht, mit dem Mittel der „Rundschreiben" ein Regulierungsinstrument im Einsatz, das unterhalb der Ebene der formalen Weisung bzw. Bescheidung liegt, dennoch aber durch die Formulierung allgemeiner Regeln bzw. Sichtweisen der Interpretation von Aufsichtsregeln faktisch auf untergesetzlicher Ebene eine Verrechtlichungsstrategie betreibt. Sie dient hier freilich weniger oder gar nicht der Sicherstellung gerichtsfester Aktenlagen als vielmehr der Reproduktion des erworbenen Vertrauens zwischen Regulierer und Regulierten durch transparente Dokumentation einer auf Antizipation durch die Betroffenen angelegten Entscheidungspraxis der Behörde.

Demgegenüber ist schon die Einrichtung der Landesmedienanstalten als Regulierungsbehörden für den privaten Rundfunk in den 1980er und 1990er Jahren im Wesentlichen ein Reflex auf Vorgaben des Bundesverfassungsgerichts, das in einer Vielzahl von Urteilen die besondere Bedeutung und Charakteristik des öffentlich-rechtlichen Rundfunks in Deutschland zementiert hatte. So finden sich Elemente der „internen" Regulierung des öffentlich-rechtlichen Rundfunks durch pluralistisch besetzte Gremien (Rundfunkräte) in den Landesmedienanstalten wieder, gleichsam als Ausdruck des Versuchs, die gesellschaftliche Vielfalt im Bereich des privaten Rundfunks „extern" – über die zuständige Regulierungsbehörde – einfließen zu lassen.

Die Politik ist also nicht immer Herr der Entscheidung, auch über so fundamentale Fragen wie das institutionelle Design einer Regulierungsbehörde. Wo Gerichte Maßgaben setzen, hält sich die Politik in Deutschland an sie. Wo allerdings die EU-Kommission versucht, ein bestimmtes Konzept für alle Mitgliedstaaten durchzusetzen, leistet die deutsche Politik unter Umständen Widerstand. So war es vor der Reform der Energieregulierung 2005. Bis zu diesem Zeitpunkt gab es in Deutschland, wie sonst nur auf Malta innerhalb der EU, keine Energieregulierungsbehörde. Die meisten Bundesländer übten die seit Jahrzehnten geltende so genannte Strompreisaufsicht aus, deren Zweck ursprünglich darin bestand, in einem Dienstleistungssektor wie der Stromversorgung, in dem es keinen Wettbewerb für die Kunden gab, für eine gewisse staatliche Kontrolle der Preise zu sorgen. Auf Grundlage einer entsprechenden bundesrechtlichen Regelung, der Bundestarifordnung Elektrizität (BTO Elt), verhandelten die Länder mit den jeweiligen Energieversorgern über die so genannten Pflichttarife, zu denen jedermann im jeweiligen Versorgungsgebiet zu beliefern war.

Mit der formal vollständigen Liberalisierung des Energiemarktes (genauer: Strom- und Gasmarktes) in Deutschland 1998 wurde die Strompreisaufsicht im Hinblick auf diese ursprüngliche Funktion zum Anachronismus. Einige Länder, wie etwa Baden-Württemberg und zeitweise auch Rheinland-Pfalz, beendeten kurz darauf auch ihre entsprechende Aufsicht. Nach einer kurzen Phase der Markteuphorie und des Entstehens neuer Angebote für Stromkunden ebbte der Wettbewerb im Strom- (und mehr noch im Gas-) Markt wieder ab. In Abwesenheit einer Regulierungsbehörde, die ähnlich der seit 1998 für die Telekommunikation tätigen RegTP für Wettbewerb sorgen könnte, regelten die Betroffenen selbst den Netzzugang bzw. die Regeln für den formal verordneten „neuen" Energiemarkt in Deutschland. Hierzu entstanden die so genannten „Verbändevereinbarungen". Einzig das Bundeskartellamt, das über seine allgemeine Missbrauchskontrolle über ein Instrument der (horizontalen) Regulierung verfügte, versuchte die keineswegs wettbewerbsfreundlichen Regeln der Selbstregulierung des Sektors zu verändern. Es scheiterte an den Gerichten, was angesichts des Fehlens spezifischer gesetzlicher Vorgaben für Eingriffe in diesen Sektor nicht völlig verwunderlich war.

Dem Brüsseler Druck, in allen Mitgliedstaaten der EU Regulierungsbehörden für die Strom- und Gasmärkte einzurichten, konnte sich die deutsche Bundesregierung dann nicht mehr widersetzen, als in der deutschen Öffentlichkeit eine Debatte um den nicht funktionierenden Wettbewerb auf dem Energiemarkt einsetzte. Die Preise fielen nicht mehr (wie noch zur Jahrtausendwende), die Energieversorger strichen außergewöhnliche Profite ein, und das Bundeskartellamt scheiterte mit seinen Disziplinierungsversuchen. So passierten die EU-Richtlinien 2003 auch den Ministerrat und das Gesetzgebungsverfahrung zur Novellierung des Energiewirtschaftsrechts kam in Gang. Fragen des richtigen Regulierungsansatzes, wie schon vor Jahren in Großbritannien, kamen nach Übertragung der Aufgabe an die erweiterte RegTP in Bonn auf und erste Gerichtsverfahren bis zum BGH wurden mittlerweile durchgeführt. Dass die neue Regulierung im engeren Sinne nur ein Transitionsphänomen bis zur Etablierung robuster Wettbewerbsstrukturen in den entsprechenden Sektoren Telekommunikation, Energie und Schiene ist, wie noch Stephen Littlechild und die Protagonisten der Privatisierungen der Versorgungsbereiche in Großbritannien zu Beginn der 1990er Jahre propagierten, dürfte sich allerdings als Illusion erweisen. Weder in Deutschland noch in Großbritannien haben sich die Eingriffsnotwendigkeiten erledigt. Vielmehr sind neue Regulierungsziele dazu gekommen, die zum Teil auch politische und parteipolitisch geprägte Entwicklungen widerspiegeln. In Großbritannien etwa der Aspekt der sozialen Inklusion, der von den konservativen Regierungen nicht diskutiert wurde, und in Deutschland ebenso wie in Großbritannien Fragen der Nachhaltigkeit und des Klimaschutzes. Mit den neuen Einrichtungen des „neuen regulatorischen Staates" dürfte eine Plattform entstanden sein, die sich entsprechend politischer Zielvorgaben und Prioritäten fortentwickeln wird.

📖 Wichtige Literatur

Marsh, David: Die Bundesbank. Geschäfte mit der Macht. München 1992.

Müller, Markus M.: The new regulatory state in Germany. Birmingham 2002.

Ortwein, Edmund: Das Bundeskartellamt. Eine politische Ökonomie deutscher Wettbewerbspolitik. Baden-Baden 1998.

Schader-Stiftung (Hrsg.): Die Zukunft der Daseinsvorsorge. Darmstadt 2001.

Wagener, Andreas: Die Europäische Zentralbank. Wiesbaden 2001.

5 Wirtschaftspolitik in den deutschen Ländern und in Europa

5.1 Länderwirtschaftspolitik

Wirtschaftspolitik ist keine ausschließliche Bundeszuständigkeit. Einer seit der Entscheidung des BVerfG geläufig gewordenen Formulierung entsprechend gehören die regionale Wirtschafts-, Struktur- und Industriepolitik zum so genannten „Hausgut der Länder" (BVerfGE 87, 181, 196). Mit anderen Worten stehen Fragen der Wirtschaftsförderung, mit regionaler und mittelstandsorientierter sowie auf Zukunftsfähigkeit (Technologieentwicklung) zielender Schwerpunktsetzung im Zentrum der Länderwirtschaftspolitik im engeren Sinne. Nimmt man aber noch wirtschaftsnahe Politikfelder hinzu, wie die Arbeitsmarkt-, oder die Bildungs- und Forschungspolitik, so ergibt sich ein breiteres Tätigkeitsspektrum.

Wirtschaftspolitik der Länder in ihrem bundespolitischen und europapolitischen Umfeld

Es entspricht dem deutschen Verflechtungsföderalismus, dass das Spektrum der in den Ländern abgedeckten wirtschaftspolitischen Felder ausgesprochen breit, ihr autonomer Handlungsspielraum aber minimal ist. Die Länder nehmen zunächst einmal über den Bundesrat immer auch an allen bundespolitischen wirtschaftspolitischen Vorgängen, sofern gesetzgebungsrelevant, teil. Die Verfahren sind sattsam bekannt.

Besonders schwierig ist es hingegen, einen verfassungsrechtlich nicht vorgesehenen, gleichwohl aufs Engste mit dem Bundesratsverfahren verwobenen Weg der politischen Einflussnahme durch die Landesregierungen auf die Bundeswirtschaftspolitik systematisch zu beleuchten: die informelle Abstimmung zwischen Landes- und Bundesregierungen *bevor* im Bundesrat ein Entwurf zur Behandlung bzw. Entscheidung kommt. Eine solche inhaltliche Vor-Koordinierung beschränkt sich naturgemäß auf Fälle identischer oder zumindest teilidentischer Koalitionskonstellationen in einzelnen Bundesländern und zur Bundesregierung. Angesichts der Dominanz von Koalitionsregierungen in den Ländern sowie im Bund sind hier verschiedene Koordinierungsmöglichkeiten zu berücksichtigen.

In den Fachausschüssen des Bundesrates, hier also insbesondere im Wirtschaftsausschuss, bereiten regelmäßig Fachbeamte der 16 Landesministerien entsprechende Vorlagen der Bundesregierung bzw. des Bundestages, aber auch eigene Initiativen zur Entscheidung durch das Plenum vor. Dieses Herzstück der entscheidungsvorbereitenden Bundesratsarbeit trifft auf mindestens zwei Restriktionen[13]. Einerseits berät in der Regel nicht nur ein Fachausschuss die Materie vor der Entscheidung im Plenum. Insofern müssen Forderungen etwa des Wirtschaftsausschusses zunächst mit abweichenden oder gar konträren Positionen der anderen Fachausschüsse in Übereinstimmung gebracht werden. Da sich die Ausschüsse als fachpolitische Akteure verstehen, sind solche Widersprüche, etwa zwischen dem Wirtschafts- und dem Sozial-, Finanz- oder Innenausschuss (man denke nur an die Zuwanderungs- bzw. Fachkräftemangel-Debatte), vorprogrammiert. Es obliegt einem unter hohem Zeitdruck in den Landeskabinetten sowie zwischen Landesregierungen und Bundespolitik stattfindenden Abstimmungsprozess im Vorfeld von Plenarsitzungen des Bundesrates, verbleibende, meist politisch besonders bedeutsame Streitigkeiten, zu entscheiden. Parteipolitische Konstellationen, relative, als solche von der politischen Entscheidungselite wahrgenommene Machtpositionen, Wahltermine und nicht zuletzt aktuelle Problem- und Stimmungslagen prägen diesen kontingenten Prozess von Aus- und Verhandeln, Überzeugen und Entscheiden. Andererseits entspricht es der Praxis der deutschen Ministerialverwaltung, dass gerade wesentliche gesetzgeberische Materien im Stadium des Referentenentwurfs von den Fachbeamten bereits in den Bund-Länder-Facharbeitskreisen ausgetauscht oder ganz unmittelbar an die Länderministerien zur Kommentierung versandt werden. Sofern bzw. insoweit ein Gesetzgebungsprojekt keiner (partei-)politischen Prägung unterliegt, sorgt diese Form der (fachlichen) Politikverflechtung für ein hohes Maß an Koordinierung im Vorfeld der eigentlichen Gesetzgebung. Sie wird nur dann unterbrochen, wenn ein solches Projekt von Anfang an oder zu einem späteren Zeitpunkt von der *high politics* als Aktionsfeld aufgegriffen wird. Aus der Selbstsicht der Fachbürokratie ‚stört' in diesem Falle die Politik die Facharbeit.

Die Länder sind heute in kaum einem Bereich ihres wirtschaftspolitischen Handelns autonom. Selbst dort, wo ihnen scheinbar Gesetzgebungs-

---

[13] Die europarechtliche Vorentscheidung wesentlicher wirtschaftspolitischer Vorlagen kommt z.B. als weitere, *inhaltliche* Restriktion hinzu.

und Vollzugszuständigkeiten zukommen, beim schon erwähnten „Hausgut der Länder", der regionalen Wirtschafts-, Struktur- und Industriepolitik (Sturm 1991), sind längst Rahmenvorgaben durch den Bund und die EU gesetzt. Seit 1969 ist die Regionalförderung, also die Unterstützung von strukturschwachen Gebieten durch öffentliche und staatlich geförderte private Investitionen zur Steigerung der Wirtschaftskraft, in den Wirkungsbereich des kooperativen Föderalismus aufgenommen. Mit der *Gemeinschaftsaufgabe Verbesserung der regionalen Wirtschaftsstruktur* (im folgenden: GRW) nach Art. 91a I GG wurde ein Instrument der Bund-Länder-Koordinierung im Bereich der Regionalförderung geschaffen, bei dem Bund und Länder inhaltlich (also bei der Bestimmung von Förderkulissen und -zwecken) sowie finanziell (also im Wege der Mischfinanzierung) zusammenwirken, um die beschriebene Unterstützung für strukturschwache Gebiete zu leisten (ausführlich Stober 2002: 80-1). EU-Regeln im Rahmen der Einrichtung des Gemeinsamen Binnenmarktes (nämlich vor allem die so genannte Beihilfe-Kontrolle) sowie hierzu komplementierend ihre Vorgaben zum Ausweis von Fördergebieten, mitsamt dem Angebot von Fördermitteln aus den Strukturfonds (hier: EFRE und ESF), haben mittlerweile die gesamte Wirtschaftsförder- bzw. Regionalpolitik der Länder erfasst. Anders ausgedrückt: Es gibt keinen von EU-Vorgaben bzw. -Restriktionen unberührten Bereich für die Länder mehr.

Im Hinblick auf die Einbettung der Wirtschaftspolitik der Länder lässt sich zusammenfassen: Die Politikverflechtung ist von drei Faktoren geprägt. Erstens ist dies die Mitwirkung der Länder an der Bundesgesetzgebung, die je nach Materie und Situation substanziell sein kann und von den Ländern in unterschiedlichem Maße als Teil des wirtschaftspolitischen Selbstverständnisses gesehen wird. Zweitens unterliegen die von den so genannten ‚Fachbruderschaften', also den in Arbeitskreisen und Ausschüssen auf Bund-Länder- bzw. Länder-Länderebene zusammengeschlossenen Fachbeamten, bearbeiteten Materien einer erheblichen Koordinierung, die freilich einem permanenten politischen Vorbehalt unterliegt. Und drittens hat die europäische Verflechtung, in Form der Europäisierung von Politikfeldern und politischen Institutionen, selbst die ursprünglich den Ländern vorbehaltenen wirtschaftspolitischen Tätigkeitsbereiche de facto umfänglich erfasst.

Unterschiede und Gemeinsamkeiten in der Wirtschaftspolitik der Länder

Schichten wir nochmals die wirtschaftspolitischen Aktionsfelder ab: Auf der ersten Ebene stehen im weitesten Sinne ordnungspolitische Aufgaben, einschließlich der Geld- und Währungspolitik, der Wettbewerbs- und Kartellpolitik sowie der Regulierung. Hier kommen den Ländern jenseits der beschriebenen Mitwirkung an der Gesetzgebung im Bundesrat noch Verwaltungszuständigkeiten im Rahmen von Landeskartell- bzw. Landesregulierungsbehörden zu. Auf einer zweiten Ebene haben wir es mit originär wirtschaftspolitischen Aufgaben zu tun, die dem so genannten Hausgut der Länder zuzurechnen sind, also Zuständigkeiten, die nach Art. 30 GG (auch) im Rahmen ihrer Gesetzgebung verbleiben. Dazu gehören, wie gesehen, die regionale Struktur-, Industrie- und Wirtschaftspolitik. Was bzw. welche Zielbereiche sich dahinter im Einzelnen verbergen, muss selbst Gegenstand der empirischen Betrachtung der Landeswirtschaftspolitiken sein. Augenmerk ist dabei darauf zu legen, dass Teilbereiche dieses Hausguts spätestens seit 1969 der Politikverflechtung, insbesondere im Rahmen der GRW, sowie seit 1975 der europäischen Regionalpolitik, unterliegen. Diese ist gesondert zu betrachten. Auf einer dritten Ebene befinden sich Politikfelder, die auch über die Wirtschaftspolitik im engeren Sinne hinausweisen, etwa die Arbeitsmarkt-, die Steuer-, die Umwelt- oder die Verkehrspolitik. Das Aktivitätsniveau der Länder schlägt sich hier insbesondere in bundespolitischer Arbeit im Rahmen oder Vorfeld der Bundesratsbefassung nieder, sofern nicht eigene Zuständigkeiten bestehen.

Zur Systematisierung seien im folgenden Beispielbereiche im Rahmen einer Vierer-Matrix nach den beiden Dimensionen *diskretionär – regelgebunden* und *monetärer – nicht monetärer Politikbereich* kategorisiert. Sie dient einer ersten Orientierung und soll uns erlauben, einen besseren Überblick über einige augenfällige Grundunterschiede der hier behandelten Materien zu erhalten.

Tabelle 15: Beispielbereiche für Länderwirtschaftspolitik

	Monetär	Nicht-monetär
Diskretionär	„HAUSGUT" (Ausgestaltung der gewerblichen Wirtschaftsförderung)	**ENTBÜROKRATISIERUNG**
Regelgebunden	„HAUSGUT" (Rahmenplan der GRW und EU-Fonds)	**WETTBEWERBSPOLITIK & REGULIERUNG**

Das Hausgut der Länder ist hier sowohl der Kategorie diskretionär als auch der Kategorie regelgebunden zugewiesen. Wir betrachten im Folgenden die regionale Wirtschaftsförderung unter zwei Blickwinkeln, wobei die so in den Fokus kommenden Kreise nicht ohne Schnittmenge sind. Unter der Überschrift „Wirtschaftsförderpolitik" nehmen wir die Perspektive der Adressaten von wirtschaftsfördernden Maßnahmen ein und betrachten die hier dokumentierten Zwecksetzungen der Länder. Dies ist der konkretere, operationalisierte Teil der Wirtschaftsförderung der Länder. Demgegenüber betrachten wir unter der Überschrift „GRW und ihre Europäisierung" den von Art. 91 a GG erfassten Politikbereich. Er ist der allgemeinere Teil der Wirtschaftsförderung der Länder. Beide Bereiche hängen mitunter zusammen, da die konkreten Programme zur Wirtschaftsförderung in unterschiedlichem Ausmaße aus der GRW finanziert werden und insofern Ausfluss der GRW sind. Dennoch ist die getrennte Analyse nicht redundant, da tatsächlich beide Perspektiven (die konkrete der Gewerbeförderung und die allgemeine der GRW) durchaus politisch getrennten Logiken folgen bzw. folgen können. So finanzieren die Länder Maßnahmen der Gewerbeförderung auch aus anderen Mitteln als der GRW, sofern dieser Weg verstellt, Alternativen gangbar und die entsprechenden Maßnahmen von politischer Wichtigkeit sind. Aus genau dieser Scheidung ergibt sich auch die Zuordnung in der Matrix: Die (konkrete) Ausgestaltung der gewerblichen Wirtschaftsförderung ist vergleichsweise diskretionär, hier nimmt die Politik Entscheidungsspielräume wahr. Demgegenüber sind die GRW und ihr dynamisches Hauptinstrument, der so genannte Rahmenplan, auf hochgradige Koordination vieler beteiligter Akteure angewiesen. Die GRW produzierte über die Jahrzehnte ein spezielles Regelwerk und gründet Weiterentwicklungen grundsätzlich auf Regelbindung.

Die ‚Entbürokratisierung', letztlich intendiert zur Entfesselung wirtschaftlicher Kräfte und Kostenentlastung für die heimische Wirtschaft, auch im Sinne (relativer) Standortvorteile im (internationalen) Wettbewerb, ist hingegen deutlich ein politisches Projekt, auch wenn es parteipolitische Differenzen nicht gibt. Hier bestehen grundsätzlich Entscheidungsspielräume. Bürokratieabbau ist politisch aus zwei Gründen interessant: Einerseits stellt er ein politisches Handlungsinstrument in Zeiten begrenzter Finanzmittel zur Verfügung (denn Bürokratieabbau kostet wenig oder kein Geld), andererseits entspricht er einem allgemein wahrgenommenen Bedürfnis der Wirtschaft nach Verringerung von Norm- und Regelvorgaben.

Demgegenüber sind die Wettbewerbspolitik, also die Kartellaufsicht im Rahmen der Länderzuständigkeit nach § 48 GWB, sowie die Regulierung der

Energiemärkte (Strom und Gas) im Rahmen des 2005 novellierten EnWG schon aufgrund der hohen fachlichen Spezifität der Materien und vor allem ihrer gerichtlichen Überprüfbarkeit, von der auch real massiv Gebrauch gemacht wird, der politischen Diskretion, von ganz wenigen Ausnahmen abgesehen, entzogen.

Wir wollen im Folgenden Unterschiede und Gemeinsamkeiten zwischen den Länderpolitiken und mögliche Ursachen hierfür suchen. Sofern es sich um monetäre Politikbereiche handelt, also solche der Förderung bzw. Subventionierung von Branchen oder Regionen, wird auf die Betrachtung quantitativer Größen aufgrund ihrer mangelnden Aussagekraft bzw. mangelnden Eignung, zum Verständnis von Unterschieden oder Gemeinsamkeiten beizutragen, weitgehend verzichtet. Die durchschnittlichen Anteile der Wirtschaftsförderung mit Landesmitteln an den jeweiligen Jahresgesamthaushalten etwa der Flächenländer (BW, BY, NW, NI, RP, SN) schwankte im Zeitraum 1999 bis 2008 (laut Haushaltsplänen) für BW, BY, NW und NI zwischen 5,16 ‰ und 5,86 ‰. Die beiden Ausreißer nach oben (RP mit 8,07 ‰ sowie SN mit 17,08 ‰) bzw. nach unten (HE mit 2,52 ‰) lassen sich nicht parteipolitisch erklären. Für Sachsen ist auf die hohe Bedeutung der regionalen Strukturförderung (und damit zusammenhängend die anteilig zu erbringende Landesmittelfinanzierung) zu verweisen, also letztlich die sozio-ökonomischen Bedingungen. Demgegenüber weisen weder Hessen noch Rheinland-Pfalz im Hinblick auf inhaltliche Schwerpunktsetzungen, die Bedeutung der GRW oder den Anteil von EU-Mitteln deutliche Sonderstellungen auf. Da RP einen deutlich kleineren Landeshaushalt als die übrigen (westlichen) Flächenländer aufweist, insbesondere die institutionelle Förderung (in den Bereichen Innovation/Technologie, Qualifizierung etc.) aber gewisse absolute Mindestfördergrößen mit sich bringt, scheint ein rein statistischer Effekt hier nicht ausgeschlossen. Bezieht man den Einsatz von Landesmitteln auf das BIP oder die Einwohnerzahl, dann relativiert sich in der Tat die Sonderstellung von RP, nicht hingegen der Ausreißer HE.

Wirtschaftsförderpolitik (gewerbliche Wirtschaftsförderung)

Für die Analyse und Erklärung von Unterschieden in der Wirtschaftspolitik der Länder ist zunächst zu beschreiben, inwiefern überhaupt signifikante Abweichungen gegeben sind. Wir konzentrieren uns im Folgenden auf gewerbliche Finanzierungshilfen der Länder. Dieses Feld umfasst mehr als die hier dargestellten Zwecke, z.B. auch den Bereich „Ausbildung und Weiterbildung". Wir beschränken die Darstellung aber auf Zielbezüge mit deutlich „wirtschaftsfördernder" Komponente.

Methodisch erscheint die Auswahl des Bereichs der gewerblichen Finanzierungshilfen der Länder vor dem Hintergrund relativ gut dokumentierter Förderung über lange Zeiträume als gerechtfertigt. Sie kann dabei nur als *pars pro toto* verstanden werden. Wenn wir von ihr auf das Gesamtbild schließen, dann müssen wir berücksichtigen, dass wir wesentliche Teile der Wirtschaftspolitik der Länder mit ihr nicht erfassen können, insbesondere die institutionelle Förderung von Einrichtungen der Technologiepolitik (DIW 1998).[14]

Um die Verlässlichkeit der Bestandsaufnahme zu erhöhen, betrachten wir nicht nur den Status quo (2006/2007), sondern auch die Jahre 1991/1992 sowie 1981. Wir wollen dabei auf den Bezug zu unterschiedlichen wirtschaftspolitischen Zielen oder Leitbildern, sofern dokumentiert, abheben. Hierzu wurde eine Auswahl von *topoi* rekonstruiert, die das Gesamtspektrum unterschiedlicher wirtschaftspolitischer Zielvorstellungen im Wesentlichen repräsentieren sollen. Die nachfolgenden Tabellen zeigen Unterschiede zwischen den Ländern auf und zeichnen dabei den Zeitverlauf seit 1981 nach. Es geht hier weniger um eine vollständige und akribische Rekonstruktion der Förderzwecke (und damit Prioritäten), als vielmehr um die erkennbare Konvergenztendenz.

---

[14] Die hier abzuleitenden Thesen („Konvergenztendenz") sind dem Grundsatz nach allerdings auch für die institutionelle Förderung der Länder zutreffend. Entgegen manchen Vermutungen, die Technologiepolitik sei parteipolitisch geprägt, etwa im Sinne von Technologieskepsis bei der SPD und Technologiefreundlichkeit bei der CDU (siehe Schmid 1991), zeigt die reale Entwicklung ein hohes Maß an Konvergenz. Die Etablierung einer auf institutioneller Förderung basierenden Technologiepolitik wurde seit Mitte der 1970er Jahre auch gesetzlich in vielen Ländern etabliert (Sturm 1991). Aufgrund der gemeinsamen Finanzierung wichtiger Forschungseinrichtungen (z.B. Fraunhofer-Gesellschaft, Max-Planck-Gesellschaft, Helmholtz-Gesellschaft) von Bund und Ländern, gibt bzw. gab es für die Länder einen starken Anreiz, sich um die Einrichtung von Forschungsinstituten mit gemeinsamer Finanzierung zu bemühen. Mit dieser Form des Vorhaltens einer (auch wirtschaftsnahen) Forschungsinfrastruktur haben die Länder die Technologiepolitik de facto auch als Ausweg aus dem Dilemma europarechtlicher Restriktionen (wie im folgenden Abschnitt näher beschrieben) erkannt (Sturm 1991; Sturm/Pehle [2]2005).

Tabelle 16: Zielbezüge der Wirtschaftspolitik der Länder

		BW	BY	BE	BB	HB	HH	HE	MV	NI	NW	RP	SL	SN	ST	SH	TH
Existenzgründung, Unternehmensübernahmen und Folgenbewältigung	1981	X	X	X	-	X	X	X	-	X	X	X	X	-	-	X	-
	1991/92	X	X	X	*	X	X	X	*	X	X	X	X	*	*	X	X
	2006/07	X	X	X	X	X	X	X	X	X	X	X	X	X	X	X	X
Liquiditätshilfen und Unterstützung für Unternehmen in Schwierigkeiten	1981	X	X	X	-	X	X		-	X	X	X	X	-	-	X	-
	1991/92	X	X	X	*	X	X	X	*	X	X	X	X	*	*	X	
	2006/07	X	X	X	X	X	X	X	X	X	X	X	X	X	X	X	X
Expansions- und Wachstumsförderung	1981	X	X	X	-	X	X		-	X	X	X	X	-	-		-
	1991/92	X	X	X	*	X	X		*	X	X	X	X	*	*	X	
	2006/07	X	X	X	X	X	X	X	X	X	X	X	X	X	X	X	X
Eigenkapital-, Risikokapital-, Mezzanine-Kapital-Förderung[1]	1981	X	X	X	-			X	-				x	-	-		-
	1991/92	X	X	X	*		X	X	*		X	X	X	*	*		
	2006/07	X	X	X	X	X	X	X	X	X	X	X	X	X	X	X	X
Tourismusförderung	1981		X		-		X	X	-	X	X	X	X	-	-	X	-
	1991/92	X	X	X	*		X	X	*	X	X					*	*
	2006/07	X					X	X		X	X					X	
Umweltschutz- und Energiesparförderung	1981	X	X		-				-	X	X			-	-		-
	1991/92	X	X		*	X		X	*	X	X	X		*	*	X	
	2006/07	X	X	X		X	X			X	X			X	X		
Innovations- und Technologieförderung	1981	X			-		X	X	-	X	X		X	-	-		·-
	1991/92	X	X	X	*	X	X	X	*	X	X	X	X	*	*	X	X
	2006/07	X	X	X	X	X	X	X	X	X	X	X	X	X	X	X	X
Infrastrukturförderung einschließlich Öffentlicher Personennahverkehr	1981	X			-				-				X	-	-		-
	1991/92	X			*				*					*	*		
	2006/07	X								X	X						
Kunst- und Medienwirtschafts-Förderung	1981			X	-				-					-	-	-	-
	1991/92			X	*		X		*				X	*	*		
	2006/07	X	X	X		X		X									
Außenwirtschafts- und Standortförderung	1981	X		X	-				-	X	X	X	X	-	-		-
	1991/92	X		X	*				*	X	X	X	X	*	*	X	
	2006/07	X	X	X	X	X	X	X					X	X			X
Messeförderung einschließlich Messebeteiligung	1981			X	-			X	-			X	X	-	-		-
	1991/92				*		X	X	*				X	*	*		
	2006/07	X	X	X	X	X	X	X	X	X		X	X		X	X	

* Land führt Sonderprogramme des Bundes bzw. der Gemeinschaftsinitiative Aufbau Ost durch. Zur Situation der Regionalförderung bis 1993 in den neuen Ländern siehe auch Strum/Pehle (2005). [1]Z.B. stille Beteiligung oder Wandelanleihen.
Quelle: Zeitschrift für das Gesamte Kreditwesen, diverse Ausgaben (letzte Ausgabe: Stand Juli 2006, bearbeitet von Anneliese Winkler-Otto. Sonderausgabe 2006/2007).

Es fällt für die Zeiträume 2006/2007 und 1991/1992 ein hohes Niveau der Übereinstimmung auf, das zu dem Schluss deutlicher Konvergenz wirtschaftspolitischer Leitlinien führen muss. Dennoch gibt es Unterschiede, die aus der extrem reduzierten Darstellung dieser Tabellen nicht ersichtlich werden: Anfang der 1990er Jahre waren die Wirtschaftsförderprogramme vieler Länder noch breiter aufgestellt, d.h. sie waren häufig mit einer vor allem auf regional ausgewogene Entwicklung setzenden Zielrichtung ausgestattet. Insgesamt waren die Portfolios der Länder schmaler, insbesondere die Zahl der Programme geringer. Seither haben Cluster-Ansätze bzw. Ansätze der Förderung oder Stärkung bestimmte, als zukunftsträchtig angenommener Bereiche offenbar an Reiz gewonnen[15].

Der Rückblick auf 1981 bestätigt die genannte Entwicklungstendenz: Damals waren die dokumentierten Programme der Zahl nach noch weniger, dafür noch deutlich breiter ausgelegt. Bankmäßige Instrumente (vor allem Kredit- und Bürgschaftsprogramme) dominieren noch stärker als in späteren Zeiträumen und die Ausrichtung auf Sektoren und Bereiche, die nach 1990 in den Fokus der Aufmerksamkeit gerieten, war entweder noch nicht gegeben oder fiel deutlich gegenüber der Bewältigung von Kriegsfolgen (spezielle Förderprogramme für Vertriebene und Flüchtlinge) sowie der Bestandserhaltung (z.B. Dorfwirtschaften in Bayern oder Werften, Hafen und Fischerei in nördlichen Ländern bzw. Stadtstaaten, Steinkohlebergbau in NRW) zurück. Der letztgenannte Aspekt hängt freilich mit der Kategorienwahl dieser stark vereinfachenden Schematisierung zusammen, denn sie ist vom Status quo geprägt. Die hohe Bedeutung gerade von Landesbürgschaften scheint auch daher herzurühren, dass den Unternehmen des jeweiligen Landes Zugang zur Bundesförderung gewährt werden sollte. Auch dies ist ein Ausweis der seit 1969 etablierten Politikkoordination in der regionalen Wirtschaftspolitik von Bund und Ländern, auf die noch im Einzelnen einzugehen ist.

Zur Darstellung sind im Hinblick auf die Datenlage einige weitere Anmerkungen anzubringen: Die Darstellung basiert auf Angaben der seit 40 Jahren erscheinenden Sonderausgabe zu den einschlägigen Finanzierungshilfen von Bund, Ländern und internationalen Organisationen der „Zeitschrift für das Gesamte Kreditwesen". Die Angaben darin basieren offenbar im Wesentlichen auf Auskünften bzw. veröffentlichten Informationen der jeweiligen zuständigen Einrichtungen, insbesondere der abwickelnden Institutionen. Die Systematik der Programme bzw. Finanzhilfen ist nicht trennscharf, weder innerhalb der wirtschaftspolitischen Instrumente des jeweiligen Landes, noch zwischen den Programmen und Maßnahmen im Ländervergleich. Für die Darstellung der Jahrestabellen wurde das Vorliegen eines entspre-

---

[15] Diese Aussage hat aber lediglich Tendenzqualität, denn z.b. Thüringen hatte, als einziges der neuen Bundesländer bereits mit einem reichhaltigen Spektrum an Wirtschaftsfördermaßnahmen ausgestattet, schon kurz nach 1990 ausgesprochen kleinteilig und spezifisch ausgerichtete Programme vor allem im Bereich der Technologieförderung installiert. Ebenso finden wir eine Reihe von Tourismusförderprogrammen noch zu Beginn der 1990er, die später entweder eingestellt oder aber in größere Programmzusammenhänge integriert wurden.

chenden Zielbereichs dann bejaht, wenn darauf explizit oder zumindest deutlich erkennbar in den Angaben der Jahressonderausgaben Bezug genommen wurde. Würde man bei den allgemein ausgerichteten Programmen der Länder die impliziten Wirkungen (z.B. auf Tourismus-Betriebe oder die Medienbranche) miterfassen, wäre die festgestellte Konvergenz vermutlich noch erheblich deutlicher.

Im Hinblick auf das genannte relativ hohe Maß an Gleichförmigkeit der Programmatik zeigt der chronologische Vergleich eine nicht unbedingt zu vermutende *doppelte Konvergenz* auf. Waren noch 1981 die Programme weitgehend breit ausgelegt – also: selten oder faktisch unerheblich branchenmäßig oder wirkungsmäßig (d.h. Innovationsförderung, Außenwirtschaftsförderung, Kooperationsförderung etc.) spezifiziert – und damit zwangsläufig einander im Ländervergleich relativ ähnlich, differenzierte sich die programmatische Kulisse bis in den aktuellen Berichtszeitraum deutlich. Das Förderspektrum ist vielfältiger, die Zahl der Programme bzw. wirtschaftspolitischen Maßnahmen im Durchschnitt größer. Dennoch konvergieren die Programme auch in ihrer Spezifizierung wieder in erstaunlichem Maße. Die Länder wählen in der Spezifizierung von wirtschaftspolitischen Therapien offenbar in beachtlichem Maße gleiche Strategien. Das ist deshalb erstaunlich, weil man ja annehmen könnte, die höhere Spezifizierung ginge auf eine bessere Berücksichtigung der jeweiligen Bedürfnislagen, also der jeweiligen sozio-ökonomischen Bedingungen, zurück. Wenn dem so wäre, dann wäre allerdings das Ergebnis hoher Konvergenz nicht zu erwarten: Vielmehr wäre eine Vielfalt von stark landesspezifisch ausgerichteten Programmen wahrscheinlich. Neben bzw. hinter der Konvergenz in der (wirtschaftspolitischen) Programmatik scheint also eine Konvergenz in der Einschätzung der jeweiligen Bedürfnislagen bzw. der dafür passenden Therapien zu existieren. Im Wege des Ausschlusses entfallen neben der sozioökonomischen Struktur als exogenem Anlass für Konvergenz als weitere mögliche Erklärung auch Korrelationen mit parteipolitischen Zusammensetzungen von Landesregierungen.

Es scheint sich vielmehr in diesem Ausschnitt der Wirtschaftspolitik der gewerblichen Wirtschaftsförderung eine Beobachtung zu bestätigen, die Sturm/Müller (2005) bereits an anderer Stelle für die Deregulierungs- bzw. Entbürokratisierungspolitik der Länder und Müller (2008) für die Wirtschaftspolitik der EU-Staaten formuliert haben. Wirtschaftspolitische Maßnahmen entwickeln sich in Situationen von Unsicherheit bzw. nicht gefestigtem Wissen über die (eigene) Situation und die Eignung von Therapien zur

Problembearbeitung mitunter entlang quasi-modischer Verläufe und basieren häufig auf *policy-learning* erster Ordnung (Imitation), sind dabei oft eklektisch und ggf. auch als Resultat symbolischen Lernens anzusehen. Mit Schmid (1991) können wir hier auch von „Diffusion" sprechen, zumal verschiedene Wege des Transfers, von der spontanen Adaption bis hin zu den inkrementalistischen Politikfortschreibungen in den Bund-Länder- oder Länder-Länder-Arbeitskreisen zu bestehen scheinen.

Landesbezogene Besonderheiten existieren dennoch. So fördert im Zeitraum 2006/2007 etwa Bremen im Rahmen des Landesinvestitionsförderprogramms (LIP 2000) die Einrichtung von Frauenarbeitsplätzen, Berlin bietet Garantien für Arbeitnehmerbeteiligungen an, Hamburg kennt eine gesonderte Förderung für die Gründung von Kleinstunternehmen durch Erwerbslose und Brandenburg ein Bürgschaftsprogramm für Vorhaben in Polen. Die Beispiele zeigen, dass der Verflechtungs- und Koordinierungsmechanismus, etwa im Rahmen der GRW, keine vollumfängliche Uniformität zur Folge hat. Vielmehr belässt er für die konkrete Ausgestaltung der gewerblichen Wirtschaftsförderung den Ländern noch erkennbare Spielräume für politische Markierungen.

Umgekehrt reichen Gemeinsamkeiten zum Teil bis hin zu begrifflichen Prägungen („Gründung und Wachstum" in Baden-Württemberg, Brandenburg, Nordrhein-Westfalen, Sachsen oder Thüringen; „Innovationsassistenten"[16] in Baden-Württemberg, Brandenburg, Hessen, Rheinland-Pfalz, Saarland, Sachsen oder Sachsen-Anhalt). Dabei wird zweierlei deutlich: Zum einen sind noch Spuren des *policy*-Transfer zu erkennen, die aus der unmittelbaren Nach-Wendezeit stammen. Damals lehnten sich die neuen Länder im Osten weitgehend an ihre jeweiligen Primär-Partner im Westen an. So waren etwa Baden-Württemberg und Bayern vor allem für den Freistaat Sachsen beim Aufbau wirtschaftspolitisch relevanter Einrichtungen prägend, Rheinland-Pfalz für Thüringen usw. Zum Teil ist das auch an entsprechenden speziellen Wirtschaftsförderprogrammen der westlichen Länder zur Unterstützung von (überbetrieblichen) Kooperationen einheimischer Unternehmen mit bzw. in den betreffenden neuen Ländern erkennbar. Darüber hinaus fand damals ein beachtlicher Personaltransfer auch in diesem Bereich statt. Zum anderen lassen die begrifflichen Ähnlichkeiten, gerade bei den „Innovationsassistenten", auf einen Lernprozess zweiter Ordnung schließen: Funktionie-

---

[16] Dabei handelt es sich um die finanzielle Bezuschussung von Experten, deren Aufgabe in der Vor-Ort-Unterstützung von Unternehmen in Fragen der Umsetzung von technologischen Entwicklungen (Innovationen) in deren Geschäftsfeldern besteht.

rende Förderschemata, die insbesondere auch europäischen Maßgaben (vom Beihilferecht bis hin zu, wo dies möglich ist, Bezuschussungen aus europäischen Mitteln – in diesem Falle dem ESF oder EFRE) genügen, werden häufig fortgeschrieben und kopiert. Letzteres ist aufgrund der Bund-Länder- sowie Länder-Länder-Arbeitskreise der Fachbeamten auch ganz praktisch durch institutionalisierten Informationsaustausch sowie (vor-)politische Abstimmung organisatorisch vorprogrammiert.

GRW und ihre Europäisierung

Die Regionalpolitik im Sinne der GRW ist ein Kind der Planungseuphorie der 1960er und 1970er Jahre. Der Grundgedanke, nach dem die Länder zwar inhaltlich Maßnahmen der Regionalentwicklung – in strukturschwachen bzw. dem Strukturwandel besonders unterworfenen Räumen – ausfüllen und durchführen sollten, der Bund aber Rahmenbedingungen und als goldenen Zügel: finanzielle Mittel, bereitstellt, gehört einer Ära an, in der gemeinsame Planung und Abstimmung der Akteure als ideale Form der Politikgestaltung und auch der Wirtschaftspolitik galten. So wurde nach der entsprechenden Grundgesetzänderung 1969 ein so genannter Bund-Länder-Planungsausschuss eingerichtet, der beständig Förderkulissen und -bedingungen fortschreibt. Innerhalb der Vorgaben des Rahmenplans hinsichtlich der Kategorien, Höchstgrenzen, Gebietsabgrenzungen und Durchführungsbedingungen für regionale Wirtschaftsförderung sind die Länder frei in der Ausgestaltung. Bund und Länder finanzieren die GRW je zur Hälfte. Die Festlegung der Gebietskulisse geschieht seit dem Ende der 1990er Jahre nicht mehr autonom, sondern muss in Einklang mit den Vorgaben der EU stehen. Die EU prägt diesen für die Wirtschaftspolitik der Länder ganz wesentlichen Prozess der Bestimmung von Fördergebieten in zweierlei Hinsicht. Erstens, indem die EU mittlerweile Kriterien für die Abgrenzung von Gebieten entwickelt hat, die so genannten Regionalleitlinien[17], die nun vom Planungsausschuss zu berücksichtigen sind. Und damit zusammenhängend, zweitens, indem eine Förderung von gewerblichen Unternehmen durch Bund oder Länder dann europarechtlich als Beihilfe grundsätzlich unzulässig wäre, wenn sie entweder nicht im Rahmen einer Freistellungsverordnung für bestimmte Branchen oder Bereiche allgemein ausgenommen[18] oder im Wege der Notifizierung im

---

[17] Leitlinien für staatliche Beihilfen mit regionaler Zielsetzung 2007 bis 2013, ABl. EG 54/13 vom 4. März 2006.
[18] Siehe hierzu Kapitel 4.2.

Besonderen von der EU-Kommission genehmigt ist. Aus diesem Grund wurde auch die aktuelle Förderkulisse der GRW der EU-Kommission zur Genehmigung vorgelegt, um die beihilferechtliche Unbedenklichkeit zu garantieren.[19]

Zwar hat der Planungsausschuss selbst Kriterien für den Gebietszuschnitt entwickelt (insbesondere basierend auf regionalen Arbeitsmarkt-, Einkommens- und Infrastrukturdaten[20]). Dennoch hat er die Ergebnisse dieses Zuschnitts mit den Anforderungen der EU-Kommission an so genannte Plafonds (d.h. den zulässigen Umfang der Fördergebiete) der einzelnen Mitgliedstaaten in Übereinstimmung zu bringen. Bei der letzten Überarbeitung 2006 führte das insbesondere zu zwei Problemen: Eine Reihe von Fördergebieten, die vormals in der höchsten Förderstufe (so genannte „A"-Fördergebiete) eingruppiert waren, drohte aus der Förderung herauszufallen, weil die EU-Kommission mit der Anwendung einer neuen, so genannten „Ziel 1"-Förderkategorie als Schwellenwert für diese wirtschaftlich schwächsten Regionen vorgab, ihr BIP pro Kopf dürfe 75 Prozent des EU-25-Durchschnitts nicht überschreiten. Und außerdem führten die Vorgaben der EU-Kommission zum Erfordernis, die so genannten „C"-Fördergebiete insgesamt um ein Drittel gegenüber der Vorperiode zu verkleinern (siehe Bundesregierung 2007: 19). Das erste Problem („A"-Fördergebiete) löste man über *political bargaining* mit der Kommission, denn unter dem Schlagwort des durch den Beitritt strukturschwacher Staaten ausgelösten „statistischen Effekts" wurde für diese Gebiete eine Übergangsregelung (so genannter „Phasing-Out-Status") geschaffen[21]. Das zweite Problem wurde im Grunde ohne die EU-Kommission gelöst, indem der Planungsausschuss eine neue Kategorie „D" für Fördergebiete schuf, die außerhalb der von der EU-Kommission akzeptierten Kulisse liegen. Da hier nun allerdings das Beihilferecht der EU Subventionen grundsätzlich ausschließt, wurden die Förderbedingungen entsprechend der so genannten *de minimis*-Regel ausgearbeitet. Das heißt, hier werden Unternehmen lediglich bis zu 200.000 € Subventionswert innerhalb von drei Jahren gefördert. So wird diese Freistellung im Rahmen der „Geringfügigkeitsregelung" des EU-Beihilferechts genutzt, um eine größere Förderku-

---

[19] Die Genehmigung für die aktuelle Regionalfördergebietskarte für 2007 bis 2013 erfolgte am 8. November 2006 durch die EU-Kommission.

[20] Vgl. hierzu im Einzelnen Bundesregierung 2007: 19.

[21] Die ‚vom statistischen Effekt betroffenen Gebiete' wurden bis 2010 in ihrem alten Förderstatus (also als Höchstfördergebiete) belassen, soweit sie die 75 Prozent-Schwelle im EU-15-Vergleich erfüllen, 2010 wird eine Überprüfung durchgeführt, so dass ab 2011 die Möglichkeit der Herabstufung droht. Siehe hierzu auch Schorlemmer 2007: 305.

lisse aufrecht zu erhalten. Dahinter steht ein eminent politisches, wenngleich parteiübergreifendes Interesse der Länder am Erhalt einer möglichst großen Förderkulisse. Dabei hat sich ein gewisser Stimmungswechsel unter den deutschen Ländern vollzogen. Standen und stehen sie im Prinzip auch weiterhin den regionalpolitischen Ambitionen der EU relativ positiv gegenüber (weil die EU-Kommission die Regionen als Ansprechpartner entdeckte und ihnen neues Gewicht als Partner der europäischen Regionalförderung gab), so sehen die Länder schon seit einiger Zeit die Kehrseite der EU-Regional-förderung in Form restriktiver Beihilfekontrolle (Sturm/Pehle [2]2005: 319). Länder, die von der europäischen Förderung relativ gering profitieren (und aufgrund ihrer Vorgaben wenige oder gar keine Fördergebiete mehr ausweisen können), sind in ihrer regionalen Wirtschaftsförderpolitik extrem eingeengt. Denn das Beihilferecht schränkt sie (auch und gerade) außerhalb der Regionalförderung hinsichtlich ihrer wirtschaftsfördernden Maßnahmen dezidiert ein.

Der Umfang der Fördermittel, die hälftig vom Bund und dem jeweiligen Land zur Verfügung gestellt werden, richtet sich nach der Größe der jeweiligen Fördergebiete und ihrer Zuordnung in die Kategorien „A" (einschließlich „vom statistischen Effekt betroffener Gebiete"), „C" und „D" bzw. den dort jeweils geltenden Subventionsbedingungen. Für den Zeitraum 1991 bis 2006, also die Periode seit der Wiedervereinigung, können wir feststellen, dass 10 Prozent der bewilligten GA-Mittel in den alten Bundesländern und 90 Prozent in den neuen Bundesländern verausgabt wurden. Die prozentualen Anteile stellen sich wie folgt dar:

Tabelle 17: Anteile GRW nach Ländern (in Prozent)

Land	BE	BB	BY	HB	HE	MV	NI
Anteil	6,3	16,2	0,9	0,3	0,5	9,9	2,8
Land	NW	RP	SA	SL	SH	SN	TH
Anteil	3,2	0,6	18,0	0,8	0,9	26,1	13,5

Quelle: Statistik der BAFA, Stand 27.2.2007 und eigene Berechnung. Nach der Statistik der BAFA standen Baden-Württemberg und Hamburg im Berichtszeitraum keine GRW-Mittel zur Verfügung.

Diese Verteilung reflektiert die sozio-ökonomischen Bedingungen der Länder, allerdings unter den Bedingungen reduzierter Handlungsspielräume aufgrund der Europäisierung der regionalen Wirtschaftspolitik. Diese Durchdringung ist für das Verständnis der Regionalpolitik in Deutschland von zentraler Bedeutung. Die europäische Regionalpolitik hat seit 1975 in zweierlei Hinsicht zunehmend Einfluss auf die deutsche regionale Wirtschaftsförderung entwickelt: Zum einen über die Einrichtung des Europäischen Fonds für regionale Entwicklung (EFRE), zum anderen über das Binnenmarktprojekt und, wie gesehen, eines seiner wirkungsmächtigen Kernelemente, das Beihilferecht. Beide Aspekte bilden in der Integrationslogik zwei Seiten einer Medaille, wenngleich mit unterschiedlichen Entwicklungsstadien (siehe auch Lammers 2007; Sturm/Pehle [2]2005). Mit dem EFRE sollte politisch ein Ausgleichsmechanismus für die Umverteilungsfolgen der europäischen Landwirtschaftspolitik geschaffen werden (Rudzio 2000: 112). Der Charakter eines „gebundenen Finanzausgleichs" (Lammers 2007: 102) blieb bis 1985 dominant, auch wenn die Kommission seit 1979 5 Prozent der Mittel für eigene Förderinitiativen verwenden konnte. In Deutschland flossen die Mittel in die GRW, eine inhaltliche Prägung im Sinne einer Europäisierung der deutschen regionalen Wirtschaftsförderung war aber noch nicht gegeben. Das änderte sich 1988. Da ergab sich aus zwei Entwicklungssträngen massiver Europäisierungsdruck für die GRW: die Kommission bereitete seit 1985 eine Binnenmarktinitiative vor, die in der „Einheitlichen Europäischen Akte" mündete. Sie stellte u.a. auf die Abschaffung aller (binnen-)marktverzerrenden Regeln und Einflüsse, auch mit Hilfe des Beihilferechts und damit der Zurückdrängung staatlicher Subventionen für heimische Marktakteure, ab. Und gleichzeitig wurde über den Beitritt von Spanien und Portugal zur Union verhandelt. Um die Zustimmung dieser und anderer relativ armer Mitgliedsländer (also Griechenland, Italien oder Irland) zum Binnenmarktprogramm zu erhalten, wurde auf deren Forderung nach finanzieller Hilfe zur Herstellung von Wettbewerbsfähigkeit mit der Aufnahme eines neuen Titels in den Gründungsvertrag „Wirtschaftlicher und sozialer Zusammenhalt" und damit der *Kohäsionspolitik* eingegangen. Nun wurden EFRE, Sozialfonds (ESF) und Agrarfonds, Abteilung Ausrichtung, explizit auf das Kohäsionsziel ausgerichtet und stärker als bisher in die Kompetenz der Kommission gelegt (Lammers 2007: 102; Rudzio 2000: 164). So wurden der Marktoptimismus des Binnenmarktprojektes, demzufolge Wohlstandswachstum für die Mitgliedstaaten aus freiem Handel und Wettbewerb resultieren, mit dem relativen Marktpessimismus der Kohäsionspolitik kombiniert, demzufolge der freie Wettbewerb für schwache Mitgliedstaaten eher ein Problem darstellt und durch Transfermittel kompensiert werden müsse. Mit dieser Paradoxie lebt die europäische Regionalpolitik spätestens seit Ende der 1980er Jahre. Daran ändert auch die seit Förderperiode 2007 bis 2013 fundamentale Ausrichtung der Kohäsionspolitik an der so genannten Lissabon-Strategie nichts. Letztere hat aber ihrerseits, via Europäisierung, auch zu einer „Lissabonisierung" der deutschen Regionalpolitik geführt. Denn die Bindung von Kohäsionsmittel an die Zwecksetzungen der Lissabon-Strategie wirkt über die gestiegene *quantitative* Bedeutung europäischer Fonds-Mittel an den Gesamtmitteln der deutschen Regionalpolitik (von 17,2 % im Zeitraum 2000-2004 auf 19,3 % im Zeitraum 2004-2008, s. Sturm/Pehle [2]2005: 327) auf die Praxis der GRW.

Auf diesem Wege verstärkt damit die Europäisierung der regionalen Wirtschaftspolitik in zweierlei Hinsicht die Konvergenz in der Landeswirtschaftspolitik. Zunehmende inhaltliche (Zweck-)Bindungen durchdringen steigende Anteile der (regionalen) Wirtschaftsförderung und gleichzeitig verhindert das europäische Beihilferecht weitgehend eigenständige Landeswirtschaftsförderung jenseits der Fördergebiete der GRW. Experimente, neue Instrumente etc. müssen im Wesentlichen im Rahmen der Kohäsionspolitik bzw. unter Berücksichtigung der Restriktionen europäischen Rechts durchgeführt werden.

Landeskartellbehörden und Landesregulierungsbehörden

Nach Art. 48 GWB führen die Länder bestimmte Verfahren des Wettbewerbsrechts selbst durch. Hierzu haben sie Landeskartellbehörden eingerichtet, regelmäßig bei den Wirtschaftsressorts. Seit 2005 haben die Länder darüber hinaus die Zuständigkeit für die Regulierung im Energiesektor, sofern bestimmte Größengrenzen der Energieversorger unterschritten werden (ausführlicher Müller 2006a). Hier haben die Länder die Möglichkeit, entweder eigene Landesregulierungsbehörden einzurichten (ebenfalls regelmäßig bei den Wirtschaftsressorts) oder aber diese Aufgabe der entsprechenden Bundesbehörde, der Bundesnetzagentur in Bonn, zu übertragen. Unabhängig von den damit verbundenen rechtlichen Fragen handelt es sich bei Letzterem um eine institutionelle Entlastung der Länder. Die Regelung dürfte ihre Berechtigung vor allem der Existenz von Ländern bzw. Stadtstaaten verdanken, in denen eine sehr geringe Zahl von zu regulierenden Energieversorgern aktiv ist, für deren Regulierung die Einrichtung einer eigenen Landesbehörde keinen Sinn ergibt. Es zeigt sich nun allerdings, dass von der Regelung auch Flächenländer Gebrauch gemacht haben. Die nachfolgende Tabelle gibt eine Übersicht.

Tabelle 18: Länder mit Landesregulierungsbehörde (LRB) und Länder, die ihre Zuständigkeiten auf die Bundesnetzagentur (BNA) übertragen haben (Stand: 2007)

	BW	BY	B	BB	HB	HH	HE
LRB	X	X		X			X
BNA			X		X	X	
	MV	NI	NW	RP	SL	SN	SA
LRB	X	X					
BNA			X	X	X	X	X

Unter den Ländern, die für eine Aufgabenübertragung an die BNA votierten, finden sich Regierungen aller parteipolitischer Konstellationen. Selbst wenn man die Stadtstaaten einmal außer Acht lässt, gibt es hier kein offensichtliches Muster. Es ist nahe liegend zu vermuten, dass eine Pfadabhängigkeit besteht: je nachdem, ob Länder im funktionalen Vorgänger-Äquivalent der Energieregulierung, nämlich der so genannten Strompreisaufsicht, vor 2005 engagiert waren, sind sie es auch in der Energieregulierung. Für Länder mit besonders intensiver Strompreisaufsicht, insbesondere Nordrhein-Westfalen, ist dies zwar zutreffend. Demgegenüber hat das einzige Bundesland, das bereits 2000 die Strompreisaufsicht dauerhaft einstellte, Baden-Württemberg, nach 2005 eine Landesregulierungsbehörde geschaffen. Die *institutional legacy* erklärt insofern nicht allein die Wahl zwischen beiden Optionen.

Bürokratieabbau

Der Abbau bürokratischer Hemmnisse und Belastungen für Unternehmen (und Bürger), als Teilbereich von Deregulierungsbemühungen, ist spätestens seit den 1980er Jahren ein Thema politischer Auseinandersetzungen. Sie reicht von simpler Rechtsbereinigung (formelle Außer-Kraft-Setzung von unbeachtlichen, mitunter „vergessenen" Rechtsnormen) bis hin zu materieller Verringerung öffentlicher Anforderungen an privates Handeln im Rahmen von Genehmigungen, Förderungen etc. (ausführlich Sturm/Müller 2005). Die nachfolgenden Tabellen geben einen Überblick über Verfahren und Zielsetzungen des Bürokratieabbaus in den Ländern.

Tabelle 19: Verfahren des Bürokratieabbaus und Maßnahmen gegen die
Entstehung neuer Bürokratie in den Ländern

	Eingaben[1]	Intern[2]	Expertenrat	Beteiligung Verbände[3]	Sunset[4]	GFA[5]	Normprüfung[6]	Abbau[7] Statistik	Aufgaben-kritik
BW	+	+	+	+	+	+	+	-	+
BY	+	+	+	+	+	+	+	+	+
BE	-	+	+	+	-	+	-	-	+
BB	+	+	+	+	+	-	+	+	+
HB	-	+	-	+	+	+	+	+	+
HH	+	+	-	+	-	-	-	-	+
HE	+	+	-	+	+	+	+	-	+
MV	+	+	-	+	+	+	+	+	+
NI	+	+	-	+	+	+	+	-	+
NW	+	+	+	+	+	-	+	-	+
RP	+	+	+	+	+	+	+	+	+
SL	+	+	+	+	+	+	+	-	+
SN	+	+	-	+	+	+	+	-	+
SA	+	+	-	+	+	+	+	+	+
SH	+	+	+	+	+	+	+	+	+
TH	+	+	+	+	+	+	+	+	+

[1] Eingaben von Unternehmen und Bürgern
[2] Verwaltungsinterne Verfahren
[3] Beteiligung von Verbänden, Gewerkschaften und Kommunen
[4] Begrenzung der Geltungsdauer von Rechtsnormen
[5] Gesetzesfolgenabschätzung
[6] Notwendigkeitsprüfung und/oder zentrale Normprüfung
[7] Abbau von Statistikpflichten
Quelle: Überarbeitete Darstellung auf Grundlage von Sturm/Müller (2005: 26-7), Stand:
2004.

Die Tabellen weisen, ebenso wie in der gewerblichen Wirtschaftsförderung,
ein weitgehend ähnliches Profil im Ländervergleich auf. Hier ist von Politik-
diffusion auszugehen, wenngleich der Mechanismus nicht abschließend beurteilt werden kann. Die Wirkung der „Fachbruderschaften", hier insbesondere im Rahmen der Arbeitskreise auf Beamtenebene zur Vorbereitung der
Fachministerkonferenzen (Wirtschaftsministerkonferenz, Innenministerkon-
ferenz sowie möglicherweise auch Ministerpräsidentenkonferenz), scheint
eher begrenzt. Denn wiewohl die Maßnahmen und Ziele *materiell* deutlich
konvergieren, gibt es eine Tendenz zur eigenständigen Titulatur und vor
allem erhebliche Differenzen bei der Ressortzuordnung der Federführung
(im Detail siehe Sturm/Müller 2005). Das spricht dafür, dass ein (auch) wirt-
schaftspolitisches Thema mit an sich parteiübergreifendem Konsens dennoch

politisch erkennbar signiert werden soll und entsprechend unterschiedlich organisatorisch verortet wird.

Tabelle 20: Ziele des Bürokratieabbaus

	Entlastung der Wirt- schaft	Bürgerfreund- lichkeit und Bürgernähe	Effizienz und Transparenz der Verwal- tung	Einsparungen	Lösung von Pro- blemen aus dem Zusammenspiel mit Bundes- und EU-Recht
BW	+	+	+	-	-
BY	+	+	+	+	-
BE	+	+	+	+	-
BB	+	+	+	+	-
HB	+	+	+	+	-
HH	+	+	+	+	-
HE	+	+	+	+	-
MV	+	+	+	+	+
NI	+	+	+	+	+
NW	+	+	+	+	+
RP	+	+	+	+	+
SL	+	+	+	+	-
SN	+	+	+	+	+
SA	+	+	+	+	-
SH	+	+	+	+	-
TH	+	+	+	+	-

Quelle: Sturm/Müller (2005: 29), Stand: 2004

Die fehlende *parteipolitische* Prägung der Strategien des Bürokratieabbaus lässt sich beispielhaft an zwei Indikatoren feststellen. Hierzu formulieren wir zunächst als Hypothese, dass sich *partisan politics* an der normativen Bezugnahme zu parteipolitisch verfestigten Konzepten, Leitbildern oder Kategorien niederschlagen müsste. Als in Frage kommende Wertbegriffe seien für die sozialdemokratische Prägung das Leitbild des „aktivierenden Staates", welches seit den späten 1990er Jahren entwickelt und unter der Regierung Schröder in unterschiedlicher Form in den politischen Diskurs eingebracht wurde, gewählt, für die christdemokratische Prägung das „Subsidiaritätsprinzip" aus der katholischen Soziallehre, hier insbesondere auch verstanden als Kommunalisierungsgebot von Verwaltung und Verwaltungsentscheidungen. Eine Momentaufnahme 2004 (Sturm/Müller 2005: 24) ergab ein Bild beinahe vollständiger Uniformität. Lediglich im Bereich „Subsidiarität/Kommunalisierung" verneinten die Stadtstaaten Berlin und Bremen, dass dieser *topos* für sie von Bedeutung sei – fraglich bleibt, weshalb nicht auch Hamburg. Eher kurios zu nennen ist das affirmative Votum Bayerns zu dem sozialdemokratisch geprägten Leitbild des „aktivierenden Staats". Diese auf einer schriftlichen Umfrage 2004 basierende Momentaufnahme in den jeweils federführenden Ressorts der Länder deutet jedenfalls darauf hin, dass auch jenseits der in hohem Maße konvergierenden instrumentellen und institutionellen Aspekte des Bürokratieabbaus keine klandestinen normativen Bezüge parteipolitischer Prägung bestehen.

Fazit

Diese Analyse ausgewählter wirtschaftspolitischer Felder der Länderwirtschaftspolitik deutet darauf hin, dass ein Höchstmaß an Konvergenz in den zum Einsatz kommenden Instrumenten und Mitteln sowie eine deutliche Tendenz zur Konvergenz bei Zielen und Zwecken in den Ländern erkennbar sind. Wo Unterschiede bestehen, fällt es schwer, deutliche Ursache-Wirkungs-Zusammenhänge zu destillieren. In der regionalen Wirtschaftsförderpolitik ergibt sich relative Gleichförmigkeit aus der Anpassungsnotwendigkeit an europäische Vorgaben, verschärft um die Restriktionen des Beihilferechts. In allen anderen wirtschaftsfördernden Politikbereichen ergeben sich Unterschiede, insbesondere in der quantitativen Mittelausstattung sowie der Größenbemessung von Förderkulissen. Der *policy* transfer zwischen den Ländern (im Bereich der GRW auch zwischen Ländern und Bund) ist stark institutionalisiert. Wiewohl die Ressourcenausstattung sowie die Benennung von Fördergebieten stark politisierte Fragestellungen darstellen, laufen wesentliche Entscheidungen innerhalb der Fachzirkel der Arbeitsebenen ab. Die durch diese und andere Koordinationsmechanismen erleichterte, vielleicht auch provozierte Konvergenz schlägt sich in Wellenbewegungen von Leitideen bzw. Grundausrichtungen von Wirtschaftsförderpolitik nieder. Länder übernehmen Ideen gleichzeitig oder mit kleinen zeitlichen Verzögerungen voneinander. Das wird etwa im Bereich der Technologiepolitik mit einer Reihe von zeitlich nahe beieinander liegenden Landesgesetzen (Ende der 1970er Jahre), der Einrichtung von Institutionen der Technikfolgenabschätzung in den 1980er und 1990er Jahren oder der Zur-Verfügung-Stellung von Mitteln für dezidierte Instrumente (wie z.B. die so genannten „Innovations-Assistenten") sichtbar. Mit der Zunahme der Bedeutung europäischer Mittel, die bei sinkenden eigenen Landesmitteln in steigendem Maße dann auch Inhalte prägen, wenn sie, wie zuletzt mit der „Lissabon-Strategie", an spezifische Zielsetzungen gebunden sind, beschleunigen sich solche Diffusionsprozesse von an sich neuartigen Politikideen. Denn „politische Pioniere", die erfolgreich neue Instrumente entwickeln, die sich als „europatauglich" (also aus europäischen Mitteln förderwürdig bzw. beihilferechtlich unbedenklich) erweisen, senken die politischen Innovationskosten aller Imitatoren. Dies könnte zumindest partiell auch einen Erklärungsbeitrag für die Tendenz zur „Spezifizierung" von wirtschaftsfördernden Programmen in allen Ländern bei gleichzeitiger Konvergenz dieser Spezifizierung leisten. Wurde noch in den 1970er Jahren relativ unspezifisch im Rahmen der Regionalförderung vor allem nach dem Prinzip des Nachteilsausgleichs gefördert, entwickelten sich später zunehmend kleinteilige und auf dezidierte wirtschaftspolitische Ziele ausgerichtete Instrumente und Spezialprogramme. Die erwähnte Lissabon-Strategie markiert hier insofern einen Wendepunkt, als sie nach der Leitidee des „Stärken stärken" auf die Weiterentwicklung von wirtschaftsstarken Zentren als (regionalen) Motoren der wirtschaftlichen Entwicklung setzt. Eine solche Förderstrategie bedarf viel stärker der Identifikation von Clustern und Entwicklungspfaden; sie steht insofern in großem Gegensatz zum althergebrachten Nachteilsausgleich durch mehr oder minder materiell spezifizierten Finanztransfer in wirtschaftsschwache Gebiete.

Während die Konvergenz von Instrumenten und Zwecksetzungen auch ein deutliches Merkmal des politisch forcierten, wenngleich parteipolitisch kontingenten Bürokratieabbaus ist, zeigen sich, entgegen naiver Erwartung, Differenzen (auch) in organisatorischen Angelegenheiten. So wählte beinahe die Hälfte der Länder die Übertragung der Energieregulierung auf die Bundesnetzagentur, während die übrigen eigene Behörden einrichteten. Es lassen sich keine parteipolitischen Präferenzen erkennen; auch von Pfadabhängigkeit im Sinne der funktionsäquivalenten Fortsetzung der ehemaligen Stromaufsicht kann nicht stringent gesprochen werden. Dasselbe gilt für die Flächenland-Stadtstaat-Dichotomie. Offenbar sind gerade institutionelle Regelungen einer Vielzahl von Faktoren geschuldet, die aufgrund der geringen Fallzahl und seltenen Gelegenheiten eines fassbaren Vergleichs (wie z.B. der Ersteinrichtung einer Sonderbehörde) mitunter schwer zu definieren sind.

5.2 Wirtschaftspolitik in Europa, Europäisierung der Wirtschaftspolitik?

Es gehört zu den geflügelten Worten des politischen Diskurses in Deutschland, dass 70 oder 80 % aller wirtschaftsrelevanten Rechtsmaterien mittlerweile „aus Brüssel" kommen. Dieser Anteil dürfte in den anderen Mitgliedstaaten mindestens gleich hoch sein, in den neuen Mitgliedstaaten eher sogar höher. Insofern hat die Europäisierung auch (und vor allem) die Wirtschaftspolitik in den Mitgliedstaaten erfasst. Die Wirtschaftspolitik der EU-Staaten lässt sich weder deskriptiv noch erklärend ohne Berücksichtigung dieser Entwicklung adäquat erfassen. Das für die Bürgerinnen und Bürger der EU augenfälligste Beispiel hierfür ist die Einführung einer europäischen Währung in der Euro-Zone. Man könnte viele weitere wirtschaftspolitische Handlungsfelder aufführen, die ehemals vollständig in nationaler Souveränität der Mitgliedstaaten bearbeitet wurden und Zug um Zug, wenngleich mit unterschiedlicher Geschwindigkeit und Wirkungsrichtung, der Europäisierung unterliegen: die Wettbewerbs- und Subventionspolitik (z.B. Beihilfekontrolle), das Ausbildungs- und Handwerksrecht (z.B. Dienstleistungsrichtlinie), die Energie- und Telekommunikationspolitik (z.B. Strom- und Gasmarkt-(beschleunigungsrichtlinien) und auch die Innovationspolitik (z.B. Lissabon-Strategie).

Und dennoch: Kaum ein Bereich der Wirtschaftspolitik ist so umfassend diesem Einfluss ausgesetzt wie die Agrarpolitik. Sie war seit Anbeginn einer der bedeutendsten Eckpfeiler der europäischen Integration und hat erst in den letzten Jahren angesichts der rasant wachsenden Bedeutung der EU in anderen Handlungsfeldern an relativer Bedeutung eingebüßt – vor allem gemessen am Budget. Der Anteil der Ausgaben für die Gemeinsame Agrarpolitik (GAP) am EU-Haushalt sank in den vergangenen 25 Jahren von über 75 % auf gut 40 % (Rudloff 2006: 1). Über die „Erste Säule" der GAP wird eine gemeinsame Marktorganisation mit produktspezifischen Eingriffsinstrumenten erreicht, deren erklärtes Ziel die Vereinheitlichung der Markt- und Preispolitiken im Rahmen des Binnenmarkts und damit die Sicherstellung einer paritätischen Einkommensentwicklung in der Landwirtschaft ist (Schmitt 1998). Über die „Zweite Säule" findet Strukturpolitik für den ländlichen Raum statt, seit 1988 im Stile einer sektoralen Regionalförderung. Zwar kommen die landwirtschaftlichen Betriebe in den Mitgliedstaaten der EU in unterschiedlichem Maße in den Genuss dieser Subventionen. Doch wird der Agrarsektor, und damit die wirtschaftliche Entwicklung dieses Bereichs nach wie vor massiv von der GAP beeinflusst: Immer noch entfallen etwa 90 % der EU-Agrarausgaben auf Markteingriffe (Rudloff 2006). Das zwingt, zumal angesichts von teilweise bestehenden Kofinanzierungsanforderungen, die nationalen (Agrar-) Wirtschaftspolitiken zur Anpassung.

Die Agrarpolitik ist also weitgehend „vergemeinschaftet", autonome Handlungsspielräume der Mitgliedstaaten (oder ihrer Regierungs- und Verwaltungsebenen) sind kaum verblieben. Annähernd 40 % der EU-Rechtsetzung betreffen das Politikfeld Agrarpolitik; der Agrarmarkt ist damit der am dichtesten geregelte Politikbereich überhaupt (Bayerisches Staatsministerium 1995: 8).

Wenn wir nach Unterschieden und Gemeinsamkeiten zwischen den sonstigen Wirtschaftspolitiken der EU-Mitgliedstaaten suchen, empfiehlt es sich, zunächst den Grad der Europäisierung des jeweiligen (Teil-)Bereichs der Wirtschaftspolitik zu bestimmen. Dabei darf man einen gedanklichen Fehler allerdings nicht machen: Europäisierung ist nicht gleichzusetzen mit Konvergenz (ausführlich Sturm/Pehle [2]2005). Vielmehr kann die Beeinflussung nationaler Politiken (und ihrer Institutionen) durch Entwicklungen auf EU-Ebene zu ganz unterschiedlichen realen Folgen führen. Und ebenso gilt: Konvergenz muss nicht (ausschließlich) das Ergebnis von Europäisierung sein. Ebenso ist denkbar, dass alle EU-Staaten etwa (gleichen) Wirkungen der *Globalisierung* unterliegen. Einen möglichen Test hierfür dürfte der Vergleich mit anderen OECD-Staaten darstellen. Unterliegen EU- und Nicht-EU-Staaten der OECD-Gruppe den gleichen Entwicklungstendenzen, so ist es plausibler anzunehmen, dass es sich nicht um Wirkungen der Europäisierung, sondern um andere Ursachen, etwa Globalisierungsdruck, handelt.

Wirtschaftsordnungen der EU-Mitgliedstaaten: capitalist diversity

Eine im Grundsatz zumindest *marktwirtschaftliche Ordnung* der eigenen Volkswirtschaft ist für eine Mitgliedschaft bei der Europäischen Union schon aufgrund der Logik der Binnenmarktintegration zwingend. Diese Maxime galt insofern im Wesentlichen schon seit den Anfängen der EWG in den 1950er Jahren; sie hat angesichts der verstärkten Dynamik, welche dieser Aspekt europäischer Integration seit Mitte der 1980er Jahre und vor allem durch und seit dem Maastrichter Vertrag erfahren hat, erheblich an Bedeutung zugenommen.

Wenn wir davon ausgehen, dass die Verfassung einer Wirtschaft, also die Wirtschaftsordnung, die das Verhältnis von Staat, Wirtschaft und Gesellschaft bestimmt, konstitutiv ist für Art und Umfang von „Wirtschaftspolitik" in einer Volkswirtschaft, dann lohnt sich ein Blick auf Unterschiede in den *Wirtschaftsordnungen* der EU-Mitgliedstaaten.

Es ist nicht erst seit Karl Polanyis (1944) Weg weisenden Überlegungen zu den Entstehungsursachen für Märkte klar, dass „Marktwirtschaft" völlig unterschiedlich gedacht und folglich auch gestaltet, werden kann. Standen bei Polanyi noch sehr grundsätzliche Fragen, wie z.b. auf welche Ursachen Spielregeln des Marktes zurückzuführen sind, im Zentrum, so wurden später, in den 1970er Jahren, Mechanismen, Bedingungen und Erfolge der Problembearbeitung (Ölkrisen, Arbeitslosigkeit, Stagflation etc.) zur *differentia specifica*. Katzenstein (1978) warf als einer der ersten die Frage nach der unterschiedlichen Bewältigung strukturell ähnlicher oder gleicher äußerer Einflüsse (Herausforderungen) auf. In der Folge wurden unterschiedliche staatlichgesellschaftliche Arrangements in der Wirtschaftsordnung identifiziert (Gourevitch 1986, Hart 1992, Hall 1986). In den 1990er Jahren begann dann schließlich eine Diskussion um die eingangs (Kapitel 2.1) dargestellte *capitalist diversity*.

Hutton (2002) lehnte die Fokussierung auf Unterschiede in den Wirtschaftsordnungen der europäischen Staaten insgesamt ab. Wichtiger als die Detailverschiedenheit seien die Gemeinsamkeiten innerhalb europäischer Staaten – und zwar in Abgrenzung zu den USA. Das Verständnis der Europäer von der Bedeutung von Privateigentum, von Gleichheit, von Solidarität und des öffentlichen Raumes habe deutliche gemeinsame historische Wurzeln und grenze sie nach wie vor deutlich von den USA ab. Gerade ein „anglo-amerikanischer Kapitalismus" sei insofern eher politische Ideologie (vor allem der britischen Konservativen) und sicher keine Beschreibung der Realität.

So bleibt uns die Erkenntnis, dass die Zuordnung der EU-Mitgliedstaaten zu Modellen des Kapitalismus allenfalls für eine erste Sortierung helfen kann. Wir nehmen zur Kenntnis, dass es zwischen den Mitgliedstaaten erhebliche Unterschiede in der Organisation ihrer Marktwirtschaften gibt: hinsichtlich der Rolle des Staates, hinsichtlich des Verhältnisses von Arbeitnehmern (Gewerkschaften) und Arbeitgebern (Unternehmen), sowie einer Reihe von weiteren Parametern (Beziehung von Industrie- und Finanzwelt etc.). Wo starke (neo-)korporatistische Arrangements bestehen (wie etwa lange Zeit im Falle der österreichischen Sozialpartnerschaft, aber sicher auch in den Niederlanden oder in Deutschland) müssen wir andere Formen etwa der Tarifpolitik erwarten als in Ländern ohne solche Beziehungsgeflechte (wie etwa Großbritannien). Arrangements dieser Art können eine gestaltende (und nicht nur ausgleichende) Wirtschaftspolitik des Staates im Einzelfall unmöglich machen oder aber als ihr Träger und Partner überhaupt erst zur Realisierung verhelfen.

Eine vollständige Übersicht über alle Bereiche der Wirtschaftspolitik in sämtlichen EU-Mitgliedstaaten ist im Rahmen dieses Buches nicht möglich. Wir müssen also eine sinnvolle Auswahl treffen. Dabei ist es nahe liegend, auf die Institutionen der Wirtschaftspolitik und damit die Bereiche Geld-, Wettbewerbs- und Regulierungspolitik zu rekurrieren. Soll die Wirtschaftspolitik der EU-Mitgliedstaaten vor dem Hintergrund ihrer Wirtschaftsordnungen beschrieben werden, so kann man zunächst einmal, ausgehend von herrschenden Auffassungen der Politischen Ökonomie, folgende Grundkategorisierung treffen. Es gibt Felder der Wirtschaftspolitik, die nach traditioneller ökonomischer Auffassung wesentlich für das Funktionieren des Marktes sind und dabei keine politische Einflussnahme vertragen. Hierzu gehört etwa die Geldpolitik: Sie sollte, dieser herkömmlichen Meinung entsprechend, einer unpolitischen, neutralen und vor allem unabhängigen Zentralbank übertragen werden, die lediglich dem Ziel der Geldwertstabilität verpflichtet ist.

Demgegenüber gibt es andere Bereiche der Wirtschaftspolitik, wie etwa die Standortpolitik – mit dem zentralen *Topos* der Abgabenpolitik (insbesondere Steuerpolitik), welche durchaus politischen Entscheidungsträgern überlassen bleiben können. Nach einer anderen Unterscheidung sollten einzelne Felder der Wirtschaftspolitik entweder *regelgebunden* oder aber *diskretionär* bearbeitet werden. Zu den regelgebundenen gehört, wieder nach herkömmlicher Meinung, die schon erwähnte Geldpolitik. Damit ist gemeint, dass der (unabhängigen, unpolitischen) Zentralbank klare Regeln zur Verfügung stehen sollten, damit ihre Geldpolitik für die Marktteilnehmer transparent und berechenbar ist. Demgegenüber müssen die Felder der Standortpolitik naturgemäß der Politik diskretionäre Spielräume lassen: Wie sonst sollte sie auf die starke Dynamik, die den Standortwettbewerb im globalen Markt kennzeichnet, richtig reagieren? Standortpolitik beschreibt dabei kein klar definiertes Politikfeld (wie es die Geldpolitik vergleichsweise vermag), sondern definiert sich vom Ziel her: den eigenen Standort für Investoren interessant machen oder erscheinen zu lassen, bestehende Unternehmen zu pflegen, um ihren nachhaltigen Erfolg zu sichern sowie, je nach Arbeitsmarktlage, Attraktivität für Arbeitskräfte aus dem Ausland zu erzeugen. Mit anderen Worten, die jeweils als Standortpolitik zu definierenden Handlungsfelder sind notwendig selbst Bestandteil des diskretionären Entscheidungsspielraums für die Politik. In Frage kommen neben der besonders zentralen Abgaben- bzw. Steuerpolitik zum Beispiel die klassische Wirtschaftsförderung, die Innovationspolitik oder das Standortmarketing. Ein besonders strittiges Feld der Standortpolitik ist die Wettbewerbspolitik, die man, je nach ideologischer Auffassung, ihr zurechnen oder aber separat stellen kann. Will man etwa starke *nationale Champions*, ob staatlich oder privat, entstehen lassen oder stärken, wird man in der Wettbewerbspolitik gewisse Zugeständnisse an die Einschränkung des Wettbewerbs auf den Märkten, die diese „Champions" bedienen, machen müssen. Sieht man hingegen starke *nationale* Konzerne nicht als Ziel an sich (und auch nicht als Ausdruck hoher Standortqualität), dann lässt sich ein wettbewerbspolitisch stringenter Kurs (auf allen Märkten und gegenüber allen Marktteilnehmern) fahren.

Die Diskussion um die Übernahmerichtlinie der EU Ende der 1990er Jahre ist ein Spiegelbild dieser unterschiedlichen Philosophien: Sollen bedeutende einheimische Unternehmen (wie damals Mannesmann-D 2) Objekt auch „feindlicher Übernahmen" werden können – verbunden freilich mit Wachstumsperspektiven für das Unternehmen und enormen Wertsteigerungen für die Eigentümer – oder muss man sie als „nationale" Firmen erhalten und ihr Wachstum gegebenenfalls durch Schutzmaßnahmen auf den von ihnen besiedelten Märkten gewährleisten?

Eine mittlere Position – zwischen einer ideal gedacht entpolitisierten und regelgebundenen Geldpolitik und einer ebenfalls ideal gedacht politisch geprägten und mit diskretionären Spielräumen ausgestatteten Standortpolitik – nimmt die Regulierungspolitik ein. Darunter sei im Folgenden das gesamte Spektrum von sektor-spezifischen Staatseingriffen verstanden, die entweder darauf gerichtet sind, aus ehemaligen nicht-wettbewerblichen Bereichen der Daseinsvorsorge marktwirtschaftlich funktionierende Sektoren der Wirtschaft zu machen, oder aber mittels regulatorischen Eingriffs in das Marktgeschehen (durch prinzipiell marktkompatible Mechanismen) andere öffentliche Ziele als die Stärkung des Wettbewerbs zu verfolgen (siehe Kapitel 4.3). Damit kommen zwar prinzipiell alle Einzelmärkte für eine Analyse in Frage, wir wollen uns im Folgenden aber wieder auf zwei besonders zentrale Sektoren der Wirtschaft konzentrieren, die europaweit von großer Bedeutung sind: Energie und Telekommunikation.

Abbildung 8: Exemplarische Felder der Wirtschaftspolitik in den EU-Staaten

Entsprechend dieser Systematik würden wir beim Vergleich der Wirtschaftspolitik der EU-Länder für den Bereich der Geldpolitik eher Konvergenz erwarten, und zwar im Sinne einer entpolitisierten und regelgebundenen Geldpolitik. Das entspräche den Forderungen der Wirtschaftstheorie. Demgegenüber würde man Divergenz im Bereich der Standortpolitik erwarten, und zwar umso stärker, je unterschiedlicher die Ausgangspositionen sind. Für die Regulierungspolitik schließlich wäre ein uneinheitliches Bild zu erwarten, da die Geschichte der „neueren Regulierung" noch nicht weit zurück reicht. Einerseits ist mit grundsätzlich ähnlichen Ausgangsproblemen (nämlich: nicht-wettbewerblich strukturierten Sektoren) und einem begrenzten Umfang an Grundlösungsmustern zu rechnen, andererseits haben diese Reformen nicht gleichzeitig begonnen, so dass „Vorreiterstaaten" und „Nachzügler" wahrscheinlich sichtbar werden.

Geldpolitik: der Europäisierungsfall

Als mit dem Vertrag von Maastricht 1992 die Vertragsstaaten das Ziel der Errichtung einer Europäischen Währungsunion (EWU) vereinbarten, legten sie damit – wie schon in Kapitel 4.1 dargelegt – und ebenfalls mit nachfolgenden Vereinbarungen wie dem Stabilitäts- und Wachstumspakt Maßstäbe zur Teilnahme an der Währungsunion fest. Diese Festlegungen hatten prägende Wirkung im Vorfeld der zum Jahr 1999 errichteten und mit der Einführung des Euro 2001 gekrönten Währungsunion für die Geldpolitik der meisten EU-Mitgliedstaaten, vor allem aber für deren institutionelle Verfassung. Sämtliche Mitgliedstaaten der EU richteten, sofern dies nicht bereits der Fall war, unabhängige Notenbanken ein. Über die Geldpolitik hinaus wirkte der Stabilitäts- und Wachstumspakt nachhaltig auf die Fiskalpolitik der künftigen Mitgliedstaaten, werden diese doch durch Art. 104 des Maastrichter Vertrags auf eine Politik des langfristig ausgeglichenen Haushalts verpflichtet und mit dem Stabilitäts- und Wachstumspakt an relativ enge Korridore in der Haushaltspolitik gebunden. Wagschal/Wenzelburger (2006) zeigten in ihrer Studie zu den Haushaltskonsolidierungen in ausgewählten

OECD-Ländern, dass für die (künftigen) EWU-Teilnahmeländer (die so genannte EURO-Zone) der Vertragsabschluss des Maastrichter Vertrages – und damit der Startschuss zur Währungsunion – signifikante Bedeutung für die erhöhte fiskalische Disziplin hatte. Wir finden die vermutete Konvergenz hin zur Errichtung von unabhängigen Notenbanken bestätigt; darüber hinaus aber gibt es einen „spill-over"-Effekt im Bereich der Fiskalpolitik, die als integraler Bestandteil zur Einrichtung einer stabilen europäischen Währung von den europäischen Regierungen angesehen wurde.

Es ist mehr als nur eine Fußnote, wenn man darauf hinweist, dass der 1992 beschlossene EWU-Prozess nicht nur für die späteren Staaten der Euro-Zone, sondern darüber hinaus auch für weitere EU-Mitgliedstaaten, wie etwa Großbritannien, Dänemark oder Schweden, und für die damaligen Kandidaten der Osterweiterung in Ost- und Ostmitteleuropa prägend war. Während die erkennbaren Neigungen der Regierungen dieser Staaten, zu einem künftigen Zeitpunkt der Euro-Zone beizutreten, bekanntlich erheblich divergieren, war die Maßgabe der Einrichtung einer *unabhängigen* Notenbank dennoch eine über die Euro-Zone hinaus wirkende Norm. Auch die Zentralbanken der Nicht-EWU-Staaten sind Teil des Europäischen Systems der Zentralbanken (ESZB). Im erweiterten EZB-Rat sind sie repräsentiert.

Regulierung der Energie und der Telekommunikation: Konsolidierung unter einem europäischen Dach

Praktisch alle EU-Staaten erfuhren in den vergangenen 10 bis 20 Jahren erhebliche Veränderungen ihrer Energie- und Telekommunikationsmärkte wie in Kapitel 4.3 dargestellt. In sämtlichen Staaten waren noch Mitte der 1980er Jahre die Energiemärkte (Strom und Gas) nicht-wettbewerblich organisiert. Die Sektorstruktur variierte allerdings erstaunlich stark: von staatlichen Monopolen (z.B. Frankreich) bis hin zu gemischt-wirtschaftlichen, extrem dezentralen Strukturen (z.B. Deutschland). Ihnen allen gemein war, dass Entscheidungen über Leistungsangebote, Preise usw. nicht über den Markt, sondern durch unterschiedliche Formen staatlicher Verordnung getroffen wurden.

Diese Analyse gilt im Prinzip auch für den Telekommunikationssektor. Seine Situation bis in die 1980er Jahre unterscheidet sich von der des Energiemarktes vor allem dadurch, dass erstens praktisch überall staatliche Monopole den nationalen „Markt" bedienten. Zweitens war und ist bis zum heutigen Tage die Dienstleistung der Telekommunikation selbst einem unerhörten Wandel unterworfen. Neben der traditionellen netzgebundenen Telefonie kamen etwa Mobilfunk, ISDN und DSL sowie kombinierte, komplex ausgestaltete Leistungsangebote hinzu. Diese im Wesentlichen technologiegetriebenen *Innovationsschübe* waren durch Entwicklungen ermöglicht worden, die zum Teil bis in die 1970er Jahre zurück reichen. Ihren Durchbruch erlebten sie allerdings im Wesentlichen erst nach 1990.

Nachdem einzelne Länder, wie etwa Großbritannien, mit der Öffnung des Telekommunikationsmonopols bereits in den 1980er Jahren experimentierten (Sturm et al. 2002), begann in den 1990er Jahren eine Liberalisierungswelle sowohl im Telekommunikations- als auch im Energiesektor. In verschiedenen EU-Richtlinien von 1996 und 2003 wurden jeweils Mindeststandards der Marktöffnung für beide Sektoren der Wirtschaft festgeschrieben. Ebenso wie im Bereich der Geldpolitik hatten hier europarechtliche Entwicklungen unter anderem auch Auswirkungen auf die institutionelle Ordnung: Es entstanden in den EU-Staaten Regulierungsbehörden.

Die institutionelle Vielfalt ist deutlich höher als in der Geldpolitik, und die jeweiligen Formen unterlagen bis in die aktuelle Gegenwart beständigem Wandel. So gibt (bzw. gab) es etwa sektor-spezifische Regulierungsbehörden (für Telekommunikation, für Elektrizität, für Gas jeweils getrennt), sektorenübergreifende sowie horizontal vollständig integrierte und mit der Wettbewerbsbehörde verschmolzene Formen. Die Entwicklung auf den Energiemärkten hängt dabei der Entwicklung im Telekommunikationssektor zeitlich hinterher; erst mit den Beschleunigungsrichtlinien 2003 wurde die Einrichtung von Regulierungsbehörden für den Energiesektor verpflichtend. Die Verspätung in diesem Bereich erklärt sich nicht zuletzt durch den jahrelangen Widerstand der deutschen Bundesregierung gegen eine solche Vorschrift.

Die Europäisierungslogik im Bereich der Regulierungspolitik ist eine andere als in der Geldpolitik: Es gibt *keine* europäische Regulierungsbehörde, und auch die Kommission hat, anders als in der Wettbewerbspolitik, keine originären Entscheidungszuständigkeiten für (z.B. binnenmarktrelevante) Einzelfälle. Es gibt zwar ein Netzwerk der Regulierungsbehörden der Mitgliedstaaten (Müller 2002), dem von Teilnehmern eine hohe Bedeutung für die Entwicklung von Regulierungsansätzen beigemessen wird. Auch findet mittlerweile Arbeitsteilung zwischen den europäischen Regulierern statt. Dennoch handelt es sich um ein Regime, dessen Funktionalität im Kern von der Freiwilligkeit der kooperativen Praxis seiner teilnehmenden Akteure abhängt.

Es muss daher nicht verwundern, dass die EU-Kommission in ihren Vergleichen über die Effekte der Regulierungspolitik der EU-Staaten durchaus erhebliche Unterschiede feststellen kann. Der Grad der faktischen Markt-

Öffnung, die Preisentwicklung, die Marktdynamik oder die Marktstrukturen differieren deutlich (Hobohm et al. 2005). Das lässt sich beispielhaft für den Elektrizitätsmarkt im Hinblick auf seine Marktöffnung sowie das Verbraucherverhalten beim Anbieterwechsel aufzeigen; für den Gasmarkt liegen sogar deutlich weniger marktfreundliche Ergebnisse vor.[22]

Tabelle 21: Vergleich der Strommärkte in den EU-Staaten

	Erklärter Grad der Marktöffnung	Zugangsgrenze zum Markt
Belgien	90 %	Alle[1]
Tschechische Republik	74 %	Alle außer Privathaushalte
Dänemark	100 %	Alle
Deutschland	100 %	Alle
Estland	12 %	Verbraucher über 40Gwh
Griechenland	62 %	Alle außer Privathaushalte[2]
Spanien	100 %	Alle
Frankreich	70 %	Alle außer Privathaushalte
Irland	100 %	Alle
Italien	79 %	Alle außer Privathaushalte
Zypern	35 %	Verbraucher über 350MWh
Lettland	76 %	Alle außer Privathaushalte
Litauen	74 %	Alle außer Privathaushalte
Luxemburg	84 %	Alle außer Privathaushalte
Ungarn	67 %	Alle außer Privathaushalte
Malta	0 %	-
Niederlande	100 %	Alle
Österreich	100 %	Alle
Polen	80%	Alle außer Privathaushalte
Portugal	100 %	Alle
Slowenien	77 %	Alle außer Privathaushalte
Slowakei	79 %	Alle außer Privathaushalte
Finnland	100 %	Alle
Schweden	100 %	Alle
Großbritannien	100 %	Alle[3]

1 Nur in Flandern, ansonsten alle außer Privathaushalten.
2 Außer auf nicht verbundenen Inseln.
3 In Nordirland alle außer Privathaushalten.
Quelle: Generaldirektion Energie und Verkehr (DG TREN), zitiert nach: Statistics in Focus Nr. 6, 2006, herausgegeben von EUROSTAT, S. 1., Stand: September 2005.

---

[22] Vergleiche Statistics in Focus, Nr. 8, 2006, herausgegeben von EUROSTAT.

Tabelle 22: Anbieterwechsel in EU-Staaten (Strommarkt), kleine Betriebe und Privathaushalte

	Weniger 5 %	5 – 20 %	20 – 50 %	Über 50 %
Belgien		▓		
Tschechische Republik	▓			
Dänemark		▓		
Deutschland		▓		
Estland	▓			
Griechenland	▓			
Spanien	▓			
Frankreich	▓			
Irland		▓		
Italien	▓			
Zypern	▓			
Lettland	▓			
Litauen	▓			
Luxemburg	▓			
Ungarn	▓			
Malta	▓			
Niederlande		▓		
Österreich	▓			
Polen	▓			
Portugal	▓			
Slowenien	▓			
Slowakei	▓			
Finnland			▓	
Schweden			▓	
Großbritannien			▓	
Norwegen				▓

Quelle: Generaldirektion Energie und Verker (DG TREN), zitiert nach: Statistics in Focus Nr. 6, 2006, herausgegeben von EUROSTAT, S. 6.

Europäisierung hat hier somit nur teilweise zu Konvergenz geführt; die Praxis der Regulierung sowie die Nutzung der nach wie vor gegebenen politischen Spielräume im Umgang mit marktbeherrschenden Unternehmen sind uneinheitlich.

Standortpolitik: Divergenz der Ausgangslagen, Konvergenz bei den Prioritäten

Innerhalb der EU-27 sind die Ausgangslagen der Mitgliedstaaten im Hinblick auf ihre Standortcharakteristika trotz Kohäsionspolitik der EU selbst unter den „alten" Mitgliedstaaten – seit den Wellen der Osterweiterung freilich noch verstärkt – deutlich verschieden. Es klaffen entlang wichtiger

Tabelle 23: Rankings im Vergleich – Ergebnisse für 21 OECD-Länder

Land	WEF 05: GCI[1]	WEF 05: BCI[2]	WEF 05: Global CI[3]	IMD 05: WC[4]	Bertelsmann 04: Erfolgsindex	Bertelsmann 04: Aktivitätsindex
AUS	7	13	14	6	3	1
B	19	14	15	16	15	18
DK	4	4	3	4	9	11
D	12	3	5	15	21	20
FI	1	2	2	3	17	17
F	18	10	10	17	20	19
GR	20	21	21	20	14	16
GB	10	5	7	14	8	8
IRL	16	16	16	7	1	3
I	21	20	20	21	19	21
J	9	7	8	13	13	9
CDN	11	12	11	2	10	7
NZ	13	15	17	11	5	2
NL	8	8	9	8	6	13
N	6	17	13	10	4	6
A	14	9	12	12	7	12
P	15	19	19	19	16	10
S	3	11	6	9	11	14
CH	5	6	4	5	12	5
E	17	18	18	18	18	15
USA	2	1	1	1	2	4

1 World Economic Form Growth Competitiveness Index
2 World Economic Forum Business Competitiveness Index
3 World Economic Forum Global Competitiveness Index
4 International Institute for Management Development (Aggregate) World Competitiveness Index

volkswirtschaftlicher Parameter, von der Wertschöpfung pro Kopf über das Beschäftigungsniveau bis hin zur Innovationskraft der Volkswirtschaften, erhebliche Gräben. Dabei ist ein *Ranking* der Wirtschaftsstandorte, insbesondere im Hinblick auf ihre (internationale) Wettbewerbsfähigkeit, keineswegs eine leichte Übung. Je nachdem, welche Quelle und welchen Index man heranzieht, divergieren die Verortungen zum Teil ganz erheblich, wie jüngst Harald Lehmann in einem Vergleich von 21 OECD-Staaten (darunter eine Mehrzahl der EU-Mitgliedstaaten) anhand verschiedener Rankings aufzeigte (Lehmann 2006: 299).

Die Indizes basieren auf unterschiedlichen Indikatoren und gewichten Aspekte der volkswirtschaftlichen Performanz, der wirtschaftsrelevanten Infrastruktur, der Effizienz von Regierung und Verwaltung sowie der unternehmerisches Handeln beschränkenden Auflagen und rechtlichen Vorgaben in verschiedener Weise. Auch operativ variieren die Indizes in der Wahl der Erhebung: etwa von der abstrakten Analyse des formal geltenden Rechts (soweit es z.B. für ausländische Direktinvestitionen zur Anwendung kommt) bis hin zu Expertenbefragungen[23].

Die Uneinheitlichkeit im Ranking legt die Formulierung einer These nahe: es besteht große Unsicherheit über die relative Position des jeweiligen Standortes im internationalen Vergleich. Da „Standortpolitik" aber stark von dieser eigenen relativen Position abhängt, steht die Formulierung einer entsprechenden wirtschaftspolitischen Strategie vor einer besonderen Herausforderung: Wie findet man eine Lösung (d.h. standortpolitische Strategie), ohne das Problem (d.h. die eigene relative Verortung im Wettbewerberfeld) zu kennen?

Ein zweiter Aspekt vergrößert das Dilemma noch zusätzlich: die Unsicherheit im Hinblick auf die richtigen Rezepte zur Therapie von (Standort-) Defiziten. Zwei grundsätzlich verschiedene Therapieangebote werden in der einschlägigen Diskussion behandelt: Die „ältere" Auffassung folgt dem Ausgleichspostulat und besagt, dass man insbesondere regionale Defizite zu identifizieren und zu beheben habe. Der Ansatz wird in der Praxis dabei oft nach dem Gießkannenprinzip vollzogen. Eine „neuere" Auffassung geht anders vor: Ihr zufolge sollte man im Wege einer Stärken-/Schwächen-Ana-

---

[23] So z.B. der Bürokratie- und Regulierungsindex („DoingBusiness") der Weltbank, der v.a. aus der Perspektive mittelständischer bzw. kleiner, einheimischer Unternehmen modelliert wurde. Da dieser Ansatz dezidiert kein Ratgeber für Standortentscheidungen, sondern primär Leitfaden für Entwicklungsländer sein soll, wurde hier auf seine Aufnahme in den Vergleich verzichtet. Zum Index der Weltbank vgl. auch Müller 2006a.

lyse die eigenen „Stärken" bestimmen und „stärken". Anstatt sich auf Defizite zu konzentrieren, sollte man diejenigen Aspekte seines Standortes pflegen, die ihn (positiv) tragen. Insbesondere die großen Beratungsagenturen verfolgen seit einigen Jahren diesen „Stärken stärken"-Ansatz und haben zu seiner Verbreitung auch in der (praktischen) Politik beigetragen (Bucksteeg 2004).

Dieses Problem der „doppelten Unsicherheit" (hinsichtlich der relativen Position und hinsichtlich geeigneter Therapien) lässt dreierlei vermuten: Wirtschaftspolitik (hier im Sinne von Standortpolitik) ist nicht *konsistent*, sondern kombiniert aus unterschiedlichen Therapieangeboten. Weiterhin ist zu vermuten, dass Standortpolitik nur bedingt Bezüge zur eigenen relativen Situation hat, weil diese interpretationsbedürftig ist.

Hinsichtlich der Implementation von standortpolitischen (Reform-) Strategien liegt schließlich die Vermutung nahe, dass sich „erfolgreiche" Reformstrategien des einen Landes (ausweislich des Problems der „Erfolgsmessung") nicht ohne Weiteres auf andere Länder übertragen lassen. Die Größe des Landes, seine gewachsene Industrie- und Dienstleistungsstruktur, seine bestehenden internationalen Export- und Importverflechtungen und viele weitere Aspekte sind zu beachten. Neben diesen „harten" Faktoren gibt es noch weitere, „weiche" Determinanten, die für die Machbarkeit (bzw. den Erfolg) einer gegebenenfalls neuen wirtschaftspolitischen Strategie von Bedeutung sind, etwa das Maß an Konsensorientierung bei politischen (Reform-)Entscheidungen, gesellschaftlich akzeptierte Grenzwerte für soziale (Un-)Gerechtigkeit bzw. (Un-)Gleichverteilung oder kulturell bedingte Auffassungen von der Rolle des Staates (in der Wirtschaft oder in der Gesellschaft insgesamt). In einem erweiterten Sinne kann man in diese Kategorie auch die jeweilige ordnungspolitische Konzeption im Sinne der *capitalist diversity* Debatte subsumieren.

Wenn wir nun die strategischen Handlungsfelder der EU-Mitgliedstaaten in ihrer Standortpolitik analysieren, dann erkennen wir, ausweislich einer Reihe von nationalen Spezifika, ein signifikantes Maß an Übereinstimmung in bestimmten Bereichen. Dass es mittlerweile „Cluster" von wirtschaftspolitischen Handlungsbereichen gibt, die (fast) jeder Staat bearbeitet, kann man aber wohl *nicht* (ausschließlich) auf Europäisierungseffekte zurückführen. Zwar gibt die Lissabon-Strategie, die mittlerweile wesentlicher Zielrahmen der Struktur- bzw. Regionalpolitik der EU geworden ist (im Wege des so genannten „earmarking", das die Empfängerregionen dazu verpflichtet, einen bestimmten Anteil der Mittel dezidiert an Lissabon-Ziele zu koppeln), explizit oder implizit viele dieser Handlungsfelder vor. Betrachtet man dann noch die Bereitstellung öffentlicher Mittel der EU über ihre Strukturfonds, muss es nicht verwundern, solche Handlungsfelder in Publikationen der EU-Kommission, die wesentlich auf Meldungen der Mitgliedstaaten basieren, wieder zu finden. Doch zeigen vergleichende Betrachtungen unter Einbeziehung weiterer Staaten auf, dass der Kreis der Länder, die mindestens implizit den Inhalten der Lissabon-Strategie folgen, weiter ist (siehe z.b. DG Enterprise and Industry 2006).

Tabelle 24: Vergleich makro- und mikroökonomischer Handlungsfelder bzw. Ziele der EU-Staaten

Land	Handlungsfelder
Austria	- sustainability of public finances - R & D and innovation - Infrastructure - International competitiveness - Environmental sustainability - Labour market and employment - Education and training
Belgium	- Sustainability of public finances - Reduction of labour costs - Creation of a more dynamic labour market - Stimulation of the economy through investment and reforms - Strengthening the social security system - Strengthening of synergies between environmental protection and growth
Cyprus	- Fiscal sustainability - Quality of public finances - R & D, innovation and ICT - Increasing the diversification of the economy - Competition and business environment - Environmental sustainability - Infrastructure - Human capital - Social cohesion
Czech Republic	- Public finance reform - To strengthen and increase industrial competitiveness while respecting the need for sustainable resources - To increase labour market flexibility

Land	Handlungsfelder
Denmark	- Improving competition in certain sectors - Enhancing public sector efficiency - Developing a knowledge society - Securing environmental sustainability and energy - Encouraging entrepreneurship - Increasing the labour supply
Estonia	- R & D and innovation - Employment
Finland	- Sustainability of public finances - Improving competitiveness and productivity - Improving the functioning of the labour market
France	- To create the necessary conditions for strong economic growth - To reduce unemployment and increase employment - To build a knowledge-based economy - To consolidate public finances - To strengthen the competitiveness of business
Germany	- Knowledge society - Market functioning and competitiveness - Business environment - Sustainability of public finances - Ecological innovation - Reorientation of the labour market
Greece	- Public finances - Employment - Education and life-long learning - Environment - Modernisation of the public administration
Hungary	- Reducing the fiscal deficit - R & D and innovation - Business environment - Competition - Infrastructure - Raising employment and activity rate - Improving labour market situation of the disadvantaged - Reducing regional labour market disparities - Enhancing human capital through better education and training

Land	Handlungsfelder
Ireland	- Maintain a stable macroeconomic environment - Investment in economic and social infrastructure - Improve labour supply - Better regulation - Improve R & D - Innovation and entrepreneurship - Promote social inclusion and sustainable development
Italy	- Extending the area of free choice for citizens and companies (by opening up markets) - Granting incentives for scientific research and technological innovation - Strengthening education and training - Upgrading infrastructure - Protecting the environment - Long-term fiscal sustainability
Latvia	- Securing macroeconomic stability - Stimulating knowledge and innovation - Developing a favourable and attractive environment for investment and work - Fostering employment - Improving education and skills
Lithuania	- Macroeconomic policies to sustain fast growth of the economy and a stable macroeconomic environment - Microeconomic policy to promote the competitiveness of Lithuanian companies - Employment policy to promote employment and investment in human capital
Luxembourg	- High-quality education and training system - an economy integrated into the European and international context - attractive economic environment - stable macroeconomic framework - adherence to the principles of sustainable development

Land	Handlungsfelder
Malta	- sustainability of public finances - competitiveness - environment - employment - education and training
Netherlands	- improving labour supply - achieving faster growth in labour productivity - strengthening R & D, innovation and education - improving price competitiveness, in particular by containing labour costs
Poland	- consolidating public finances and correcting their management - developing entrepreneurship - making enterprises more innovative - developing and modernising infrastructure and ensuring a competitive environment in network industries - creating and sustaining new jobs and reducing unemployment - improving adaptability of workers and enterprises by investing in human capital
Portugal	- sustainability of public finances - fostering economic growth - competitiveness and entrepreneurship - public administration reform - R & D and innovation - Territorial cohesion and environmental sustainability - Market efficiency - Qualifications, employment and social cohesion
Slovakia	- Information society - R & D and innovation - Business environment - Education and employment - (environmental responsibility)
Slovenia	- A competitive economy and faster growth - A knowledge-based society - An efficient state - A modern social State and higher employment - Sustainable development

Land	Handlungsfelder
Spain	- Budgetary stability - R & D strategy - A better environment for business - Achievement of higher competition - Infrastructure development - A better functioning of the labour market - Better education and human capital
Sweden	- High labour market participation - Promotion of a knowledge-based economy with environmentally efficient production processes - (sustainable development)
United Kingdom	- Maintaining fiscal sustainability in the face of demographic challenges - Building an enterprising and flexible business sector - Promoting innovation and R & D - Widening opportunities for the acquisition of skills - Increasing innovation and adaptability in the use of resources - Ensuring fairness through a modern and flexible welfare state

Quelle: European Commission (2006), Time to move up a gear. Communication from the Commission to the Spring European Council 2006, Luxembourg: Office for Official Publications of the European Communities. Die Handlungsfelder wurden zum Teil dem Sinn entsprechend gekürzt oder angepasst.

Innovation, Forschung und Entwicklung, Wissensgesellschaft, Nachhaltigkeit und Bildung scheinen zentrale strategische Handlungsfelder einer Mehrheit der EU-Staaten zu repräsentieren. Der *topos* einer soliden Finanzpolitik ist ebenfalls stark vertreten und dürfte sich einerseits aus der formalen Notwendigkeit seiner Erfüllung im Hinblick auf die (künftige) Teilnahme an der Euro-Zone ergeben. Andererseits spiegelt diese Zielsetzung eine veränderte Auffassung über die wirtschaftspolitischen Wirkungen antizyklischer Fiskalpolitik bzw. die langfristig einschränkenden Wirkungen von Staatsverschuldung wider. Welche Entwicklung der *topos* angesichts starker Ausweitung der Staatsverschuldung in vielen EU-Staaten nimmt, bleibt mithin offen.

Die Lissabon-Strategie scheint in praktisch allen Länderprofilen deutlich durch. Ältere wirtschaftspolitische Dichotomien, wie nachfrageorientierte versus angebotsorientierte Ansätze, spielen offenbar keine Rolle. Ebenso wird die Erwartung, die Typenbildung der *capitalist diversity*-Debatte müsste sich zumindest ansatzweise in der Auswahl und Benennung von Hand-

lungsfeldern bzw. (wirtschaftspolitischen) Zielen spiegeln, enttäuscht. Aus-
gerechnet die beiden Länder des „angelsächsischen Kapitalismus", Großbritannien und Irland, greifen Begriffe wie *welfare state* und *social inclusion*

Tabelle 25: Wirtschaftliche Freiheit in den EU-Staaten

	Countries	SUMMARY INDEX
5	United Kingdom	8,07
10	Ireland	7,92
11	Estonia	7,89
13	Denmark	7,78
14	Finland	7,69
15	Austria	7,66
16	Netherlands	7,65
17	Germany	7,64
20	Slovak Rep	7,61
22	Luxembourg	7,58
24	Malta	7,53
28	Hungary	7,46
31	Lithuania	7,40
32	Spain	7,38
33	Cyprus	7,35
35	Sweden	7,35
40	Latvia	7,27
44	Belgium	7,20
45	France	7,19
48	Portugal	7,16
50	Italy	7,15
54	Greece	7,03
63	Czech Rep.	6,95
68	Bulgaria	6,82
69	Poland	6,78
74	Romania	6,66
89	Slovenia	6,38

Quelle: Fraser Institute, Economic Freedom of the World Data (2006) online unter
http://www.freetheworld.com/2008/2008Dataset.xls

auf, während etwa die Handlungsfelder Italiens, also eines Vertreter des *state* oder *mediterrenian capitalism*, die Bereiche Marktöffnung, Innovations- und Bildungsförderung, Infrastruktur- und Umweltverbesserung sowie fiskalische Disziplin ins Zentrum rücken. Geht man auf die Suche nach Besonderheiten, so fallen etwa Luxemburg mit dem Zielbereich „Integration in den europäischen und internationalen Kontext" oder Irland mit dem Verweis auf einen in Großbritannien bereits etablierten, neuen Politikbereich namens *better regulation* auf. Eine kleine Gruppe von Ländern, darunter Griechenland und Slowenien, haben offensichtlich Verbesserungsbedarf in der Staatsverwaltung insgesamt identifiziert, eine weitere, größere Gruppe greift die Etablierung einer „Wissensgesellschaft" als Leitbild auf. Ganz offensichtlich mischen sich bei den Handlungsfeldern und Zielen also auch nationale Besonderheiten hinzu, die politische Präferenzen der jeweiligen Regierung oder besondere Problemlagen diskursiv reflektieren. Gleichwohl bleibt der Befund großer Ähnlichkeit bei geringen, auf die Typologie der Debatte um Kapitalismusmodelle verweisenden Unterschieden.

Ganz anders sieht die Situation im Bereich der Steuerpolitik aus. Es gehört zu den weidlich gepflegten Prämissen der Standort-Diskussion, dass ein weltweiter Wettbewerb um die (für Unternehmen) günstigsten Steuertarife ausgebrochen sei. Diese These vom „race-to-the-bottom" vermutet, dass sich sämtliche Industriestaaten asymptotisch einem Minimal- (oder Null-) Steuertarif annähern (Sinn 1997), da in Zeiten der Globalisierung Unternehmensstandorte im Wesentlichen frei wählbar geworden sind. Da Steuern (bzw. Abgaben insgesamt) einen wesentlichen Standortkostenfaktor darstellen, bleibe der Standortpolitik hier kaum ein Spielraum (OECD 1998). Aufgrund der elementaren Bedeutung von Unternehmen für Arbeitsplätze und Wohlfahrt eines Landes, wird, so die implizite Vermutung dieser These weiter, dieser Standortaspekt der Steuerpolitik über die übrigen Aspekte (wie z.B. Einnahmenaspekt für die öffentlichen Haushalte, Gerechtigkeits- bzw. Fairnessvorstellungen usw.) dominieren. Eine Weiterung der These von der Abwärtsspirale im Steuerwettbewerb hebt darauf ab, dass Steuersenkungen als Substitut für Subventionen (an Unternehmen) gesehen werden können. Da im Zuge der EU-Beihilfekontrolle, die die originären Subventionsmöglichkeiten für Mitgliedstaaten zum Teil erheblich beschneidet (insbesondere oberhalb der *de minimis* Grenze), solche Subventionen notwendig abnehmen müssen, verbleibt dem Staat als europarechtlich legales Anreizinstrument nur das Steuerrecht (Obinger/Zohlnhöfer 2006).

In einer vergleichenden Untersuchung widerlegt Wagschal (2006) diese Vermutungen. Offenbar gehorcht die nationale Steuerpolitik (von OECD-Staaten) keineswegs der scheinbaren Gesetzmäßigkeit des Steuerstandortwettbewerbs. Nach wie vor divergieren die Steuerpolitiken der Staaten erheblich. Da die Gesamtbelastung eines Unternehmens hinsichtlich seiner standortbedingten Kosten eine komplexe Rechnung erfordert und stark einzelfallbezogen variiert, verfolgen Industriestaaten offenbar keine Strategie relativer Vorteile in einem *transparenten* Umfeld. Sie vermeiden damit die „race-to-the-bottom"-Logik.

Es ergibt sich so ein eher erstaunliches Bild in der Standortpolitik. Auf der einen Seite gibt es konvergierende wirtschaftspolitische Strategien (auch im Sinne der Lissabon-Strategie zur Stärkung der europäischen Wettbewerbsfähigkeit) auf dem Gebiet der *gestaltenden* Standortpolitik. Auf der anderen Seite stehen (nach wie vor) divergierende wirtschaftspolitische Strategien im Sinne des Steuerwettbewerbs auf diesem zentralen Gebiet der *passiven* (weil defensiv agierenden) Standortpolitik. Dabei hat der Grad der Vermischung von Strategien aus unterschiedlichen ideologischen Schulen (wie z.B. dem Neo-Liberalismus, der angebots- versus der nachfrageorientierten Politik etc.), wie wir etwa für Deutschland seit den 1970er Jahren beobachten können (Müller 2003b), keineswegs abgenommen. Angesichts der fehlenden Korrelation dieses Merkmals mit der parteipolitischen Orientierung von Regierungen in den Industriestaaten ist davon auszugehen, dass die beschriebene Konvergenztendenz mit einer *Entideologisierung* der Standortpolitik gekoppelt ist.

Schlussbetrachtung

Betrachtet man die hier ausgewählten Teilbereiche der Wirtschaftspolitik in den EU-Mitgliedstaaten, so lässt sich im Hinblick auf integrationsfördernde bzw. -hemmende Effekte der europäischen Politik Folgendes resümieren: In einigen Bereichen (z.B. Geld- und Währungspolitik) wurde eine vor 1992 durchaus keineswegs integrationsgeeignete institutionelle Grundstruktur (nämlich der Notenbanken) nachhaltig und über den Kreis der teilnehmenden Länder der EURO-Zone hinaus „europäisiert". Es entstand ein Quasi-Föderalismus der Zentralnotenbanken. Ebenfalls, wenngleich auch in institutionell weniger deutlichen Weise, wurde die Regulierungspolitik der Mitgliedstaaten – und damit ihre Ausprägung als regulatorischer Staat – „europäisiert". Die Sektorstrukturen, vor allem im Bereich der Energieversorgung, waren und sind unterschiedlich, doch stellen wir auf der Seite des Staatseingriffs eine Konvergenztendenz fest. Man könnte nun die Hypothese aufstellen, dass erst eine Angleichung der Sektorstrukturen die Möglichkeit einer auch institutionellen Europäisierung der Regulierung (etwa mit der Schaffung einer europäischen Regulierungsbehörde) öffnet. Angesichts recht gemischter Erfolge in der Re-Strukturierung der Energiesektoren, vor allem in den Kernländern Deutschland und Frankreich, steht allerdings eher zu vermuten, dass erst eine europäische Institution zu Struktur verändernden Eingriffen fähig sein wird. In jüngster Zeit sind entsprechende Pläne zur Einrichtung einer europäischen Energieregulierungsbehörde seitens der EU-Kommission bekannt geworden. Inwieweit sie zur Realisation kommen, bleibt abzuwarten.

Die Standortpolitik ist naturgemäß wettbewerblich, das heißt unter Berücksichtigung des Standortwettbewerbs auch innerhalb der EU, ausgerichtet Sie zielt darauf, im Wettbewerb auch mit europäischen Konkurrenten Investitionen ins eigene Land zu holen. Die EU-Ebene hat mit der Beihilfekontrolle, aber auch mit ihrer Struktur- bzw. Kohäsionspolitik schon seit Jahrzehnten in diesen Wettbewerb der Standorte eingegriffen; lediglich auf dem Terrain der Steuerpolitik, einem potenziellen Ausweichfeld für ordnungspolitisch unzulässige Subventionen, ist die EU-Kommission noch nicht recht vorangekommen. Erstaunlicherweise finden wir aber gerade in der Wirtschaftsförderpolitik der Mitgliedstaaten, wenn auch nicht in ihrer Steuerpolitik, gewisse Konvergenztendenzen. Sie hängen, so die Vermutung, besonders mit dem hohen Maß an Unsicherheit über die eigene relative ökonomische Position sowie die Wahl geeigneter Fördermaßnahmen zusammen. Dieser Effekt scheint nicht auf die EU-Staaten begrenzt zu sein; er ist allerdings aufgrund der für die wirtschaftspolitischen Handlungsspielräume zum Teil sehr erheblichen europäischen Mittel durch deren (zunehmende) konzeptionelle Rückbindung an die Lissabon-Strategie zumindest signifikant von der EU befördert worden.

Wichtige Literatur

Cost, Hilde/Körber-Weik, Margot (Hrsg.): Die Wirtschaft von Baden-Württemberg im Umbruch. Stuttgart etc. 2002.
Hall, Peter/Soskice, David (Hrsg.): Varieties of Capitalism: The Institutional Foundations of Comparative Advantage. Oxford 2001.
Schorlemmer, Ingo: Erfolgreicher Bürokratieabbau in den Ländern. Berlin 2006.

Sturm, Roland: Die Industriepolitik der Länder und die europäische Integration. Baden-Baden 1991.

Sturm, Roland/Pehle, Heinrich: Das neue deutsche Regierungssystem. Wiesbaden [2]2005.

6 Zukünftige Herausforderungen

Die weltweite Finanzkrise des Jahres 2008 mit ihren weitreichenden Folgen ist eine Zeitenwende in der Wirtschaft, vergleichbar mit der Ölpreiskrise der Jahre 1973/74. Mit der Ölpreiskrise nahm die Wirtschaft Abschied von der Vollbeschäftigung. Mit der Finanzkrise wird deutlich, dass Wirtschaft nicht ohne politisch durchsetzbare Wettbewerbsregeln auskommt.

Die Globalisierung der Finanzmärkte zeigt ihre problematische Seite: Eine riskante Geschäftspolitik eines Akteurs schlägt über vielfältige und enge Beziehungen nicht nur auf seine eigene Vermögenslage, sondern auch die vieler anderer Marktteilnehmer durch. Kommt ein Finanzintermediär erst einmal ins Trudeln, reißt er wie in einem Dominospiel andere gleich mit. Und ist erst einmal das Vertrauen zwischen Gläubiger und Kreditor dahin, sorgt das so genannte „systemische Risiko" des Finanzsektors für die Gefahr eines Marktzusammenbruchs. Spätestens wenn dieser Dominoeffekt nicht mehr auszuschließen ist, schlägt die Stunde des Staates. Dann greifen Regierungen, Notenbanken und Aufsichtsbehörden massiv ein und schrecken auch vor Verstaatlichung nicht mehr zurück. Dass dieser Zeitpunkt 2008 gekommen sein könnte, scheint ein gemeinsamer Aufruf führender Ökonomen (von Alesina bis Tabellini), veröffentlicht im Oktober 2008 im Internet, verbunden mit dem Aufruf zur Mitzeichnung (http://www.voxeu.org/Index.php?q= rode/add/signatory), nahezulegen. Dort wird die Umwandlung von Fremd- in Eigenkapital bei den Finanzinstitutionen gefordert und die Regierungen zu einer konzertierten Aktion aufgefordert. Was anderes heißt das aber, als staatlich forcierte Zwangsfusionen oder Teilverstaatlichungen? Ökonomisch gesprochen haben wir es bei der Finanzwirtschaft mit einem Extremfall so genannter „externer Effekte" zu tun, die sich aufgrund der Natur der Finanzdienstleistungen nicht (vollständig) internalisieren lassen. Das Handeln eines Akteurs beeinflusst die Optionen der anderen, ruiniert mithin ihr Geschäftsmodell. Öffentliche wie private Institute sind gleichermaßen betroffen, so dass zumindest eines offensichtlich ist: Der Staat ist keineswegs der bessere Banker.

Und dennoch: Die Debatte um Chancen und Risiken der Globalisierung sowie um die Leistungsfähigkeit des Marktes als steuernde Kraft ist neu entfacht. Und manche Kommentatoren erkennen am Horizont schon das

Ende des „neoliberalen" Paradigmas, also der seit den späten 1970er Jahren zu (neuer) Prominenz gekommenen Überzeugung, dass marktorientierte Mechanismen, insbesondere Privatisierung und Marktzugänge für Wettbewerber besser funktionieren als staatlicher Dirigismus in Form von Konjunktursteuerung, öffentlichem Unternehmertum und Marktabschottung. Waren noch seit den 1970er Jahren als erstes die Umweltfolgen modernen Wirtschaftens Objekt globaler Aufmerksamkeit und Green Peace neben anderen Nicht-Regierungsorganisationen ihr Sprachrohr, so hat sich mit Attac in den 1990er Jahren das Schwergewicht der Globalisierungskritik etwas verschoben. Wer profitiert, wer verliert vom weitgehend und zunehmend ungehinderten globalen Waren- und Dienstleistungsverkehr?

Seit der Ölpreiskrise der 1970er Jahre bestimmt das Thema Arbeitslosigkeit die deutschen Wahlkämpfe. Der Arbeitsgesellschaft schien die Arbeit auszugehen, weil der Konkurrenzdruck auf den Weltmärkten die Wirtschaft zu immer neuen Produktionsverfahren zwang, die immer weniger und vor allem immer weniger schlecht ausgebildeten Arbeitnehmern eine Beschäftigungschance boten. Die Globalisierung, die sich damit ganz unmittelbar als Globalisierung der Rohstoffmärkte bemerkbar machte, schritt in der Folgezeit rasch voran.

In einem weiteren Schritt der Globalisierung in den 1980er Jahren trat Japan mit technologisch konkurrenzfähigen Produkten vom Fernsehgerät bis zum PKW in den Weltmarkt ein. Die Deutschen gewöhnten sich an japanische Autos auf den Straßen, die auch in Europa produziert wurden, um die Hürde der EU-Einfuhrzölle zu umgehen. In den 1990er Jahren kamen die so genannten Schwellenländer auf dem Weltmarkt als wirtschaftliche Wettbewerber hinzu, die sich – allen voran China – als billige Produktionsstandorte anboten, billiger selbst als die mittel- und osteuropäischen Länder, die nach dem Fall des „Eisernen Vorhangs" zwischen dem kapitalistischen Westen und dem kommunistischen Osten Europas erfolgreich Investoren anlockten.

Gemeinsam schien der rasch fortschreitenden Internationalisierung der Wirtschaft der Glaube, dass sich der gesellschaftliche Reichtum durch die Freiheit der Märkte von staatlichen Eingriffen am besten mehren ließe. Die Globalisierung der Wirtschaft wurde folgerichtig durch weltweite Bemühungen um eine Liberalisierung der Märkte beschleunigt. Die Europäische Union startete in den 1990er Jahren ihr Programm der Vertiefung des Binnenmarktes, das in den so genannten Lissabon Prozess mündete. Dieser hat das Ziel, die EU zu einem der weltweit wettbewerbsstärksten und innovationsfähigsten Wirtschaftsräume zu machen.

Ordnungspolitische und ökologische Fragen, insbesondere die Frage nach den Spielregeln der Globalisierung, gerieten angesichts der Chancen für wirtschaftliches Wachstum und für zu erzielende Höchsteinkommen in den Hintergrund. Nach der Jahrtausendwende zeichneten sich allerdings zunehmend einige gravierende Fehlentwicklungen ab. Chinas Wirtschaftswachstum geht mit einer massiven Verletzung der Arbeitnehmerrechte und ungeheurer Umweltzerstörung einher, welche gravierende Folgen für die Gesundheit der chinesischen Bevölkerung hat. Manche Firmenstrategien zur weltweiten Expansion, beispielsweise die Fusion von Daimler und Chrysler, scheiterten kläglich. Im Finanzsektor jagten schwindelerregende Summen um den Erdball, deren Wert sich von der heute so genannten Realwirtschaft immer mehr zu entkoppeln schienen. Beginnend mit dem Zusammenbruch des amerikanischen Hypothekenmarktes, auf dem Kredite an nicht solvente Private zum Immobilienerwerb massenhaft ausgereicht wurden, begann eine Finanzkrise von Ausmaßen, die manchem einen Vergleich mit dem Schwarzen Freitag von 1929 nahelegten. Investmentbanken, Hypothekenfinanzierer, Staats- und Landesbanken gingen (fast) pleite, die Aktien von Privatbanken fielen ins Bodenlose. Der Staatseingriff, in Amerika wie in Europa, kostet den Steuerzahler Milliardenbeträge. Als Folge sind ausgeglichene Haushalte in Frage gestellt, Exporte brechen wegen des Nachfrageausfalls und geringerer Investitionen weg, Arbeitsplätze sind gefährdet. Steuererhöhungen zur Schließung neuer Haushaltslücken drohen. Gewinne wurden in guten Zeiten privatisiert, werden Verluste nun sozialisiert?

Bei allen Debatten darüber, wer in wirtschaftlichen Krisenzeiten oder bei wirtschaftlichen Fehlentwicklungen eingreifen kann und soll, stehen sich grundsätzlich drei Denkschulen gegenüber: Zum einen die Marktoptimisten, die auf die schöpferische Zerstörung überholter Wirtschaftsstrukturen und die selbstheilenden Kräfte des Marktes vertrauen. Für sie ist die Rolle des Staates in der Wirtschaft eher problematisch und die Globalisierung eine neue Chance der Marktwirtschaft. Nach dieser Lesart ist etwa ein Bankzusammenbruch zunächst einmal lediglich eine Form der Marktbereinigung: Ein ineffizienter Marktanbieter verschwindet, weil er zu riskant oder gar unseriös gewirtschaftet hat. Der Markt sorgt insofern selbst für Hygiene und verweist den unprofessionellen Unternehmer ins Aus. Dieser Mechanismus funktioniert in vielen Bereichen, im Finanzsektor ist er allerdings, und das kann auch diese Denkschule nicht leugnen, aufgrund der erwähnten Drittwirkungen („systemisches Risiko") nicht unproblematisch.

Den Gegenpol bilden diejenigen, die den Markt nur in eng begrenztem Rahmen gelten lassen wollen, also sich für Staatsunternehmen stark machen, dafür plädieren dass der Staat Einkommenspolitik betreiben soll (z.B. Managergehälter kontrollieren oder Mindesteinkommen festlegen), dass er ausländische Investoren in bestimmten Industriezweigen abwehren soll oder dass er für Vollbeschäftigung durch Ausweitung staatlicher Beschäftigung sorgen soll. Die globalisierte Wirtschaft ist aus dieser Perspektive eine Bedrohung, gegen die auf nationaler oder europäischer Ebene Dämme zu errichten sind.

Die dritte Position ist eher eine mittlere. Sie betont die Notwendigkeit, dass der Markt durch eine effiziente Wettbewerbspolitik und Wettbewerbskontrolle durch den Staat vor sich selbst geschützt werden solle. Sie sieht den Staat in einer subsidiären Aufgabe, d.h. sie erwartet, dass der Staat bei Marktversagen, z.B. in der Umweltpolitik, eingreift, aber sie geht nicht von der grundsätzlichen Position aus, dass der Markt an sich schon ein Problem ist. Staatliches Handeln ist insofern marktkonform als es ein Regelwerk entwirft, das z.B. die Finanzmärkte oder die Strommärkte davor schützt, monopolisiert zu werden, die Interessen der Kunden und Verbraucher wahrt und Grenzen und Kontrollen für das Gewinnstreben Einzelner, da wo dieses Schaden für die Allgemeinheit anrichtet, einzieht.

Die deutsche Wirtschaftspolitik hat mit der sozialen Marktwirtschaft, orientiert an den Ideen von Ludwig Erhard, dem ersten Wirtschaftsminister der Bundesrepublik, zunächst diese mittlere Position präferiert. Seit den 1970er Jahren hat sich die Diskussion allmählich stärker in Richtung der zweiten Position verschoben. Ungebrochener Glaube an die Märkte war in Deutschland politisch nie mehrheitsfähig und wurde nach der deutschen Einheit, auf die mit staatlicher Wirtschaftsförderung reagiert wurde und mit der im Osten Deutschlands der Übergang vom staatszentrierten Sozialismus zur Marktwirtschaft verbunden war, noch weniger plausibel. Der schon zitierte „Neoliberalismus" hat in Deutschland nie geherrscht, das lässt sich für alle Perspektiven auf die deutsche Wirtschaftspolitik, die dieser Band beleuchtet hat, zeigen.

Die deutsche Wirtschaftspolitik blieb insofern gegenüber der Globalisierung in gewisser Weise ambivalent. Eine protektionistische Grundhaltung der Politik wäre angesichts der Exportabhängigkeit des Landes selbstmörderisch gewesen. Die Offenheit der Märkte stand deshalb nicht zur Disposition. Die deutschen Unternehmen nahmen die Chancen der Globalisierung intensiv wahr. Die Investmentsparte der deutschen Banken tummelte sich, mit wechselndem Erfolg, weltweit. Es wurde aber auch immer deutlicher, dass die Globalisierung den deutschen Arbeitsmarkt durchschüttelt. Aus dem traditionellen Beruf auf Lebenszeit wurde der Job auf Zeit mit entsprechend veränderten Erwerbsbiographien, die sich auch zum Beispiel auf die Rentenansprüche auswirken. Die Gewerkschaften hatten große Mühe in den neuen Berufen und in kleinen Technologiefirmen Fuß zu fassen. Ihre Mitgliederzahlen gingen zurück. Anders als in den USA oder Großbritannien wurde ihre gesellschaftliche Rolle in Deutschland aber nicht in Frage gestellt. Nur in einzelnen Großunternehmen wurde versucht, durch die Korrumpierung von Betriebsräten (VW Skandal) oder die Unterstützung von Gegengründungen (zur IG Metall bei Siemens) die Gewerkschaftsmacht auszuhöhlen. Aus heutiger Sicht sind solche Strategien jenseits oder zumindest am Rande der Legalität nicht nur kontraproduktiv, sondern auch unnötig. Der deutsche Arbeitsmarkt hat sich in erstaunlich hohem Maße durch betriebliche Vereinbarungen der Tarifpartner flexibilisiert, und die Arbeitnehmer waren bereit, Reallohnverluste hinzunehmen, um ihre Unternehmen konkurrenzfähig zu halten.

Politisch wurde der zurückgehenden Nachfrage nach Arbeitskräften mit Strategien der Frühverrentung begegnet, die allerdings die Kosten der Sozialversicherung und damit die Lohnnebenkosten erhöhten. Zu deren Senkung wurden neue Instrumente erfunden, wie die gegenteilige Strategie, die Rente mit 67, oder die Ökosteuer. Mit Letzterer sollte beispielsweise erreicht werden, dass die Deutschen weniger Autofahren. Hätten sie das getan, hätte die Rentenversicherung noch größere Löcher. Die Beispiele zeigen es, eine umfassende Antwort der Politik, ja selbst Klarheit über die Beurteilung der Globalisierung und ihrer Folgen fehlt.

Verbunden mit allen Strategien für den Arbeitsmarkt und zur Absicherung von sozialen Risiken im Alter, bei Krankheit oder anderen unverschuldeten Lebenslagen, existiert im deutschen „sozialen Bundesstaat", wie er im Grundgesetz heißt, das Problem der demographischen Entwicklung. Aus ökonomischer Sicht ist hier nicht alleine die Zahl der Kinder entscheidend. Wichtig ist, ob sie ausreichend ausgebildet werden und ob für sie Arbeitsplätze zur Verfügung stehen. Nur wer arbeitet (aber auch nicht unversicherter Selbständiger oder Beamter wird) finanziert die Sozialversicherungssysteme durch Beiträge. Alle Steuerzahler können zur Finanzierung der Sozialsysteme beitragen und werden heute schon zusätzlich herangezogen. Einige der Sozialsysteme, allen voran der Bereich Gesundheitsversorgung, haben inzwischen ein wirtschaftliches und politisches Eigenleben entwickelt und einen

Umfang erreicht, der es immer schwerer macht, Reformen zum Erhalt seiner Finanzierbarkeit durchzusetzen.

Die finanziellen Möglichkeiten der inzwischen hoch belasteten Steuerzahler, aber auch die der Staatskassen sind endlich. Ausgabenpolitik wird nicht zuletzt dadurch begrenzt, dass eine ausufernde Staatsverschuldung durch die fälligen Zinszahlungen die Handlungsspielräume für andere Aufgaben immer weiter begrenzt.

Auf EU-Ebene hat sich Deutschland zu einem ausgeglichenen Haushalt verpflichtet, der noch 2008 für 2011 versprochen wurde. Zwei Strategien zum Erreichen eines ausgeglichenen Haushalts haben sich in der Praxis international bewährt, werden in Deutschland aber auch an dem mit solchen Fragen beschäftigten Ort (in der Föderalismuskommission II) nicht beachtet, nämlich cash limits und die PAYGO-Regel. Das System der cash limits zieht in den Haushalt eine Ausgabenobergrenze ein, die auch durch die Inflationsentwicklung unbeeinflusst bleibt. Je weniger es gelingt, die Inflationsrate einzudämmen, desto weniger an Regierungsprogramm ist umsetzbar. Und – von noch größerer Bedeutung – der Bedarf an Ausgaben, der tendenziell unbegrenzt ist (jeder möchte mehr), verliert jegliche normative Kraft für die Haushaltsentscheidung. Die PAYGO-Regel verlangt eine Kompensation für neue Ausgaben durch höhere Steuern oder das Kürzen anderer Ausgaben. Werden die Ausgabengrenzen nicht eingehalten oder die PAYGO-Regel verletzt, zieht dies automatisch Ausgabenkürzungen für alle Ausgaben „nach der Rasenmähermethode" nach sich.

Beide Strategien ließen sich auch in Deutschland sowohl auf Bundeswie auch auf Landesebene einsetzen. Dazu bedürfte es allerdings des politisch nicht einfachen Weges der Abkehr von einer Budgetierung alleine nach Bedarf und Bedarfsmeldungen und einer viel intensiveren Abwägung politischer Prioritäten, um in dem dann feststehenden Finanzrahmen, der Staatsverschuldung ausschließt, zurechtzukommen. Die Hürde für die Anwendung dieser Strategie ist am Anfang am höchsten, weil neben dem Ausgleichsziel für den Staatshaushalt auch der Abbau von Staatsverschuldung zur Wiedergewinnung haushaltspolitischer Spielräume eine Rolle spielen müsste.

Neben einem Strategiewechsel beim Umgang mit der Staatsverschuldung wäre es in Deutschland nötig, den gedanklichen Zusammenhang zwischen staatlicher Ausgaben- und Einnahmenpolitik herzustellen und von dem weit verbreiteten obrigkeitsstaatlichen und patriarchalischem Gedanken, „der Staat braucht Geld" (Müntefering), abzurücken, und hinzukommen zu dem Gedanken, der Staat muss sehr gut begründen, weshalb er meint, er habe das

Recht, seinen Bürgerinnen und Bürgern durch Steuern Geld abzunehmen. Möglich wäre überdies auch, dem Haushaltsausgleich Verfassungsrang zu geben, wobei Ausnahmeregeln von der weichen Qualität der heute geltenden Bestimmungen des Art. 115 GG zu vermeiden wären.

Als Problem der künftigen Finanzierung von Staatsausgaben wurde auch der Rückgang der Zahl der Steuerzahler identifiziert. Die Prognosen der Bevölkerungswissenschaftler sagen einen Mangel an Arbeitskräften voraus, wobei Deutschland das zusätzliche Problem hat, dass ein im internationalen Vergleich geringerer Anteil von jungen Leuten eine akademische Ausbildung anstrebt. Eine Lösung des Problems sind größere Investitionen in die Bildung. Hier ist de facto ein Generationenkonflikt entstanden, der sich in dem Abwägen von Bildungs- und Sozialausgaben manifestiert. Die Sozialausgaben, der weitaus größte Posten des Bundeshaushaltes, dient den Interessen der heutigen Wählerschaft, die Bildungsausgaben dienen den Interessen zukünftiger Generationen. Eine weitere Lösung des Problems eines mangelnden Angebots an Arbeitskräften wird in der Zuwanderung vor allem qualifizierter Arbeitskräfte gesehen. Dies ist keine exklusiv deutsche Sichtweise. Auch die EU hat eine entsprechende Zuwanderungspolitik formuliert.

Der Verweis auf die EU erinnert uns daran, dass „deutsche Wirtschaftspolitik" nur noch begrenzt möglich ist. Der Wirtschaftssektor Landwirtschaft folgt schon seit den Römischen Verträgen von 1957 europäischen Regeln. Die Wettbewerbsregeln des europäischen Binnenmarktes gelten auch in Deutschland. Subventionszahlungen von Bund, Ländern und Gemeinden müssen in Brüssel genehmigt werden. Die Steuerpolitik im Bereich der Mehrwertsteuer ist in gewissen Bandbreiten bereits harmonisiert. Die EU spricht in der Handelspolitik, zum Beispiel bei Verhandlungen innerhalb der WTO, mit einer Stimme. Deutschland hat seine Währung, die DM, zugunsten des Euro aufgegeben. Selbst die Staatshaushalte der Staaten des Euro-Raumes sind an Defizitgrenzen gebunden, die – auch wenn sie politisch ziemlich aufgeweicht wurden – einen internationalen Rechtfertigungszwang erzeugen.

Eine große Rolle spielt die EU auch in der Regelsetzung der Umweltpolitik. Das bietet sich angesichts des grenzüberschreitenden Charakters von Umweltpolitiken sicher an. Aber Umweltpolitik ist inzwischen auch Weltpolitik geworden. Das Festlegen von Klimazielen weltweit soll unseren Planeten vor der Erderwärmung schützen. Internationale Initiativen stoßen aber auf die Widerstände wichtiger „Verschmutzerländer", wie der Schwellenländer Indien und China, aber auch der USA, die bisher, trotz gegenteiliger

Stimmen aus dem eigenen Land, z.B. von Al Gore, dem früheren Vizepräsidenten des Landes, an der Priorität von Unternehmenserfolgen vor Umweltauflagen festhalten. Die deutsche Umweltpolitik hofft, bei zunehmendem Umweltbewusstsein weltweit, auch eine wirtschaftliche Erfolgsstory werden zu können. Durch die Entwicklung umweltfreundlicher Technologien, die den hohen deutschen Umweltstandards entsprechen bzw. die auf umweltfreundliche Weise Energie erzeugen, stehen neue hochspezialisierte Produkte für den Export in andere Länder zur Verfügung.

Schließlich verweist uns die Umweltpolitik noch auf die offenen Energiefragen. Mit dem Beschluss über den Ausstieg aus der Kernkraft ist man in Deutschland einen Sonderweg gegangen. Unabhängig davon, ob bis 2020 die durch Kernkraft erzeugte Energie durch regenerative Quellen ersetzt werden kann (oder vielmehr durch neue Kohlekraftwerke und andere fossile Energieträger zu ersetzen ist), hat sich an den Bedrohungen durch Kernkraft, insbesondere das Strahlungsrisiko sowie die Atommülllagerung, für die Bundesrepublik als Teil Europas durch den Ausstieg nichts grundsätzlich geändert. Um uns herum entstehen neue Kernkraftwerke, die bereit sein werden, die Stromlücke in Deutschland zu schließen. Die von ihnen ausgehenden Gefährdungen dürften kaum geringer sein, als die von deutschen Kernkraftwerken. Dabei handelt es sich nicht nur um eine ökologische oder ethische, sondern auch eine wirtschaftspolitische Fragestellung: Soll die Wertschöpfung aus Energieerzeugung im Inland oder im Ausland stattfinden? Welche Zukunft geben wir den deutschen Anlagenbauern von Kernkraftwerken, die führend in der Welt waren? Dem wird von Kernkraftkritikern entgegen gehalten, dass auch das Uran (ebenso wie Erdöl und Erdgas) eine endliche Ressource darstellt und vor allem das Endlagerproblem mit jedem weiteren Betriebsjahr größer wird. Den Vorschlag der Kernkraftbefürworter, die Restlaufzeiten zu verlängern und die daraus zu erzielenden Renditen zwischen Betreiber und Erforschung regenerativer Energien zu teilen, lehnen die Kritiker als Mogelpackung ab. Sie wird, so die Befürchtung, zu einer Prolongation der Kernkraft ohne absehbares Ende führen, hat man erst einmal das Ausstiegsdatum relativiert.

Tabelle 26: Einsatz von Energieträgern zur Stromerzeugung in Deutschland

Quelle: Arbeitgemeinschaft Energiebilanzen 07/2007, online unter http://www.ag-energiebilanzen.de/cms/verwaltung/files.php?path=../../daten/1222958542_91.0.61.154.pdf&name=Ausw_01092008ov.pdf&mime=application/pdf

Der Energiehunger der Welt hat den Erdölmarkt in große Unruhe versetzt. Nach einer langen Phase der Beruhigung, setzte der Ölpreis vor wenigen Jahren zu neuen Rekordflügen an. Bis auf über 150 US Dollar je Fass stieg der Ölpreis 2008, um in der zweiten Jahreshälfte auf unter 90 US Dollar wieder zu fallen. Das erstaunte Publikum kann sich diese Entwicklungen kaum anhand realer Einflussfaktoren erklären. Schien zu Anfang der Hinweis auf die neu hinzugekommenen Ölverbraucher in China und anderen Schwellenländer plausibel, fragte man sich nach dem Einbruch um über ein Drittel, welche Nachfrage denn nun wieder weggefallen sei. Offenbar haben Spekulationen auf den Rohstoffmärkten durchaus länger anhaltende und weitreichende Effekte, die nicht nur bei den deutschen Autoherstellern für Nachfrageeinbrüche und Produktionsstopps gerade der teuren (und „sprit-fressenden") Fahrzeuge sorgen. Heizungstechnologien, Wärmedämmung und Energiesparen sind zu zentralen Aspekten des Bauens und Wohnens geworden, sicher eine Chance für neue Produkte und Technologien einerseits, aber zunächst einmal auch und vor allem ein soziales Problem für breite Bevölkerungsschichten.

Das Tableau wirtschaftspolitischer Herausforderungen in der nahen und ferneren Zukunft könnte sicherlich noch erweitert werden. Vieles was an Vorschlägen in diesem Zusammenhang gemacht wird, kreist um das Verhältnis Markt und Staat. Um den Problemen näher zu kommen sind sicherlich die einzelne Fallanalyse und der politikfeldbezogene Rat unumgänglich. In der Wirtschaftspolitik ist dieser nie neutral. Er ist entweder durchzogen von Spuren volkswirtschaftlicher Normen- und Theoriebildung oder interessengeleitet. Die ökonomische Mode von heute ist häufig der ökonomische Ladenhüter von morgen.

Literaturverzeichnis

Abelshauser, Werner: Deutsche Wirtschaftsgeschichte seit 1945. Bonn 2004.

Abelshauser, Werner: Der Ruhrkohlebergbau seit 1945. München 1984.

Abelshauser, Werner: Wirtschaftsgeschichte der Bundesrepublik Deutschland 1945-1980. Frankfurt a. M. 1983.

Abendroth, Wolfgang: Das Grundgesetz. Eine Einführung in seine politischen Probleme, 7. Aufl. Pfullingen 1978.

Albert, Michel: Capitalism against Capitalism. London 1993.

Altmann, Jörn: Wirtschaftspolitik. Eine praxisorientierte Einführung. Stuttgart 2007.

Amable, Bruno: The Diversity of Modern Capitalisms. Oxford 2003.

Änderung der Abstimmungsregeln im EZB-Rat. EZB Monatbericht Mai 2003.

Apitzsch, Wolfgang/Klebe, Thomas/Schuman, Manfred (Hg.): § 116 Arbeitsförderungsgesetz. Kampf um das Streikrecht. Hamburg 1986.

Arlt, Hans-Jürgen/Nehls, Sabine (Hg.): Bündnis für Arbeit. Konstruktion, Kritik, Karriere. Opladen 1999.

Bayerisches Staatsministerium für Ernährung, Landwirtschaft und Forsten: Memorandum „Neuausrichtung der Agrarpolitik der Europäischen Union". München 1995.

Behrens, Fritz/Heinze, Rolf G./Hilbert, Josef (Hg.). Ausblicke auf den aktivierenden Staat. Berlin 1995.

Belke, Ansgar/Baumgärtner, Frank: Die EZB und die Erweiterung - eine ökonomische und rechtliche Kurzanalyse des neuen Rotationsmodells. In: Integration 27 (1-2), 2004, S. 75-84.

Benz, Wolfgang: Wirtschaftspolitik zwischen Demontage und Währungsreform. In: Institut für Zeitgeschichte (Hg.): Westdeutschlands Weg zur Bundesrepublik 1945-1949. München 1976, S. 69-89.

Blancke, Susanne/Schmidt, Josef: Bilanz der Bundesregierung Schröder in der Arbeitsmarktpolitik. In: Egle, Christoph et al. (Hg.): Das rot-grüne Projekt. Eine Bilanz der Regierung Schröder 1998-2002. Wiesbaden 2003, S. 215-238.

Bosch, Gerhart/Neumann, Horst: Beschäftigungsplan und Beschäftigungsgesellschaft. Frankfurt a. M. 1991.

Boyer, Robert: New Growth Regimes, but Still Institutional Diversity. In: Socio-Economic Review 2, 2004, S. 1-32.

Boyer, Robert: The Variety and Dynamics of Capitalism. In: Groenewegen, John/ Vromen, John (Hg.): Institutions and the Evolution of Capitalism: Implications of Evolutionary Economics. Northhampton 1999, S. 122-140.

Brede, Helmut/von Loesch, Achim: Die Unternehmen der öffentlichen Wirtschaft in der Bundesrepublik Deutschland. Ein Handbuch. Baden-Baden 1986.

Buchheim, Christoph: Industrielle Revolutionen. Langfristige Wirtschaftsentwicklung in Großbritannien, Europa und in Übersee. München 1994.

Buck, Hannsjörg/Hardach, Karl: Von der staatlichen Kommandowirtschaft der DDR zur sozialen Marktwirtschaft des Vereinten Deutschland. Sozialistische Hypotheken, Transformationsprobleme, Aufschwungchancen. Düsseldorf 1991.

Bucksteeg, Mathias: Die Stärken stärken. In: Handelsblatt v. 20.7.2004.

Budzinski, Oliver: Monoculture versus diversity in competition economics. In: Cambridge Journal of Economics 32(2), 2007, S. 295-324.

Bundesregierung: Sechsunddreißigster Rahmenplan der Gemeinschaftsaufgabe „Verbesserung der regionalen Wirtschaftsstruktur" für den Zeitraum 2007 bis 2010". In: Deutscher Bundestag 16/5215, 27. April 2007.

Christ, Peter/Neubauer, Ralf: Kolonie im eigenen Land. Die Treuhand, Bonn und die Wirtschaftskatastrophe der fünf neuen Länder. Reinbek 1991.

Cini, Michelle/McGowan, Lee: Competition Policy in the European Union. Houndsmills 1998.

Cornelsen, Doris: Die Volkswirtschaft der DDR. Wirtschaftssystem – Entwicklung – Probleme. In: Weidenfeld, Werner/Zimmermann, Hartmut (Hg.): Deutschland-Handbuch. Bonn 1989, S. 258-275.

Crouch, Colin/Streeck, Wolfgang (Hg.): Political Economy of Modern Capitalism: Mapping Convergence and Diversity. London 1997.

Damkowski, Wulf/Rösener, Anke: Auf dem Weg zum Aktivierenden Staat: Vom Leitbild zum umsetzungsreifen Konzept. Berlin 2003.

Damro, Chad: Building an International Identity: the EU and Extraterritorial Competition Policy. In: Journal of European Public Policy 8(2), 2001, S. 208-226.

Damus, Renate: Entscheidungsstrukturen und Funktionsprobleme in der DDR-Wirtschaft. Frankfurt a. M. 1973.

Deutsche Bundesbank: Änderung des Gesetzes über die Deutsche Bundesbank für die Stufe 3 der Europäischen Wirtschafts- und Währungsunion. In: Monatsberichte 50(1), 1998, S. 25-31.

Deutsche Bundesbank: Die Finanzen der Treuhandanstalt. In: Monatsbericht April 1994.

DG Enterprise and Industry: European Innovation Progress Report 2006. Luxembourg 2006.

Die Finanzierungshilfen des Bundes, der Länder und der internationalen Institutionen. Gewerbliche Wirtschaft, diverse Ausgaben, Sonderausgabe der Zeitschrift für das gesamte Kreditwesen, Frankfurt a. M., zuletzt Sonderausgabe 2006/2007, bearbeitet von Anneliese Winkler-Otto.

DIW - Deutsches Institut für Wirtschaftsforschung: Die Technologiepolitik der Länder in der Bundesrepublik Deutschland – ein Überblick. Diskussionspapier Nr. 164 (von Angela Scherzinger), Berlin 1998.

Ebbinghaus, Berhard: Does a European Social Model Exist and Can it Survive? In: Huemer, Gerhard/Mesch, Michael/Traxler, Franz (Hg.): The Role of Employer Associations and Labour Unions in the EMU: Institutional Requirements for European Economic Policies. Aldershot 1999, S. 1-26.

Egle, Christoph et al. (Hg.): Das rot-grüne Projekt. Eine Bilanz der Regierung Schröder 1998-2002. Wiesbaden 2003.

Egle, Christoph: Später Sieg der Modernisierer über die Traditionalisten? Die Programmdebatte in der SPD. In: Egle, Christoph et al. (Hg.): Das rot-grüne Projekt. Eine Bilanz der Regierung Schröder 1998-2002. Wiesbaden 2003

Ehrlicher, Werner: Deutsche Finanzpolitik seit 1945. In: Vierteljahresschrift für Sozial- und Wirtschaftsgeschichte 81, 1994, S. 1-32.

Eichenhorst, Werner/Zimmermann, Klaus F.: Eine wirtschaftspolitische Bilanz der rot-grünen Bundesregierung. In: Aus Politik und Zeitgeschichte 43, 2005, S. 11-17.

Ellwein, Thomas (Hg.): Krisen und Reformen. München 1989.

Engelbrech, Gerhard: Frauenerwerbslosigkeit in den neuen Bundesländern. Folgen und Auswege. In: Aus Politik und Zeitgeschichte 6, 1994, S. 22-32.

Erhard, Ludwig: Ludwig Erhard vor dem Deutschen Bundestag, 2. Wahlperiode, 174. Sitzung am 19.11.1956. Stenographische Berichte 1956.

Erhard, Ludwig: Wohlstand für alle? Düsseldorf/Wien 1957.

Eschenburg, Theodor: Die Republik von Weimar. Beiträge zur Geschichte einer improvisierten Demokratie. München, 1984.

Eschenburg, Theodor: Letzen Endes meine ich doch. Erinnerungen 1933-1999. Berlin 2000.

Eucken, Walter: Grundsätze der Wirtschaftspolitik, herausgegeben von Edith Eucken und Karl P. Hensel, Tübingen 1990.

EU-Kommission: Time to move up a gear. Communication from the Commission to the Spring European Council 2006. Luxembourg 2006.

Europäische Kommission: XXX. Bericht über die Wettbewerbspolitik 2000. Luxemburg 2001.

Europäische Kommission: XXXI. Bericht über die Wettbewerbspolitik 2001. Luxemburg 2002.

Evans, Peter/Rauch, James E.: Bureaucracy and Growth: A Cross-national analysis of the effects of „weberian" state structures on economic growth. In: American Sociological Review 64, 1999, S. 748-765.

Färber, Gisela: Subventionen vor dem EG-Binnenmarkt. Eine Bestandsaufnahme von nationalen Beihilfen und EG-Interventionen in Deutschland, Frankreich und Großbritannien. Speyer 1993.

Fertig, Michael: Die Hartz-Gesetze zur Arbeitsmarktpolitik. Berlin 2004.

Fickinger, Nico, Der verschenkte Konsens. Das Bündnis für Arbeit, Ausbildung und Wettbewerbsfähigkeit 1998-2002. Wiesbaden 2005.

Fischer, Wolfram/Hax, Herbert/Simons, Rolf (Hg.): Treuhandanstalt. Berlin 1993.

Fraenkel, Ernst: Die repräsentative und die plebiszitäre Komponente im demokratischen Verfassungsstaat. In: Rausch, Heinz (Hg.): Zur Theorie und Geschichte der Repräsentation und Repräsentativverfassung. Darmstadt 1968.

Frankfurter Rundschau vom 6.9.1994, S. 11

Freese, Christopher: Die Privatisierungstätigkeit der Treuhandanstalt. Strategien und Verfahren der Privatisierung in der Systemtransformation. Frankfurt a. M./New York 1995.

Fuß, Florian/Pointvogl, Andreas: Die Reform des Schornsteinfegerwesens in Deutschland. In: Verwaltung & Management 2008(1), S. 11-22.

Fuß, Florian: Die Kapitalprivatisierung der Deutschen Bahn. In: GWP 56(1), 2007, S. 99-108.

Gaitanides, Charlotte: Das Recht der Europäischen Zentralbank: Unabhängigkeit und Kooperation in der Europäischen Währungsunion. Tübingen 2005.

Geißler, Rainer (Hg.): Sozialer Umbruch in Ostdeutschland. Opladen 1993.

Gohr, Antonia/Seeleib-Kaiser, Martin (Hg.): Sozial- und Wirtschaftspolitik unter Rot-Grün. Wiesbaden 2003.

Gohr, Antonia: Auf dem „dritten Weg" in den „aktivierenden Sozialstaat"? Programmatische Ziele der Rot-Grünen. In: Gohr, Antonia/Seeleib-Kaiser, Martin (Hg.): Sozial- und Wirtschaftspolitik unter Rot-Grün. Wiesbaden 2003, S. 37-60.

Götz, Volkmar: Europäische Beihilfenaufsicht über staatliche Finanzhilfen für die Wirtschaft im Beitrittsgebiet. In: Ipsen, Jörn/Rengeling, Hans-Werner/Mössner, Jörg Manfred (Hg.): Verfassungsrecht im Wandel. Köln 1995, S. 319-329.

Gourevitch, Peter: Politics in Hard Times: Comparative Responses to International Economic Crises. Ithaca 1986.

Gros, Daniel: Euro-Zentralbank ist eine Schönwetterkonstruktion. In: Frankfurter Rundschau, 6.10.1998, S. 13.

Grosser, Dieter (Hg.): Der Staat in der Wirtschaft der Bundesrepublik. Opladen 1985.

Gruhl, Herbert: Ein Planet wird geplündert. Die Schreckensbilanz unserer Politik. Frankfurt a. M. 1978.

Habich, Roland/Zapf,Wolfgang: Verbesserungen und Krisensymptome. Zur Wohlfahrtsentwicklung in West- und Ostdeutschland. In: Gegenwartskunde 43, 1994, S. 259-291.

Hall, Peter/Soskice, David (Hg.): Varieties of Capitalism: The Institutional Foundations of Comparative Advantage. Oxford 2001.

Hall, Peter: Governing the Economy: The Politics of State Intervention in Britain and France. Oxford 1986.

Hanesch, Walter u.a.: Armut in Deutschland. Reinbek 1994.

Hankel, Wilhelm/Nölling, Wilhelm/Schachtschneider, Karl-Albrecht/Starbatty, Joachim: Die Euro-Klage. Warum die Währungsunion scheitern muß. Reinbek 1998.

Hardach, Gerd: Der Marshall-Plan. Auslandshilfe und Wiederaufbau in Westdeutschland. München 1994.

Hart, Jeffrey A.: Rival Capitalists. International Competitiveness in the United States, Japan, and Western Europe. Ithaca 1992.

Hartwich, Hans-Herrmann: Das „Job-AQTIV-Gesetz". In: GWP 51(1), 2002, S. 73-77.

Hartwich, Hans-Herrmann: Ludwig Erhards ordoliberale Marktwirtschaft – ein Vorbild? In: GWP 55(2), 2006, S. 151-163.

Haucap, Justus: Irrtümer über die Ökonomisierung des Wettbewerbsrechts. In: Orientierungen zur Wirtschafts- und Gesellschaftspolitik 114(4), 2007, S. 12-16.

Hauff, Volker/Scharpf, Fritz W.: Modernisierung der Volkswirtschaft. Technologiepolitik als Strukturpolitik. Frankfurt a. M. 1975.

Heinsohn, Gunnar/Steiger, Otto: EZB erfüllt keine der üblichen Hauptfunktionen einer Zentralbank. In: Frankfurter Rundschau, 26.8.1999, S. 14.

Heinze, Rolf G.: Die Berliner Räterepublik. Viel Rat – wenig Tat? Wiesbaden 2002.

Helms, Ludger: Regierungsorganisation und politische Führung in Deutschland. Wiesbaden 2005.

Hentschel, Volker: Ludwig Erhard. Ein Politikerleben. München/Landsberg am Lech 1996.

Heusinger, Robert von: Im Bann der Bundesbank. Die Deutschen kapieren es als Letzte: Der Stabilitätspakt ist faul. In: Die Zeit vom 31.10.2002, S. 28.

Hickel, Rudolf/Priewe, Jan: Nach dem Fehlstart. Ökonomische Perspektiven der deutschen Einigung. Frankfurt a. M. 1994.

Hickel, Rudolf/Mattfeldt, Harald (Hg.): Millionen Arbeitslose! Streitschrift gegen den Rat der fünf Weisen. Reinbek 1973.

Hirscher, Gerhard/Sturm, Roland (Hg.): Die Strategie des „Dritten Weges". Legitimation und Praxis sozialdemokratischer Regierungspolitik. München 2001.

Hofmann, Werner: Ideengeschichte der sozialen Bewegung. Berlin/New York 1971.

Hohbohm, Jens/Koepp, Marcus/Peter, Frank: Aspekte der österreichischen Stromversorgung und des Wettbewerbs im europäischen Vergleich. Endbericht. EFG-Projekt-Nr. 30.25. Berlin 2005.

Hollingsworth, Rogers J./Boyer, Robert (Hg.): Contemporary Capitalism: The Embeddedness of Institutions. Cambridge 1997.

Hollingsworth, Rogers J./Schmitter, Philippe C./Streeck, Wolfgang: Governing Capitalist Economies. Oxford 1994.

Hombach, Bodo: Aufbruch. Die Politik der Neuen Mitte. 2. Aufl. München 1998.

Hood, Christopher: United Kingdom: From second chance to near-miss learning. In: Olsen, Johan P./Peters, Guy B. (Hg.): Lessons from Experience. Experiential learning in administrative reforms in eight democracies. Oslo 1996, S. 36-70.

Hoppe, Hans-Herrmann: Demokratie – der Gott der keiner ist. Leipzig 2003.

Hoppmann, Erich (Hg.): Konzertierte Aktion. Kritische Beiträge zu einem Experiment. Frankfurt a. M. 1971.

Hutton, Will: The World We're In. London 2002.

Immenga, Ulrich: Die europäische Fusionskontrolle im wettbewerbspolitischen Kräftefeld. Tübingen 1993.

Issing, Otmar/Gaspar, Vitor/Angeloni, Ignazio/Tristani, Oreste: Monetary Policy in the Euro Area. Strategy and Decision-Making at the European Central Bank. Cambridge 2001.

Issing, Otmar: Der Euro- Erfahrungen und Herausforderungen. In: Akademie-Report 1, 2005, S. 9-11.

Jaeger, Hans: Geschichte der Wirtschaftsordnung in Deutschland. Frankfurt a. M. 1988.

Jun, Uwe: Der Wahlkampf der SPD zur Bundestagswahl 1998. Der Kampf um die „Neue Mitte" als Medieninszenierung. In: Hirscher, Gerhard/Sturm, Roland (Hg.): Die Strategie des „Dritten Weges". Legitimation und Praxis sozialdemokratischer Regierungspolitik. München 2001. S. 51-95.

Kantzenbach, Erhard (1966): Die Funktionsfähigkeit des Wettbewerbs. Göttingen 1966.

Kartellamt: Bericht des Bundeskartellamts 2001. Bundestagsdrucksache 14/6300, 22.06.2001.

Kartellamt: Bericht des Bundeskartellamts 2007. Bundestagsdrucksache 16/5710, 15.06.2007.

Katzenstein, Peter J. (Hg.): Between Power and Plenty: Foreign Economic Policies of Advanced Industrial States. Madison 1978.

Keohane, Robert O.: After Hegemony. Princeton 1987.

Kingdon, John W.: Agendas, Alternatives, and Public Policies. New York 1984.

Knauss, Fritz: Privatisierungs- und Beteiligungspolitik in der Bundesrepublik Deutschland. Baden-Baden 1993.

König, Johann: Alle Macht den Konzernen. Das neue Europa im Griff der Lobbyisten. Reinbek 1999.

Korte, Karl-Rudolf: Die Chance genutzt? Die Politik zur Einheit Deutschlands. Frankfurt a. M./New York 1994.

Kropp, Sabine/Sturm, Roland: Koalitionen und Koalitionsvereinbarungen. Opladen 2000.

Küchler, Falk: Die Wirtschaft der DDR. Wirtschaftspolitik und industrielle Rahmenbedingungen 1949 bis 1989. Berlin 1997.

Lafontaine, Oskar/Müller, Christa: Keine Angst vor der Globalisierung. Wohlstand und Arbeit für alle. Bonn 1998.

Lambsdorff, Otto Graf: Auszüge des Memorandums des Bundeswirtschaftsministers Graf Lambsdorff aus dem Jahr 2002. In: Ellwein, Thomas (Hg.): Krisen und Reformen. München 1989, S. 176-189.

Lammers, Konrad: Europäische Regionalpolitik – Treibende Kraft für Aufholprozesse? In: Wirtschaftsdienst 87(2), 2007, S. 101-105.

Lehmann, Harald: Internationale Rankings der Wettbewerbsfähigkeit von Volkswirtschaften: geringer diagnostischer und prognostischer Aussagehalt. In: Wirtschaft im Wandel 12(10), 2006, S. 296 302.

Lekachman, Robert: Die Reichen reicher machen. Reaganomics oder Wie Ronald Reagan den Sozialstaat abbaut. Reinbek 1982.

Lenel, Hans-Otto: Ordnungspolitische Kursänderungen. In: ORDO 48, 1997, S. 85-99.

Lindblom, Charles E.: Politics and Markets. New York 1977.

Lindblom, Charles E.: The Market as Prison. In: Journal of Politics 44(2), 1982, S. 324-336.

Loesch, Achim von: Privatisierung öffentlicher Unternehmen. Ein Überblick über die Argumente. Baden-Baden 1987.

Lütjen, Torben: Karl Schiller (1911 bis 1994). „Superminister" Willy Brandts. Bonn 2007.

Mehrländer, Horst: Mit Public Private Partnership gegen den öffentlichen Investitionsstau. In: GWP 54(1), 2005, S, 21-27.

Mierzejewski, Alfred C.: Ludwig Erhard. Der Wegbereiter der Sozialen Marktwirtschaft. München 2005.

Mische, Harald: Nicht-wettbewerbliche Faktoren der europäischen Fusionskontrolle. Baden-Baden 2002.

Molitor, Bernhard: Ist Marktwirtschaft noch gefragt? Tübingen 1993.

Müller, Mario: Des Kanzlers feiner Zug. Die Ereignisse um die Bundesbank-Reform erinnern an ein cleveres Geschäft Bismarcks mit einer Eisenbahngesellschaft. In: Frankfurter Rundschau vom 7.3.2002, S. 10.

Müller, Markus M.: Die steuerpolitische Agenda der neuen Bundesregierung. In: Gegenwartskunde 47(4), 1998, S. 441-454.

Müller, Markus M./Sturm, Roland: Ein neuer regulativer Staat in Deutschland? Die neuere Theory of the Regulatory State und ihre Anwendbarkeit in der deutschen Staatswissenschaft. In: Staatswissenschaften und Staatspraxis 3, 1998, S. 385-412.

Müller, Markus M.: The new regulatory state in Germany. Birmingham 2002.

Müller, Markus M.: Umweltpolitik durch Handel mit Verschmutzungsrechten. Neue Wege in der Politik durch supranationale Anstöße. In: GWP 52(4), 2003a, S. 431-440.

Müller, Markus M.: Wirtschaftsordnung. In: Sturm, Roland / Jesse, Eckhard (Hg.): Demokratien des 21. Jahrhunderts im Vergleich. Historische Zugänge, Gegenwartsprobleme, Reformperspektiven. Opladen 2003b, S. 371-387.

Müller, Markus M.: Consolidating the New Regulatory State in Germany. The New Energy Regime of 2005. In: German Politics 15(3), 2006a, S. 269-283.

Müller, Markus M.: DoingBusiness – der Bürokratie- und Regulierungsindex der Weltbank. In: Empter, Stefan/Vehrkamp, Robert B. (Hg.): Wirtschaftsstandort Deutschland. Wiesbaden 2006b, S.159-178.

Müller, Markus M.: Staat und Wirtschaft. In: Kastendiek, Hans/Sturm, Roland (Hg.): Länderbericht Großbritannien. Bonn 2006c, S. 434-455.

Müller, Markus M.: Wirtschaftspolitik. In: Gabriel, Oscar W. / Kropp, Sabine (Hg.): Die EU-Staaten im Vergleich. Wiesbaden 2008, S. 690-710.

Müller-Armack, Alfred: Wirtschaftsordnung und Wirtschaftspolitik. Freiburg i. Br. 1966.

Münter, Michael: Die Debatte um die geplante Fusion von E.on und Ruhrgas - Ministererlaubnis für Marktmacht? In: GWP 51(4), 2002, S. 491-500.

Murach-Brand, Lisa: Anti-Trust auf deutsch. Der Einfluß der amerikanischen Alliierten auf das Gesetz gegen Wettbewerbsbeschränkungen (GWB) nach 1945. Tübingen 2004.

Neebe, Richard: Die Industrie und der 30. Januar 1933. In: Bracher, Karl Dietrich/ Funke, Manfred/Jacobsen, Hans-Adolf (Hg.): Nationalsozialistische Diktatur. Bonn 1983, S. 155-176.

Neubauer, Ralf: Der Osten holt auf. In: Die Zeit 24.09.1994, S. 25.

Nicolaides, Phedon: Reform of EC Competition Policy: A Significant but Risky Project. In: EIPASCOPE 2, 2002, S. 16-21.

Niejahr, Elisabeth/Pörtner, Rainer: Joschka Fischers Pollenflug und andere Spiele der Macht. Wie Politik wirklich funktioniert. Frankfurt a. M. 2002.

Niemeyer, Hans-Jörg: Die Europäische Fusionskontrollverordnung. Heidelberg 1991.

Nipperdey, Hans Carl: Bundesverfassungsgericht und Wirtschaftsverfassung. In: Aktionsgemeinschaft Soziale Marktwirtschaft (Hg.): Wirtschaftsordnung und Menschenbild. Geburtstagsgabe für Alexander Rüstow. O.O. 1960, S. 39-59.

Nölling, Wilhelm: Unser Geld. Der Kampf um die Stabilität der Währungen in Europa. Berlin 1993.

Nolte, Dirk/Sitte, Ralf/Wagner, Alexandra: Beschäftigungsbilanz der Treuhandanstalt. In: Wirtschaftsbulletin Ostdeutschland 4(2), 1994, S. 28-35.

Obinger, Herbert/Zohlnhöfer, Reimut: The real race to the bottom: What happened to economic affairs expenditure after 1980? In: Castles, Frances G. (Hg.): The disappearing state? Cheltenham 2006, S. 184-214.

OECD: Deutschland (Wirtschaftsberichte 1988/89). Paris 1989.

OECD: Deutschland (Wirtschaftsberichte 1989/90). Paris 1990.

OECD: Deutschland (Wirtschaftsberichte 1990/91). Paris 1991.

OECD: Deutschland (Wirtschaftsberichte 1991/92). Paris 1992.

OECD: Deutschland (Wirtschaftsberichte 1993/94). Paris 1994.

OECD: OECD Economic Outlook Database. Paris 1998.

Oelke; Christina: Das Europäische Wettbewerbsnetz. Die Zusammenarbeit von Kommission und nationalen Wettbewerbsbehörden nach der Reform des Europäischen Kartellverfahrensrechts. Baden-Baden 2006.

Offe, Claus: „Arbeitsgesellschaft". Strukturprobleme und Zukunftsperspektiven. Frankfurt a. M. 1984.

Olten, Rainer: Wettbewerbstheorie und Wettbewerbspolitik. München 1995.

Ortwein, Edmund: Das Bundeskartellamt. Baden-Baden 1998.

Ortwein, Edmund: Die Ordnung der deutschen Elektrizitätswirtschaft. In: Sturm, Roland/Wilks, Stephen (Hg.): Wettbewerbspolitik und die Ordnung der Elektrizitätswirtschaft in Deutschland und Großbritannien. Baden-Baden 1996, S. 77-131.

Osborne, David/Gaebler, Ted: Reinventing Government: How the Entrepreneurial Spirit is Transforming the Public Sector. Reading, Massachusetts 1992.

Peterson, John: Decision-Making in the European Union: Towards a Framework for Analysis. In: Journal of European Public Policy 2(1), 1995, S. 69-93.

Polany, Karl: Aristotle Discovers the Economy. In: Polanyi, Karl/Arensberg, Conrad M./ Pearson, Harry W. (Hg.): Trade and Market in the Early Empires. Economies in History and Theory. Glencoe 1957, S. 64-94.

Polanyi, Karl: The Great Transformation. Boston 1944.

Priewe, Jan/Hickel, Rudolf: Der Preis der Einheit. Bilanz und Perspektiven der deutschen Vereinigung. Frankfurt a. M. 1991.

Ragnitz, Joachim: Wirtschaftsförderung in den neuen Ländern. In: GWP 57(1), 2008, S. 53-64.

Rhodes, Gene: Inspectorates in British Government: Law Enforcement and Stadards of Efficiency. London 1981.

Risse, Thomas: The Euro between national and European identity. In: Journal of European Public Policy 10(4), 2003, S. 487-505.

Röpke, Wilhelm. Kernfragen der Wirtschaftsordnung. In: ORDO 48, 1997, S. 28-65.

Rudloff, Bettina: Neue Budgetprioritäten für die Gemeinsame Agrarpolitik. In: EU-Monitor 40. November 2006.

Rudzio, Karl: Funktionswandel der Kohäsionspolitik unter dem Einfluss des Europäischen Parlaments. Baden-Baden 2000.

Scherf, Harald: Enttäuschte Hoffnungen – vergebene Chancen. Die Wirtschaftspolitik der sozial-liberalen Koalition. Göttingen 1986.

Schiller, Karl: Preisstabilität durch globale Steuerung der Marktwirtschaft. Tübingen 1966.

Schlecht, Otto: Das Bundesministerium für Wirtschaft und die deutsche Ordnungspolitik der Nachkriegszeit. In: ORDO 48, 1997, S. 99-117.

Schlecht, Otto: Grundlagen und Perspektiven der Sozialen Marktwirtschaft. Tübingen 1990.

Schmid, Josef: Industriepolitik der CDU – Innovation, Variation, Diffusion. In: Jürgens, Uwe/Krumbein, Werner (Hg.): Industriepolitik der Bundesländer. Berlin 1991, S. 171-193.

Schmidt, Ingo: Wettbewerbspolitik und Kartellrecht. 7. Aufl. Stuttgart 2001.

Schmidt, Manfred G./Ostheim, Tobias/Siegel, Nico A./Zohlnhöfer, Reimut (Hg.): Der Wohlfahrtsstaat. Eine Einführung in den historischen und internationalen Vergleich. Wiesbaden 2007.

Schmidt, Manfred G.: Die Europäisierung der öffentlichen Aufgaben. In: Ellwein, Thomas/Holtmann, Everhart (Hg.): 50 Jahre Bundesrepublik Deutschland. Opladen 1998, S. 385-394.

Schmidt, Vivien A.: The Futures of European Capitalism. Oxford 2002.

Schmitt, Gerhard: Agrarpolitik. In: Klemmer, Paul (Hg.): Handbuch europäische Wirtschaftspolitik. München 1998, S. 144-218.

Schorlemmer, Ingo: Osterweiterung und Lissabonisierung: Die neue EU-Strukturpolitik und deren Folgen für die Bundesrepublik Deutschland. In: GWP 56(3), 2007, S. 303-310.

Seidel, Martin: Die Euro-Zentralbank ist nicht nach dem Vorbild der Bundesbank gestaltet. In: Frankfurter Rundschau, 8.10.1998., S. 12.

Sinn, Hans-Werner: Deutschland im Steuerwettbewerb. In: Jahrbücher für Nationalökonomie und Statistik 216(6), 1997, S. 672-692.

Sinn, Hans-Werner: Kaltstart. Volkswirtschaftliche Aspekte der deutschen Vereinigung. 3. Aufl. Tübingen 1993.

Soltész, Ulrich: Mit der Kommission zusammenarbeiten, 1998. http://www.legamedia.net/legapractice/gleiss/1999/99-06/9906_soltesz_ulrich_kronzeugenmitteilung_01.php, Stand 24.06.2003.

Stadler, Rainer: Der rechtliche Handlungsspielraum des Europäischen Systems der Zentralbanken. Baden-Baden 1996.

Starbatty, Joachim: Alfred Müller-Armacks Beitrag zur Theorie und Politik der Sozialen Marktwirtschaft. In: Ludwig-Erhard-Stiftung (Hg.): Symposion VII: Soziale Marktwirtschaft im vierten Jahrzehnt ihrer Bewährung. Stuttgart/New York 1982, S. 7-26.

Stärkung der Economic Governance und Klärung der Umsetzung des Stabilitäts- und Wachstumspakts. Mitteilung der Kommission vom 3. September 2004.

Steuer, Werner: Öffentliche Verschuldung in einer Europäischen Union. Trier 2000 (=Arbeitspapier Nr. 48 des Schwerpunktes Finanzwissenschaft/ Betriebswirtschaftliche Steuerlehre Universität Trier).

Stober, Rolf: Allgemeines Wirtschaftsverwaltungsrecht. Stuttgart 2002.

Sturm, Roland: Die Politik der Deutschen Bundesbank. In: Beyme, Klaus von/ Schmidt, Manfred G. (Hg.): Politik in der Bundesrepublik Deutschland. Opladen 1990, S. 255-282.

Sturm, Roland: Die Industriepolitik der Länder und die europäische Integration. Unternehmen und Verwaltungen im erweiterten Binnenmarkt. Baden-Baden 1991.

Sturm, Roland: Konkurrenz oder Synergie? Nationale und europäische Industriepolitik. In: Kreile, Michael (Hg.): Die Integration Europas. Opladen: 1992, S. 234-253 (= PVS-Sonderheft 23).

Sturm, Roland: How Independent is the Bundesbank? In: German Politics 4. (1), 1995b, S. 27-41.

Sturm, Roland: Politische Wirtschaftslehre. Opladen 1995a.

Sturm, Roland: The German Cartel Office in a Hostile Environment. In: Doern, George Bruce/Wilks, Stephen (Hg.): Comparative Competition Policy: National Institutions in a Global Market. Oxford 1996, S. 185-224.

Sturm, Roland: Die Föderalismusreform 2006 – Deutschland in besserer Verfassung? In: GWP 55(4), 2006a, S. 459-470.

Sturm, Roland: Thatcherismus – freie Marktwirtschaft und individuelle Verantwortung. In: GWP 55(3), 2006b, S. 317-330.

Sturm, Roland/Müller, Markus M.: Public Deficits. Harlow 1999.

Sturm, Roland : Eine Bilanz mit Schatten? Die Arbeit der rot-grünen Regierung auf zentralen Politikfeldern, in: Jesse, Eckhard/Sturm, Roland (Hg.): Bilanz der Bundestagswahl 2005. Wiesbaden 2006, S. 71-82.

Sturm, Roland/Müller, Markus M. (unter Mitarbeit von Ingo Schorlemmer): Institutionelle und politische Voraussetzungen für erfolgreiche Deregulierung in den Ländern. In: Empter, Stefan/Frick, Frank/Vehrkamp, Robert B. (Hg.): Auf dem Weg zu moderner Regulierung. Eine kritische Bestandsaufnahme. Gütersloh 2005, S. 11-47.

Sturm, Roland/Pehle, Heinrich: Das neue deutsche Regierungssystem. 2. Aufl. Wiesbaden 2005.

Sturm, Roland/Wilks, Stephen R./Müller, Markus M./Bartle, Ian: The regulatory state: Britain and Germany compared. London 2002.

Tauss, Jörg/Kolbeck, Johannes/Mönikes, Jan (Hg.): Deutschlands Weg in die Informationsgesellschaft. Baden-Baden 1996.

Tichy, Gunther: Wirtschaft und Wirtschaftspolitik. In: Mantl, Wolfgang (Hg.): Politik in Österreich. Wien/Köln/Graz 1992, S. 707-722.

Tietmeyer, Hans: Der Euro - ein entnationalisiertes Geld. In: Die Zeit Nr. 51, 12.12.1997, S. 24-25.

Tilch, Stefan: Europäische Zentralbank und Europäisches System der Zentralbanken. Frankfurt a. M. u.a. 2000.

Tilly, Jan: Soziale Konstruktion von Wirklichkeit in Deutschland und den USA in der Klimadebatte. In: GWP 56(3), 2007, S. 355-367.

Tofante, Hartmut: Der große Ausverkauf. Die Privatisierung von Bundesunternehmen durch die Regierung Kohl. Köln 1994.

Uerpmann, Robert: Der europarechtliche Rahmen für staatliche Subventionen in Ostdeutschland. In: Die öffentliche Verwaltung 51(6), 1998, S. 226-234.

Volkmann, Hans-Erich: Zum Verhältnis von Großwirtschaft und NS-Regime im Zweiten Weltkrieg. In: Volkmann, Hans-Erich/Chiari, Bernhard (Hg.): Ökonomie und Expansion. Grundzüge der NS-Wirtschaftspolitik. München 2003, S. 75 – 101.

Wagschal, Uwe/Wenzelburger, Georg: Erfolgreiche Budgetkonsolidierungen im internationalen Vergleich. Gütersloh 2006.

Wagschal, Uwe: Länder unter Anpassungsdruck? Der internationale Steuerwettbewerb: Ursachen, Wirkungen und Reaktionen. In: GWP 55(4), 2006, S. 499-514.

Wehner, Burkhard: Deutschland stagniert. Darmstadt 1994.

Welter, Patrick: Mehr als ein Streit um Worte. In: FAZ, 21.7.2004. 2004, S. 9.

Whitley, Richard: Divergent Capitalisms: The Social Structuring and Change of Business Systems. Oxford 1999.

Whitley, Richard: How National are Business Systems? The Role of States and Complementary Institutions in Standardizing Systems of Economic Coordination and Control at the National Level. In: Morgan, Glenn/Whitley, Richard/Moen, Eli (Hg.): Changing Capitalisms? Internationalization, Institutional Change, and Systems of Economic Organization. Oxford 2005, S. 201-243.

Wilks, Stephen R.: In the Public Interest. Manchester 1999.

Wittich, Dietmar (Hg.): Momente des Umbruchs. Sozialstruktur und Lebensqualität in Ostdeutschland. Berlin 1994.

Zimmermann-Steinhart, Petra: Europas erfolgreiche Regionen. Regionale Handlungsspielräume im innovativen Wettbewerb. Baden-Baden 2003.

Zohlnhöfer, Reimut: Die Wirtschaftspolitik der rot-grünen Koalition: Ende des Reformstaus? In: Zeitschrift für Politikwissenschaft 14(2), 2004, S. 381-402.